Für Teofila Reich-Ranicki und
Andrew Alexander Ranicki

Inhalt

ERSTER TEIL

von 1920 bis 1938

Was sind Sie denn eigentlich?

Es war Ende Oktober 1958 auf einer Tagung der »Gruppe 47« in der Ortschaft Großholzleute im Allgäu. Von den hier versammelten Schriftstellern kannte ich nur wenige – kein Wunder, denn ich lebte erst seit drei Monaten wieder in dem Land, aus dem mich die deutschen Behörden im Herbst 1938 deportiert hatten. Jedenfalls fühlte ich mich bei dieser Tagung isoliert; und so war es mir nicht unrecht, daß in der Mittagspause ein jüngerer deutscher Autor, mit dem ich mich im vergangenen Frühjahr in Warschau unterhalten hatte, auf mich zukam. Noch wußte ich nicht, daß schon am nächsten Tag, mit dem ihm verliehenen Preis der »Gruppe 47«, sein steiler Aufstieg zum Weltruhm beginnen sollte.

Dieser kräftige junge Mann, selbstsicher und etwas aufmüpfig, verwickelte mich nun in ein Gespräch. Nach einem kurzen Wortwechsel bedrängte er mich plötzlich mit einer einfachen Frage. Noch niemand hatte mir, seit ich wieder in Deutschland war, diese Frage so direkt und so ungeniert gestellt. Er, Günter Grass aus Danzig, wollte nämlich von mir wissen: »Was sind Sie denn nun eigentlich – ein Pole, ein Deutscher oder wie?« Die Worte »oder wie« deuteten wohl noch auf eine dritte Möglichkeit hin. Ich antwortete rasch: »Ich bin ein halber Pole, ein halber Deutscher und ein ganzer Jude.« Grass schien überrascht, doch war er offensichtlich zufrieden, ja beinahe entzückt: »Kein Wort mehr, Sie könnten dieses schöne Bonmot nur verderben.« Auch

11

ich fand meine spontane Äußerung ganz hübsch, aber eben nur hübsch. Denn diese arithmetische Formel war so effektvoll wie unaufrichtig: Hier stimmte kein einziges Wort. Nie war ich ein halber Pole, nie ein halber Deutscher – und ich hatte keinen Zweifel, daß ich es nie werden würde. Ich war auch nie in meinem Leben ein ganzer Jude, ich bin es auch heute nicht.

Als ich 1994 gebeten wurde, in den Münchner Kammerspielen an der Veranstaltungsreihe »Reden über das eigene Land« teilzunehmen und einen Vortrag zu halten, folgte ich zwar der Einladung, war aber, wenn auch freiwillig, in einer sonderbaren, einer heiklen Situation: Ich mußte mit dem Geständnis beginnen, daß ich gar nicht habe, worüber ich reden sollte – ich habe kein eigenes Land, keine Heimat und kein Vaterland. Ein ganz und gar heimatloser Mensch, ein richtiger vaterlandsloser Geselle war und bin ich nun wieder auch nicht. Wie ist das zu verstehen?

Meinen Eltern bereitete ihre Identität überhaupt keinen Kummer. Darüber haben sie, dessen bin ich ganz sicher, nie nachgedacht, nie nachdenken müssen. Mein Vater, David Reich, wurde in Plozk geboren, einer schönen polnischen Stadt an der Weichsel, nordwestlich von Warschau. Am Anfang des neunzehnten Jahrhunderts, als Plozk zu Preußen gehörte und der Mittelpunkt jener Provinz war, die man Neuostpreußen nannte, amtierte dort ein junger Regierungsrat, ein auffallend und vielseitig begabter Jurist: E.T.A. Hoffmann. Noch unlängst war er in einem erheblich größeren und interessanteren Ort als Assessor tätig gewesen – in der Stadt Posen. Da er aber dort Karikaturen verfertigt hatte, die seine Vorgesetzten für besonders boshaft hielten, wurde er strafversetzt, ja eigentlich verbannt – eben nach Plozk.

Über meine Vorfahren väterlicherseits weiß ich so gut wie nichts. Das liegt bestimmt nur an mir, denn mein Vater hätte mir ausführlich und gern Auskunft erteilt, hätte ich auch nur das geringste Interesse gezeigt. Ich weiß bloß, daß sein Vater ein erfolgreicher Kaufmann war, der es zu einigem Wohlstand gebracht hatte: Er besaß in Plozk ein stattliches Mietshaus. An der Erziehung seiner Kinder hat er nicht gespart. Eine Schwester meines Vaters wurde Zahnärztin, eine andere studierte am Warschauer Konservatorium Gesang. Sie wollte Opernsängerin werden, was ihr nicht recht gelungen ist – obwohl sie, immerhin, in Lodz als Butterfly auftreten durfte. Als sie kurz darauf heiratete, würdigten die stolzen Eltern den künstlerischen Erfolg ihrer Tochter, indem sie die Aussteuer, zumal die Bettwäsche, mit gestickten Schmetterlingen verzieren ließen.

Auch mein Vater war musikalisch, er spielte in jungen Jahren Violine, was er ziemlich bald aufgegeben haben muß, denn zu meinen Zeiten lag sein Instrument stets auf dem Schrank. Da er Kaufmann werden sollte, schickten ihn seine Eltern in die Schweiz. Dort studierte er an einer Handelshochschule, brach aber sein Studium bald ab und kehrte nach Hause zurück. Auch daraus ist also nichts geworden, wohl vor allem deshalb, weil er schon in jungen Jahren ein willensschwacher Mensch war – und es auch geblieben ist. 1906 heiratete er meine Mutter, Helene Auerbach, die Tochter eines armen Rabbiners. Bei der Hochzeitsfeier, die in einem Hotel in Posen stattfand, wurde zunächst das Brautlied aus dem »Lohengrin« intoniert und dann der Hochzeitsmarsch aus Mendelssohns »Sommernachtstraum«-Musik – dies war bei den Juden in Polen, bei den gebildeten zumindest, nicht ungewöhnlich, ja, es gehörte zum Ritual. Die Hochzeitsreise führte das junge Paar, auch das war damals üblich, nach Deutschland, nach Dresden vor allem und nach Bad Kudowa.

Hätte Günter Grass oder ein anderer meinen Vater irgendwann gefragt, was er denn eigentlich sei – er wäre

13

verblüfft gewesen: Er sei doch, hätte er gesagt, natürlich ein Jude und sonst nichts. Ebenso hätte ganz gewiß auch meine Mutter geantwortet. In Deutschland war sie aufgewachsen, in Preußen, genauer: im Grenzgebiet zwischen Schlesien und der Provinz Posen. Nach Polen war sie nur durch die Ehe geraten.

Ihre Vorfahren väterlicherseits waren seit Jahrhunderten allesamt Rabbiner. Über einige von ihnen kann man in größeren jüdischen Nachschlagebüchern allerlei erfahren, denn sie veröffentlichten wissenschaftliche Werke, die zu ihrer Zeit offenbar sehr geschätzt wurden. Sie beschäftigten sich weniger mit theologischen als mit juristischen Fragen – was übrigens bei den Juden gang und gäbe war: Die Rabbiner fungierten in früheren Zeiten keineswegs nur als Geistliche und Lehrer, sondern zugleich auch als Richter.

Obwohl von den fünf Brüdern meiner Mutter nur der älteste Rabbiner wurde – er versah sein Amt in Elbing, dann in Göttingen und schließlich, bis zu seiner Auswanderung unmittelbar vor dem Zweiten Weltkrieg, in Stuttgart –, kann man doch sagen, daß sie alle, emanzipiert und assimiliert, auf ihre Weise an der Familientradition festgehalten haben. Denn drei von ihnen wurden Rechtsanwälte, ein vierter Patentanwalt. Freilich war ihnen das Religiöse, wenn man von dem Ältesten, dem Rabbiner, absieht, beinahe gleichgültig geworden.

Und meine Mutter? Auch sie wollte von Religion nichts wissen, an Jüdischem war sie nur noch wenig interessiert. Trotz ihrer Herkunft? Nein, wohl eher wegen ihr. Ich glaube, daß sie mit der unmißverständlichen Abwendung von der geistigen Welt ihrer Jugend still und sanft gegen das rückständige Elternhaus protestierte. Das Polnische wiederum interessierte sie überhaupt nicht. Wenn ich ihr am 28. August zu ihrem Geburtstag gratulierte, wiederholte sie alljährlich die Frage, ob ich denn wisse, wer heute außerdem noch Geburtstag habe. Daß sie am selben Tag wie Goethe geboren worden war, wollte sie, vermute ich, als Symbol verstehen. In Gesprächen mit mir zitierte sie die Klassiker. Wenn ich mit dem Essen unzufrieden war, bekam ich zu hören:

Kann ich Armeen aus der Erde stampfen?
Wächst mir ein Leutnant in der flachen Hand?

Als ich später die »Jungfrau von Orleans« las, sah ich zu meiner Verwunderung, daß bei Schiller durchaus kein Leutnant in der flachen Hand wuchs, sondern ein Kornfeld. Wie auch immer: Ihr Zitatenschatz stammte aus der deutschen Dichtung, jener zumal, die man im ausgehenden neunzehnten Jahrhundert in der Schule behandelte – und das waren vor allem Goethe und Schiller, Heine und Uhland.

Mein Vater hingegen war und blieb dem Judentum eng verbunden. Hat er an Gott geglaubt? Ich weiß es nicht, darüber sprach man nie. Aber wahrscheinlich war die Existenz Gottes für ihn so selbstverständlich wie die Luft zum Atmen. An den hohen Feiertagen und am Sabbat ging er in die Synagoge, auch später, als wir schon in Berlin lebten. Doch war dies nicht unbedingt ein religiöser Akt. Für die Juden ist die Synagoge nicht nur ein Gotteshaus, sondern auch ein geselliger Ort. Dort trifft man sich, um vielleicht gemeinsam mit Gott, aber jedenfalls mit Bekannten und Gleichgesinnten zu sprechen. Kurz: Die Synagoge spielt auch die Rolle eines Klubs.

Nicht die Religion hat das Leben meines Vaters geprägt, wohl aber die Tradition. Früh schon hat ihn, wie zahllose andere polnische Juden seiner Generation, der Zionismus tief beeindruckt. Sbolz erzählte er, daß er am dritten Zionistischen Weltkongreß in Basel teilgenommen habe. Doch war das schon lange her, im Jahre 1905. Von einem späteren zionistischen Engagement meines Vaters oder von Aktivitäten im Rahmen einer Organisation, welcher Art auch immer, habe ich nie gehört, es hat sie wohl nicht gegeben. Unternehmungsgeist war nicht seine Sache.

Anders als mein Vater, der mehrere Sprachen beherrschte – Polnisch und Russisch, Jiddisch und, wie beinahe jeder gebildete Jude in Polen, natürlich auch Deutsch –, war meine Mutter nicht sprachgewandt: Bis zum Ende ihres Lebens, bis zum Tag, an dem man sie in Treblinka vergaste, sprach sie zwar ein makelloses, ein besonders schönes Deutsch, aber ihr Polnisch war, obwohl sie in diesem Land Jahrzehnte gewohnt hatte, fehlerhaft und eher dürftig. Jiddisch konnte sie nicht; und wenn sie es doch zu sprechen versuchte – etwa beim Einkauf auf dem Marktplatz in Warschau –, bekam sie von den nachsichtig lächelnden jüdischen Verkäufern zu hören: »Die Madam kimt aus Deitschland.«

In der Stadt, in der sich meine Eltern niedergelassen hatten, in Wloclawek an der Weichsel, fühlte sich meine Mutter beinahe wie einst E.T.A. Hoffmann im unfernen Plozk – also in der Verbannung: Polen war und blieb ihr fremd. Wie sich Irina Sergejewna in Tschechows »Drei Schwestern« nach Moskau sehnt und von Moskau träumt, so sehnte sich meine Mutter nach jener Metropole, die in ihren Augen Glück und Fortschritt symbolisierte und in der sie alle lebten, ihr nun schon alter Vater, ihre Schwester, vier ihrer Brüder und auch noch einige ihrer Schulfreundinnen: Sie sehnte sich nach Berlin.

Doch vorerst mußte sie mit Wloclawek vorliebnehmen, einer aufstrebenden Industriestadt, die bis 1918, also bis zur Wiedererrichtung des polnischen Staates, zu Rußland gehört hatte; damals verlief in ihrer unmittelbaren Nähe die deutsch-russische Grenze. In den zwanziger Jahren lebten in Wloclawek rund 60000 Menschen, davon etwa ein

Viertel Juden. Nicht wenige von ihnen hatten eine auffallende Schwäche für die deutsche Kultur. Sie fuhren von Zeit zu Zeit nach Berlin oder nach Wien, zumal dann, wenn man eine medizinische Kapazität zu Rate ziehen wollte oder sich gar einer Operation unterziehen mußte. In ihren Bücherschränken fanden sich neben den Werken der großen polnischen Dichter oft auch die deutschen Klassiker. Und die meisten dieser gebildeten Juden lasen selbstverständlich deutsche Zeitungen. Bei uns wurde das »Berliner Tageblatt« abonniert.

Vier katholische Kirchen gab es in der Stadt, eine evangelische Kirche, zwei Synagogen, mehrere Fabriken, darunter Polens älteste und größte Papierfabrik, ferner drei Kinos – aber kein Theater und kein Orchester. Die wichtigste Sehenswürdigkeit in Wloclawek ist nach wie vor die im vierzehnten Jahrhundert erbaute gotische Kathedrale, in der man einen von Veit Stoß geschaffenen Sarkophag bewundern kann. Unter den Zöglingen des in der Nachbarschaft der Kathedrale befindlichen Priesterseminars war in den Jahren 1489 bis 1491 ein junger Mann aus Thorn: Nikolaus Kopernikus.

In Wloclawek bin ich am 2. Juni 1920 geboren. Warum mir der Name Marcel gegeben wurde, darüber habe ich mir nie Gedanken gemacht. Erst viel später stellte sich heraus, daß dies durchaus kein Zufall war. Meiner dreizehn Jahre älteren Schwester wurde von meiner Mutter – nur sie kümmerte sich um solche Angelegenheiten, nicht etwa mein Vater – der Name Gerda gegeben. Meine Mutter ahnte nicht, was sie damit anrichtete. Denn Gerda galt in Polen als ein typisch deutscher Vorname. Doch hatte die Deutschenfeindschaft in diesem Land eine alte, mindestens bis zu den Ordensrittern reichende Tradition – und während des Ersten Weltkriegs und in der folgenden Zeit waren die Deutschen wieder einmal recht unbeliebt. So wurde denn meine Schwester wegen ihres deutschen Vornamens in der Schule oft verhöhnt, wobei schwer zu entscheiden war, was hier im Vordergrund stand – Antideutsches oder Antisemitisches.

Meinem Bruder, der neun Jahre älter war als ich, erging es in dieser Hinsicht etwas besser. Auch ihm hat meine doch etwas weltfremde Mutter einen betont deutschen Vornamen gegeben, Herbert, aber auch einen zweiten gegönnt, und zwar einen, der bei Juden seit weit über zwei Jahrtausenden häufig vorkommt: Alexander. Der Grund: Der Überlieferung zufolge hat Alexander der Große Juden gut behandelt und ihnen allerlei Privilegien eingeräumt. Aus Dankbarkeit haben die Juden schon zu seinen Lebzeiten ihre Söhne oft nach ihm benannt. Übrigens heißt auch mein Sohn Andrew Alexander, was freilich überhaupt nichts mit dem König von Mazedonien zu tun hat, sondern mit der jüdischen Sitte, das Andenken verstorbener Angehöriger zu ehren, indem man deren Vornamen seinen Kindern gibt. So heißt auch die Tochter meines Sohnes Carla Helen Emily – nach den Namen ihrer in Treblinka umgekommenen Großmütter.

Ich wurde also mit dem in Polen damals kaum gebräuchlichen Namen Marcel bedacht. Erst vor wenigen Jahren habe ich erfahren, daß am 2. Juni, dem Tag meiner Geburt, der katholische Kalender eines Heiligen namens Marcellus gedenkt, eines römischen Priesters und Märtyrers aus der Zeit des Kaisers Diokletian. Meine Eltern haben von der Existenz dieses Heiligen bestimmt nichts gewußt. Wahrscheinlich ging die Namensnennung auf den Vorschlag eines katholischen Dienstmädchens oder Kinderfräuleins zurück. Wer immer es war, der auf diese Idee gekommen ist – ich habe ihm nichts vorzuwerfen, im Gegenteil, ich bin ihm bis heute dankbar: Denn an meinem Vornamen habe ich, anders als meine Schwester Gerda an ihrem, nie gelitten.

Wenn ich in meiner frühen Kindheit gelegentlich von Gleichaltrigen bespöttelt wurde, so hatte dies mit einem belanglosen Umstand zu tun, den ich aber bis heute nicht vergessen kann. Ich war fünf oder sechs Jahre alt, als meine Mutter während eines kurzen Besuchs bei ihrer Berliner Familie in einem Kaufhaus Kindergarderobe mit der Aufschrift »Ich bin artig« sah. Das fand sie amüsant. Ohne die möglichen Folgen zu bedenken, ließ sie auf meine Blusen und Kittel – wieder einmal etwas weltfremd – ebendiese Aufschrift in polnischer Übersetzung sticken. Rasch wurde ich zum Gespött der Kinder – und reagierte darauf mit Wut und Trotz: Brüllend und prügelnd wollte ich jenen, die sich über mich lustig machten, beweisen, daß ich besonders unartig war. Das trug mir den Spitznamen »Bolschewik« ein. Meine lebenslängliche Neigung zum Trotz – sollte sie damals ihren Anfang genommen haben?

Als ich alt genug war, kam mein Vater eines Tages überraschend in Begleitung eines bärtigen Mannes nach Hause. Er hatte ungewöhnlich lange Schläfenlocken und trug einen Kaftan, den schwarzen, mantelartigen Rock, die übliche Kleidung der orthodoxen Juden. Dieser schweigsame Mann, der mir etwas unheimlich vorkam, sollte mein Lehrer sein. Er werde mir, erklärte mein Vater, Hebräisch beibringen. Aber mehr konnte mein Vater nicht sagen, denn gerade war meine Mutter aufgetaucht, die sich sofort einmischte: Ich sei für den Unterricht, sagte sie mit Entschiedenheit, vorerst noch zu klein. Der enttäuschte Lehrer wurde auf später vertröstet und kurzerhand weggeschickt. Mein Vater leistete keinen Widerstand. Dies war sein erster Versuch, in meine Erziehung einzugreifen; es war auch sein letzter.

Nie hat mir meine Mutter erklärt, warum sie von der Erziehung im Geiste der jüdischen Religion nichts wissen wollte. Als es Zeit war, mich in die Schule zu schicken, beschloß sie, daß ich, anders als meine Geschwister, in die evangelische, die deutschsprachige Volksschule gehen sollte. War das etwa ein Protest gegen das Judentum? Nein, nicht unbedingt. Nur wollte sie, daß ich in deutscher Sprache erzogen würde.

Allerdings gab es gleich am Anfang eine ernste Schwierigkeit: Ich konnte schon zuviel. Das wäre noch nicht so schlimm gewesen. Doch leider konnte ich auch zuwenig. Ein Kinderfräulein, von dem ich betreut wurde, hatte sich einen Spaß daraus gemacht, mir nebenbei und ohne viel Mühe das Lesen beizubringen. Ich erlernte es sehr rasch, nur zeigte mir niemand, wie man Buchstaben schreibt. In unserer Wohnung stand aber eine alte Schreibmaschine – und es fiel mir nicht schwer, einzelne Buchstaben auf ein Blatt Papier zu befördern: Bald war ich in der Lage, an meine Schwester, die damals in Warschau studierte, einen kurzen Brief zu tippen.

Nun brachte mich also meine Mutter in die deutsche Schule. Dem Schulleiter, einem besonders strengen Mann, der, wenn ich recht informiert bin, in den ersten Tagen des Zweiten Weltkriegs von den Polen als deutscher Spion hingerichtet wurde, erzählte sie von der, wie sie meinte, ungewöhnlichen Situation. Er aber schien nicht zum ersten Mal mit einem solchen Problem konfrontiert zu sein und prüfte mich sofort: Ich las rasch und korrekt. Doch damit war die Sache keineswegs erledigt. Man müsse sich, erklärte dieser Schulleiter nicht ohne Humor, sofort entscheiden: »Entweder teilen wir ihn der ersten Klasse zu, dann wird er sich beim Leseunterricht langweilen, oder er geht gleich in die zweite, dann müßten Sie aber dafür sorgen, daß er zu Hause das Schreiben erlernt.« Meine Mutter zögerte keinen Augenblick: »Gleich in die zweite. Ich habe eine ältere Tochter, die wird ihm das Schreiben beibringen. Das wird er schon erlernen.« Wenn ich diese Geschichte heute deutschen Autoren erzähle, füge ich hinzu: »Und er hat es bis heute nicht gelernt.« Unseren oft mit einem kindlichen Gemüt gesegneten Schriftstellern bereitet diese Äußerung geradezu diebisches Vergnügen.

Die Folgen ihrer Entscheidung hat meine Mutter nicht geahnt: Daß ich nicht schreiben konnte, interessierte niemanden in der Klasse. Daß ich aber als einziger schon Bücher las und darüber im Unterricht gelegentlich stolz und leichtsinnig berichtete, hat den Neid der Mitschüler geweckt. Von Anfang an fiel ich aus dem Rahmen, ich war ein Außenseiter. Daß es so bleiben würde, konnte ich schwerlich wissen: In welcher Schule ich auch war, in welcher Institution ich auch gearbeitet habe, ich paßte nie ganz zu meiner Umgebung.

Doch alles in allem hatte ich in dieser evangelischen Volksschule nicht viel Kummer, zumal ich von unserer Lehrerin, einem deutschen Fräulein namens Laura, freundlich behandelt wurde. Das hatte einen guten Grund: Sie entlieh von meiner Mutter neue deutsche Bücher, die diese immer wieder aus Berlin bezog. Noch kann ich mich entsinnen, worauf das Fräulein, deren stattlicher Busen mich sehr beeindruckt hat, ungeduldig wartete. Es war keines der großen Kunstwerke jener Zeit, wohl aber ein Roman, der damals ganz Europa irritierte: Remarques »Im Westen nichts Neues«.

Meine eigene Lektüre war nicht originell: Ich las viel, doch ungefähr dasselbe wie andere Kinder auch, nur eben erheblich früher. Am stärksten sind in meinem Gedächtnis geblieben: der Dickens-Roman »Oliver Twist« und Defoes »Robinson Crusoe«, beide Bücher wohl in den üblichen Bearbeitungen für die »reifere Jugend«. In noch höherem Maße hat mich ein Buch ganz anderer Art fasziniert: ein mehrbändiges deutsches Konversationslexikon. Vermutlich waren es die in ihm enthaltenen Illustrationen, von denen ich mich nicht losreißen konnte. Damals begann meine Vorliebe für Nachschlagebücher jeglicher Art.

Aber die folgenreichsten Eindrücke kamen von der Musik. Meine Schwester spielte Klavier, ich habe in unserer Wohnung häufig Bach und, häufiger noch, Chopin gehört. Zugleich hatte mich ein ganz anderes Instrument begeistert: das Grammophon. Wir hatten viele Platten, die mein Vater, ungleich musikalischer als meine Mutter, ausgesucht hatte. Neben populären symphonischen Werken, modern in seiner Jugend – von Griegs »Peer Gynt«-Suiten bis zu Rimskij-Korsakows »Scheherazade« –, waren es vor allem Opern: »Aida«, »Rigoletto« und »Traviata«, »Boheme«, »Tosca« und »Madame Butterfly«, »Bajazzo« und »Cavalleria Rusticana«. Es gab auch eine Wagner-Platte, eine einzige: Lohengrins Gralserzählung. Ich wurde nicht müde, immer wieder dieselben Arien, Duette und Ouvertüren zu hören. Aus dieser Zeit stammen meine leise Abneigung gegen Grieg und Rimskij-Korsakow und meine unverwüstliche Liebe zur italienischen Oper, zu Verdi vor allem, aber auch zu Puccini, dem ich bis heute die Treue gehalten habe.

Im Frühjahr 1929 passierte in unserer Familie allerlei, was ich wahrnahm, ohne es verstehen zu können. Ich sah die Tränen meiner Mutter und die Hilflosigkeit meines Vaters, ich hörte sie jammern und klagen. Ihre Aufregung und Verzweiflung wurden von Tag zu Tag größer. Uns allen – das spürte auch das Kind – stand ein schreckliches Unheil bevor. Die Katastrophe ließ denn auch nicht lange auf sich warten. Sie hatte zwei Gründe: die große Wirtschaftskrise und meines Vaters Mentalität. Er war solide und anspruchslos, gütig und liebenswert. Nur hatte er leider den falschen Beruf gewählt, denn von kaufmännischen Fähigkeiten konnte bei ihm nicht die Rede sein: Er war ein Geschäftsmann und Unternehmer, dessen Geschäfte und

Unternehmungen in der Regel wenig oder nichts einbrachten. Natürlich hätte er dies früher oder später einsehen sollen, er hätte sich nach einer anderen Tätigkeit umschauen müssen. Aber hierzu fehlte ihm jegliche Initiative. Fleiß und Energie gehörten nicht zu seinen Tugenden. Charakterschwäche und Passivität bestimmten auf unglückselige Weise seinen Lebensweg.

Kurz nach dem Ersten Weltkrieg hatte er in Wloclawek – wahrscheinlich mit dem Geld seines Vaters – eine Firma gegründet, eine kleine Fabrik, in der Baumaterialien produziert wurden. Er bezeichnete sich gern als »Industrieller«. Doch in den späten zwanziger Jahren hat man in Polen immer weniger gebaut, der Bankrott der Firma ließ sich nicht mehr vermeiden. Das war damals nicht ungewöhnlich, was freilich meine Mutter nicht trösten konnte: Hätte ihr Mann, pflegte sie zu sagen, Särge hergestellt, dann würden die Menschen aufhören zu sterben.

Sie hat damals sehr gelitten. Sie schämte sich, auf die Straße zu gehen, denn sie rechnete mit höhnischen oder verächtlichen Blicken der Nachbarn und Bekannten. Vermutlich waren es übertriebene Befürchtungen, zumal sich meine Mutter in der Stadt großer Beliebtheit erfreute: Man schätzte ihr ruhiges, ja nobles Wesen, das man auf ihre Herkunft aus der Welt der deutschen Kultur zurückführte. Aber es mag sein, daß sie mehr als die Verachtung der Mitbürger deren Mitleid fürchtete.

An der ganzen Katastrophe war sie, versteht sich, unschuldig: Daß sie auf die erschreckende Untüchtigkeit ihres Mannes keinerlei Einfluß hatte, konnte ihr niemand vorwerfen. Doch sicher ist: So viele Vorzüge meine Mutter auch hatte, sie war – in dieser Hinsicht meinem Vater nicht unähnlich – vollkommen unpraktisch. Gewiß fiel es ihr sehr schwer, zu tun, was getan werden mußte, um die schlimmsten Folgen des Bankrotts zu verhüten und so die

Familie zu retten: Geld mußte beschafft werden. Es gab nur eine einzige Möglichkeit: Zu ihren in Berlin lebenden Brüdern gehörte ein besonders erfolgreicher Rechtsanwalt, der auch der Wohlhabendste in der ganzen Familie war. Sie mußte sich überwinden und diesen Bruder, Jacob, anrufen. Sie mußte ihn beschwören, telegraphisch eine beträchtliche Geldsumme zu überweisen. Er hat die Hilfe, um die er gebeten wurde, nicht verweigert.

Was sich damals rings um mich abspielte, konnte ich, kaum neun Jahre alt, natürlich nicht begreifen. Dennoch habe ich es gespürt: Zuviel wurde in unserer Wohnung, auch in meiner Gegenwart, geweint, als daß mir die Familienkatastrophe hätte entgehen können. Das Scheitern meines Vaters, kläglich und erbärmlich zugleich, warf einen düsteren Schatten nicht nur auf meine Jugend. Doch dies hatte weniger mit dem Absturz selber zu tun als mit dessen ökonomischen Folgen: Als Halbwüchsiger sah ich sehr genau die Abhängigkeit meiner Eltern von jenen Verwandten, die ihnen halfen. Die Furcht, ich selber könnte je in eine solche demütigende Abhängigkeit geraten, hat noch viele Jahre lang auf manche meiner Lebensentscheidungen einen starken Einfluß gehabt.

Aber vorerst bewirkte diese Katastrophe eine für mich überaus günstige Wende. Denn unter dramatischen und fatalen Begleitumständen ging der alte Traum meiner Mutter unerwartet in Erfüllung: Da an die Zukunft unserer Familie an Ort und Stelle nicht zu denken war, wurde die Übersiedlung nach Berlin beschlossen und vorbereitet. Dort würde sich, hofften meine Eltern, eine neue Existenz gründen lassen, wobei, wie sich später zeigte, konkrete Vorstellungen von der künftigen beruflichen Tätigkeit meines Vaters noch gar nicht vorhanden waren. Ich wurde als erster nach Berlin geschickt, um mit der Familie des wohlhabenden Onkel Jacob – es gab dort drei Kinder ungefähr in meinem Alter – den Sommer zu verbringen, in Westerland auf Sylt.

Doch vor der Reise hatte ich mich, so glaubte meine Mutter, unbedingt von meiner bisherigen Lehrerin zu verabschieden. Worüber sich die beiden Damen damals unterhielten, weiß ich nicht mehr, vermutlich über das Buch von Remarque. Aber das Wort, das mir meine Lehrerin auf den Weg gab, habe ich nie vergessen. Denn das Fräulein Laura mit dem wogenden Busen richtete den Blick in die Ferne und verkündete ernst und feierlich: »Du fährst, mein Sohn, in das Land der Kultur.« Zwar habe ich nicht verstanden, worum es ging, doch fiel mir auf, daß meine Mutter zustimmend nickte.

Am nächsten Tag saß ich, betreut von einem Bekannten meiner Eltern, der ebenfalls gen Westen fuhr, im Zug nach Berlin. Sonderbar: Ich hatte keine Angst vor dem, was meiner in der fremden Stadt harrte, und auch keine Angst vor den Angehörigen, die ich doch überhaupt nicht kannte. War es kindlicher Leichtsinn und Mangel an Phantasie? Vielleicht, nur kam da, vermute ich, noch etwas hinzu. Über die Stadt, der ich mich nun ungeduldig näherte, hatte ich schon allerlei gehört: Angeblich fuhren dort die Züge unter der Erde oder über den Häusern, dort verkehrten, hatte man mir erzählt, Autobusse mit Sitzbänken auf dem Dach, es gab dort Treppen, die sich pausenlos bewegten, so daß man nur auf ihnen zu stehen brauchte, um nach oben oder nach unten zu kommen.

Der Weg war weit, erst abends würde ich in jener Märchenwelt anlangen, die mir meine Eltern ausgemalt, in jenem Traumland, das sie mir versprochen hatten. Neugierig wartete ich auf das Ende der Bahnfahrt – und diese Neugierde war es, die alle Bedenken und Befürchtungen verdrängte. So dachte ich, vor Erregung fiebernd, an das Wunder, das ich zu erleben hoffte – das Wunder Berlin.

Halb zog sie ihn, halb sank er hin

Am Bahnhof Zoologischer Garten nahm mich eine dunkelhaarige, elegante Dame im Alter von etwa vierzig Jahren in Empfang. Es war die Tante Else, die Ehefrau von Onkel Jacob. Spät muß es gewesen sein, denn als wir in der Wohnung ankamen, waren meine beiden Vettern und die Cousine nicht zu sehen, sie schliefen schon, der Onkel war auch nicht da. So saß ich an dem runden, großen Eßtisch, der wohl für zehn, wenn nicht für zwölf Personen gereicht hätte, allein mit der Tante. Doch gab es noch jemanden im Zimmer: Eine anmutige, adrett ausschauende junge Frau; sie trug ein schwarzes Kleid mit einer weißen Schürze und – zu meiner Verblüffung – auch noch weiße Glacéhandschuhe. Schweigsam und würdevoll servierte sie das Abendessen. Alles war hier überaus vornehm. Von dieser mir fremden Welt verständlicherweise eingeschüchtert, antwortete ich auf die mir gestellten Fragen ängstlich und nur einsilbig. So breitete sich bald eine beklemmende Stille aus.

Natürlich konnte ich nicht wissen, was sich dahinter verbarg. Aber sehr bald spürte ich, daß der bemühte, der angestrengte Stil dieses Hauses unecht war. Hier herrschte eine ausgesprochene Künstlichkeit, kalt und feierlich. Der Onkel Jacob, der doch aus ärmlichen Verhältnissen stammte, war ein tüchtiger, ein beinahe prominenter Rechtsanwalt und Notar, ein höchst ehrgeiziger Emporkömmling, stolz auf seine in der Tat beträchtlichen Erfolge. Auch seinen

Brüdern ging es gut, auch sie lebten im Wohlstand. Doch nur ihm war daran gelegen, seinen gesellschaftlichen Aufstieg mit allem Nachdruck zu demonstrieren. Er brauchte Statussymbole, er war auf sie geradezu erpicht und angewiesen. Die Pracht der Gründerzeit entsprach seinem Geschmack, ihm imponierte der Pomp der Jahrhundertwende.

Daß ihm das Reiten Spaß machte, kann ich mir nicht vorstellen. Gleichwohl gehörten zu seinem Hausstand zwei schöne, angeblich besonders wertvolle Reitpferde; das eine hieß »Avanti«, das andere bezeichnenderweise »Aristokrat«. Jeden Morgen pflegte er zusammen mit seiner Frau zu reiten – im nahe gelegenen Tiergarten, wie es sich schickte. Aristokratisch war auch, zumindest seiner Ansicht nach, die Gegend, in der er sich niedergelassen hatte: Die Familie, die mich, den Sohn des verkrachten Kaufmanns aus der polnischen Kleinstadt, gütig aufgenommen hatte, wohnte nicht etwa in einem der schönen Stadtteile im Westen Berlins, nicht in Dahlem oder in Grunewald, sondern in der Roonstraße, gleich neben dem Reichstag. Gelegentlich wurden wir Kinder darauf hingewiesen, daß in der unmittelbaren Nachbarschaft eine Zeitlang Bismarck residiert habe.

In der für meine Begriffe kolossalen Wohnung erstaunte mich ein exotisch anmutender und mit Pflanzen aller Art überladener Raum. Das war, wie man mir erklärte, der Wintergarten. In diesem Raum war fortwährend ein leises Plätschern zu hören. Denn es befand sich dort in einem Winkel ein hellblauer, gar nicht kleiner und unaufhörlich sprudelnder Springbrunnen. Zwischen dem Speisezimmer und dem Salon, der Musikzimmer genannt wurde, gab es zwei vom Fußboden bis zur Decke reichende Marmorsäulen. An der Wand dieses Zimmers hing zwischen vielen anderen Gemälden auch ein Bild, das ein auf dem Boden liegendes, orientalisch gekleidetes Weib zeigte. Es schaute sehnsüchtig und herausfordernd auf das Gesicht eines Mannes, dessen Kopf auf einem silbernen Tablett lag. Später hat mich einer meiner Cousins nicht ohne Stolz belehrt: »Das ist die Mammi als Salome.« Die Tante Else war, bevor sie den Bruder meiner Mutter heiratete, in ihrer Geburtsstadt Köln Schauspielerin gewesen. Damit mochte es zusammenhängen, daß in dieser Wohnung alles theatralisch anmutete.

An jenem ersten Abend in Berlin, da ich allein mit der Tante an dem mächtigen Tisch saß, bekam ich auch ein weiches Ei. Kaum hatte ich es gegessen, da nahm die Tante die Eierschale, blickte hinein und stellte fest, womit sie offenbar gerechnet hatte – daß da noch etwas geblieben war. Sie belehrte mich knapp und streng: »So ißt man Eier in Deutschland nicht.« Damals habe ich wohl zum ersten Mal in meinem Leben das Wort »Deutschland« gehört – und es klang nicht gerade freundlich.

Bald lag ich im Bett und weinte bitterlich. Weil ich einsam und übermüdet war? Weil mich die Tante Else schroff behandelt und mir einen heftigen Schrecken versetzt hatte? Gewiß, aber noch mehr fürchtete ich ein großes Ölgemälde, das über meinem Bett hing. Unheimlich kam es mir vor und schauderhaft. Es war die Kopie eines in jenen Jahren so geschätzten wie beliebten Bildes: Arnold Böcklins »Triton und Nereide«.

Am nächsten Morgen frühstückte ich zusammen mit meinen beiden Vettern und der Cousine. Dann machten wir, von einem dürren Kinderfräulein angeführt, einen Spaziergang. Es ging in den Tiergarten, doch vorher konnten wir auf Stufen herumspringen und, um eine schöne Säule rennend, einander jagen. Es handelte sich um die Stufen des Reichstags und um die damals vor dem Reichstag stehende Siegessäule. So sahen meine frühesten Kontakte mit dem Preußischen aus. Noch konnte ich nicht ahnen, daß Preußisches mich mein ganzes Leben hindurch zwar nicht gerade prägen, aber doch begleiten sollte: Kleist vor allem und Fontane und auch Schinkel.

Vorerst blieb ich nicht lange in Berlin, denn bald ging es mit der ganzen Familie in die Ferien – nach Westerland. Mit uns fuhren das Kinderfräulein, die Köchin, das Zimmermädchen und, versteht sich, die beiden Reitpferde. Mitgenommen wurden viele, viele Koffer, Schrankkoffer zumal. Für mich war der Aufenthalt auf Sylt sehr nützlich. Denn als wenige Monate später meine Mutter nach Berlin kam und mich polnisch ansprach, antwortete ich ihr deutsch. Ich konnte nach kurzer Zeit schon viel besser deutsch als polnisch. Aber sie fand meine Sprachkenntnisse dennoch ungenügend – und sie hatte recht. Ich mußte ihr täglich mindestens eine halbe Stunde vorlesen, leider aus einem Buch, das mir jemand geschenkt hatte, dem ich aber nichts abgewinnen konnte. Es war ein damals populäres Reisebuch, »Ein Bummel um die Welt«, des Berliner Journalisten Richard Katz.

Ich habe also laut gelesen und leise gelitten, dann aber immer kräftiger gestöhnt und geschimpft. Meine Mutter versuchte mich zu beruhigen: »Warte, warte, es wird noch der Tag kommen, da wirst du gern und freiwillig deutsche Bücher lesen.« Ich schrie: »Nein, niemals!« Wie man sieht, habe ich mich damals doch geirrt. Denn wenn man es recht bedenkt, habe ich den weitaus größten Teil meines Lebens damit verbracht, deutsche Bücher zu lesen, allerdings nicht immer freiwillig. Aber vielleicht ist dieser Richard Katz schuld daran, daß ich mich später, von seltenen Ausnahmen abgesehen, nie sonderlich für Reisebücher erwärmen konnte.

Der Onkel, das Oberhaupt der Familie, hatte uns in der armseligen Wohnung meines Großvaters, des längst emeritierten Rabbiners Mannheim Auerbach, untergebracht –

unweit des Bahnhofs Charlottenburg. Schon nach zwei oder drei Wochen in der neuen Umgebung – man schrieb immer noch das Jahr 1929 – wurde ich eingeschult. Während die Kinder von Onkel Jacob und Tante Else nicht etwa eine Volksschule besuchten, sondern, wie in vornehmen Familien üblich, von einem ins Haus kommenden Privatlehrer unterrichtet wurden, konnte davon in meinem Fall nicht die Rede sein – aus finanziellen Gründen. Als meine Mutter mich an meinem ersten Berliner Schultag abholte, sah sie Tränen in meinen Augen. Nein, man hatte mir in der Volksschule in Berlin-Charlottenburg, Witzlebenstraße, nichts angetan. Nur war ich Zeuge eines kleinen, mir bisher unbekannten Vorfalls gewesen.

Ein Schüler, der etwas ausgefressen hatte, wurde von unserem Lehrer, Herrn Wolf, nach vorne gerufen. Sogleich war ein kurzes Kommando zu hören: »Bück dich!« Der kleine Missetäter befolgte es gehorsam und ruckartig – und bekam mit einem Rohrstock, der zu diesem Zweck in der Ecke des Klassenzimmers gestanden hatte, einige kräftige Hiebe. Dann durfte das weinende Kind auf seinen Platz zurückkehren. Es war, wie ich mich später überzeugen konnte, ein ganz alltäglicher Vorfall: Niemand in der Klasse war verwundert oder gar erschrocken – bloß ich, der Fremdling. Denn in Polen hatte ich derartiges noch nie erlebt.

Mit der Übersiedlung nach Berlin begann ein neuer Abschnitt meines Lebens, wohl der entscheidende. Über der unsichtbaren Pforte zu diesem Kapitel gab es also drei Inschriften, drei Losungen: Fräulein Lauras so sehnsüchtige wie freundliche Vision vom Land der Kultur, Tante Elses strenge Mahnung zur deutschen Ordnung und die Züchtigung, die der Lehrer Wolf sachlich und energisch vorgenommen hatte. Recht so, Zucht und Ordnung mußten sein. Doch wie war das möglich: Im Land der Kultur wurden

Kinder von ihren Erziehern mit einem Rohrstock geprügelt. Da konnte etwas nicht stimmen.

Nein, ich habe diesen Widerspruch damals natürlich nicht verstanden, nicht einmal geahnt. Nur habe ich an meinem ersten Schultag in Deutschland gleich etwas zu spüren bekommen, was ich nie ganz überwinden konnte, was mich ein Leben lang begleitete. Begleitete? Nein, sagen wir lieber: begleitet. Ich meine die Angst – vor dem deutschen Rohrstock, dem deutschen Konzentrationslager, der deutschen Gaskammer, kurz: vor der deutschen Barbarei. Und die deutsche Kultur, die mir das Fräulein Laura so nachdrücklich und schwärmerisch angekündigt hatte? Auch sie ließ nicht lange auf sich warten. Ziemlich schnell geriet ich in den Bann der deutschen Literatur, der deutschen Musik. Zu der Angst kam also das Glück hinzu – zur Angst vor dem Deutschen das Glück, das ich dem Deutschen verdankte. Auch hier ist das Präsens durchaus angebracht, also: verdanke, immer noch verdanke.

In der Charlottenburger Volksschule erging es mir nicht so schlecht: Ich wurde weder geprügelt noch schikaniert. Aber ganz einfach war es nun doch nicht. Indes haben mir nicht die Lehrer den Alltag erschwert, sondern die Mitschüler. Sie sahen in mir – und verwunderlich war das nicht – den Ausländer, den Fremden. Ich war etwas anders gekleidet, ich kannte ihre Spiele und Scherze nicht, noch nicht. Also war ich isoliert. Schlichter ausgedrückt: Ich gehörte nicht dazu.

Alles in dieser Schule war mir neu, auch der simple Umstand, daß in der ersten Deutschstunde von einem der Jungen – es war der Vertrauensmann der Klasse – auf Weisung des Lehrers einem an der Wand hängenden Schrank eine größere Zahl von Büchern entnommen und verteilt wurde. Jeder Schüler erhielt ein Exemplar, aus dem er dann etwa eine halbe Seite vorlesen mußte. Ich schaffte das einigermaßen, aber das Buch begeisterte mich nicht, mit dem Autor konnte ich nicht viel anfangen – und kann es bis heute nicht. Es handelte sich um Peter Roseggers »Als ich noch der Waldbauernbub war«. Böcklin und Rosegger – so gut meinte es das Leben mit mir nun doch nicht.

Im Frühjahr 1930 sollte ich ins Gymnasium, und zwar ins Werner von Siemens-Realgymnasium in Berlin-Schöneberg. Denn wir wohnten inzwischen in diesem Stadtteil, nicht weit vom Bayerischen Platz. Da ich in der Volksschule nur vier Monate gewesen war, gehörte ich zu jenen Schülern, die eine Aufnahmeprüfung bestehen mußten: Deutsch und Rechnen, erst eine schriftliche und dann eine mündliche Prüfung. Um elf Uhr sollte mich meine Mutter abholen. Aber ich wartete schon ab zehn Uhr vor dem Schulgebäude in der Hohenstaufenstraße, geduldig und in bester Laune. Denn ich hatte die schriftliche Prüfung so gut bestanden, daß ich von der mündlichen befreit worden war. Meine Mutter war stolz auf mich.

Die großzügige Belohnung ließ nicht auf sich warten: Erst bekam ich in der gegenüberliegenden Konditorei einen Kuchen und überdies durfte ich mit meinem Vater in einen Zirkus gehen – es war der berühmte Zirkus Sarrasani, der gerade in Berlin gastierte, ich glaube, auf dem Tempelhofer Feld. Es hat mir schon gefallen, aber das nächste Mal war ich in einem Zirkus erst wieder ein Vierteljahrhundert später – im Sowjetischen Staatszirkus, der 1955 in Warschau auftrat. Diesmal wollte ich meinem damals sechsjährigen Sohn eine Freude bereiten.

Weder 1930 noch 1955 konnte ich allerdings voraussehen, daß ich einst dem Zirkus einen ungewöhnlichen Erfolg verdanken sollte. Im September 1968 brachte der »Spiegel« eine Rezension des Films »Die Artisten in der Zirkuskuppel: ratlos«. In diesem Film von Alexander Kluge hätte ich, konnte man lesen, den Direktor des sowjetischen Staatszirkus »sehr überzeugend« verkörpert. Ich war glücklich, denn selten geschieht es, daß ein Anfänger der Schauspielkunst von der »Spiegel«-Kritik so vorbehaltlos gelobt wird. Allerdings wußte ich gar nicht, daß ich je jemanden verkörpert hatte, weder auf der Leinwand noch sonstwo. Erfreulicherweise konnte man aber gleich erfahren, wie es zu der schauspielerischen Leistung gekommen war: Kluge hatte im Frühjahr 1968 eine Schriftsteller-Tagung (nämlich der »Gruppe 47« in dem Gasthof »Pulvermühle« im Frankenland) gefilmt und diese Aufnahmen für sein damals vieldiskutiertes Werk »Die Artisten in der Zirkuskuppel: ratlos« verwendet: Den Ton weglassend, hatte er die Tagung der »Gruppe 47« als einen Kongreß von Zirkusdirektoren ausgegeben. In späteren Jahren hat man mir mitunter tatsächlich kleine Filmrollen angeboten. Offenbar versprach man sich davon einen besonderen Jux, denn meist sollte ich einen Kritiker spielen. Ich habe diese Angebote stets abgelehnt, bisweilen mit der aufrichtigen Begründung, daß es mir ohnehin Mühe genug bereite, im Leben, im literarischen, versteht sich, einen Kritiker wirklich »überzeugend« zu mimen.

Meine Gymnasialzeit begann mit einer geringfügigen Unannehmlichkeit, die ich, obwohl sie kaum erwähnenswert ist, bis heute nicht vergessen habe. In der ersten Unterrichtsstunde wurden wir Sextaner alle in alphabetischer Reihenfolge aufgerufen: Jeder sollte sein Geburtsdatum und seinen Geburtsort nennen. Alles lief reibungslos ab – bis ich an der Reihe war. Das Datum akzeptierte der Lehrer, ohne sich zu wundern, aber der Ort, den ich nannte, belustigte ihn. Da gab es also in der Klasse einen Schüler, der in einer irgendwo gelegenen, einer fernen, schlimmer noch, in einer unaussprechbaren Stadt geboren war. Der Lehrer versuchte diesen sonderbaren Stadtnamen »Wloclawek« allen Schwierigkeiten zum Trotz doch auszusprechen. Die

33

ganze Klasse lachte schallend – und je lauter sie lachte, desto mehr bemühte er sich, sie mit neuen Fassungen zu amüsieren: von »Lutzlawiek« bis »Wutzlawatzek«.

Wie beneidete ich damals meine Mitschüler, die in Berlin geboren waren, in Breslau oder in Eberswalde. Ich ballte meine Faust, wenn auch in der Hosentasche – und ich sagte etwas Freches. Dafür bekam ich eine kräftige Ohrfeige. Ja, in preußischen Gymnasien wurde man vom Lehrer geohrfeigt, nicht nur in der Sexta, sondern mit Sicherheit auch noch in der Quinta. Nach dieser Ohrfeige, die meine Mitschüler als ganz normal, vielleicht sogar als gerecht empfanden, schwor ich Rache. Ich wußte ja: Wollte ich integriert und sogar geachtet werden, mußte ich mich durch Leistungen im Unterricht auszeichnen. Das war nicht so einfach: Denn ich war bis dahin ein nur mittelmäßiger Schüler.

Aber ich wurde nun – und dabei mag Trotz eine gewisse Rolle gespielt haben – der Beste in einem Fach, das zunächst Rechnen und wenig später Mathematik hieß. Vielleicht hat diese Zeit doch Spuren hinterlassen. Denn mein Sohn wurde Mathematiker und ein sehr guter überdies. Er ist Professor an der University of Edinburgh, und seine Werke erscheinen in den vorzüglichsten internationalen Verlagen. Sie wurden auch mehrfach preisgekrönt. Aber leider bin ich nicht imstande, sie zu lesen, geschweige denn zu verstehen.

Lange dauerte meine Liebe zur Mathematik nicht. Als ich dreizehn oder vierzehn Jahre alt war, vernachlässigte ich das Fach und die meisten anderen ebenfalls. Ein anderes Fach, ein einziges, hatte es mir inzwischen angetan – ein Fach übrigens, das mir für die Rache an jenen Mitschülern, die mich verspotteten, noch viel besser geeignet schien als die Mathematik. Ja, ich rächte mich, ich wurde nun und blieb bis zum Abitur der beste Deutschschüler der Klasse.

Aus Trotz? Das mag zutreffen, aber so ganz richtig ist es natürlich nicht.

Da gab es noch einen anderen Faktor, da hat noch ein anderes Motiv mitgewirkt – und es läßt sich kaum überschätzen: Das Lesen von Geschichten, von Romanen und sehr bald auch von Theaterstücken machte mir immer mehr Spaß. Und ehe ich mich's versah, da war's um mich geschehn. Ich war glücklich – wohl zum ersten Mal in meinem Leben. Ein extremes, ein unheimliches Gefühl hatte mich befallen und überwältigt. Ich war verliebt. Halb zog sie mich, halb sank ich hin – ich war verliebt in sie, die Literatur.

Herr Kästner, seelisch verwendbar

Zunächst las ich, den meist nur beiläufigen Hinweisen und gelegentlichen Ratschlägen unserer Lehrer folgend, die gleichen Bücher wie meine Mitschüler. Auch ich hatte, schon sehr früh, eine Zeit, in der mich populäre historische Romane interessierten – der Bestseller »Ben Hur« des Amerikaners Wallace also und »Quo Vadis« des polnischen Nobelpreisträgers Henryk Sienkiewicz, »Der Löwe von Flandern« des Flamen Conscience und »Die letzten Tage von Pompeji« des Engländers Bulwer-Lytton.

Ferner las ich, respektvoll und doch ein wenig gelangweilt, Coopers »Lederstrumpf«-Romane. Eine Weile lang regten auch mich die Bücher jenes deutschen Autors auf, der sich nicht genierte, die billigsten Mittel zu verwenden, der vor keinen Primitivismen, vor keinen Sentimentalitäten zurückschreckte und der dennoch ein beachtlicher, ein erstaunlicher Erzähler war – ich meine Karl May.

Allerdings wollte ich nach der Lektüre einiger dieser grünen Bände nichts mehr von ihm wissen – vielleicht deshalb, weil sein Held, Old Shatterhand, mir doch zu stark und mutig war und überdies auf gar zu vorbildliche Weise selbstlos. Mehr noch: Er war, was uns Berliner Schülern besonders verächtlich vorkam – ein unerträglicher Wichtigtuer, ein ganz großer Angeber.

»Und es mag am deutschen Wesen / Einmal noch die Welt genesen« – diese Verse des inzwischen vergessenen Emanuel Geibel kannte ich damals bestimmt nicht. Aber es ging mir schon auf die Nerven, daß es immer ein Deutscher war, der in Karl Mays Romanen die Bedrängten heldenhaft rettete und die Bösewichter behandelte, wie sie es verdienten, der für Ordnung und Gerechtigkeit sorgte – wenn nicht mit der bloßen, mit der eisernen Faust, dann doch mit einer ungewöhnlichen Waffe, einer wahren Wunderwaffe.

Im Januar 1967 diskutierte ich in Tübingen mit dem alten Ernst Bloch – es war eine Aufzeichnung für den Rundfunk – über allerlei, und bald kam Bloch, wie nicht anders zu erwarten war, auf den von ihm bewunderten Karl May zu sprechen. Er sei einer der spannendsten und farbigsten Erzähler der deutschen Literatur. Ich erlaubte mir, vorsichtig zu protestieren und vor allem den doch dürftigen Stil des »Winnetou«-Autors zu beanstanden. Bloch war da anderer Ansicht: Hier sei, meinte er, die Sprache des Erzählers seinem Stoff, seinen Figuren und Motiven vollkommen angemessen. Das aber schien mir eine nicht unbedingt lobende, eine etwas zweideutige Äußerung – und ich widersprach nicht mehr.

Auch die als besonders empfehlenswert geltenden deutschen historischen Romane aus dem neunzehnten Jahrhundert zeichneten sich durch eine auffallend patriotische Tendenz aus – so Scheffels melodramatischer »Ekkehard«, so die wackeren, die bemühten »Ahnen« Gustav Freytags oder der Roman »Ein Kampf um Rom« von Felix Dahn, ein mit Kontrasteffekten glänzend operierendes Riesenfresko, dessen Figuren sich mir, gewiß nicht zufällig, am stärksten eingeprägt haben. Doch nicht der tollkühne, der stets an der Spitze seines Heeres heroisch kämpfende Belisar beeindruckte mich in Dahns Roman, sondern der körperlich schwache und gelähmte, der meist in einer Sänfte getragene Feldherr Narses, ein Stratege, der allen anderen hoch überlegen ist.

Aber ich habe alle diese Bücher mit gemischten Gefühlen gelesen, jedenfalls ohne Enthusiasmus. Die Welt der Recken und Ritter, der Helden und Haudegen, der so mächtigen Könige und der so mutigen Kämpfer von meist eher schlichter Geistesart – diese Welt war die meinige nicht. Ein ganz anderes Buch hatte mich damals begeistert: Erich Kästners »Emil und die Detektive«, ein »Roman für Kinder«.

Zu seinen Lebzeiten schrieb ich mehr als einmal und wohl etwas trotzig, Kästner, dieser Sänger der kleinen Freiheit, dieser Dichter der kleinen Leute, gehöre zu den Klassikern der deutschen Literatur unseres Jahrhunderts. Habe ich zu dick aufgetragen? Ich weiß schon: Seine Romane, auch der wichtigste, »Fabian«, sind längst verblaßt, wenn nicht vergessen. Für die Bühne ist ihm nichts geglückt. Seine Aufsätze waren meist nützlich, aber es sind nur Gelegenheitsarbeiten ohne sonderliche Bedeutung. Was bleibt? Mit Sicherheit gar nicht so wenige seiner Gedichte und vielleicht noch das eine oder andere von seinen Büchern für Kinder.

Emil Tischbein und sein Freund Gustav mit der Hupe – sie standen mir ungleich näher als der rote Gentleman Winnetou und der edle Schläger Old Shatterhand, als die um Rom kämpfenden Feldherrn Cethegus, Narses und Belisar. Diese Geschichte von den Berliner Kindern, denen es gelingt, den Dieb zu fassen, den Bösewicht, der den Emil in der Eisenbahn bestohlen hat, die ähnlich wie Old Shatterhand dafür sorgen, daß die Gerechtigkeit ihren Lauf nehmen kann und daß die Ordnung wiederhergestellt wird – sie ist nicht ganz frei vom Rührseligen, wohl aber, anders als bei Karl May, frei vom Exotischen, vom Pathetischen und vom Bombastischen. Was Kästner erzählte, spielte sich nicht in fernen Zeiten und Ländern ab, es passierte hier und heute: auf Berliner Straßen und Höfen, also dort, wo wir uns auskannten. Die Personen, die hier auftraten, sprachen wie wir alle, die wir in der Großstadt aufwuchsen. Das ist es: Die Glaubwürdigkeit dieses Buches und somit auch sein Erfolg beruhten vor allem auf der Authentizität der Alltagssprache.

Die etwas später geschriebenen Kinderromane von Kästner, vor allem »Pünktchen und Anton«, haben mir auch gefallen, ohne mich ebenso stark zu beeindrucken. Sein Name freilich war bald nicht mehr zu hören. Als seine Bücher am 10. Mai 1933 auf dem Platz vor der Berliner Staatsoper verbrannt wurden, stand er inmitten der vielen Menschen, die Zeuge des in der Neuzeit einzigartigen Schauspiels sein wollten. Gleichwohl blieb er in Deutschland. Wenn aber in manchen Nachschlagebüchern der deutschen Exilliteratur Kästner als Emigrant angeführt wird, so hat dies, obwohl falsch, dennoch seine Ordnung: In der Zeit von 1933 bis 1945 hatte er, der Mann zwischen den Stühlen, sich klar entschieden. Nicht er war emigriert, doch waren es seine Bücher – sie konnten damals nur in der Schweiz erscheinen. Erich Kästner war Deutschlands Exilschriftsteller honoris causa.

So kamen mir seine Schriften in jenen Jahren nur selten in die Hände. Es gab sie nun weder in den Stadtbibliotheken noch in den Buchhandlungen; freilich konnte man sie in manchen Antiquariaten für ein paar Pfennige erstehen: Die jetzt unwillkommenen Titel wurden unter der Hand verramscht. Doch las ich Kästner nicht mehr, ich war ihm, glaubte ich, mittlerweile entwachsen, auch seinen Gedichten. Vergessen konnte ich ihn allerdings nicht.

Daß die Zeit meiner Zuneigung im Grunde nichts anhaben konnte, zeigte sich überraschend einige Jahre später – im Warschauer Getto. Ich hatte einen Bekannten besucht, von dem ich irgend etwas brauchte. Bei ihm fand ich, womit ich nicht gerechnet hatte: deutsche Bücher. Plötzlich fiel mir ein kleiner, schmucker Band auf: »Doktor Erich Kästners Lyrische Hausapotheke«, 1936 in Zürich veröffentlicht. Sofort las ich das Gedicht, das die Sammlung eröffnet: das »Eisenbahngleichnis«. Es beginnt: »Wir sitzen alle im gleichen Zug / und reisen quer durch die Zeit.« Und es endet: »Wir sitzen alle im gleichen Zug. / Und viele im falschen Coupé.«

Ich wollte dieses Buch unbedingt haben, ich hätte es mir sofort gekauft, wenn dies nur möglich gewesen wäre. Nein, erwerben konnte ich den Band nicht, er ließ sich auch in keinem Antiquariat im Getto finden. Immerhin bekam ich ihn geliehen – für eine begrenzte Zeit, versteht sich. Ein Mädchen, das Teofila hieß, aber Tosia genannt wurde und von dem hier noch mehr als einmal die Rede sein wird – Tosia also hat Kästners »Lyrische Hausapotheke« für mich von Hand kopiert. Sie hat die Gedichte auch illustriert und schließlich die Blätter sorgfältig geheftet. Das so entstandene Buch erhielt ich zu meinem einundzwanzigsten Geburtstag – am 2. Juni 1941 im Warschauer Getto. War mir je ein schöneres Geschenk zugedacht worden? Ich bin nicht sicher. Doch nie habe ich eins bekommen, auf das mehr Mühe verwendet wurde – und mehr Liebe.

Da saßen wir also zusammen, Tosia und ich, und langsam und nachdenklich lasen wir in dunkler Nacht und bei kümmerlicher Beleuchtung diese deutschen Verse, die sie für mich abgeschrieben hatte. Von einem nahe gelegenen Gettoeingang hörten wir ab und zu deutsche Schüsse und jüdische Schreie. Wir zuckten zusammen, wir zitterten. Aber in jener Nacht lasen wir weiter – die »Lyrische Hausapotheke«. Uns, die wir die Liebe noch nicht lange kannten, entzückte die etwas wehmütige, die dennoch wunderbare »Sachliche Romanze«. Wir lasen also von den beiden, denen die Liebe nach acht Jahren plötzlich abhanden gekommen war »wie andern Leuten ein Stock oder Hut«

und die das einfach nicht fassen konnten. Wir dachten an unsere gemeinsame Zukunft, die es, davon waren wir überzeugt, gar nicht geben konnte – es sei denn, vielleicht, in einem Konzentrationslager. Wir lasen die irritierenden Fragen »Kennst du das Land, wo die Kanonen blühn?« und »Wo bleibt das Positive, Herr Kästner?« Wir lächelten über die Charakteristik des Strebers (»Die Ahnen kletterten im Urwald. / Er ist der Affe im Kulturwald«). Wir erschraken vor der Mahnung: »Nie dürft ihr so tief sinken, / von dem Kakao, durch den man euch zieht, / auch noch zu trinken.« Mitten in unsere jämmerliche Existenz trafen uns die zwei Verse mit dem Titel »Moral«, diese acht Worte: »Es gibt nichts Gutes, / außer: man tut es!«

Ich weiß schon: Zur großen deutschen Poesie kann man Kästners Gebrauchslyrik mit Sicherheit nicht zählen. Gleichwohl haben mich seine intelligenten, seine kessen und doch etwas sentimentalen Gedichte damals gerührt und ergriffen, sie haben mich begeistert. Was sich täglich abspielte, konnte nicht ohne Einfluß auf meine Lektüre bleiben. Inmitten des Elends im Warschauer Getto, in einer Zeit also, da ich täglich mit dem Tod rechnen mußte, fiel es mir schwer, Romane, ja, sogar Erzählungen zu lesen.

Ich habe während der ganzen deutschen Okkupation Polens, also in einem Zeitraum von fünf Jahren, keinen einzigen Roman gelesen, nicht einmal jenen, dem im Getto ein unerwarteter Erfolg zuteil wurde, der von Hand zu Hand ging. Ich meine Franz Werfels »Die vierzig Tage des Musa Dagh«, die Geschichte der Verfolgung und Ermordung der Armenier während des Ersten Weltkriegs. In ihrem Schicksal glaubten viele jüdische Leser Parallelen zur eigenen Situation erkennen zu können.

Wohl aber las ich Gedichte, am häufigsten Goethe und Heine. Dem Alltag zum Trotz interessierten sie mich immer noch und immer wieder. Allerdings wurden mir da-

41

mals manche Dichter, die ohnehin nicht zu meinen Lieblingsautoren gehörten, fremd, wenn nicht gar unerträglich. Das gilt für die Poeten mit dem priesterlichen Gestus, für die Propheten, die Raunenden, für die »Hüter des heiligen Feuers« – für Hölderlin also, teilweise für Rilke und ganz gewiß für Stefan George. Ihre Orakelsprüche gingen mir jetzt auf die Nerven, ihre bisweilen herrliche Wortmusik büßte ihren Zauber ein – freilich nicht für immer, wie sich viel später erweisen sollte.

Es ist im Grunde unmöglich, Kästner in einem Atemzug mit Rilke und George zu nennen oder gar mit Hölderlin. Aber in manchen Situationen des Lebens hat man keine Geduld für Bruckners Symphonien, wohl aber eine Schwäche für Gershwin. So standen mir damals eine Weile lang die Skepsis und der Humor von Erich Kästners ganz und gar unfeierlicher Großstadtlyrik ungleich näher als die erhabene Poesie der Seher.

Aber da gab es noch einen ganz anderen Umstand, über den ich mir im Warschauer Getto nicht viele Gedanken machte. Die »Lyrische Hausapotheke« erinnerte mich an den Geist und das Klima jener Kultur der Weimarer Republik, die mich (das oft mißbrauchte Wort ist hier am Platze) fasziniert und beglückt hatte – in den letzten Jahren vor Hitler, obwohl ich noch ein Kind war, und in den ersten Jahren nach ihrem Zusammenbruch, da ich mich von den Büchern und Schallplatten, den Zeitschriften und Programmheften aus den zwanziger Jahren kaum losreißen konnte. Natürlich war es ein Zufall, daß ich 1941 gerade die Gedichte von Kästner gefunden habe. Es hätten auch Verse von Brecht sein können oder Feuilletons von Tucholsky, auch Reportagen von Joseph Roth oder Egon Erwin Kisch, Rezensionen von Alfred Kerr oder Alfred Polgar, die Songs aus der »Dreigroschenoper« und aus »Mahagonny« oder die Lieder aus dem »Blauen Engel«, die Stimmen von Marlene Dietrich, von Lotte Lenya oder Ernst Busch, von Fritzi Massary und Richard Tauber, die Zeichnungen von George Grosz oder die Fotomontagen von John Heartfield. Das alles vergegenwärtigte die Welt, die mich in den frühen Jahren prägte und die ich noch unlängst als die meinige empfand, die ich geliebt hatte und aus der ich verjagt und vertrieben worden war.

Daß ich Kästner je kennenlernen würde, auf diese Idee bin ich nicht gekommen. Abgesehen davon, daß meine Chancen, den Krieg zu überleben, mikroskopisch klein waren, würde ich jemandem, der mir ein Treffen mit Kästner vorausgesagt hätte, wohl geantwortet haben, das sei so absurd wie der Gedanke an ein Treffen mit Wilhelm Busch oder mit Christian Morgenstern. Doch im Herbst 1957 besuchte ich, immer noch in Polen lebend, die Bundesrepublik. Die Reise begann in Hamburg und führte mich über Köln und Frankfurt nach München. Ich bemühte mich gleich um Kästners Telefonnummer. Das war gar nicht einfach, aber schließlich bekam ich sie. Als Kästner hörte, daß ich ein Kritiker aus Warschau sei – solche Gäste gab es damals in München selten –, leistete er keinen Widerstand: Er schlug ein Treffen im Café Leopold in Schwabing vor.

Er war wieder populär, wie einst, unmittelbar vor 1933. Er wurde geschätzt, wenn auch immer noch, glaube ich, unterschätzt. Gerade war ihm der Büchner-Preis verliehen worden. Eine siebenbändige Ausgabe seiner »Gesammelten Schriften« wurde vorbereitet. Freilich machte er den Eindruck weniger eines würdigen als vielmehr eines höchst liebenswürdigen Menschen, schlank und charmant, flott und elegant. Wenn man bedachte, daß er 58 Jahre alt war, wirkte er erstaunlich jung.

Nachdem Kästner meine Fragen höflich beantwortet hatte, wollte er wissen, wie es mir im Krieg ergangen war. So knapp wie möglich berichtete ich ihm vom Warschauer

Getto und kam gleich auf seine Gedichte zu sprechen. Ich zeigte ihm das handgeschriebene, das zufällig erhalten gebliebene und nun schon ziemlich ramponierte Exemplar seiner »Lyrischen Hausapotheke«. Er war überrascht und wurde schweigsam. Allerlei habe er sich vorstellen können, nicht aber, daß im Warschauer Getto seine Verse gelesen wurden, ja, daß man sie sogar von Hand kopierte – wie man im Mittelalter literarische Texte abgeschrieben hatte. Er war gerührt. Ich glaube, der smarte Poet hatte Tränen in den Augen.

Erst im Herbst 1963 sah ich ihn wieder: Wir waren Mitglieder der Jury eines »Deutschen Erzählerpreises«, den der »Stern« gestiftet hatte. Die Jurysitzungen fanden im Schloßhotel Kronberg bei Frankfurt statt. Als er ankam, stand ich zufällig an der Rezeption. Er begrüßte mich freundlich und rasch, wandte sich aber sofort ab, um einen doppelten Whisky zu ordern. Er wartete ungeduldig. Erst nachdem er ihn getrunken hatte, war er bereit, die Hotelanmeldung auszufüllen. Auch während der Jurysitzungen, die er meist aufmerksam verfolgte, ohne viel zu reden, trank er in regelmäßigen Abständen Alkohol.

Zum dritten und letzten Mal traf ich Kästner Ende Januar 1969. Der Norddeutsche Rundfunk hatte mich gebeten, ihn aus Anlaß seines siebzigsten Geburtstags für das Fernsehen zu interviewen. Die Aufzeichnung des Gesprächs wurde in einem Lokal gemacht, zu dessen Stammgästen er in seiner Berliner Zeit gehört hatte und auf das er bei verschiedenen Gelegenheiten gern zu sprechen kam – im Restaurant Mampe am Kurfürstendamm, zwischen der Joachimsthaler Straße und der Gedächtniskirche. Damals sah dieses Lokal noch aus wie vor dem Krieg. Kästner kam pünktlich und, so schien es mir jedenfalls, flott wie immer. Er sah recht gut aus, man konnte ihn für einen Sechzigjährigen halten. Doch in Wirklichkeit war sein Zustand traurig und bedauernswert. Schon im Vorgespräch fiel es ihm schwer, sich zu konzentrieren, seine Antworten waren nichtssagend und etwas wirr. Ich bekam fast nur klischeehafte Wendungen zu hören, ich war erschüttert. Wahrscheinlich fürchtete ich das uns bevorstehende Fernsehgespräch noch mehr als er.

Ich versuchte, ihn auf alle Fragen, die ich ihm stellen wollte, vorzubereiten. Doch die meisten dieser ganz einfachen Fragen kamen ihm zu schwierig vor, zu ihnen, sagte er wiederholt, würde ihm doch nichts einfallen. Er tat mir leid in seiner kaum getarnten Ratlosigkeit. Ich wollte ihm helfen, ihm soweit wie möglich die Situation erleichtern. Auch die Leute vom Norddeutschen Rundfunk waren sehr geduldig – vielleicht deshalb, weil sie alle, wie sich bald herausstellte, »Emil und die Detektive« gelesen hatten. Die Phrasen, die Kästner schließlich ins Mikrophon stotterte, ließen gleich erkennen, daß sein Gedächtnis kaum noch funktionierte. Wir konnten nichts anderes tun, als alles aufzuzeichnen. Insgesamt waren es etwa vierzehn Minuten. Davon ließen sich letztlich nicht mehr als zwei oder drei Minuten senden – und auch diese waren kümmerlich. Nachdem er die ganze Zeit über Alkohol getrunken hatte, war er nun vollkommen erschöpft. Was er lallte, konnten wir nicht verstehen. Dann bemühte er sich aufzustehen. Man mußte ihn stützen. Die Kellner sahen schweigend zu. Wir brachten ihn ins Taxi. Als ich ihm zum Abschied die Hand drückte, versuchte er zu lächeln.

Einige Tage später erhielt ich von Kästner einen Brief: In dem Umschlag fand sich der Faksimile-Druck eines neuen, eines harmlosen Gelegenheitsgedichts, betitelt »An die Gratulanten«. Es endet mit den Versen: »Bin gerührt und trotzdem heiter. / Danke sehr. Und mache weiter.« Offenbar wollte er noch ein persönliches Wort hinzufügen, und so schrieb er unter dieses Gedicht: »Lieber Fachmann,

›Mampe‹ ist ein nettes Lokal, und wir sind reizende Leute. Ihr Kästner.«

Am 29. Juli 1974 – inzwischen war ich in der Redaktion der »Frankfurter Allgemeinen« für Literatur zuständig – brachte mir der nicht mehr junge Bürobote eine Meldung der Deutschen Presseagentur, die er resigniert auf den Tisch legte – mit dem üblichen Kommentar: »Da haben Sie wieder eine Leiche.« Ich las rasch, der deutsche Dichter Erich Kästner sei in einem Münchner Krankenhaus gestorben. Wie immer in solchen Fällen, sah ich erst einmal auf die Uhr: Ja, der Nachruf werde sich noch vor Redaktionsschluß schaffen lassen. Aber es mußte sehr schnell geschehen. Doch bevor ich damit anfing, rief ich jene an, die 1941 im Warschauer Getto seine Gedichte abgeschrieben hatte. Sie reagierte mit einem einzigen Wort: »Nein!« Dann war es ganz still. Wenn ich mich recht entsinne, waren meine Augen wieder einmal feucht – und die ihrigen wohl auch.

1998 erreichte uns, Tosia und mich, eine nicht alltägliche Bitte: Der Autor und Verleger Michael Krüger wünschte, daß wir zusammen einen Band mit der Lyrik Kästners herausgäben. Tosia sollte die Gedichte auswählen, und ich sollte das Nachwort schreiben. Wir erfüllten diesen Wunsch gern. Dem Buch haben wir, eine Formulierung Kästners aufgreifend, den Titel »Seelisch verwendbar« gegeben.

Verneigung vor der Schrift

Die nationalsozialistische Herrschaft haben wir, Schüler des Werner von Siemens-Realgymnasiums in Berlin-Schöneberg, sofort gemerkt, sofort zu spüren bekommen – wenn auch auf sonderbare Weise. Am Morgen des 28. Februar 1933 waren wir Quartaner in der großen Pause gegen zehn Uhr, wie üblich, mit einem Spiel beschäftigt, das wir »Schlagball« nannten, das aber mit dem richtigen Schlagballspiel nur wenig gemein hatte. Denn wir waren auf kunstvoll aus Butterbrotpapier gedrehte »Pillen« angewiesen. Daß die älteren Schüler auf dem Hof in Gruppen zusammenstanden und sich aufgeregt unterhielten, fiel uns kaum auf.

Erst nach der Pause, als vor der Klassentür einer unserer Lehrer stand und uns mit rüden Worten in die Aula trieb, ahnten wir, daß Ungewöhnliches geschehen war oder bevorstand. Der Direktor der Schule, ein ruhiger Mensch, sprach zu uns, klar und sachlich, ganz ohne Eifer. Der Reichstag, informierte er die versammelten Schüler, habe in dieser Nacht gebrannt und brenne wohl immer noch. Neu war dies für mich nicht. Denn um fünf oder sechs Uhr morgens hatte in unserer Wohnung das Telephon geklingelt und uns alle aufgeweckt – was noch nie passiert war. Mein Onkel Max, der Patentanwalt, ein heiterer und jovialer und dabei leicht erregbarer Mensch, der immer ungeduldig auf Neuigkeiten wartete, vor allem auf solche, die Hitler und die Nazis betrafen, konnte sich kaum beherrschen. Er hatte das dringende Bedürfnis, uns sogleich eine sensationelle Nachricht mitzuteilen. Sie lautete nicht etwa »Der Reichstag brennt«, sondern »Die Nazis haben den Reichstag angesteckt«.

In der kurzen Rede des Schuldirektors fand sich, allerdings indirekt, der gleiche Hinweis: »Ich verbiete allen Schülern« – sagte er – »zu behaupten, die Nationalsozialisten hätten den Reichstag angezündet.« Viele Schüler horchten auf: Erst dieses Verbot brachte sie auf einen Gedanken, auf den sie sonst wahrscheinlich gar nicht gekommen wären. Warum hatte unser Direktor das gesagt? War er einfältig und dümmlich, oder wollte er gar provozieren? Jedenfalls haben wir ihn nicht mehr oft gesehen: Bald verschwand er von der Schule – aus politischen Gründen, hieß es. So simpel ging das bisweilen zu.

Im Unterricht machte sich der Geist der neuen Machthaber nicht so rasch bemerkbar. Aber gelegentlich gab es schon Vorfälle, die man vor 1933 nicht gekannt hatte. Beim Handballspiel glaubte der Schüler R., er sei vom Schüler L. angerempelt worden. Es waren zwei tüchtige Spieler, doch der eine ein HJ-Führer, der andere ein Jude. In der Hitze des Gefechts brüllte R. den L. an: »Du Dreckjude!« Solche Beschimpfungen waren in dieser Schule damals, 1934, noch nicht üblich. So wuchs sich der Vorfall zu einem kleinen Skandal aus.

Von der Sache erfuhr unser Klassenlehrer, Dr. Reinhold Knick. In seiner nächsten Unterrichtsstunde hielt er eine ernste, etwas feierliche Ansprache, seine Stimme, so schien mir, zitterte ein wenig: »Ich als Christ kann es nicht billigen, daß..., vergessen wir es nie: Auch unser Heiland war Jude...« Alle lauschten wir stumm, auch der HJ-Führer R. Aber außerhalb der Schule hörte er auf zu schweigen. Nach wenigen Tagen wurde Knick in die HJ-Gebietsführung (oder eine ähnliche Dienststelle) vorgeladen und kurz darauf auch von der Gestapo vernommen. Er berief sich auf sein christliches Gewissen. Das half ihm nicht viel: Man warnte ihn, ja man drohte ihm. Die Folgen ließen nicht lange auf sich warten: Mit Ende des Schuljahres wurde er versetzt – ans Hohenzollern-Gymnasium, ebenfalls in Berlin-Schöneberg.

Keinem meiner Lehrer aus den Jahren 1930 bis 1938 verdanke ich so viel wie diesem Doktor Knick. Ob er aus der Jugendbewegung kam, wie erzählt wurde, weiß ich nicht, aber etwas Jugendbewegtes hatte er immer: Er war in jenen Jahren Anfang oder Mitte Fünfzig, groß und schlank, das schon spärliche Haar blond, die Augen hellblau. Früher wurde er, wie ältere Schüler zu berichten wußten, »der blonde Schwärmer« genannt. Das war er in der Tat: ein Schwärmer, ein Enthusiast, einer vom Geschlecht jener, die glauben, ohne Literatur und Musik, ohne Kunst und Theater habe das Leben keinen Sinn. Die Dichtung seiner Jugendzeit hatte ihn geprägt: Rilke, Stefan George und das von ihm mit milder Nachsicht geliebte Frühwerk Gerhart Hauptmanns. Die George-Verse »Wer je die Flamme umschritt / Bleibe der Flamme Trabant!« klangen, von ihm gesprochen, nicht wie eine Mahnung, sondern wie ein glühendes Bekenntnis.

Reinhold Knick war nicht nur ein vielseitiger und hervorragender Pädagoge – er lehrte Mathematik und Physik, Chemie und Biologie ebenso wie Deutsch –, sondern auch ein musischer Mensch, ja ein Künstler, nämlich ein Regisseur, ein Schauspieler und ein Musiker. Von seiner Rezitationskunst haben wir Schüler häufig profitiert, da er uns, ob es der Lehrplan vorsah oder nicht, gern literarische Texte vortrug, zumal humoristische. So amüsierte er uns mit Wilhelm Buschs Poem »Balduin Bählamm«. Als er den ersten Akt des »Biberpelz« vorlas, lachte die ganze Klasse. Mehr noch: Wir verstanden sofort, was der Begriff »Naturalismus« bedeutete. Zugleich übte Knick damit Einfluß auf meine Lektüre aus: Begeistert vom »Biberpelz«, las ich gleich etwa ein halbes Dutzend der Dramen Hauptmanns. Mehr noch: Ich begriff, daß Literatur unterhaltsam sein darf – und sein sollte. Ich habe es nie vergessen.

Noch zu meinen Zeiten wurde von den Theatervorstellungen, die Knick in den zwanziger Jahren in der Aula unserer Schule veranstaltet hatte, viel und enthusiastisch gesprochen. Der erfolgreiche Berliner Theaterdirektor und Regisseur Victor Barnowsky, der von diesen Aufführungen gehört hatte, sah sich eine an und fand sie so beachtlich und originell, daß er dem Dilettanten sofort anbot (es war 1923 oder 1924), an dem von ihm geleiteten Lessing-Theater ein Stück zu inszenieren. Er überredete den zunächst Zögernden und war sicher, eine sensationelle Entdeckung gemacht zu haben.

Aber nach wenigen Proben gab Knick auf: Er bat um Auflösung des Vertrags. Denn schon diese Proben hätten ihm gezeigt, daß er nicht imstande sei, das Theater, das ihm vorschwebte, mit Berufsschauspielern zu realisieren: Sie seien in der Regel allzu sehr auf Effekte aus. Er ziehe es daher vor, weiterhin mit Schülern und mit Laien zu arbeiten.

Nur eine seiner Inszenierungen habe ich gesehen: 1936, als ich schon am Fichte-Gymnasium war und Knick am Hohenzollern-Gymnasium arbeitete, führte er dort Shakespeares »Sturm« auf. Er selber spielte den Prospero. Ich war sehr beeindruckt, indes nicht entzückt. Als ich ihn wenig später besuchen durfte, wollte ich über meine Bedenken, die nicht etwa Details betrafen, offen reden.

Knick hatte den Text stark bearbeitet und, unter anderem, den Epilog Prosperos mit der Schlußzeile aus Hebbels »Nibelungen« enden lassen: »Im Namen dessen, der am Kreuz erblich.« Eine derartige Christianisierung Shakespeares schien mir ein Stilbruch und auf jeden Fall unzulässig. Zu meiner Verwunderung gab er mir sofort recht. Aber er fügte hinzu: Angesichts dessen, was sich in Deutschland zur Zeit abspiele, genüge es nicht, gutes Theater zu machen. Vielmehr komme es darauf an, mit dem Theater an Ideale zu erinnern, die jetzt wichtiger denn je seien. Daher habe er den Stilbruch in Kauf genommen.

Ich erlaubte mir noch einen Einwand: Im »Sturm« seien doch zwei Welten gegeneinander gestellt – eine zarte und vornehme, nachdenkliche und melancholische mit Prospero, seiner Tochter Miranda und dem Luftgeist Ariel im Mittelpunkt und eine ziemlich vulgäre, teils plebejische und teils animalische Welt um den mißgestalteten Sklaven Caliban, den Spaßmacher Trinculo und den immer betrunkenen Kellermeister Stephano. Mich interessiere in diesem Stück die poetisch-intellektuelle Welt, zu jener anderen, der derben und primitiven, fehle mir die Geduld, sie stoße mich eher ab. Er, Knick, habe in seiner Inszenierung gerade die simplen und ordinären Elemente leider breit ausspielen lassen und damit ein Gleichgewicht hergestellt, das dem »Sturm« nicht nütze, sondern schade.

Er hörte sich alles aufmerksam an, war keineswegs ungehalten und sagte mir, dem wohl allzu vorlauten Fünfzehn- oder Sechzehnjährigen, etwa folgendes: »Ich verstehe dich gut, aber du verkennst die Realität. Die menschliche Gesellschaft besteht nicht nur aus den Repräsentanten des Geistes wie Prospero mit seiner großen Bibliothek, dazu gehören auch solche Wesen wie Caliban, sowenig er dir gefallen mag. Das sind zwei Seiten derselben Sache, und beide sind wichtig. Paß auf – heute zumal –, daß du nicht nur die eine Seite wahrnimmst und die andere übersiehst. Ich glaube, du hast eine große Schwäche für die Intellektuellen. Dagegen ist nichts zu sagen, nur muß man diese Schwäche in Grenzen halten – und man muß sich hüten, alles andere zu übersehen.« Den »Sturm« habe ich noch häufig auf der Bühne gesehen, die beste Inszenierung war wohl 1960 in Hamburg, mit Gründgens als Prospero. Aber es blieb dabei: Ich empfand Respekt, ohne mich für das Stück erwärmen zu können. Man muß sich damit abfinden: Es gibt weltberühmte Werke, vor denen man sich verneigt, ohne sie zu lieben.

Ich habe Knick noch mehrfach in seiner Steglitzer Wohnung besuchen dürfen – stets um 17 Uhr nachmittags, und stets klopfte um 18 Uhr seine Frau an die Tür, zum Zeichen, daß ich mich zu verabschieden hatte. Um die mir zur Verfügung stehende Zeit gut zu nutzen, bereitete ich mich jedesmal gründlich vor. Ich kam immer mit einem Zettel, auf dem viele Namen und Titel notiert waren. Ich berichtete ihm von meiner Lektüre, er bestätigte oder korrigierte meine Eindrücke und Urteile. Warum hat er sich eigentlich soviel Mühe mit mir gegeben? Machte es ihm Spaß, meine Fragen zur Literatur zu beantworten? Ich glaube, da war noch ein anderer Grund: Daß er sich meiner so annahm, hatte wohl auch mit dem »Dritten Reich« zu tun, mit der Verfolgung der Juden.

Während des Krieges habe ich oft an Knick gedacht, an seine Empfehlungen und Warnungen. Als ich Anfang 1946 zum ersten Mal wieder in Berlin war, fuhr ich sofort nach Steglitz. Natürlich fragte er mich, wie ich überlebt hätte und wie es meiner Familie ergangen sei. Schweigend hörte er sich meinen kargen Bericht an. Darüber, was die Nazis ihm und den Seinigen angetan hatten, wollte er dann nicht mehr sprechen. Nach Kriegsschluß hatte man ihn befördert: Er war nun Gymnasialdirektor.

Ganz beiläufig bemerkte er, daß er jetzt oft Besuch bekomme. Die Gäste trügen meist amerikanische oder englische Uniformen. Es seien seine früheren jüdischen Schüler. Sie alle – sagte er – redeten viel von Dankbarkeit. Doch letztlich wisse er nicht, wofür sie ihm denn dankbar seien.

Ich kann es mir schon denken, aber ich will hier nur für mich sprechen: Er, Reinhold Knick, war der erste in meinem Leben, der repräsentierte und verkörperte, was ich bis dahin nur aus der Literatur kannte – die Ideale der deutschen Klassik. Oder auch: den deutschen Idealismus.

Daß die Realität im »Dritten Reich« die Begriffe und Vorstellungen, das Gedankengut der deutschen Klassik auf so brutale, auf barbarische Weise in Frage stellte und widerlegte, versteht sich von selbst. Niemand hat dies, wenn man von den Kommunisten absieht, so schnell und so schmerzhaft zu spüren bekommen wie die Juden. Sie wurden unentwegt verunglimpft und diskriminiert: Keine Woche, kein Tag verging ohne neue Anordnungen und Verfügungen, und das heißt: ohne neue Schikanen und neue Demütigungen der unterschiedlichsten Art. Die Juden wurden aus dem deutschen Volk – man sprach jetzt immer häufiger von der »Volksgemeinschaft« – systematisch ausgeschlossen.

Damals, in den ersten Jahren nach der nationalsozialistischen Machtübernahme, suchten nicht wenige der Erniedrigten und Verfolgten Schutz und Zuflucht beim Judentum: Was ihnen schon gleichgültig geworden war, wovon sie sich sogar entschieden abgewandt hatten, gewann jetzt für sie eine neue Bedeutung. So fanden sich zum Gottesdienst in den Synagogen nun ungleich mehr Menschen ein – und es waren offensichtlich nicht nur Gläubige. Jüdische Organisationen hatten unverkennbar Zulauf. Das galt ganz besonders für die junge Generation, für die Halbwüchsigen. Aber traf es auch auf mich zu?

Mein Großvater, jener Rabbiner aus der Provinz, mit dem wir zusammenwohnten, war jetzt schon über achtzig Jahre alt, gebrechlich und blind. Zu meinen Pflichten gehörte es, ihm täglich etwa eine Viertelstunde Gesellschaft zu leisten. Er erzählte mir allerlei Geschichten und Anekdoten über seine gelehrten Vorfahren. Ergiebig oder gar sonderlich interessant waren diese Gespräche für mich nicht, zumal er sich oft wiederholte und die Umwelt überhaupt nicht mehr wahrnahm.

Doch eines Tages überraschte er mich mit der Frage, was ich denn werden wolle. Der Wahrheit gemäß antwortete ich, daß ich dies noch nicht wisse. Da gab er mir einen überraschenden Rat: Die Unterhaltungen mit mir hätten ihn überzeugt, daß ich mich für den Rabbinerberuf gut eigne, ebendiesen Beruf solle ich, an die Familientradition anknüpfend, unbedingt ergreifen. Als ich davon nichts hören wollte, versuchte er mir die Sache mit dem Hinweis schmackhaft zu machen, man könne als Rabbiner viel faulenzen. Wie man sieht, war er ein nüchterner Mann, nicht ohne Humor. Da aber ein Rabbiner in erster Linie als Lehrer zu fungieren hat, mag es sein, daß ich von meinem Großvater gar nicht so falsch beurteilt wurde. Denn in dem Beruf, für den ich mich nach einigem Hin und Her entschieden habe, im Beruf des Kritikers also, dominiert das Pädagogische – oder sollte es wenigstens.

Der Lebensunterhalt des Großvaters wurde von seinen Söhnen finanziert – und da sie nicht geizig waren, reichten deren Zuwendungen auch für unser (freilich kärgliches) Auskommen. Während meiner ganzen Gymnasialzeit habe ich nie einen Mantel bekommen, ich mußte bis über das Abitur hinaus die Mäntel meines älteren Bruders auftragen. Aber ich habe nie darunter gelitten, nie dagegen protestiert. Daß meine Mitschüler besser gekleidet waren, hat mich nicht gestört. Als meine Schwester von einem Bekannten in ein Spielkasino mitgenommen wurde und dort fünfzig oder hundert Mark gewonnen hatte, schenkte sie mir ein schönes Jackett (in Berlin sagte man »Sakko«) – es war ein Ereignis, das ich, wie man sieht, bis heute nicht vergessen kann.

Derjenige, der für unseren Lebensunterhalt hätte sorgen sollen, mein Vater also, war in meiner Schulzeit nicht älter als Anfang oder Mitte Fünfzig. Aber schon damals machte er auf mich den Eindruck eines müden und resignierten Mannes. Alle seine Bemühungen, in Berlin beruflich Fuß zu fassen, scheiterten kläglich. Wenn in der Schule nach dem Beruf des Vaters gefragt wurde, beneidete ich meine Mitschüler, meist Söhne gutsituierter Akademiker. Während sie sagen konnten: »Chemiker«, »Rechtsanwalt«, »Architekt« oder, was besonders imponierte, »Generaldirektor«, wurde ich, damals noch ein Kind, verlegen und schwieg hilflos. Schließlich sagte ich leise: »Kaufmann«, was aber nicht genügte. Der Lehrer wünschte eine genauere Auskunft, die ich nicht geben konnte.

In die Synagoge ging mein Vater regelmäßig und wohl noch häufiger als einst in Polen, vermutlich deshalb, weil er in Berlin einsam und isoliert war. Er wünschte, daß ich, damals elf oder zwölf Jahre alt, ihn begleitete. Während des Gottesdiensts langweilte ich mich, weil ich von den hebräischen Gebeten nur ein einziges Wort verstand: »Israel«. So las ich die deutsche Übersetzung dieser Texte, die mich ärgerten, weil in ihnen, so schien es mir jedenfalls, ein einziger Satz wiederholt und eventuell variiert wurde: »Gepriesen sei der Herr, unser Gott.« Ich konnte nicht begreifen, daß erwachsene Menschen mehr oder weniger stumpfsinnige Texte murmelten und dies auch noch für ein persönliches Gespräch mit Gott hielten. Nachdem ich einige Male mit meinem Vater in der Synagoge gewesen war, verweigerte ich ihm kurzerhand den Gehorsam – ganz undramatisch übrigens, nur mit der schlichten Begründung, daß mich der Gottesdienst überhaupt nicht interessiere und schrecklich einschläfere. Schwach und gütig, wie mein Vater war, fand er sich damit gleich ab. Zu einem heftigeren Wortwechsel mit ihm, geschweige denn zu einem Streit, ist es nie gekommen.

Auch später, als wir im Warschauer Getto lebten, blieb mein gutmütiger, mein gütiger Vater ein Versager. Ich wollte ihm helfen. Als die Verwaltung des Gettos, der »Judenrat«, für eine kurze Zeit zusätzliche Büroangestellte brauchte, versuchte ich meinen arbeitslosen Vater für diese Aushilfstätigkeit zu protegieren. Es gab Schlimmeres im Getto, gewiß, aber ich habe doch darunter gelitten und mich vor den Kollegen geschämt, daß ich mich, damals zwanzig Jahre alt, für meinen Vater, sechzig Jahre alt, um eine kümmerliche Beschäftigung bemühen mußte – übrigens ohne Erfolg. Den beinahe traditionellen Konflikt zwischen Vater und Sohn habe ich also nie kennengelernt. Wie hätte auch ein solcher Konflikt entstehen können, da ich meinen Vater niemals gehaßt und leider auch niemals geachtet, sondern immer bloß bemitleidet habe.

Gemäß einem noch aus dem Altertum stammenden Brauch wird ein jüdischer Knabe, sobald er dreizehn Jahre alt ist, feierlich in die Gemeinschaft der Gläubigen aufgenommen. Auch ich sollte diese Feier, die Bar-Mizwa heißt und ungefähr der protestantischen Konfirmation entspricht, über mich ergehen lassen. Warum ich mich nicht widersetzt habe, obwohl ich schon damals mit der mosaischen Religion nichts zu tun haben wollte, weiß ich nicht mehr: vielleicht deshalb, weil dies alle jüdischen Mitschüler ohne Widerspruch mitmachten, vielleicht aber, weil ich mir die Gelegenheit nicht entgehen lassen wollte, einmal im Mittelpunkt zu stehen und Geschenke zu erhalten. Ich weiß auch nicht, warum das Ganze mit einjähriger Verspätung erfolgte. Die Feier fand in der (längst nicht mehr existierenden) Synagoge am Lützowplatz statt.

Einer jüdischen Maxime zufolge kann ein Jude nur mit oder gegen, doch nicht ohne Gott leben. Um es ganz klar zu sagen: Ich habe nie mit oder gegen Gott gelebt. Ich kann mich an keinen einzigen Augenblick in meinem Leben erinnern, an dem ich an Gott geglaubt hätte. Die Rebellion des Goetheschen Prometheus – »Ich dich ehren? Wofür?« – ist mir vollkommen fremd. In meiner Schulzeit habe ich mich gelegentlich und vergeblich bemüht, den Sinn des Wortes »Gott« zu verstehen, bis ich eines Tages einen Aphorismus Lichtenbergs fand, der mich geradezu erleuchtete – die knappe Bemerkung, Gott habe den Menschen nach seinem Ebenbild geschaffen, bedeute in Wirklichkeit, der Mensch habe Gott nach seinem Ebenbild geschaffen.

Als ich viele Jahre später einem Freund, einem gläubigen Christen, sagte, für mich sei Gott überhaupt keine Realität, sondern eher eine nicht sonderlich gelungene literarische Figur, vielleicht vergleichbar mit Odysseus oder dem König Lear, antwortete er durchaus schlagfertig, es könne überhaupt keine stärkere Realität geben als Odysseus oder den König Lear. Die diplomatische Antwort gefiel mir sehr, ohne mich im geringsten zu überzeugen. Dank Lichtenbergs effektvoll formulierter Einsicht fiel es mir noch leichter, ohne Gott zu leben.

Was ich der jüdischen Religion vor allem vorzuwerfen habe, läßt sich mit Versen aus dem »Faust« andeuten:

Es erben sich Gesetz und Rechte
Wie eine ewge Krankheit fort,
Sie schleppen vom Geschlecht sich zu Geschlechte
Und rücken sacht von Ort zu Ort.
Vernunft wird Unsinn, Wohltat Plage.

Das ist es, was ich an der mosaischen Religion nicht ertragen kann: ihre Weigerung und Unfähigkeit, unzählige seit Menschengedenken existierende, aber längst sinnlos gewordene Gebote und Vorschriften abzuschaffen oder zumindest zu reformieren. In den zehn Geboten heißt es: »Sechs Tage sollst du arbeiten und alle deine Werke tun.

Aber am siebenten Tage ist der Sabbat des HERRN, deines Gottes. Da sollst du keine Arbeit tun...« Eine Folge dieses Gebots habe ich schon als Kind erfahren. Da gab es in unserer Klasse zwei Schüler aus frommen jüdischen Familien. Zwar nahmen sie auch am Sonnabend am Unterricht teil, denn im Sinne der Vorschriften für die Einhaltung und die Heiligung des Sabbats ist es den Juden erlaubt, ja es wird ihnen sogar empfohlen, sich am siebten Tag der Woche der Wissenschaft zu widmen. Vom Schreiben jedoch, das als Arbeit gilt, waren diese beiden Schüler befreit.

Wie also, fragte ich mich, soll man sich mit der Wissenschaft befassen, ohne zu schreiben? Niemand konnte mir das erklären. Und da es den gesetzestreuen Juden verboten ist, am Sabbat Gegenstände, welcher Art auch immer, zu tragen, konnten diese beiden Schüler am Sonnabend weder ihre Hefte noch ihre Schulbücher mitbringen, ja, sie durften nicht einmal eine Geldmünze oder einen Schlüsselbund in der Tasche haben. Wer nicht in der unmittelbaren Nähe der Schule wohnte, kam mit der Straßenbahn oder mit einem Fahrrad. Das durften die frommen Schüler ebenfalls nicht, denn es ist den Juden untersagt, am Sabbat zu fahren, auf welche Weise auch immer. Diese Vorschriften empörten mich, am meisten jene, die den Juden untersagten, am Sabbat zu schreiben. Schon sehr früh, ich muß es unmißverständlich sagen, habe ich am Verstand jener gezweifelt, die derartige Gebote streng erfüllten.

Auch ein anderes Gebot der mosaischen Religion kam mir schon früh höchst fragwürdig vor. Am Sonnabend pflegte mich mein Großvater, der selbstverständlich alle Vorschriften beachtete, in sein Zimmer zu rufen. Er sagte mir: »Hier ist es so dunkel« – und nichts mehr. Meine Eltern erklärten mir, daß der fromme Jude am Sabbat kein Feuer anzünden dürfe, was auch für das Einschalten des elektrischen Lichts gelte. Der Großvater könne mich aber nicht bitten, das Licht einzuschalten, weil dies einer Anstiftung zur Sünde gleichkäme. Deshalb eben beschränke er sich auf die Feststellung, im Zimmer sei es jetzt dunkel. Als ich mir die Bemerkung erlaubte, dies sei doch bare Heuchelei, da er mich in Wirklichkeit doch zu der angeblichen Sünde auffordere, bekam ich zu hören, daß ich mich damit abfinden solle. Nein, ich habe mich nie damit abgefunden, daß Gebote, die in grauer Vorzeit ihren Sinn gehabt haben mochten, weiterhin beachtet wurden. Ich hielt mich an Goethes Wort: »Vernunft wird Unsinn, Wohltat Plage.«

Aber ich weiß zugleich und vergesse es nicht: Die Juden haben keine Schlösser und Paläste erbaut, keine Türme und Dome errichtet, keine Reiche gegründet. Sie haben nur Worte aneinander gereiht. Es gibt keine Religion auf Erden, die das Wort und die Schrift höher schätzen würde als die mosaische. Über sechzig Jahre ist es nun her, daß ich in der Synagoge am Lützowplatz erwartungsvoll und etwas ängstlich neben dem Schrein stand, in dem die Thorarolle aufbewahrt wird. Doch kann ich den Augenblick nicht vergessen, da der Vorbeter sie vorsichtig hervorholte und dann die Pergamentrolle mit den fünf Büchern Mose vor der Gemeinde hochhielt. Die Gläubigen erstarrten in Ehrfurcht und verneigten sich vor der Schrift. Ich war ergriffen, ich hielt den Atem an. Und wann immer ich mich in späteren Jahren an diesen Augenblick erinnerte, dachte ich mir: Es ist schon gut und richtig, daß dies das Kind tief beeindruckt und sich für immer im Gedächtnis eingeprägt hat. Derartiges kann einem Literaten nicht gleichgültig sein, ein Leben lang.

Gleichwohl habe ich damals, Ende Juni 1934, zum letzten Mal an einem Gottesdienst teilgenommen. Nein, das stimmt nicht ganz: Ich habe einen jüdischen Gottesdienst auch noch Ende Juni 1990 erlebt – in der Alten Synagoge in Prag. Dort indes war ich als Tourist. Übrigens verdanke ich, was ich in meiner Jugend über das Judentum erfahren habe, paradoxerweise vor allem dem preußischen Gymnasium in den Jahren des Dritten Reichs.

Wie lange es jüdischen Religionsunterricht an Berliner Schulen gab, weiß ich nicht mehr, aber bestimmt noch 1936, vielleicht auch 1937. Zweimal wöchentlich kam ein Rabbiner, stets einer der bekannten Rabbiner aus den westlichen Teilen von Berlin. Ich glaube, er durfte das Lehrerzimmer nicht betreten, aber wir, also die paar jüdischen Schüler, die es noch gab, hatten einen Klassenraum zur Verfügung, und es konnte ein ganz normaler jüdischer Religionsunterricht stattfinden.

An einen dieser Religionslehrer kann ich mich noch genau erinnern: Es war Max Nußbaum, sehr elegant und ungewöhnlich jung – 26 Jahre alt, doch schon seit drei Jahren promoviert –, ein beliebter Kanzelredner und ein geistreicher Lehrer. Er emigrierte 1940 in die Vereinigten Staaten, war Rabbiner in Hollywood und stieg zu einer der wichtigsten Persönlichkeiten der Juden in Nordamerika auf. In manchen Publikationen wird ihm besonders hoch angerechnet, daß er drei berühmte Schauspieler ins Judentum aufgenommen habe: Marilyn Monroe, Elizabeth Taylor und Sammy Davis jr.

Am Abend des Tages meiner Bar Mizwa folgte in unserer Wohnung, wie es üblich ist, ein Abendessen für die ganze Familie; es waren etwa fünfzehn Personen geladen. Doch wurde ich enttäuscht. Denn ich stand durchaus nicht im Mittelpunkt, schlimmer noch, niemand kümmerte sich um mich. Die Gespräche am Tisch waren ziemlich erregt, betrafen jedoch ein anderes Thema: Der Reichsrundfunk hatte gemeldet, daß von der SS und der Gestapo und unter Teilnahme von Adolf Hitler eine gegen ihn gerichtete Verschwörung, an deren Spitze der Stabschef der SA, Ernst Röhm, gestanden habe, blutig niedergeschlagen worden sei.

Noch wußte man nicht, wie viele Menschen ermordet worden waren, noch kannte man die Bezeichnung »Röhm-putsch« nicht.

Viele Juden hatten das Reich bereits 1933 verlassen. Diejenigen, die besonders gefährdet waren – neben Sozialdemokraten und Kommunisten vor allem zahlreiche Schriftsteller und Journalisten, die sich in der Weimarer Republik gegen die Nationalsozialisten engagiert hatten –, flüchteten zum Teil schon in den ersten Tagen oder Wochen nach dem Reichstagsbrand. Andere konnten ihre Ausreise vorbereiten und ihr Hab und Gut wenigstens teilweise mitnehmen.

Sogleich zeichneten sich unter den Juden zwei gegensätzliche Standpunkte ab. Der erste: Nachdem, was geschehen ist, haben wir in diesem Land nichts mehr zu suchen, wir sollten uns keine Illusionen machen, sondern so schnell wie möglich emigrieren. Der zweite: Man sollte nicht den Kopf verlieren, vielmehr abwarten und durchhalten, denn nichts wird so heiß gegessen wie gekocht. Nicht wenige versuchten sich einzureden, die antisemitische Hetze sei im Grunde gegen die Ostjuden gerichtet, nicht aber gegen die seit Jahrhunderten in Deutschland lebenden Juden. Jene zumal, die im Ersten Weltkrieg Soldaten gewesen waren und auch noch Orden erhalten hatten, glaubten, ihnen könne nichts passieren. Oft waren es gerade die nichtjüdischen Freunde und Bekannten, die die Juden, in bester Absicht, zu beruhigen suchten: Ein unmenschliches Regime wie das nationalsozialistische sei doch in Deutschland auf die Dauer undenkbar. Nach zwei oder spätestens drei Jahren werde der Spuk vorbei sein. Da habe es doch keinen Sinn, die Wohnung zu liquidieren und die Zelte abzubrechen.

Bei dem feierlichen Abendessen in unserer Wohnung waren beide Ansichten zu hören. Auch wenn die Brutalität und die offensichtliche Rechtlosigkeit der debattierten Vorgänge alle entsetzten, wurden die neuesten Nachrichten keineswegs nur pessimistisch kommentiert – also nicht nur als Zeichen der Grausamkeit des Regimes, sondern auch seiner Schwäche: Wer es für richtig und möglich hielt, ungeachtet aller Diskriminierungen doch in Deutschland zu bleiben, wer also hoffte, es ließe sich das »Dritte Reich« an Ort und Stelle überleben, der sah in der barbarischen Auseinandersetzung Hitlers mit der Opposition in den eigenen Reihen eher die Bestätigung seines Optimismus.

Von heute her gesehen ist es zumindest verwunderlich, daß die Zahl der Juden, die Deutschland verließen, mit den Jahren trotz der systematischen Verfolgung, trotz einer so ungeheuerlichen Maßnahme, wie es die Nürnberger Gesetze im September 1935 waren, keineswegs zunahm: Während 1933 etwa 37000 emigrierten, waren es in den Jahren 1934, 1935, 1936 und 1937 jeweils nur 20000 bis 25000. Was die überwiegende Mehrheit der Juden jahrelang davon abhielt, auszuwandern, läßt sich kurz sagen: Es war nichts anderes als der Glaube an Deutschland. Erst durch die »Kristallnacht«, die »Reichspogromnacht« im November 1938, geriet dieser Glaube ins Wanken – und auch dann keineswegs bei allen noch in Deutschland lebenden Juden.

Meine Eltern hatten weder Geld noch Kontakte, es mangelte ihnen ebenso an Initiative wie an Energie und an Tüchtigkeit. Sie haben an Auswanderung nicht einmal gedacht. Mein Bruder, neun Jahre älter als ich, ein ruhiger und zurückhaltender Mensch, hatte noch in Polen das Abitur gemacht und dann an der Berliner Universität Zahnmedizin studiert. Weil er die polnische Staatsangehörigkeit hatte, konnte er das Studium trotz des »Dritten Reichs« fortsetzen und abschließen. Er promovierte 1935 mit einer nur neunzehn Druckseiten umfassenden Dissertation, die mit »summa cum laude« ausgezeichnet wurde.

Und ich? Private Kontakte oder gar Freundschaften zwischen jüdischen und nichtjüdischen Schülern, die bis dahin gang und gäbe waren, hörten 1934 und 1935 allmählich auf. Von Schulfeiern, Ausflügen und Sportwettkämpfen waren wir ausgeschlossen. Diese Absonderung versuchte jeder der bald nur noch wenigen jüdischen Schüler auf seine Weise auszugleichen oder zu überwinden. Damit hatte es wohl zu tun, daß ich, der ich mich ohnehin einsam fühlte, Anschluß suchte und ihn bei einer zionistischen Jugendorganisation zu finden glaubte, beim Jüdischen Pfadfinderbund Deutschlands. Das war ein Mißverständnis, wenn auch kein bedauerliches.

Die regelmäßigen Ausflüge, die man »Fahrten« nannte, dauerten bisweilen einige Tage und wurden, wenn Ferien waren, auch am Sonnabend gemacht – denn um Religiöses kümmerte man sich in diesem jüdischen Bund nicht. Man übernachtete in Scheunen oder Zelten. Ich lernte damals ganz gut jenen Teil Deutschlands kennen, den ich immer noch ganz gern habe: die Mark Brandenburg.

Natürlich sangen wir Lieder, doch nicht etwa jüdische Wanderlieder – denn die gab es nicht. Wir sangen also »Prinz Eugen, der edle Ritter« und »Vom Barette schwankt die Feder«, »Görg von Frundsberg führt uns an« und »Dem Frundsberg seind wir nachgerannt, der Fahne haben wirs geschworen«. Wir sangen »Wildgänse rauschen durch die Nacht«, ohne zu wissen, daß diese Verse von Walter Flex stammten, und uns gefielen solche Lieder wie »Die Glocken stürmten vom Bernwardsturm« und »Jenseits des Tales standen ihre Zelte«, ohne uns darum zu kümmern, daß ihr Autor, Börries von Münchhausen, nun ein Anhänger, ja sogar Bewunderer der Nazis war. Kurz: Wir übernahmen bewußt und unbewußt die Lieder der Wandervogelbewegung und auch solche, die von der Hitlerjugend gesungen wurden, wo übrigens »Jenseits des Tales« nach

dem Röhmputsch untersagt war, wohl wegen der homo-
erotischen Anklänge. So habe ich auf überraschende Weise
auch diesen Zweig der deutschen Tradition kennengelernt.

Die Heimabende des Jüdischen Pfadfinderbunds haben
indes mein Interesse auf ganz andere Themen gelenkt, vor
allem auf einen originellen Intellektuellen, dessen Schriften
und Tagebücher ich sogleich las und für den ich noch heute, ganz unabhängig vom Ideologischen und Politischen,
sehr viel Sympathie habe. Ich meine jenen österreichischen
Juden, dem etwas Unerhörtes gelungen ist – nämlich mit
einem Roman zur Weltveränderung beizutragen.

Er, Theodor Herzl, war zunächst nichts anderes als ein
typischer, wenn auch ungewöhnlich intelligenter Wiener
Kaffeehausliterat, ein guter Feuilletonist und ein Autor
mäßiger Lustspiele, die aber immerhin vom Burgtheater
aufgeführt wurden. Mit dem Judentum hatte er wenig, mit
der jüdischen Religion nichts gemein. Erst der Pariser
Dreyfus-Prozeß im Jahre 1894, an dem er als Berichterstatter teilnahm, hatte seinen Wandel bewirkt: Herzl wurde ein
Staatsmann, wenn auch ohne Staat, und ein Prophet, dessen
Utopie Wirklichkeit geworden ist. Literat, der er war,
wählte er für seine Vision des Staates Israel die Form eines
Romans: Er erschien 1902 unter dem Titel »Altneuland«.

Geradezu paradox mutet das an: Der neuzeitliche Staat
der Juden – das war erst einmal ein Stück deutscher Literatur, ein zwar künstlerisch unerheblicher, doch wahrlich
folgenreicher Roman. Natürlich habe ich das damals nicht
gewußt und auch nicht geahnt. Imponiert hat mir wohl vor
allem der Literat mit der großartigen Phantasie, der assimi-
lierte deutschsprachige Jude mit seiner ungewöhnlichen
Kühnheit und mit seinem grandiosen Organisationstalent.

Aber weder die Mark Brandenburg noch die Lieder der
Wandervogelbewegung, weder Theodor Herzl noch die
Vision des Staates Israel konnten bewirken, daß ich mich in

diesem Jugendbund heimisch fühlte. Meine große Leidenschaft, die Literatur, schien hier nicht gefragt. Gleichwohl gab es in jener Zeit einen Abend, der mich begeisterte und aufrüttelte und darüber nachdenken ließ, ob mein Platz denn nicht doch in dieser Organisation sei.

Einer unserer Führer, wohl knapp über zwanzig, schaltete die Deckenbeleuchtung ab und rückte ein an der Seite stehendes Pult in die Mitte. Dann zog er sich zu unserer Verwunderung in ein Nebenzimmer zurück. Nach einigen Minuten betrat er, von uns schweigend erwartet, langsam und etwas feierlich den beinahe dunklen Versammlungsraum. Er trug einen langen Militärmantel aus dem Ersten Weltkrieg, in der einen Hand hielt er eine Taschenlampe, in der anderen ein dünnes Buch. Es war ein grüner, weiß geschmückter Band der Insel-Bücherei. Der junge Mann begann zu lesen: »Reiten, reiten, reiten, durch den Tag, durch die Nacht, durch den Tag. Reiten, reiten, reiten. Und der Mut ist so müde geworden und die Sehnsucht so groß.«

Ich kannte sie damals noch nicht, diese »Weise von Liebe und Tod des Cornets Christoph Rilke«. Die theatralischen Umstände, unter denen die Dichtung des jungen Rilke von dem kostümierten Amateur im halbdunklen Raum vorgetragen wurde, haben wohl dazu beigetragen, daß ich mich sehr bald in sie beinahe verliebt habe. »Als Mahl beganns. Und ist ein Fest geworden, kaum weiß man wie« – für mich haben diese Worte ihren Charme nie eingebüßt. Nicht erloschen ist der Zauber der Rhythmen: Es war »ein Sich-Begegnen und ein Sich-Erwählen, ein Abschiednehmen und ein Wiederfinden«. Und immer noch höre ich die letzte Zeile: »Dort hat er eine alte Frau weinen gesehn.«

Ich weiß schon: Dieses Poem gehört bestimmt nicht zu den bedeutenden Arbeiten Rilkes, es ist so erfolgreich wie fragwürdig, so berühmt wie berüchtigt. An Süßlichem und Sentimentalem, an Preziösem und Prätentiösem fehlt es hier nicht. Gar kein Zweifel: Was Rilke in seinen frühen Jahren geschrieben hat, läßt sich leicht verspotten; wollte ich eine vernichtende Kritik des »Cornet« verfassen – es fiele mir mit Sicherheit nicht schwer.

Dennoch habe ich immer noch eine Vorliebe für diese poetische Prosa, ich gebe es zu, ohne mich zu schämen. Im »Don Carlos« bittet der Marquis Posa die Königin, seinem Freund, dem Infanten, zu sagen,

> *daß er für die Träume seiner Jugend*
> *Soll Achtung tragen, wenn er Mann sein wird,*
> *(...) daß er nicht*
> *Soll irre werden, wenn des Staubes Weisheit*
> *Begeisterung, die Himmelstochter, lästert.*

Zu den Träumen der Jugend gehören auch literarische Werke, die uns einst überwältigen konnten, weil sie uns im richtigen Augenblick erreichten – und die daher unvergeßlich geblieben sind. Wenn man die Pubertät durchmacht oder sie gerade hinter sich hat, ist man für die Emphase, für den hochgestimmten, oft freilich exaltierten Ton des »Cornet« besonders empfänglich. So gehört diese Dichtung zu jenen literarischen Arbeiten, über die man im Laufe des Lebens allerlei Mißbilligendes gelesen und bisweilen auch selber geschrieben hat und denen man dennoch die Treue hält – weil man Achtung hat vor den Träumen seiner Jugend und wohl auch deshalb, weil man mit Wehmut an die Zeit denkt, da uns die Begeisterung, die Himmelstochter, beseelte und beglückte.

Übrigens habe ich den jungen Mann, der damals Rilkes rhythmische Prosa im Militärmantel vortrug, nie wieder gesehen. Denn kurz nach jenem Abend, so wurde mir erzählt, verließ er Deutschland und emigrierte nach Palästina. Erst in den sechziger Jahren, als ich schon in Hamburg lebte, erfuhr ich, daß er zur israelischen Armee gegangen und Pilot geworden sei, einer der besten Piloten in der Luftwaffe des jungen Staates. Er hat das Flugzeug gesteuert, in dem Adolf Eichmann 1960 nach Israel gebracht wurde. Rainer Maria Rilke also und Adolf Eichmann.

Nach dem Cornet-Abend kam ich auf eine Idee, die als etwas wunderlich empfunden wurde. Ich schlug vor, innerhalb dieses Pfadfinderbundes einen literarischen Zirkel zu gründen. Er sollte sich mit deutscher Dichtung befassen, zumal mit jener, die mich damals am meisten interessierte – mit der klassischen. Nicht viele der Halbwüchsigen zeigten sich an der Literatur sonderlich interessiert. Wir waren nur fünf, aber gerade genug, um Goethes »Iphigenie auf Tauris« mit verteilten Rollen zu lesen. Meine Wahl fiel auf dieses Stück, weil es mich kurz davor im Rundfunk beeindruckt hatte. Seitdem bin ich überzeugt, daß die »Iphigenie« nicht ein Schauspiel, sondern ein Hörspiel ist, also für den Rundfunk geschrieben wurde. Ernster ausgedrückt: Dieses Drama bedarf nicht der visuellen Darbietung.

Doch konnte auch die Existenz des literarischen Zirkels nichts an meinem Entschluß ändern: Ich wollte den Jüdischen Pfadfinderbund rasch wieder verlassen. Allerlei habe ich in dieser Organisation gelernt, aber letztlich war ich dort fehl am Platz.

Rassenkunde – nicht erfolgreich

»Mein Sohn ist Jude und Pole. Wie wird er in Ihrer Schule behandelt werden?« – fragte meine Mutter den Direktor des Fichte-Gymnasiums in Berlin-Wilmersdorf. Es war im Winter 1935. Übrigens hatte sie ein wenig übertrieben; denn ich hielt mich keineswegs für einen Polen, eher schon für einen Berliner. Allerdings war ich nach wie vor polnischer Staatsangehöriger. Meine Eltern hatten zwar die deutsche Staatsangehörigkeit beantragt, man hatte ihnen auch, da meine Mutter bis zu ihrer Eheschließung Reichsdeutsche war, eine positive und rasche Erledigung versprochen. Das war 1932, doch daraus konnte nach 1933 natürlich nichts mehr werden.

Indes hatte meine Mutter mit ihrer ein wenig provozierenden Frage genau das erreicht, was sie erreichen wollte und auch erwartete: Der Herr Direktor versicherte überaus höflich, ihre Befürchtungen seien ihm schlechthin unbegreiflich. Dies sei schließlich eine deutsche, eine preußische Schule, und in einer solchen sei Gerechtigkeit oberstes und selbstverständliches Prinzip. Daß ein Schüler seiner Herkunft wegen benachteiligt oder gar schikaniert werde – nein, das sei am Fichte-Gymnasium undenkbar. Die Schule habe ihre Tradition.

Über dieses Gespräch berichtete meine Mutter an unserem Mittagstisch mit unverkennbarer Genugtuung: Es hatte sich wieder einmal erwiesen, woran sie trotz aller Vorkommnisse zu glauben entschlossen war – daß es in

68

Deutschland immer noch wackere Männer gab, die für Recht und Ordnung sorgten.

Als ich nach den Osterferien, inzwischen Untersekundaner, zum ersten Mal das Gebäude des Fichte-Gymnasiums in der Emser Straße betrat, war jener Direktor, der meiner Mutter so gefallen hatte, nicht mehr zu sehen. Warum nicht? Derartiges teilte man Schülern nicht mit. Aber man munkelte von Zwangspensionierung. Sein Nachfolger hieß Heiniger. An nationalen Feiertagen erschien er in einer eleganten braunen Uniform mit allerlei goldenem Behang. Er war nämlich ein »Goldfasan« – so nannte man die höheren Funktionäre der Nationalsozialistischen Deutschen Arbeiterpartei.

Ein besonderer Umstand hatte meine Umschulung nötig gemacht: Meine bisherige Schule, das Werner von Siemens-Realgymnasium, wurde 1935 aufgelöst. Das war eine ungewöhnliche Maßnahme: Noch unlängst, in den Jahren der nun so geschmähten Weimarer Republik, pflegte man Schulen zu gründen und nicht zu liquidieren. Die Auflösung hatte, wie man sich denken kann, einen zeitbedingten Grund: In Schöneberg, zumal in den Vierteln um den Bayerischen und den Viktoria-Luise-Platz, wohnten verhältnismäßig viele Juden. Manche von ihnen waren schon emigriert, andere konnten es sich nicht mehr leisten, ihre Kinder weiterhin auf die höhere Schule zu schicken, nicht zuletzt deshalb, weil den Juden die Schulgeld-Befreiung oder die Schulgeld-Ermäßigung entzogen wurde. So war schon bald nach der nationalsozialistischen Machtübernahme die Zahl der Schüler des Werner von Siemens-Realgymnasiums kräftig zurückgegangen. Überdies soll es bei den neuen Behörden einen besonders schlechten Ruf gehabt haben: Es galt als liberal, wenn nicht gar als »links«.

Ich hatte, wie sich in den nächsten Jahren herausstellte, viel Glück. Denn auch am Fichte-Gymnasium verhielten sich die Lehrer, ob sie Nazis waren oder nicht, den Juden gegenüber alles in allem anständig und korrekt. Da jede Unterrichtsstunde mit den Worten »Heil Hitler« zu beginnen hatte, wußten wir sofort, kaum daß ein neuer Lehrer die Klasse betreten hatte, wes Geistes Kind er war.

Der Gruß verriet es. Denn die einen grüßten stramm und zackig, die anderen eher leise und nachlässig. Wenn man aber beinahe alle Lehrer, mit denen ich zu tun hatte, in zwei große Gruppen einteilen kann, so meine ich damit nicht etwa die Nazis und die Nicht-Nazis. Nein, die Trennungslinie ist auf einer anderen Ebene zu suchen. Die einen waren ordentliche, pflichtbewußte Beamte – nicht mehr und nicht weniger. Ob sie Latein unterrichteten oder Mathematik, Deutsch oder Geschichte, es war ohne Bedeutung. Sie kamen in der Regel gut präpariert in die Stunde und erledigten das vorgeschriebene Pensum. Wenn sie uns Schüler nicht ärgerten oder überforderten, benahmen auch wir uns korrekt. Auf beiden Seiten dominierte eher Gleichgültigkeit.

Die anderen Lehrer waren ebenfalls nicht unbedingt passionierte Pädagogen. Trotzdem fühlte man bei ihnen eine starke Leidenschaft. In ihrer Jugend hatten sie wohl von einem ganz anderen Beruf geträumt: Sie wollten Wissenschaftler oder Schriftsteller werden, Musiker oder Maler. Es war nichts daraus geworden, aus welchen Gründen auch immer. So waren sie schließlich im Schuldienst gelandet oder steckengeblieben. Aber sie hörten nicht auf, die Musik oder die Literatur zu lieben, sie sehnten sich nach der Kunst oder der Wissenschaft, sie bewunderten den französischen Geist oder die englische Mentalität.

Daraus eben, aus dieser Liebe, aus dieser Sehnsucht und Bewunderung, schöpften sie, die sich täglich mit Kindern und Halbwüchsigen mühen mußten, die Kraft, ihre Bitterkeit zu verdrängen und ihre Resignation zu überwinden.

Gewiß, sie waren nicht immer sorgfältig vorbereitet, und sie hatten auch keine Bedenken, gelegentlich vom offiziell vorgeschriebenen Lehrstoff abzuweichen. Meist waren wir ihnen dafür dankbar. Denn was sie uns gleichsam am Rande des Unterrichts erzählten, war nicht langweilig und regte unsere Phantasie an.

Da gab es einen nicht mehr jungen Lehrer, der uns ausführlich erklärte, alle bisherigen Deutungen des »Hamlet« seien unzulänglich, wenn nicht gar falsch. Von ihm werde demnächst ein Buch veröffentlicht, das eine neue, eine den Fall ein für allemal abschließende Interpretation bringe. Das Buch erschien in der Tat, ich habe es im Schaufenster einer Buchhandlung unweit unserer Schule gesehen. Ein Wort über das angeblich bahnbrechende Werk war freilich in keiner Zeitung zu finden. Den Namen dieses Lehrers habe ich längst vergessen. Aber seine engagierten Darlegungen haben, auch wenn sie häufig auf Abwege führten, mein Interesse für Shakespeare gesteigert und meine eigenen Gedanken ausgelöst.

Manchen Lehrern gelang es, scheinbar mühelos, uns in Begeisterung zu versetzen. Ein solch enthusiastischer Lehrer war Fritz Steineck. Nur eine Leidenschaft kannte er: die Musik. Ob er uns ein Haydn-Oratorium, ein Schubert-Lied oder eine Wagner-Oper erklärte, er sprach immer mit größtem Engagement. Es war für ihn – jedenfalls glaubten wir dies – unerhört wichtig, uns davon zu überzeugen, daß und warum eine Passage von Mozart oder Beethoven so herrlich sei. Er war, so schien es mir, ausnahmslos allen, die sich für die Musik ernsthaft interessierten, dafür persönlich dankbar – auch den Juden. Ja, er hatte jüdische Schüler besonders gern, weil die meisten musikalisch waren und viele von ihnen Klavier oder Violine spielten. An Nazi-Lieder in seinem Unterricht kann ich mich nicht erinnern.

Als er uns mit leuchtenden Augen vom »Tannhäuser«

sprach und uns die wichtigeren Szenen vorspielte und vorsang, machte er uns auf eine seiner Ansicht nach häufig unterschätzte Situation aufmerksam. Am Anfang des zweiten Aktes, gleich nach dem, wenn man so sagen darf, Auftrittslied der Elisabeth, heißt es: »Tannhäuser, von Wolfram geleitet, tritt mit diesem aus der Treppe im Hintergrunde auf.« Nachdem Elisabeth Tannhäuser erblickt hat, singt Wolfram: »Dort ist sie; nahe dich ihr ungestört.« Es folgt die Bühnenanweisung: »Er bleibt, an die Mauerbrüstung gelehnt, im Hintergrunde.« Dies, so Steineck, sei ein ergreifender Augenblick. Denn Wolfram liebe die Elisabeth, verzichte jedoch – und das werde schon hier deutlich – zugunsten des Tannhäuser. Von edler Entsagung war die Rede. Wann immer ihr den »Tannhäuser« sehen werdet, prophezeite uns Steineck, werdet ihr bei dieser Stelle an mich denken. Er hat recht behalten – jedenfalls wenn es um mich geht.

Als die Schüler, die ein Instrument beherrschten, etwas zum besten geben sollten und einer – und zwar ein Jude – im Unterschied zu den anderen, die mit klassischen Stükken aufwarteten, einen miserablen Schlager klimperte, befürchteten wir, Steineck werde ihn streng zurechtweisen. Doch was vorgefallen war, hatte ihn nicht empört, sondern nur betrübt. Er sagte ganz leise: »Dies war schlechte Musik. Aber auch schlechte Musik kann man anständig spielen.« Er ließ sich die Noten geben, die er angewidert mit spitzen Fingern anfaßte, und setzte sich ans Klavier: Es war nicht unter seiner Würde, uns den Schlager vorzuspielen. Er war schon ein glänzender Pädagoge, ein liebenswerter Mensch. Ich verdanke ihm nicht wenig.

Nachzutragen bleibt, was ich erst viele Jahre später, 1982, erfahren habe: Dieser Musiklehrer Steineck war langjähriges Mitglied der NSDAP und nicht nur ein Mitläufer. Er gehörte schon Ende der zwanziger Jahre zu Hitlers begeisterten Anhängern. Und noch etwas habe ich über ihn erfahren. Im Fichte-Gymnasium war es üblich, die Abiturienten alljährlich mit dem vom Schülerchor gesungenen Lied »Nun zu guter Letzt« zu verabschieden. Dieses um 1848 entstandene Lied, dessen Verse von Hoffmann von Fallersleben stammen, hatte jetzt einen fatalen Schönheitsfehler, der früher allen entgangen war: Ein Jude hatte es komponiert, und zwar Felix Mendelssohn-Bartholdy.

Steineck fand einen Ausweg aus der heiklen Situation: Zu dem alten Text schrieb er kurzerhand eine neue Melodie. Er, der sich jahrelang und wahrlich nicht ohne Erfolg bemüht hatte, uns beizubringen, daß es nichts Schöneres und Edleres auf Erden gebe als die Musik, kannte also keine Hemmungen, er schämte sich also nicht, das Lied zu »entjuden«, zu »arisieren«. Warum hat er sich zu dieser doch schändlichen Tat hergegeben, was stand dahinter? Mit Sicherheit weder Ahnungslosigkeit noch Musikliebe, eher schon Ehrgeiz und Eitelkeit. Oder wollte er dem mächtigen Direktor, dem »Goldfasan« Heiniger, gefallen?

Dieser Heiniger war unter allen unseren Lehrern, wenn ich mich recht entsinne, der einzige, der sich im Unterricht wiederholt als eifriger, ja fanatischer Nationalsozialist zu erkennen gab. Aber auf keinen Fall sollten wir ihn mit den oft vulgären SA-Leuten von der Straße verwechseln. Im Habitus dieses wohl fünfzig Jahre alten, schon etwas rundlichen Mannes mit Glatze war nichts Zackiges. Er benahm sich nicht wie ein Offizier, der vor seiner Kompanie oder seinem Bataillon steht. Vielmehr war ihm daran gelegen, den Schülern die Lässigkeit eines Generals zu demonstrieren. Mitunter ließ er durchblicken, daß er ungleich mehr über den neuen Staat wisse, als man in den Zeitungen zu lesen bekam. Kein kleiner Nazi also, sondern einer aus der Elite der Mächtigen und Eingeweihten – so sollten wir ihn sehen.

In unserer Klasse unterrichtete er Geschichte. Er redete viel und prüfte selten. Als Dozent wollte er gelten, nicht als Pauker. So behandelte er uns besonders verbindlich, als seien wir schon Studenten. Auch die jüdischen Schüler konnten sich nicht beklagen – und ich am allerwenigsten: Er war zu mir freundlich, nie fragte er mich (wofür ich ihm dankbar war) nach historischen Fakten und Daten. Er meinte, ich sei vor allem für die Deutung der Geschichte zuständig. Bisweilen unterhielt er sich mit mir im Unterricht wie mit einem erwachsenen, einem ebenbürtigen Gesprächspartner. Das war freilich nur Taktik: Er wollte meine Ansichten hören, um sie vom nationalsozialistischen Standpunkt um so effektvoller widerlegen zu können – was ihm, kein Wunder, mühelos gelang.

Eines Tages teilte er der Klasse überraschend mit, daß die jüdischen Schüler von der nächsten Geschichtsstunde »befreit« seien: Die Stunde war, wie sich später herausstellte, der Auseinandersetzung mit dem »Weltjudentum« gewidmet. Dies sollte, immerhin, den jüdischen Schülern erspart bleiben. Auf die Zensuren, die er erteilte, hatten seine Anschauungen über die Juden keinen Einfluß. Ich bekam von ihm stets »gut«, auch im Abiturzeugnis. Eine bessere Note hat es in unserer Klasse in Geschichte nicht gegeben.

Gerecht war er, dieser Heiniger. Wenn aber die vorgesetzten Behörden angeordnet hätten, daß die Juden am Unterricht nur stehend teilnehmen oder die Schule nur barfuß betreten dürften, hätte er die Anordnung gewiß korrekt ausgeführt und bestimmt in schönen wohlgesetzten Worten als historische Notwendigkeit begründet. Nein, wir mußten nicht barfuß die Schule betreten, aber unsere Schädel hat man vermessen – und auch die einiger nichtjüdischer Schüler. Es geschah im Rassenkunde-Unterricht, einem im »Dritten Reich« eingeführten Fach, das im Grunde nur einen Zweck hatte: Die Schüler von der Minderwertigkeit der Juden und der Überlegenheit der »Arier« zu überzeugen. Dieses Fach wurde von den Biologielehrern übernommen, bei uns von einem älteren, vernünftigen Mann, einem gewissen Thom, dessen Name die Schüler alljährlich zu demselben Wortspiel verführte: An der Tür der Klasse, die er betreute, wurde stets nach Beginn des neuen Schuljahrs die Aufschrift »Onkel Thoms Hütte« angebracht.

Von der neuen Wissenschaft hielt dieser Lehrer offenbar nicht viel. Er langweilte uns mit besonders ausführlichen Darlegungen über den Neandertaler und andere Menschen aus der Vorzeit. Offensichtlich hatte er wenig Lust, sich mit der Frage der Juden zu befassen. Dazu mögen die überraschenden Ergebnisse der Schädelmessungen beigetragen haben. Sie wurden nach einer entsprechenden Anleitung im Lehrbuch der Rassenkunde vorgenommen und sollten wissenschaftlich einwandfrei beweisen, welcher Rasse der Vermessene angehöre.

Es zeigte sich, daß den typisch nordischen Schädel, also den in rassischer Hinsicht besten, nur ein einziger Schüler hatte – ein Jude. Herr Thom schien verlegen, aber doch nicht unglücklich. Lächelnd fragte er diesen Schüler, ob unter seinen Vorfahren vielleicht Arier seien. Seine Antwort lautete: »Nein, eher Juden.« Alle lachten. Übrigens sollte derselbe Schüler, schlank und groß, blondhaarig und blauäugig, einer der Fahnenträger bei der Eröffnungsfeier der Olympischen Spiele 1936 sein. Als man im letzten Augenblick merkte, daß er Jude war, wurde er rasch ausgetauscht. Kurz und gut: Der Rassenkunde-Unterricht war in unserer Klasse nicht eben erfolgreich.

Daß zwischen den jüdischen und den nichtjüdischen Schülern die Distanz immer größer wurde, war unvermeidlich und hatte zunächst einmal mit dem Alltag zu tun. Die Nichtjuden waren alle in der Hitler-Jugend, einige in einer angeblich vornehmeren Formation, der Marine-Hitler-Jugend, die auf der Havel übte. Einer war ein hoher Jung-volk-Führer. Oft kamen sie in Uniform in die Schule, gern berichteten sie über ihre Erlebnisse und Abenteuer, taten es aber nicht gerade in Gesprächen mit den Juden. Freilich er-innere ich mich immer noch an jenen Schulkameraden, der an einem der Nürnberger Parteitage teilnehmen durfte und der sich dann in der Klasse mit erregter Stimme rühmte: »Ich stand nicht weit vom Führer. Ich habe ihn gesehen, ich werde seine blauen Augen nie vergessen.«

Von keinem dieser Mitschüler habe ich je ein Wort ge-gen die Juden gehört. Sicherlich haben die meisten, wenn nicht alle, an das neue Deutschland geglaubt. Sie hörten den Rundfunk, sie lasen, mehr oder weniger genau, die Zeitungen. Täglich waren sie der höchst aggressiven antise-mitischen Propaganda ausgesetzt, die man 1936 der Olym-pischen Spiele wegen merklich gemildert hatte, doch nur vorübergehend – und die dann 1937 und erst recht 1938 im-mer heftiger wurde. Auf dem Weg zur Schule mußten wir an den roten Schaukästen vorbeigehen, in denen der »Stür-mer« mit den berüchtigten Karikaturen ausgehängt war. Während der Olympischen Spiele waren diese Schaukästen übrigens verschwunden. Die Ausländer sollten glauben, das »Dritte Reich« sei ein zivilisierter Staat. Auch manche Juden redeten sich ein, sie hätten das Schrecklichste schon überstanden, man werde sie jetzt menschlicher behandeln.

Ein geringfügiger Vorfall scheint mir charakteristisch für die Atmosphäre in unserer Schule. Ein noch junger Lehrer, unzweifelhaft ein Nazi, betrat die Klasse nach der Pause früher als sonst. Da es dort noch ziemlich laut herging, sagte er unwillig und nicht leise: »Hier ist ja ein Lärm wie in einer Judenschule.« Sofort wurde es still – und es war eine etwas unheimliche und frostige Stille. Dann begann der Unterricht, doch schon nach wenigen Minuten unterbrach der Lehrer seine Ausführungen. »Was denn los sei?« – fragte er. Ein Schüler stand auf und meinte knapp, das mit der Judenschule sei nicht nötig gewesen. Dem Lehrer war nicht ganz wohl: Es sei ihm unverständlich, erklärte er, warum die Klasse auf eine im Deutschen übliche Redewendung so verwundert reagiere.

Wie man sieht, waren offene antisemitische Äußerungen im Unterricht nicht üblich – jedenfalls nicht in dieser Schule oder zumindest nicht in unserer Klasse. Verdankten wir dies dem von den Juden seit ihrer Emanzipation geschätzten preußischen Geist? Oder kam uns jüdischen Schülern am Fichte-Gymnasium zugute, was vom Ethos des Westberliner Bürgertums noch übriggeblieben war? Sicher ist, daß wir auch von den Nationalsozialisten unter unseren Lehrern gerecht behandelt wurden.

Und unsere Mitschüler? Warum haben sie uns Juden keinen Kummer bereitet, uns niemals schikaniert? 1963 trafen wir uns in Berlin – die Überlebenden des Abiturientenjahrgangs 1938, unter ihnen vier Mediziner. Es war ein angenehmes, ein vergnügliches Beisammensein: Es verlief so, wie derartige Treffen zu verlaufen pflegen: »Weißt Du noch? Erinnerst du dich?« Harmlose Anekdoten wurden erzählt, allerlei Reminiszenzen ausgetauscht. Einige der Herrn berichteten, aber meist eher beiläufig, von ihren beruflichen Erfolgen, von ihren vielen und weiten Urlaubsreisen. Auch die Autos, die sie fuhren, blieben nicht unerwähnt. Die Stimmung war gut, und langweilig war es überhaupt nicht.

Nur ab und zu wurde es etwas still. Da hatte einer über ein kleines Abenteuer während eines Schulfests oder eines Ausflugs berichtet, brach aber verlegen ab, weil ja die anwesenden Juden damals nicht dabeisein durften. Erst jetzt, also mit einer Verspätung von 25 Jahren, erfuhr ich, daß es nach dem Abitur ein rauschendes Abschiedsfest mit denkwürdigen Vorfällen gegeben hatte, zumal manche Lehrer und manche Abiturienten in stark angetrunkenem Zustand Verbrüderung feierten. Das Benehmen einiger Kameraden wurde kritisiert, natürlich nur der Abwesenden, also der Gefallenen. Einige Male war die Heiterkeit ein wenig getrübt, immer dann, wenn die Herrn sich daran erinnerten, daß in der Runde auch Juden saßen. Aber davon abgesehen, war es, alles in allem, sehr gemütlich.

Beiläufig wurde ich – mit ernster Miene freilich – gefragt, wie ich denn den Krieg überstanden hätte. Es gehörte sich doch, meinten wohl meine Schulfreunde, ein gewisses Interesse zu zeigen. Eine Höflichkeitsfrage war es, nicht mehr. Ich antwortete kurz und bündig. Niemand wollte Genaueres hören. Man war mir dankbar, daß ich rasch das Thema wechselte. Alle diese Herrn, gebildete und nachdenkliche Menschen, waren Offiziere der Wehrmacht gewesen, im Osten und im Westen. Man kann sicher sein: Sie haben Schreckliches und Grausames miterlebt. Hatten sie auch mit Judenverfolgungen zu tun? Ich weiß es nicht. Daß sie aber über das, was mit den Juden geschah, zumindest in groben Umrissen informiert waren, dessen bin ich ganz sicher. Haben sie sich darüber je Gedanken gemacht – in den Jahren des Krieges und danach, als die deutsche Schuld immer deutlicher erkennbar wurde? Nichts war meinen alten Schulkameraden während dieser zwei Tage in Berlin – so lange dauerte unser Treffen – anzumerken, auch nicht, als wir einzeln miteinander sprachen.

Daß sich keiner mitschuldig fühlte, kann ich wohl verstehen. Nichts liegt mir ferner, als ihnen eine Mitschuld zuzuschreiben. Aber eine gewisse Mitverantwortung dafür, was Deutsche getan hatten, was im deutschen Namen geschehen war? Nein, auch von Mitverantwortung war nichts zu hören, sie wollten nicht darüber reden. Meine wohlerzogenen Schulfreunde, die einst braune und schwarze Uniformen getragen hatten und später jene der Wehrmacht – sie waren, glaube ich, typische Vertreter der Jahrgänge 1919 und 1920. Ich hatte nicht die Absicht, auf dem Thema zu bestehen. Wir waren ja nicht nach Berlin gekommen, um Bitteres zu hören, mochte alles weiterhin harmlos verlaufen. Aber ein wenig mußte ich die Harmonie doch stören – mit einer Frage, die indes nicht die Kriegsjahre betreffen sollte, sondern unsere, wenn man so sagen darf, gemeinsame Zeit.

Ich hätte mich, sagte ich, im Laufe des vergangenen Vierteljahrhunderts oft gefragt, warum sich die Mitschüler uns Juden gegenüber damals, im »Dritten Reich«, trotz der ungeheuerlichen antisemitischen Propaganda nichts hätten zuschulden kommen lassen. Eine Weile schwiegen alle. Schließlich sagte einer der Anwesenden, eher zögernd: »Herrgott, wie sollten wir denn an die Theorie von der Minderwertigkeit der Juden glauben? Der beste Deutschschüler der Klasse war ein Jude und einer der schnellsten Hundertmeterläufer ebenfalls ein Jude.«

Ich war verblüfft, diese Antwort enttäuschte mich, ich fand sie lächerlich. Und wenn ich nicht der beste Deutschschüler gewesen wäre und mein Freund nicht einer der besten Läufer, dann hätte man uns schikanieren dürfen? War denn die Verfolgung der Juden nur deshalb verwerflich, weil man ihnen diese oder jene Leistung nachrühmen konnte? Ich glaube, ich hätte meine alten Mitschüler mühelos davon überzeugen können, daß sie mich mit einer unsinnigen Antwort abspeisen wollten. Aber ich verzichtete darauf, denn es schien mir, daß ich die Gemütlichkeit schon hinreichend gestört hatte.

Die Wahrheit sah wohl anders aus. Eine gewisse Rolle mag das Vorbild der Lehrer gespielt haben. Da sie sich uns Juden gegenüber stets manierlich und anständig verhielten, haben sich auch unsere Klassenkameraden manierlich und anständig benommen. Überdies stammten sie aus gutbürgerlichen Elternhäusern, in denen man sich wie eh und je um die Erziehung der Kinder kümmerte. Die Umgangsformen waren in unserer Klasse gesittet, Vulgärausdrücke, die heutzutage auch in der deutschen Literatur, zumal wenn es um die Sexualsphäre geht, unentwegt verwendet werden, waren bei uns nicht üblich. Es herrschte ein freundlich-höflicher Umgangston.

Vor allem aber: Haben die Halbwüchsigen der offiziellen Propaganda getraut, waren sie davon überzeugt, daß die Juden tatsächlich das Unglück des deutschen Volkes und der Menschheit seien? Sehr gut möglich. Doch in den Augen dieser Schüler betraf die nationalsozialistische Propaganda, so glaube ich immer noch, letztlich ein Abstraktum (etwa »das Weltjudentum«) und wurde nicht unbedingt oder überhaupt nicht auf jene bezogen, mit denen sie auf einer Schulbank saßen, von denen sie gelegentlich Klassenarbeiten abschrieben und mit Gegenleistungen nicht sparten, die sie also seit Jahren kannten und respektierten – auf die jüdischen Mitschüler.

Daß aber immer mehr Juden von der Schule verschwanden und diejenigen, die noch verblieben waren, diskriminiert und abgesondert wurden – das haben unsere Mitschüler, diese Söhne aus guten Familien und Zöglinge der Hitler-Jugend, wohl für selbstverständlich gehalten, darüber haben sie mit uns nicht gesprochen, nie ein Wort der Verwunderung oder gar des Bedauerns verlauten lassen. So war es am Fichte-Gymnasium in Berlin. An anderen Berliner Schulen, zumal in den vorwiegend von Arbeitern und Kleinbürgern bewohnten nördlichen und östlichen Stadtteilen, soll es erheblich schlimmer gewesen sein. Noch schlimmer war es, wie man den Erinnerungen von Generationsgenossen, Juden und Nichtjuden, entnehmen kann, in Kleinstädten: Jüdische Schüler wurden nicht selten schrecklich, sadistisch gequält – sowohl von ihren Lehrern als auch von ihren Mitschülern.

An einen in unserer Klasse erinnere ich mich besonders gern. Er war sympathisch und verhielt sich den Juden gegenüber tadellos. Als ich ihn zum ersten Mal nach dem Krieg wiedersah – er war inzwischen als Arzt tätig –, erzählte er mir, er habe 1940 in der Nähe des Stettiner Bahnhofs in Berlin inmitten einer von der Polizei geführten und bewachten größeren Anzahl von Juden unseren alten Mitschüler T. bemerkt. Er habe einen elenden Eindruck gemacht: »Da dachte ich mir, es wird dem T. sehr peinlich sein, daß ich ihn in einem so erbärmlichen Zustand sehe. Mir war es unangenehm, ich habe schnell weggesehen.« Ja, das trifft die Sache: Millionen haben weggesehen.

Mehrere Liebesgeschichten auf einmal

Wann hat meine Leidenschaft für die Literatur angefangen? Genau weiß ich es nicht, aber meine Mutter muß sie schon sehr früh bemerkt haben. Denn als ich zwölf Jahre alt war, bekam ich von ihr aus irgendeinem Anlaß ein Geschenk, ein ungewöhnliches: eine Eintrittskarte für die Aufführung des »Wilhelm Tell« im Staatlichen Schauspielhaus am Gendarmenmarkt.

An diesem Abend, Ende 1932, da ich zum ersten Mal eine richtige Vorstellung sah und nicht nur Kindertheater, begannen einige meiner großen Liebesgeschichten, alle auf einmal: Ich meine die Liebe zur deutschen Literatur, ich meine die Jahrzehnte während, später freilich nachlassende Liebe zum Theater, ferner die zwar oft gefährdete, doch nie ganz abgestorbene Liebe zu Schiller und schließlich noch die Liebe zu einem Gebäude, das mir das teuerste in Berlin wurde und bis heute geblieben ist – zu Schinkels Schauspielhaus am Gendarmenmarkt.

Der große Jürgen Fehling hatte diese »Tell«-Aufführung inszeniert. Wer stand damals, in den letzten Monaten der Weimarer Republik, auf der Bühne? Aber was geht uns das heute noch an? Vielleicht doch ein wenig. Den Arnold von Melchtal spielte ein noch junger, energisch aufstrebender und schon bekannter Schauspieler, der einige Jahre danach als Filmregisseur höchst erfolgreich war und in allen deutschen Zeitungen mit Lob und Beifall überschüttet wurde. Er hieß Veit Harlan und hat später den gemeinsten, den niederträchtigsten Film über und gegen die Juden gedreht, der je produziert wurde – den Film »Jud Süß«.

Den Tell gab Werner Krauss, wohl der erste Mime der Epoche. Auch er war später am »Jud Süß« beteiligt. Auf eigenen Wunsch verkörperte er gleich mehrere Juden, und es ließ sich schwer entscheiden, welcher von ihnen der widerwärtigste war. Als Tells Gattin, Hedwig, konnte man Eleonora von Mendelssohn sehen, eine Ur-Urenkelin von Joseph, dem ältesten Sohn des Philosophen Moses Mendelssohn. Sie emigrierte 1933 und hat sich dann in den Vereinigten Staaten das Leben genommen.

Der Darsteller jenes Konrad Baumgarten, der im ersten Akt des »Wilhelm Tell« vor den Schergen des Landvogts flieht, war ebenfalls ein Jude: Alexander Granach. Sehr bald mußte er selber fliehen. Den Johannes Parricida verkörperte Paul Bildt. Seine Frau, eine Jüdin, war, um der Deportation nach Theresienstadt zu entgehen, nicht gemeldet. Als sie kurz vor Kriegsende starb, wurde sie heimlich in einem Park beerdigt. Bildt und seine Tochter gerieten vollkommen in Verwirrung und beschlossen, gemeinsam Selbstmord zu verüben. Nur er überlebte.

Den Ulrich von Rudenz spielte Hans Otto, der nie ein Hehl daraus gemacht hatte, Kommunist zu sein. Sofort nach der Machtübernahme der Nationalsozialisten kämpfte er im Untergrund und wurde im November 1933 in der Haft ermordet. Nach ihm wurde in DDR-Zeiten das Theater in Potsdam benannt: Es heißt nach wie vor Hans-Otto-Theater. Und schließlich noch ein Kuriosum: In dieser Inszenierung glänzte als Reichsvogt Geßler ein junger Charakterschauspieler, den wir noch in unseren neunziger Jahren auf der Bühne bewundern konnten: Bernhard Minetti.

Die »Tell«-Aufführung am Gendarmenmarkt veränderte sofort meine Lektüre. Im eher bescheidenen Bücherschrank meiner Eltern suchte und fand ich eine Schiller-Ausgabe. Ich begann, im Bett liegend, da ich etwas erkältet war und deshalb nicht zur Schule mußte, ganz einfach mit den ersten Seiten des Bandes, mit dem Schauspiel, das diese Ausgabe eröffnete: »Die Räuber«. Kaum hatte ich die Worte »Aber ist Euch auch wohl, Vater?« gelesen, da konnte ich mich von dem Buch nicht mehr losreißen. Nichts anderes interessierte mich als die eine einzige Frage: Was wird mit diesen Räubern geschehen, wie wird die Sache ausgehen? Ich empfand das Stück als unerhört spannend, es regte mich auf, ich las es mit roten Backen und roten Ohren. Und ich konnte nicht aufhören zu lesen – bis ich bei dem Satz »Dem Mann kann geholfen werden« angekommen war. Und ich war glücklich. Karl Moor faszinierte mich ungleich mehr als Old Shatterhand, seine Räuber mehr als alle Indianer Karl Mays.

Im Laufe der Jahre habe ich dieses Drama häufig auf der Bühne gesehen. Es waren mehr oder weniger gelungene Inszenierungen, aber eine wirklich gute habe ich nie erlebt. Ob die »Räuber« heute noch spielbar sind – ich bin dessen nicht sicher. Etwa ein halbes Jahrhundert nach dieser Bettlektüre wurde ich vom Hessischen Rundfunk gebeten, die Verfilmungen einiger Schiller-Stücke einzuleiten, auch der »Räuber«. Ich habe die Untugenden und Fehler dieses Dramas ausführlich beschrieben, was nicht schwer ist, da sie allesamt offenkundig sind. Der zuständige Abteilungsleiter war im Studio zugegen, ganz wohl fühlte er sich bei meiner vehementen Anklage und Beschimpfung nicht; und er atmete erst auf, als ich sagte: »Das wars. Nun muß ich nur noch erklären, warum ich die ›Räuber‹ liebe wie nur ganz wenige Stücke in der ganzen Weltliteratur.« Daran hat sich bis heute nichts geändert.

Mit Schiller hängt auch mein erster Erfolg als Deutschschüler zusammen. Es war noch im Werner von Siemens-

Realgymnasium, in der Unter- oder Obertertia. Einer der Mitschüler sollte einen Vortrag über den »Wilhelm Tell« halten, war aber schon nach knapp fünf Minuten fertig. Der Lehrer, der erheblich mehr erwartet hatte, fragte, ob jemand noch etwas über das Stück sagen könnte. Ich meldete mich und legte los: Der »Tell« verherrliche den politischen Meuchelmord und einen individuellen Terrorakt. Um dies und ähnliches zu erklären und zu begründen, muß ich viele Worte gebraucht haben, denn nach etwa vierzig Minuten, als es zur Pause klingelte, sprach ich immer noch. Doch ließ mich der Lehrer meine Darlegungen zu Ende führen und kommandierte dann knapp: »Setzen.« In der Klasse wurde es ganz still, man erwartete einen Schuldspruch wegen unverschämter Kritik an einem klassischen Werk. In der Tat sagte unser Lehrer, was ich da geredet hätte, sei nicht hinreichend belegt und zum Teil auch falsch. Andererseits wiederum – bemerkte er in bester Laune – sei es so übel wieder nicht. Ich bekam (zur Verwunderung der Klasse) die beste Note: eine Eins. Damals habe ich zweierlei gelernt – erstens, daß man in der Literaturbetrachtung auch etwas riskieren müsse und, zweitens, daß man sich von Klassikern nicht einschüchtern lassen solle.

Übrigens will ich nicht verheimlichen, daß sich zu meiner frühen Schwäche für Schillers Dramen bald eine andere Schwäche gesellte – für seine populären und so oft verspotteten Balladen. Nun ja, manche lassen sich heute nicht ganz ernst nehmen, aber es gibt einige, die ich gern gelesen habe und – schlimmer noch – die ich nach wie vor gern lese. »Die Kraniche des Ibykus« halte ich für eine der schönsten Balladen in deutscher Sprache.

So wollte ich 1966 meinen Augen nicht trauen: Im dritten, den Gedichten gewidmeten Band einer Ausgabe von »Schillers Werken« hatte der Herausgeber, offensichtlich ein Barbar, eben »Die Kraniche des Ibykus« weggelassen, aber auch »Das Lied von der Glocke«, »Die Bürgschaft«, den »Grafen von Habsburg«, den »Kampf mit dem Drachen«, »Das verschleierte Bild zu Sais« und noch andere nicht zufällig bekannte Gedichte Schillers. Diese von einem traditionsreichen und renommierten Verlag publizierte Ausgabe machte wieder einmal deutlich, daß die Deutschen – anders als die Franzosen und die Engländer, die Spanier und die Italiener – ein gebrochenes, ein zutiefst gestörtes Verhältnis zu ihren größten Dichtern haben. Übrigens war der Barbar, der sich damals bemühte, diese Schiller-Gedichte zu liquidieren, ein Mann mit außerordentlichem poetischen Talent: Hans Magnus Enzensberger.

Im Deutschunterricht war vom Einfluß des »Dritten Reichs«, was verwundern mag, vorerst nicht viel zu merken – jedenfalls in unserer Schule. Das aber sollte man nicht als Opposition der Lehrer verstehen, es hatte in der Regel nichts mit Politik und Weltanschauung zu tun, sondern weit eher mit der Unlust dieser Herren, auf eine Literatur einzugehen, die sie noch kaum kannten. Einiges mußte in der neuen Zeit wegfallen: Noch waren in unseren Lesebüchern Gedichte von Heine zu finden, aber man überging sie ohne Begründung. Werke der Klassiker, in denen jüdische Figuren oder Motive vorkamen oder gar im Mittelpunkt standen, also Lessings »Nathan«, die »Judenbuche« der Droste-Hülshoff oder Hebbels »Judith«, nahm man nicht mehr durch.

Von den Schriftstellern, die von den neuen Machthabern gefördert wurden, von Agnes Miegel also und Ina Seidel, von Hans Grimm und Hanns Johst, von Eberhard Wolfgang Moeller, Hans Rehberg und Hans Friedrich Blunck, wollten unsere Deutschlehrer nichts wissen: Sie blieben lieber bei dem, was sie vor 1933 gelesen und gelernt hatten, bei »Kabale und Liebe« und »Wallenstein«, beim »Götz von Berlichingen« und beim »Faust«, beim »Schimmelreiter«

und den »Leuten von Seldwyla«. Da kannten sie sich aus, das machten sie nach wie vor recht gut.

»Ich kann die Klassiker nicht leiden, die Schule hat sie mir verekelt« – man hört dies oft. Für mich gilt das nicht, es war ja gerade umgekehrt: Die Schule hat, wie sonst nur noch das Theater, mein Interesse für die Literatur von Lessing bis Gerhart Hauptmann, zumal für Goethe, Schiller und Kleist, in hohem Maße gesteigert und bisweilen meine Begeisterung auch auf mir noch unbekannte Bereiche gelenkt. Allerdings war das Programm etwas einseitig, nämlich unverkennbar norddeutsch geprägt. So bot der Deutschunterricht mehr Kleist und Fontane als Hölderlin und Jean Paul, mehr Hebbel und Storm als Mörike und Stifter.

Innerhalb von drei Jahren, von 1935 bis 1938, hatte ich am Fichte-Gymnasium drei Deutschlehrer. Sie repräsentierten – das war natürlich ein Zufall – drei politische Richtungen: Der erste war ein Deutschnationaler, der zweite ein Liberaler, der dritte ein Nazi.

Was der Deutschnationale uns über seine Erlebnisse in den ersten Nachkriegsjahren erzählte, war so patriotisch wie engstirnig. Aber wenn er über den »Prinzen von Homburg« sprach (seine Sympathien gerecht auf den Prinzen, den Kurfürsten und den Kottwitz verteilend) und uns am Beispiel Storms erklärte, was eine Novelle sei, dann sah man, daß er ein solider, ein guter Germanist war. Er schätzte mich und behandelte mich tadellos – ohne mich sonderlich gern zu haben.

Anders der Liberale, Carl Beck. Dieser joviale, gutmütige Mensch gehörte gewiß zu jenen, die Lehrer wurden, weil es ihnen nicht gelingen wollte, ihre beruflichen Vorstellungen zu verwirklichen. Im Grunde war er, der einst mit einer Arbeit über Gottfried Keller promoviert wurde, wohl eher ein Literat als ein Pädagoge. Es ist möglich, daß ich sein Lieblingsschüler war. Wir hatten zufällig den gleichen Schulweg. Wenn ich ihn traf, grüßte ich ihn, wie es die Schulordnung erforderte, mit »Heil Hitler«, ja, das wurde tatsächlich auch von den Juden verlangt. Beck hob ebenfalls die Hand, denn es war durchaus nicht ausgeschlossen, daß uns irgendein anderer Lehrer oder Schüler beobachtete. Aber »Heil Hitler« sagte er nicht, er murmelte »Guten Tag« – und dann unterhielt er sich mit mir über Literatur, auch über Heine.

Für meine Aufsätze bekam ich fast immer eine Eins. Als Glanzstück galt ein Klassenaufsatz über das Thema »Mephistopheles – eine Charakteristik«. Einmal allerdings befürchtete ich eine nur mäßige Note. Es war ebenfalls ein Klassenaufsatz, und zwar eine Interpretation des Schiller-Gedichts »Pegasus im Joche«. Mir war ein Malheur passiert: Im allerletzten Augenblick, als wir die Hefte schon abgeben mußten, hatte ich plötzlich gemerkt, daß ein längerer Abschnitt der sorgfältig gegliederten Niederschrift auf eine zwar kühne, doch falsche These zulief. Schnell entschlossen, strich ich diesen Teil durch und änderte die Numerierung der Abschnitte. Das aber war, ich wußte es, eine unverzeihliche Sünde.

Doch zu meiner größten Überraschung beurteilte Beck auch diese Arbeit mit »Sehr gut«. Nur seiner Begründung wegen, die mich damals beeindruckte und die mir immer noch gefällt, komme ich hier auf diese Sache zu sprechen. Er sagte mir etwa: »Ich gebe Ihnen eine Eins aus zwei Gründen. Erstens wegen des Gedankens in dem gestrichenen Abschnitt und zweitens dafür, daß Sie diesen Gedanken schließlich doch verworfen haben. Denn er war originell, aber falsch.«

Einmal war ich meiner Sache ganz sicher: Mein Hausaufsatz über Georg Büchner, der drei Hefte füllte – das fiel ganz aus dem Rahmen und war ungehörig –, schien mir ein

Glanzstück. Indes wurde ich bitter enttäuscht: Die Note lautete nur »Im Ganzen gut«, also Zwei minus. Allerdings sollte ich mich in der Pause bei Beck im Lehrerzimmer melden, was ungewöhnlich war. Da es den Schülern nicht erlaubt war, das Lehrerzimmer zu betreten, kam er zu mir heraus. Meine Arbeit sei – sagte er mir – kein Schulaufsatz mehr, als literarischer Versuch jedoch nicht gut genug. Daher nur »Im Ganzen gut«. Er sah sich um, ob jemand in der Nähe stand, und fügte dann leise hinzu: »Aber wenn Sie in Paris Kritiker geworden sind, dann schreiben Sie mir mal eine Postkarte.« Paris war in jener Zeit das Zentrum der deutschen Exilliteratur.

Ich beschloß, gleich mit dem Schreiben von Kritiken zu beginnen: Jede Aufführung, die ich sah, wollte ich rezensieren. Ich schaffte mir eine dicke Kladde an und verbreitete mich zunächst über eine Inszenierung von Ibsens »Hedda Gabler« mit der eher als Filmschauspielerin bekannten Hilde Hildebrand in der Titelrolle. Wovon die zweite Kritik handelte, weiß ich nicht mehr, nur ist sicher, daß es eine dritte nicht gegeben hat.

Im Winter 1937 ging meine Mutter in Becks Sprechstunde und kehrte wieder einmal begeistert zurück. Er hatte sie sehr freundlich empfangen und ihr einen überraschenden Rat erteilt: »Lassen Sie sich, gnädige Frau, von den zeitbedingten Umständen nicht beirren – und ermöglichen Sie Ihrem Sohn das Studium der Germanistik.« Später hörte ich, Beck habe während des Krieges die Gewohnheit gehabt, vor Juden auf der Straße, die – wie das Gesetz es befahl – mit dem gelben Stern gekennzeichnet waren, stets den Hut zu ziehen, als seien es seine Bekannten. War er ein politischer Mensch? Ich glaube es nicht. Nur hat er die deutschen Klassiker gelesen und ernst genommen. Er hat sie beherzigt. Wenn ich heute an Carl Beck denke, bin ich es, der das Bedürfnis hat, den Hut zu lüften.

Schließlich, im letzten Schuljahr, unterrichtete Deutsch ein Studienassessor, der, als er das erste Mal in die Klasse kam, besonders laut »Heil Hitler« rief und sich damit gleich als entschiedener Nazi vorstellte. Er war bei fast allen Schülern unbeliebt. Warum? Wegen der Zugehörigkeit zur NSDAP? Nein, natürlich nicht, sondern weil er sich damit brüstete. Das weckte Mißtrauen. Opportunisten mochte man nicht. Bald zeigte sich auch, daß dieser Germanist nicht zu den intelligentesten gehörte. Anders als seine Vorgänger hielt er sich für verpflichtet, auch ein wenig von der nationalsozialistischen Literatur in den Unterricht aufzunehmen. Wir mußten uns daher eine kleine, gerade als Reclam-Heft erschienene Sammlung mit NS-Lyrikern anschaffen. Die Klasse war wenig erbaut, man verspottete diese Verse, was mich noch heute wundert. Offenbar hatten die Schüler von solchen Liedern genug. Denn sie mußten in der Hitlerjugend viel gesungen werden.

Bei der schriftlichen Abiturientenprüfung hatten wir vier Themen zur Auswahl. Ich hatte damit gerechnet, daß zwei, wenn nicht gar drei dieser Themen im nationalsozialistischen Geist sein würden. Es kam aber schlimmer: Alle vier waren mehr oder weniger von diesem Geist geprägt. Ich entschied mich für einen ziemlich üblen Ausspruch des heute schon vergessenen nationalistischen Kulturphilosophen Paul de Lagarde.

Überdies mußte jeder Schüler in der mündlichen Prüfung in einem Fach seiner Wahl sich bewähren, um nicht zu sagen: brillieren. Nur zwei Schüler wählten für diese Prüfung Deutsch. Es waren zwei Juden. Mehrere Wochen vor der Prüfung hatte man ein Thema vorzuschlagen, das vom Lehrer, jenem unbeliebten Studienassessor, akzeptiert werden mußte. Das meinige wurde von ihm sofort und ohne Begründung abgelehnt. Denn ich hatte mich zu Georg Büchner entschlossen, der aber im »Dritten Reich«, was mir entgangen sein mußte, ungern gesehen wurde: »Woyzeck« durfte überhaupt nicht gespielt werden, »Dantons Tod« (jedenfalls in Berlin) erst während des Krieges. Gerade im »Danton« gibt es vieles, was auf das »Dritte Reich« bezogen werden konnte, ja bezogen werden mußte.

Auch bei meinen anderen Vorschlägen war der Assessor mißtrauisch: Von Lessing wollte er nichts wissen (vor allem des »Nathan« wegen), auch Hebbel war ihm nicht recht, denn die jüdisch-biblischen Dramen (»Judith« und »Herodes und Mariamne«) galten als »inopportun«, Grillparzers »Jüdin von Toledo« kam ebenfalls nicht in Frage. Nach langem Hin und Her akzeptierte er den jungen Gerhart Hauptmann. Unmittelbar vor der Prüfung erhielt man einen Zettel mit der Frage, über die man referieren sollte. Dann hatte man eine halbe Stunde Zeit, um sich in einem abgeschlossenen Zimmer vorzubereiten. Auf meinem Zettel stand eine These von Arno Holz: »›Die Kunst hat die Tendenz, wieder die Natur zu sein. Sie wird sie nach Maßgabe ihrer jeweiligen Reproduktionsbedingungen und deren Handhabung.‹ (Leiten Sie hieraus die Wesensbestimmung des Naturalismus ab.)« Wie man sieht, war das Fichte-Gymnasium eine sehr anspruchsvolle Schule. Aber dem Deutschlehrer schien die mir gestellte Aufgabe doch zu abstrakt. Daher hat er noch handschriftlich hinzugefügt: »G. Hauptmann als naturalist. Dichter. (Vor Sonnenaufgang, Einsame Menschen, Weber).«

Dieser Zettel hat mich weder überrascht noch eingeschüchtert. Aber kaum hatte ich einige einleitende Sätze gesagt, kaum mich über »Vor Sonnenaufgang« geäußert, da wurde ich von unserem Direktor, dem »Goldfasan« Heiniger, der als kommissarischer Prüfungsleiter amtierte, energisch unterbrochen. Er wollte wissen, wie das Verhältnis des Nationalsozialismus zu Hauptmann sei. Auf diese Frage war ich nicht gefaßt.

Ich hätte darauf hinweisen können, daß aus Anlaß seines nur wenige Monate zurückliegenden fünfundsiebzigsten Geburtstags Hauptmann im ganzen Reich ausgiebig gefeiert worden war – von allen staatlichen Bühnen und auch von anderen Theatern.

Es wäre auch möglich gewesen, Äußerungen von Würdenträgern des »Dritten Reichs« zu zitieren, denen doch zu entnehmen war, daß man ihn haben wollte und von Zeit zu Zeit hofierte. Aber das alles habe ich nicht gesagt – sei es, daß es mir nicht gleich einfiel, sei es, daß ich befürchtete, solche Antworten könnten den kommissarischen Prüfungsleiter verärgern. Statt dessen erklärte ich knapp, das »Dritte Reich« schätze es ganz besonders, daß Hauptmann in den Mittelpunkt seines Werks die soziale Frage gestellt habe. Danach wollte man nichts mehr von mir hören: Ich wurde mit einem unfreundlich klingenden »Danke« entlassen. Sollte der »Goldfasan« meine Antwort für Ironie gehalten haben?

Im Abiturzeugnis habe ich in Deutsch nicht, wie in den vorangegangenen Jahren, die Note »Sehr gut« erhalten, sondern nur »Gut«. Der Germanist Doktor Beck hat mir später vertraulich erzählt, der Prüfungsleiter habe eine Diskussion über meine Leistungen gar nicht zugelassen, sondern erklärt, aus Gründen, die mit dem Unterricht nichts zu tun hätten, sei bei diesem Schüler (das sollte heißen: bei einem Juden) die Note »Sehr gut« für Deutsch nicht angebracht.

Beschämt gebe ich zu, daß ich enttäuscht und tatsächlich erbost war. Die Entscheidung des »Goldfasans« war kleinlich, aber meine Reaktion darauf lächerlich. Das Ganze eine Lappalie? Ja, doch eine aufschlußreiche. Sie läßt erkennen, daß ich noch nach dem Abitur im stillen hoffte, es werde mir möglich sein, mich auf einen Beruf vorzubereiten, der wenigstens etwas mit Literatur zu tun habe.

Nie habe ich mehr gelesen als in der Gymnasialzeit. In jedem Berliner Bezirk gab es eine städtische Bibliothek – und sie waren allesamt recht gut ausgestattet. Wer an Literatur interessiert war, konnte dort alles finden, was er begehrte, auch die Bücher der zeitgenössischen, der allerneuesten Autoren. Allerdings durfte man nicht mehr als zwei Bände gleichzeitig ausleihen. Das reichte mir nicht, aber die Schwierigkeit war leicht zu umgehen: Ich ließ mich in zwei Stadtbibliotheken eintragen, der von Schöneberg und der von Wilmersdorf.

Ich kann mich ziemlich genau erinnern, was ich, als ich im Herbst 1938 aus Deutschland deportiert wurde, von der Weltliteratur kannte. Ich vermag es heute nicht mehr zu erklären, wie ich es schaffen konnte, innerhalb von fünf, sechs Jahren alle Dramen von Schiller und die meisten von Shakespeare zu lesen, nahezu alles von Kleist und Büchner, sämtliche Novellen von Gottfried Keller und Theodor Storm, einige der großen und meist umfangreichen Romane von Tolstoj und Dostojewski, von Balzac, Stendhal und Flaubert. Ich las die Skandinavier, zumal Jens Peter Jacobsen und Knut Hamsun, den ganzen Edgar Allan Poe, den ich bewunderte, und den ganzen Oscar Wilde, der mich begeisterte, und sehr viel Maupassant, der mich amüsierte und anregte.

Wahrscheinlich war diese Lektüre oft flüchtig, gewiß habe ich vieles nicht verstanden. Dennoch: Wie war das möglich? Kannte ich etwa eine Methode, besonders schnell zu lesen? Durchaus nicht – und ich kenne eine solche Methode bis heute nicht. Im Gegenteil, ob damals oder jetzt, ich lese beinahe immer langsam. Denn wenn mir ein Text gefällt, wenn er wirklich gut ist, dann genieße ich jeden Satz, und das nimmt viel Zeit in Anspruch. Und wenn mir der Text mißfällt? Dann langweile ich mich, kann mich nicht recht konzentrieren und merke plötzlich, daß ich eine ganze Seite kaum verstanden habe und sie noch einmal lesen muß. Ob gut oder schlecht – es geht nur langsam voran.

Es waren wohl ganz andere Umstände, die die Quantität der von mir in meiner Jugend bewältigten Literatur ermöglicht hatten: Ich konnte täglich stundenlang lesen, weil ich die Schularbeiten sehr schnell erledigte: Ich widmete ihnen nur soviel Zeit, wie unbedingt erforderlich war, um die Note »Genügend« zu erhalten. So vernachlässigte ich die Naturwissenschaften und leider auch die Fremdsprachen. Der Sport nahm, was bestimmt nicht richtig war, nur wenig Zeit in Anspruch. In einer Tanzschule war ich auch nicht, was ich sehr bedauere – jedenfalls habe ich das Tanzen nie erlernt.

Meine Lektüre wurde nicht nur von der Schule und vom Theater geprägt, sondern auch, wie sonderbar das anmuten mag, von der nationalsozialistischen Kulturpolitik. Die umfangreichen gedruckten Kataloge der städtischen Bibliotheken wurden weiterhin verwendet, nur hatte man die aus dem Verkehr gezogenen Bücher mit roter Tinte ausgemerzt: Die Namen und Titel von Juden, Kommunisten, Sozialisten, Pazifisten, Antifaschisten und Emigranten jeglicher Art waren zwar gestrichen, indes weiterhin mühelos lesbar, also die Namen von Thomas, Heinrich und Klaus Mann, Döblin, Schnitzler und Werfel, Sternheim, Zuckmayer und Joseph Roth, Lion Feuchtwanger, Arnold und Stefan Zweig, Brecht, Horváth und Becher, der Seghers und der Lasker-Schüler, Bruno und Leonhard Frank, Tucholsky, Kerr, Polgar und Kisch und von vielen anderen Autoren.

Allerdings fällt mir auf, daß ich damals einen Namen von höchster Bedeutung überhaupt nicht gehört hatte: Franz Kafka. Von der sechsbändigen Ausgabe seiner »Gesammelten Werke« konnten noch 1935 vier Bände in Berlin, in einem jüdischen Verlag, erscheinen, die beiden letzten hingegen wurden 1937 (da man selbstverständlich auch Kafka auf die »Liste des schädlichen und unerwünschten Schrifttums« gesetzt hat) in Prag publiziert. Aber allem Anschein nach hat niemand in meiner Umgebung Kafka gekannt. Noch war er ein Geheimtip.

Die vielen roten Striche waren mir sehr willkommen: Nun wußte ich, was ich zu lesen hatte. Allerdings mußte ich mir diese unerwünschten und verbotenen Bücher erst noch beschaffen. Das war aber nicht sonderlich schwer. Bei den Bücherverbrennungen im Mai 1933 wurden allein in Berlin angeblich rund 20 000 Bände in die Flammen geworfen – sie stammten vorwiegend aus Bibliotheken. In anderen Städten war die Zahl der vernichteten Bücher wohl kleiner.

Wie auch immer: Der unzweifelhaft improvisierten Aktion, die vor allem symbolisch gemeint war, fiel naturgemäß nur ein Teil der geächteten Bücher zum Opfer. Viele blieben erhalten: in Buchhandlungen, in Verlagsmagazinen, in Privatwohnungen. Die meisten landeten früher oder später in Berliner Antiquariaten, wo sie natürlich nicht in den Schaufenstern oder auf den Ladentischen zu finden waren. Doch wurden sie vom Antiquar, zumal wenn er den Kunden schon kannte, gern hervorgeholt und waren billig erhältlich. Überdies gab es bei meinen Verwandten und bei den Bekannten meiner Eltern, wie in bürgerlichen Familien üblich, Bücherschränke und in ihnen nicht wenige ebenjener Bücher, die nunmehr in den offiziellen Katalogen durchgestrichen waren.

Auch bei meinem Onkel Max, dem lustigen Patentanwalt, der nicht aufhören konnte zu glauben, das »Dritte Reich« werde alsbald, vielleicht schon im kommenden Jahr kläglich zusammenbrechen, stand ein solcher Schrank – und ich hatte oft Gelegenheit, von dieser Fundgrube Gebrauch zu machen. Denn der Onkel hatte einen hübschen Sohn, der damals etwa fünf Jahre alt war, und ich wurde häufig als Babysitter benötigt. Es waren wunderbare Abende: Ich konnte mich mit zahllosen Büchern vergnügen und wurde auch noch großzügig entlohnt. Ich bekam für jeden Abend eine Mark und zuweilen, wenn der Onkel kein Kleingeld hatte, sogar zwei Mark. Das Kind wiederum, das ich zu betreuen hatte, ist während dieser Abende kein einziges Mal aufgewacht. Ein vorbildliches Knäblein also – und jetzt einer der berühmtesten Maler Englands: Frank Auerbach.

Das Geld brauchte ich dringend, aber vorwiegend für Theaterkarten, nicht etwa für Bücher. Wer auswanderte, konnte nur wenig mitnehmen, die Bibliotheken blieben meist zurück. Und wenn man schon ins Exil Bücher mitnahm, dann nicht Romane oder Gedichtbände, sondern Fachliteratur und, vor allem, Wörterbücher. Was bleiben mußte, wurde verschenkt.

Von einem Freund dieses Onkels, einem Chemiker in Berlin-Schmargendorf, der seine Emigration vorbereitete, durfte ich mir Bücher holen. Er riet mir, einen kleinen Koffer oder einen Rucksack mitzubringen. Ich kam aber zu ihm mit einem großen Koffer. Ich hätte, log ich, keinen kleineren gefunden. Der liebenswürdige, wenn auch allem Anschein nach deprimierte Chemiker öffnete seinen Bücherschrank und sagte gleichgültig oder gar resigniert: »Nehmen Sie mit, was Sie wollen.«

Was ich zu sehen bekam, machte mich sprachlos, die Augen gingen mir über. Noch heute weiß ich, was mir sofort auffiel: die »Gesammelten Werke« von Hauptmann und Schnitzler und auch von Jens Peter Jacobsen, den Rilke so schön und nachdrücklich empfohlen hatte. Ich nahm rasch, was sich in meinem Koffer unterbringen ließ, ohne mir Gedanken zu machen, wie schwer er sein würde. Ich konnte ihn kaum tragen, brachte ihn aber schließlich doch zur nächsten Straßenbahn-Haltestelle.

Die Last hat mein Glück nicht gemindert, auch nicht die elegische Warnung des freundlichen Chemikers. Denn als ich ihm herzlich dankte, winkte er ab und belehrte mich: »Sie haben mir für gar nichts zu danken. Diese Bücher schenke ich Ihnen nicht. Sie sind Ihnen in Wirklichkeit nur geliehen – wie diese Jahre. Auch Sie, mein junger Freund, wird man von hier vertreiben. Und diese vielen Bücher? Sie werden sie genauso zurücklassen, wie ich es jetzt tue.« Recht hat er gehabt: Ich habe noch manche Bücher aus manchen Schränken zusammengerafft, aber als ich etwa zwei Jahre später aus Deutschland deportiert wurde, durfte ich nur ein einziges mitnehmen.

Gelegentlich habe ich in den Lesesälen der städtischen Büchereien von den dort ausliegenden Zeitschriften profitiert und mitunter Aufsätze gefunden, die mich interessierten und die ebenfalls nicht ohne Einfluß auf meine Lektüre blieben. So fiel mir 1936 in den »Nationalsozialistischen Monatsheften« der markige Titel einer literarkritischen Abhandlung auf: »Schluß mit Heinrich Heine!« Ich las den Aufsatz mit wachsender Aufmerksamkeit, mehr noch: mit Genugtuung.

Der Autor, ein Philologe, hatte sich vor allem zweier Gedichte angenommen, die zu Heines populärsten gehören: der »Loreley« und der »Grenadiere«. Beide, behauptete er, seien beispielhaft für Heines ungenügende und seichte Kenntnis der deutschen Sprache und sein »noch nicht abgestreiftes Jiddisch«. Davon zeuge, schrieb damals ein anderer Germanist, schon der erste Vers der »Loreley«: »Ich weiß nicht, was soll es bedeuten.« Ein deutscher Mann hätte geschrieben: »Ich weiß nicht, was es bedeuten soll.« Mir war es schon recht, daß die Nazis, die Heine beschimpften, Unsinn verbreiteten, der sich schwerlich überbieten ließ.

Die Lektüre dieser »Nationalsozialistischen Monatshefte« hat aus mir einen passionierten Heine-Leser gemacht.

Was ich freilich nirgends finden konnte, war die Literatur der Emigranten. Natürlich wollten wir lesen, was die vertriebenen und geflohenen Schriftsteller jetzt schrieben, doch konnten wir nichts bekommen. Wer ins Ausland fuhr und wiederkam, wagte es nicht, Bücher oder Zeitschriften mitzubringen, und an postalische Übersendung war nicht zu denken. Allerdings gab es zwei bedeutsame und denkwürdige Ausnahmen, zwei aufregende Abende, die ich nie vergessen werde. An beiden wurden Dokumente der deutschen Literatur im Exil vorgelesen: Es waren zwei (sehr unterschiedliche) Briefe.

Meine Schwester, die Anfang der dreißiger Jahre ihr Studium in Warschau abgebrochen hatte und nach Berlin gekommen war, lernte Gerhard Böhm kennen, einen deutschen Juden, dessen ich – er ist längst tot – dankbar gedenke. Denn er, der bald mein Schwager wurde, gehörte zu den wenigen Menschen, die sich in meiner Jugend um meine Bildung, zumal die literarische, gekümmert haben. Er betätigte sich als Export-Kaufmann, aber im Grunde hatte er keinen Beruf. Das Geldverdienen war, um es vorsichtig auszudrücken, seine starke Seite nicht. Damit und vielleicht auch mit der Tatsache, daß er ziemlich klein war, mochte es zusammenhängen, daß er gern prahlte. So erzählte er – sehr anschaulich – von seinen vielen Weltreisen; nur hatte er sie nie gemacht. Gern rühmte er sich, in der Weimarer Republik unter einem Pseudonym für die »Weltbühne« geschrieben zu haben – auch das war eine freie Erfindung.

Doch dieser Gerhard Böhm, ein kleiner Mann und ein großer Angeber, war ein liebenswerter Mensch, intelligent und redegewandt. Was er mir in langen Gesprächen erzählte, zeigte mir, daß das Unterhaltsame belehrend sein kann und daß das Belehrende nicht aufdringlich sein muß. In der Literatur, vor allem in der neueren deutschen Literatur, kannte er sich glänzend aus, und überdies war er, wie seine (viel später geschriebenen) langen Briefe bewiesen, ein guter Stilist.

Auf meine Lektüre hat er einen wichtigen und nachhaltigen Einfluß ausgeübt. Er liebte Kurt Tucholsky und hatte nicht nur dessen Bücher gesammelt, sondern auch die (auf seinem Regal hinter harmlosen Bänden versteckten) kleinen roten Hefte: die »Weltbühne«, von der ich in seiner Wohnung mindestens zehn Jahrgänge gefunden habe. Ihm verdanke ich meine frühe Liebe zu Tucholsky.

Er, der Freund und Schwager Gerhard Böhm, war auch der einzige Mensch in meiner Umgebung, den mein ständiges Bücherlesen nicht nur interessierte und freute, sondern auch beunruhigte. Er befürchtete, daß ich, der ich damals fünfzehn, sechzehn Jahre alt war, von der Literatur bezaubert, das Leben vernachlässigen könne. Mehr als einmal berief er sich auf den alten Spruch »Primum vivere, deinde philosophari« (»Zuerst leben, dann erst philosophieren«). Er sah bei mir die Gefahr, das Intellektuelle könne alles andere verdrängen. Als er mir Friedrich Gundolfs Goethe-Monographie schenkte (die mich übrigens sehr enttäuschte), hat er in das Buch als Widmung ein weises, ein herrliches Wort aus dem »Faust« geschrieben:

Ich sag es dir: ein Kerl, der spekuliert,
Ist wie ein Tier, auf dürrer Heide
Von einem bösen Geist im Kreis herumgeführt,
Und ringsumher liegt schöne, grüne Weide.

In der Weimarer Republik hatte sich mein Schwager politisch engagiert. Er gehörte zeitweise der KPD an, galt dort bald, gewiß zu Recht, als Trotzkist und wurde aus der Partei ausgeschlossen – zu seinem Glück, denn wahrscheinlich hat ihn dieser Umstand vor der Verhaftung im »Dritten Reich« bewahrt. Er war es auch, der mich – natürlich bloß in groben Zügen – über den Kommunismus belehrte und mir allerlei über die sowjetische Kunst, über Lenin und vor allem über Leo Trotzki erzählte. Durch ihn lernte ich einige blasse und einsilbige Menschen kennen, die neue, aber unverkennbar billige Anzüge trugen. Es waren seine alten Bekannten, Kommunisten, die man gerade aus dem Gefängnis oder aus dem Konzentrationslager entlassen hatte.

Erst viel später erfuhr ich, daß mein Schwager Gerhard Böhm im politischen Untergrund tätig war. Auch ich war in diese Aktivitäten einbezogen: Es handelte sich um gelegentliche Botengänge und ähnliche Aufgaben. So bescheiden sie auch waren – das mir erwiesene Vertrauen schmeichelte mir, ich unterschätzte die Gefahr keineswegs und fühlte mich sehr wichtig. Nein, zum Kommunisten hat mich mein Schwager Böhm nicht gemacht, aber er hat mich für den Kommunismus vorbereitet.

Auch jene beiden literarischen Abende, die ich nie vergessen werde, haben mit ihm zu tun. Es war Anfang 1936. Wir, etwa zehn meist junge Leute, versammelten uns in einer geräumigen und gut ausgestatteten Wohnung in Grunewald. Sie gehörte einem etwas älteren Freund meines Schwagers, der das Treffen organisiert hatte und auf dessen Wunsch auch ich eingeladen worden war.

Was sich abspielen sollte, wußte ich nicht. So war ich denn höchst verwundert, als ich auf dem Tisch zwei Exemplare der SS-Zeitung »Das schwarze Korps« sah. In der Tat las mein Schwager Böhm, ohne sich auf irgendwelche Einleitungen einzulassen, einen in dieser Zeitung erschienenen längeren Beitrag. Der Titel lautete, wenn mich mein Gedächtnis nicht täuscht: »Bankrotterklärung eines Emigranten«. Es war Kurt Tucholskys an Arnold Zweig gerichteter Brief vom 15. Dezember 1935, ein Abschiedsbrief.

Zunächst waren wir verblüfft und sehr bald entsetzt. Wir wollten es nicht glauben: Der Brief dokumentierte den Ausbruch einer offenbar seit vielen Jahren angestauten Wut – gegen die deutsche Linke und gegen die deutschen Juden. Diese unerbittlichen und stellenweise auch haßerfüllten Äußerungen, die hier und da in bare Beschimpfungen übergingen, sollten wirklich von Tucholsky stammen? Doch bald schwand unser Mißtrauen. Denn sein Stil war unverkennbar: Das SS-Blatt hatte, wie sich später herausstellte, diesen Brief gekürzt und verstümmelt und mit höhnischen Zwischentiteln versehen – gefälscht war der Text nicht. Ja, der Emigrant Tucholsky hatte tatsächlich mit Abscheu und Widerwillen über die Juden geschrieben und mitunter sogar primitive und böswillige antisemitische Klischees verwendet.

Daß seine Auseinandersetzung mit den Juden eine schmerzhafte Selbstauseinandersetzung war, daran zweifelten wir nicht: Diesen Brief hatte ein Mann geschrieben, in dessen Leben das Leiden am Judentum und ein unheimlicher Selbsthaß eine wichtige, wahrscheinlich die entscheidende Rolle gespielt hatten. Wir wußten auch, daß er wenige Tage nach diesem Brief Selbstmord verübt hatte. Was wir allerdings nicht wußten: Er hatte sich im Exil mit aller Entschiedenheit von seinen politischen Idealen losgesagt und sich religiösen Gedanken, genauer, der Welt des Katholizismus zugewandt, ja sich von dieser Welt faszinieren lassen. Und wir wußten nicht, daß er damals ein schwer, wohl ein unheilbar kranker Mann war.

Erschüttert verließen wir, Bewunderer Kurt Tucholskys, die herrschaftliche, etwas düstere Wohnung in Berlin-Grunewald. Während wir dort, unmittelbar nach der Lesung, über den Brief diskutiert, richtiger gesagt: zu diskutieren versucht hatten, aber im Grunde ratlos dies und jenes stammelten, blieben wir auf der Straße stumm. Jeder war mit seinen Gedanken beschäftigt. Dann trennten sich unsere Wege, einige stiegen in die Straßenbahn ein, ich wollte zu Fuß gehen, um allein zu bleiben.

Sollte man diesem Brief – so fragte ich mich – ungleich mehr entnehmen als den Zusammenbruch eines großen deutschen Schriftstellers unseres Jahrhunderts? Ich ging schnell, beinahe hastig. Hatte ich es so eilig, nach Hause zu kommen? Oder wollte ich mich möglichst rasch von dem Ort entfernen, an dem eine Lesung überraschend zu einem schrecklichen Erlebnis geworden war? Ich weiß es nicht. Aber ich weiß sehr wohl, was ich damals, auf dem Nachhauseweg in Richtung Halensee, spürte: Angst, nahezu panische Angst vor dem, was uns wahrscheinlich bevorstand.

Der andere mir unvergeßliche Abend war im Februar 1937. Es war ein kühler, ein trüber, ein regnerischer Tag. Wir trafen uns in derselben Wohnung in Grunewald, doch war der Kreis jetzt kleiner, wohl aus konspirativen Gründen: Nur sieben oder acht Personen waren eingeladen worden. Der Wohnungsinhaber, von dem wir wußten, daß er über allerlei Kontakte in Deutschland und im Ausland verfügte, hatte uns den Zweck des Treffens vorsichtshalber auch diesmal nicht mitgeteilt. Er schaltete das Licht ab und ließ nur eine Stehlampe neben dem Stuhl meines Schwagers brennen. Ihm gab er ein kleines Päckchen Papier, besonders dünn und beidseitig beschrieben.

Alle schwiegen, in dem halbdunklen Zimmer war es etwas unheimlich. Ich dachte an die ein Jahr zurückliegende Lesung des Briefes von Tucholsky und fragte mich ängstlich, was denn jetzt zu erwarten sei. Mein Schwager las ein Prosastück vor, das offenbar illegal nach Berlin gelangt war. Wieder war es ein Brief, geschrieben von einem Schriftsteller im Exil: von Thomas Mann – der Brief, mit dem er auf die Aberkennung der ihm einst verliehenen Ehrendoktorwürde der Universität Bonn antwortete.

Wenn die Zeitungen des »Dritten Reichs« gegen die emigrierten Autoren hetzten – und das geschah nicht selten –, wurde fast immer Heinrich Mann genannt und attackiert, sein Bruder Thomas jedoch in der Regel geschont. Ich hatte damals schon viel von beiden gelesen. Heinrich Mann habe ich geschätzt, zumal seinen »Professor Unrat« und den »Untertan«. Aber Thomas Mann habe ich nach der Lektüre der »Buddenbrooks« bewundert und verehrt.

Doch die prägende Wirkung übte auf mich in jenen frühen Jahren ein anderes Buch aus, eine unvollkommene und vielleicht sogar fragwürdige Erzählung. In Tonio Kröger, der von den »Wonnen der Gewöhnlichkeit« träumt und der fürchtet, »das Leben in seiner verführerischen Banalität« werde ihm entgehen, der an seiner Unzugehörigkeit leidet und wie ein Fremdling im eigenen Haus lebt – in ihm habe ich mich wiedererkannt. Seine Klage, er sei oft sterbensmüde, »das Menschliche darzustellen, ohne am Menschlichen teilzuhaben«, hat mich tief getroffen. Die Furcht, nur in der Literatur zu leben und vom Menschlichen ausgeschlossen zu sein, die Sehnsucht also nach jener schönen, grünen Weide, die rings umher liegt und doch unerreichbar bleibt, hat mich nie ganz verlassen. Diese Furcht und diese Sehnsucht gehören zu den Leitmotiven meines Lebens.

Ich bin der Erzählung »Tonio Kröger« treu geblieben: Als mir 1987 der Thomas-Mann-Preis verliehen wurde, war es für mich selbstverständlich, worüber ich in der Dankrede sprechen würde – über dieses poetische Kompendium aller, die mit ihrer Unzugehörigkeit nicht zu Rande kommen, über diese Bibel jener, deren einzige Heimat die Literatur ist.

Die Frage, was Thomas Mann, der nun in der Schweiz wohnte, angesichts dessen, was sich in Deutschland abspielte, tun werde, gewann für mich, ich übertreibe nicht, lebenswichtige Bedeutung. Als ich an jenem Abend im Februar 1937 die ersten Worte seines Briefes hörte, war ich sehr unruhig, ich glaube, ich zitterte. Ich hatte ja keine Ahnung, worauf ich mich gefaßt machen sollte, wie er sich also entschieden hatte, wie weit er gegangen war. Doch schon der dritte Satz hat die Unsicherheit behoben. Denn hier war von den »verworfenen Mächten« die Rede, »die Deutschland moralisch, kulturell und wirtschaftlich verwüsten«. Da konnte kein Zweifel mehr sein: Thomas Mann hatte sich in diesem Brief zum ersten Mal und in aller Deutlichkeit gegen das »Dritte Reich« gestellt.

An dem dunklen Abend, als ich in Grunewald die langsam und nachdenklich gelesenen Worte Thomas Manns hörte und als mir das monotone, fortwährende Schlagen des Regens gegen die Fensterscheiben bedrohlich vorkam, als die Stille den Atem der Anwesenden hören ließ – was empfand ich damals? Erleichterung? Ja, gewiß, aber mehr noch: Dankbarkeit. Später habe ich mich in den unterschiedlichsten Gesprächen, die so häufig um Deutschland kreisten, in Berlin, in Warschau, auch im Getto, immer wieder auf den zentralen Gedanken dieses Briefes berufen: »Sie« – und gemeint waren damit die Nationalsozialisten – »haben die unglaubwürdige Kühnheit, sich mit Deutschland zu verwechseln! Wo doch vielleicht der Augenblick nicht fern ist, da dem deutschen Volke das Letzte daran gelegen sein wird, nicht mit ihnen verwechselt zu werden.«

1937 habe ich noch nicht wissen können, daß Thomas Mann während des Zweiten Weltkrieges in der internationalen Öffentlichkeit eine Rolle spielen würde, die noch nie einem deutschen Schriftsteller zugefallen war: Er wurde zur repräsentativen, zur weithin sichtbaren Gegenfigur. Sollte ich mit zwei Namen andeuten, was ich als Deutschtum in unserem Jahrhundert verstehe, dann antwortete ich, ohne zu zögern: Deutschland – das sind in meinen Augen

Adolf Hitler und Thomas Mann. Nach wie vor symbolisieren diese beiden Namen die beiden Seiten, die beiden Möglichkeiten des Deutschtums. Und es hätte verheerende Folgen, wollte Deutschland auch nur eine dieser beiden Möglichkeiten vergessen oder verdrängen.

Nach dem letzten Satz des Briefes wagte niemand etwas zu sagen. Der den Text gelesen hatte, schlug vor, daß wir eine Pause machen und uns dann über das Prosastück unterhalten wollen. Ich benutzte die Pause, um zu danken und mich zu verabschieden. Ich möchte, sagte ich, nicht zu spät nach Hause kommen, da ich am nächsten Tag eine wichtige Klassenarbeit zu schreiben hätte. Das war gelogen. In Wirklichkeit wollte ich allein sein – allein mit meinem Glück.

Die schönste Zuflucht: das Theater

Auf den Programmheften der Berliner Staatstheater prangte in diesen Jahren das Hakenkreuz – und doch hatten wir es damals mit einer wahren Blütezeit der deutschen Bühnenkunst zu tun. Um Mißverständnissen vorzubeugen, sei es gleich gesagt: Jene, die 1933 die Macht an sich gerissen hatten, erscheinen deshalb nicht in milderem Licht; und die Kluft, die sich zwischen dem von ihnen beherrschten und terrorisierten Land und der zivilisierten Welt aufgetan hatte, wurde durch die Leistungen der Künstler, die die nationalsozialistische Kulturpolitik beharrlich ignorierten und die sich ihr auf vorsichtige Weise widersetzten, nicht um einen Deut kleiner. Denn die Aufführungen in den Berliner Opernhäusern, im Schauspielhaus am Gendarmenmarkt und in einigen anderen Theatern sowie die Konzerte, zumal die der Berliner Philharmoniker mit Wilhelm Furtwängler an der Spitze, vermochten die Tyrannei nicht zu mindern. Aber sie haben das Leben vieler Menschen erträglicher, ja sogar schöner gemacht – und eben auch mein Leben.

Was habe ich vom Theater, das in diesen Berliner Jahren einen beträchtlichen Teil meines Lebens ausmachte, denn erwartet? Bertolt Brecht, der nicht müde wurde zu wiederholen, er wolle mit Hilfe des Theaters die Menschen aufklären und erziehen, wußte schon, warum er andererseits mit provozierendem Nachdruck darauf hinwies, was letztlich das wichtigste Geschäft des Theaters sei – nämlich »die

Leute zu unterhalten«. Habe auch ich mir vom Theater vor allem Unterhaltung und Ablenkung in düsterer Zeit erhofft? Und nicht mehr? Vielleicht doch. Sollte ich etwa Schutz gesucht haben? Dies aber würde bedeuten, daß meine kaum zu überschätzende Begeisterung für das Theater sehr wohl mit dem neuen Regime zu tun hatte. Nicht obwohl, sondern weil Barbaren in Deutschland herrschten, benötigte ich dringend ein Asyl.

Gelegentlich wurde vermutet, ich sei zur Literatur durch den Bühneneingang gekommen. Das ist nicht ganz richtig. Wahr ist vielmehr, daß es sich hier um einen wechselseitigen Prozeß handelte: Die Literatur hatte mich zum Theater getrieben und das Theater zur Literatur. Beide zusammen boten mir, was ich dringend brauchte, worauf ich in wachsendem Maße angewiesen war: Beistand und Zuflucht. So bewährte sich mitten im »Dritten Reich« die deutsche Literatur zusammen mit dem Berliner Theater als der Elfenbeinturm des halbwüchsigen Juden.

Im Schauspielhaus am Gendarmenmarkt begann der Vorverkauf der Eintrittskarten stets am Sonntag um zehn Uhr morgens. Doch mußte man sich schon um acht, spätestens um neun Uhr anstellen, um eine der wenigen billigen Karten zu bekommen – zumal wenn man eine Premiere sehen wollte. Für eine Gründgens-Premiere hatte man sich noch früher in der Schlange einzufinden. Am Gendarmenmarkt kostete ein Platz auf dem dritten Rang zwei Mark, auf der Empore eine Mark. Dort oben hörte man – denn die Akustik war in diesem Haus ungewöhnlich – alles besser als im Parkett, auch den Souffleur. In der Staatsoper mußte man für einen Sitzplatz auf dem vierten Rang zwei Mark fünfzig bezahlen und für den Stehplatz eine Mark. »Rigoletto« stehend? Das ist kein Problem. Aber die »Götterdämmerung«? Taschengeld bekam ich, soweit ich mich erinnern kann, überhaupt nicht, doch was ich bei meinem

Onkel verdiente – als Babysitter und als Bote, der Dokumente im Patentamt ablieferte –, reichte für zwei bis drei Theater- oder Opernvorstellungen monatlich.

Ins Kino ging ich seltener, mein Interesse für die Filmkunst hielt sich schon damals in Grenzen – wohl deshalb, weil mich das Wort in der Regel stärker beeindruckte als das Bild. Meinen ersten Film hatte ich noch in Polen gesehen (es war Charlie Chaplins »Zirkus«), meinen ersten Tonfilm 1930 in Berlin, im Ufa-Palast am Zoo. Es waren »Die Drei von der Tankstelle« mit dem in jener Zeit ungewöhnlich beliebten Paar Lilian Harvey und Willy Fritsch und mit einem jungen Komiker: Heinz Rühmann. Eines meiner aufregendsten Filmerlebnisse war Willi Forsts »Maskerade« mit Paula Wessely. Diesen Film, der den Ruf eines Meisterwerks hatte, wollte ich mir auf keinen Fall entgehen lassen. Doch der Grund meiner Aufregung hatte nichts mit seiner Qualität zu tun. Vielmehr war »Maskerade« laut polizeilicher Vorschrift für Jugendliche unter achtzehn Jahren nicht zugelassen. Ich aber zählte 1934 alles in allem vierzehn Jahre.

An den Kassen der kleinen Berliner Kinos saßen in der Regel deren Inhaber. Sie dachten nicht daran, sich um das Alter der Besucher zu kümmern: Ihnen war nur daran gelegen, möglichst viele Eintrittskarten zu verkaufen. Auf jeden Fall zog ich mir meinen einzigen Anzug mit langen Hosen an und band mir einen Schlips um. Aber von Zeit zu Zeit gab es in den Kinos, so wurde in der Schule gemunkelt, überraschende Polizeikontrollen – und die Halbwüchsigen, die es wagten, behördliche Anordnungen zu umgehen, wurden angeblich streng bestraft. Wie würde man, fragte ich mich ängstlich, mit jugendlichen Missetätern verfahren, die obendrein noch Juden waren? So sah ich zitternd und zugleich entzückt Willi Forsts »Maskerade«. Aber ich hatte Glück, denn weder damals noch später – von nun an interessierten mich fast ausschließlich Filme, die nur für Erwachsene zugelassen waren – habe ich die Kontrolle, vor der ich mich immer so fürchtete, erleben müssen. Die Polizei hatte in jenen Jahren offenbar andere Aufgaben, als sich um die Überprüfung des Kinopublikums zu kümmern.

Als Paula Wesselys Partner sah man in diesem besonders schönen Film Adolf Wohlbrück, einen Schauspieler jüdischer Herkunft, der in Österreich lebte und kurz darauf nach England emigrierte, wo er unter dem Namen Anton Walbrook erfolgreich war. Er gehörte zu den vielen bedeutenden Regisseuren und Schauspielern, auf die das deutsche Theater jetzt verzichten mußte. Max Reinhardt, Leopold Jessner und Erwin Piscator, Marlene Dietrich, Elisabeth Bergner und Lilli Palmer, Albert Bassermann, Ernst Deutsch und Fritz Kortner, Tilla Durieux, Lucie Mannheim und Grete Mosheim, Therese Giehse, Helene Weigel und Rosa Valetti, Ernst Busch, Alexander Granach, Peter Lorre und Max Pallenberg – sie alle und viele andere, deren Namen mittlerweile schon vergessen sind, mußten emigrieren: Weil sie Juden oder jüdischer Herkunft waren oder weil sie im »Dritten Reich« unter keinen Umständen leben wollten.

Doch war in der Weimarer Republik die Zahl der originellen, der bedeutenden Regisseure, Schauspieler und Bühnenbildner ungewöhnlich groß gewesen. An denjenigen, die in Deutschland geblieben waren, zeigten sich die nationalsozialistischen Kulturpolitiker sofort interessiert – auch wenn sie eine linke oder gar kommunistische Vergangenheit hatten wie der Schauspieler Heinrich George, wie der Regisseur Erich Engel, wie die Bühnenbildner Traugott Müller und Caspar Neher oder jüdisch »versippt« waren wie die Schauspieler Hans Albers, Paul Bildt, Theo Lingen oder Paul Henckels.

Denn dem »Dritten Reich« war sehr daran gelegen, das hohe Niveau des Berliner Theaterlebens vor 1933 aufrechtzuerhalten. Das ist zum Teil gelungen, allerdings nur zum Teil: Was die meisten Berliner Bühnen ab 1933 zu bieten hatten, war in der Regel mittelmäßig. Aber im Schauspielhaus am Gendarmenmarkt und im angeschlossenen »Kleinen Haus«, die beide von Gustaf Gründgens geleitet wurden (ihn hatte 1928 Max Reinhardt nach Berlin geholt), sowie im Deutschen Theater und in den Kammerspielen, deren Direktor Heinz Hilpert war, der noch unlängst Reinhardts engster Mitarbeiter und erster Regisseur gewesen war, wurde die Theaterkultur der Weimarer Republik auf eindrucksvolle, bisweilen auf glanzvolle Weise kontinuiert. Ähnliches gilt für die Staatsoper Unter den Linden, an der, ein ungewöhnlicher Fall, der Jude Leo Blech bis 1937 als Generalmusikdirektor tätig sein durfte.

Was sich auf diesen Bühnen abspielte, hatte mit den Wünschen der Kulturpolitiker des »Dritten Reichs«, von ganz wenigen Ausnahmen abgesehen, nichts gemein. Gründgens – und das muß ihm hoch angerechnet werden – hat aus dem Haus am Gendarmenmarkt eine Insel gemacht, die in den Jahren des Terrors Unterschlupf für die besten Bühnenkünstler bot, zumal für jene, denen das Regime (meist nicht ohne Grund) mißtraute. So konnte – um sich auf dieses Beispiel zu beschränken – der Regisseur Jürgen Fehling, der vom jetzt verfemten und geächteten Expressionismus herkam und aus dem Ensemble Leopold Jessners, im Haus von Gründgens sein außerordentliches Talent ganz entfalten. In den führenden Berliner Theatern dominierte nach wie vor der Geist der zwanziger Jahre.

Geändert aber hatte sich der Spielplan. Die meisten neueren Dramatiker deutscher Sprache durften nicht gespielt werden – weil sie Juden oder jüdischer Herkunft waren (so Hofmannsthal, Schnitzler und Sternheim, Ferdinand

Bruckner, Walter Hasenclever und Ernst Toller), weil sie Emigranten und Gegner des »Dritten Reichs« waren (das gilt vor allem für Brecht, Horváth und Georg Kaiser) oder weil sie als »entartet« galten (wie etwa Wedekind, Barlach und Marieluise Fleißer). Und da die von den Nazis gebilligten oder geförderten Autoren in der Regel sehr schwache, wenn nicht erbärmlich schlechte Stücke lieferten, blieb solchen Intendanten wie Gründgens und Hilpert nichts anderes übrig, als auf das Repertoire der Vergangenheit zurückzugreifen: Man spielte die Dramen der großen Literatur von Aischylos über Shakespeare bis Bernard Shaw und natürlich die deutschen Klassiker von Lessing bis Gerhart Hauptmann.

Ich hatte also Gelegenheit, die Weltdramatik nicht nur lesend kennenzulernen. Alles interessierte mich brennend, ich saugte es förmlich auf. Die Theatervorstellungen prägten meine Existenz und markierten meinen Alltag. Aber manch ein berühmtes Werk enttäuschte mich oder blieb mir fremd. Ich erkannte wohl die Bedeutung Molières, doch ein wenig langweilte er mich, lieben konnte ich ihn nicht. Ich fand Goldoni gewiß bemerkenswert, aber ziemlich albern. Mein Verhältnis zu Beaumarchais und Gogol war respektvoll, natürlich, doch etwas distanziert. Ibsen, der nur selten aufgeführt wurde, was verwunderlich ist, schien mir veraltet, Bernard Shaws Komödien, die man häufig sehen konnte, belustigten mich, ohne auf mich tiefer einzuwirken.

Wie schwierig es damals war, spielbare Stücke zu finden, mag man daran erkennen, daß die Intendanten sich nicht scheuten, vom Archiv der Theatergeschichte zu profitieren und neben allerlei Boulevardstücken auch einst weltberühmte, doch inzwischen längst verstaubte Reißer wie »Ein Glas Wasser« von Scribe oder »Die Kameliendame« von Alexandre Dumas (fils) hervorzuholen und mit virtuosen Aufführungen attraktiv zu machen. Von Oscar Wilde konnte man damals auf den Berliner Bühnen innerhalb kurzer Zeit alle vier Lustspiele sehen, drei wurden in den Jahren 1935 und 1936 auch noch verfilmt.

Das alles amüsierte mich und regte mich auch an, und ich bewunderte die großen Schauspieler, die selbst läppische Stücke zum Leben zu erwecken vermochten. Aber es traf mich nicht. Lohnt es sich, heute darüber zu schreiben? Vielleicht nur, um erkennbar zu machen, was mich wirklich traf, berührte und aufregte. Es waren zunächst und vor allem und immer wieder die Komödien und, in noch höherem Maße, die Tragödien Shakespeares. Und es waren Dramatiker wie Lessing, Goethe und Schiller, Kleist, Büchner und Grabbe, Raimund und Nestroy, Grillparzer und Hebbel sowie schließlich Gerhart Hauptmann. Suchte ich etwa mitten im »Dritten Reich« das andere Deutschland? Nein, auf diese Idee kam ich gar nicht. Aber von einer feindlichen, bestenfalls frostigen Welt umgeben, sehnte ich mich, bewußt und unbewußt, nach einer Gegenwelt. Und ich fand eine deutsche Gegenwelt.

Später hat man manche Inszenierungen an den führenden Berliner Bühnen als Widerstandsleistungen gegen die Nazis gerühmt. Hat es denn derartiges wirklich gegeben? 1937 wurde am Deutschen Theater Schillers »Don Carlos« aufgeführt; Albin Skoda spielte den Carlos und Ewald Balser den Marquis Posa. Über diese Aufführung hat man damals viel geredet und gemunkelt. Doch was Aufsehen erregte, war nicht etwa ihre Qualität, die übrigens niemand bezweifelte, sondern ein etwas unheimlicher Umstand: Allabendlich gab es nach Posas Worten »Geben Sie Gedankenfreiheit« so lauten Beifall, daß es vorerst unmöglich war, die Vorstellung fortzusetzen. Der Darsteller des Königs mußte ziemlich lange warten, bis sich das Publikum beruhigte und er endlich die Worte »Sonderbarer Schwärmer« sprechen konnte.

War das mehr als Beifall für Schillers Verse und Balsers Rezitationskunst? War das wirklich eine Demonstration gegen den Staat der Nazis? Ja, sehr wahrscheinlich. Nur wäre es lächerlich anzunehmen, das sei den Machthabern entgangen. Goebbels hat sich über diese Inszenierung in seinem Tagebuch anerkennend geäußert, und der Reichsdramaturg Rainer Schlösser soll gesagt haben, nach den vielzitierten Worten Posas habe das Publikum schon zu Schillers Lebzeiten kräftig applaudiert. Jedenfalls konnte der »Don Carlos« zweiunddreißigmal gespielt werden.

Als Höhepunkt der Auseinandersetzung des Staatstheaters mit der nationalsozialistischen Herrschaft gilt Jürgen Fehlings Inszenierung von »Richard III.« mit Werner Krauss. Ich war bei der Premiere am 2. März 1937 dabei. Ich werde diese Vorstellung nicht vergessen – die schauspielerische Leistung von Werner Krauss ebensowenig wie die radikale Regiekonzeption Fehlings. Er hat die Geschichte des Zynikers und des herrschsüchtigen Verbrechers in der Tat so inszeniert, daß sie auf Hitler und auf die Verhältnisse in der deutschen Gegenwart bezogen werden konnte – zumal entsprechende Textstellen besonders hervorgehoben wurden, etwa: »Schlimm ist die Welt, sie muß zugrunde gehn / wenn man muß schweigend solche Ränke sehn.«

Die Leibgarde des frevelhaften Königs trug schwarzsilberne Uniformen, die an jene der SS denken ließen, und die Mörder des Herzogs von Clarence waren in braunen Hemden und in Schaftstiefeln zu sehen und erinnerten wiederum an die SA. Großartig und verblüffend war das Finale: Nach den Worten »Das Feld ist unser und der Bluthund tot« wurde es vollkommen dunkel, auf der Bühne und im Zuschauerraum. Nach wenigen Augenblicken gingen alle Lichter plötzlich an, auch im Zuschauerraum. Die Soldaten auf der Bühne sanken in die Knie und stimmten ein gewaltiges Tedeum an, das von allen Seiten des Saales zu hören war.

Was Fehling, ohne Shakespeares Text zu ändern oder zu ergänzen und ohne etwa eine neue Übersetzung zu verwenden, mit dieser Inszenierung im Sinne hatte, ist unzweifelhaft. Es fragt sich nur, ob die angestrebte Tendenz von den Zuschauern auch wirklich verstanden wurde oder vielleicht bloß von jenen, die ohnehin Gegner des Regimes waren. Ihnen haben die antinazistischen Akzente und die verschiedenen Anspielungen nicht nur im »Richard III.«, sondern mitunter auch in den Aufführungen anderer klassischer Dramen Genugtuung und oft diebische Freude bereitet. Aber haben sich diese mehr oder weniger pfiffigen, meist riskanten und gefährlichen Seitenhiebe und Nadelstiche, die oft an kabarettistische Praktiken erinnerten, denn wirklich gelohnt?

Ganz sicher bin ich nicht, zumal derartiges – und man sollte es nicht übersehen – leider auch unerwünschte Folgen hatte. Die Tatsache, daß manche Aufführungen, richtiger: daß die in manchen Aufführungen enthaltenen Akzente gegen das »Dritte Reich« geduldet wurden, hat man nicht selten als Zeichen der mittlerweile gewonnenen Selbstsicherheit des neuen Regimes, ja sogar einer gewissen Großzügigkeit gedeutet. Denn das ist absolut sicher: Es wäre absurd zu vermuten, hier und da sei es gelungen, die Nazis übers Ohr zu hauen. Was der Zensor nicht versteht – und das gilt für alle Diktaturen –, versteht das Publikum erst recht nicht. Nur hält es der Polizeistaat bisweilen für opportun, nicht einzuschreiten.

Natürlich waren gerade mir diese augenzwinkernden, diese heimlichen und unheimlichen Proteste gegen die Tyrannei nicht gleichgültig, aber das Risiko, das die mehr oder weniger rebellierenden Bühnenkünstler auf sich nahmen (ich hatte schon Menschen gesehen, die im Konzentrationslager gewesen waren, und ich konnte diesen Eindruck nicht verdrängen), schien mir in keinem Verhältnis zu den realen Ergebnissen zu stehen. Wie ehrenwert diese Proteste auch waren – ich glaubte nicht, sie wären imstande gewesen, auch nur das Geringste zu verändern. Was also konnte das Theater im »Dritten Reich« leisten, was dem Zuschauer bieten? Bestimmt nicht politische Aufklärung, vielleicht aber dasselbe, was ich ihm damals – unter anderem – verdankte. Man könnte es Kräftezuwachs nennen.

Wenn ich mir heute überlege, welche Klassikerinszenierungen mich damals – neben dem »Don Carlos« und »Richard III.« – am tiefsten ergriffen haben, komme ich in Verlegenheit: Ich bin versucht, sehr viele zu nennen. War es wirklich eine den Zeitgeist ignorierende oder im Widerspruch zu ihm stehende Theaterblüte? Oder sehe ich, was mich in jenen Jahren entzückt hat, noch heute mit den Augen des begeisterungsfähigen, des noch sehr jungen Menschen?

Ich erinnere mich an Lessings »Emilia Galotti«, von Gründgens als aufregend-irritierendes Kammerspiel inszeniert: Da er die Fußböden der Räume mit Steinfliesen belegen ließ, hallten und knallten die Schritte der Männer und erzeugten eine gespannte, wenn nicht aggressive Stimmung. Alle Rollen waren glänzend besetzt, doch am stärksten blieb mir Käthe Dorsch in Erinnerung – sie gab eine Gräfin Orsina, die, empfindsam, nervös und hektisch, melancholisch und exaltiert, zwischen unerbittlicher Klarsicht und ergreifendem Wahnsinn schwankte.

Der »Götz von Berlichingen« hat mich nie interessiert, er schien mir nur noch ein literarhistorisches Dokument. Aber wenn ich jetzt an das Stück denke oder in ihm blättere, sehe und höre ich noch heute Heinrich George. Er spielte diese Rolle großartig und häufig, er war mit ihr verwachsen, sie gehörte nur ihm – so daß niemand es gewagt hat, sich in ihr zu versuchen, jedenfalls nicht in Berlin. Angeblich war George, wenn er den Götz spielte, meist angetrunken. Auch die »Jungfrau von Orleans« mochte ich nicht, doch sehe ich immer noch Luise Ullrich, die den kaum noch erträglichen Auftritt der Johanna (»Lebt wohl, ihr Berge, ihr geliebten Triften, / ihr traulich stillen Täler, lebet wohl!... Johanna geht, und nimmer kehrt sie wieder!«) unpathetisch und leise gesprochen, wenn nicht gestammelt hat – als sei es ein innerer Monolog.

Viel näher stand mir damals der »Egmont«, für den ich nach wie vor eine Schwäche habe. Aber leider wird das Stück heute viel zu selten aufgeführt. In der Berliner Inszenierung von 1935 habe ich mich in die Darstellerin des Klärchens verliebt. Es war Käthe Gold, die mich auch als Gretchen und Käthchen, als Ophelia und Cordelia nicht nur verzaubert, sondern geradezu beglückt hat. Und glücklich war ich, als ich sie nach 1945 zum ersten Mal wieder auf der Bühne sah: Sie war damals 42 Jahre alt und spielte, es war in Zürich, immer noch das Gretchen. Sie war wunderbar.

In meinem ganzen Leben hat mich keine Schauspielerin so nachhaltig beeindruckt wie Käthe Gold – auch nicht Elisabeth Bergner, die ich allerdings nur in ihren späten Jahren kannte, auch nicht Paula Wessely, die ich zu selten im Theater zu sehen bekam. Aber in Grillparzers »Des Meeres und der Liebe Wellen« und als Shaws heilige Johanna ist mir die Wessely noch heute gegenwärtig. Sie war auch eine hervorragende Filmschauspielerin, was von der Gold nicht gesagt werden kann. Das mag damit zusammenhängen, daß die stärkste Seite ihres Talents ihre Sprechkunst war, die im Film in der Regel weit weniger zur Geltung kommt.

In Fehlings »Käthchen von Heilbronn«-Aufführung von 1937 – er hatte ein romantisches Ritterspektakel mit Blitz

und Donner, mit viel, gar zu viel Feuer und Gepolter inszeniert und mit einem ganz zarten poetischen Kammerspiel
verbunden – war Käthe Gold als Käthchen mädchenhaft
und märchenhaft, zierlich und zauberhaft, demütig und
auch ein ganz klein wenig aufmüpfig. Sie konnte schlechthin alles spielen, alles, was jung und weiblich war: sogar das
verträumte Mädchen in Hauptmanns schwer erträglichem
»Glashüttenmärchen« mit dem Titel »Und Pippa tanzt!«,
sogar einen Backfisch in dessen Lustspiel »Die Jungfern
vom Bischofsberg«.

Die Premiere dieses aus dem Jahre 1907 stammenden
Lustspiels hatte mich aufgeschreckt und deprimiert – obwohl die Aufführung, neben Käthe Gold spielte auch Ma-
rianne Hoppe mit, ausgezeichnet war. Sie fand im November 1937 zu Ehren des fünfundsiebzigsten Geburtstags von
Gerhart Hauptmann statt. Die Nazis mochten ihn nicht, er
berei-tete ihnen, ob er es wollte oder nicht, immer wieder
Kummer. Aber sie brauchten dringend einen repräsentativen Schriftsteller der älteren Generation, einen lebenden
Klassiker – und so kam, da Thomas Mann emigriert war,
nur Hauptmann in Frage.

Damit hing es auch zusammen, daß das Propaganda-
Ministerium Neuinszenierungen vieler seiner alten Stücke
geduldet und bisweilen wohl empfohlen hatte. Sie waren
den Intendanten angesichts der wachsenden Repertoire-
Schwierigkeiten durchaus willkommen. »Die Weber« frei-
lich durften im »Dritten Reich« nicht gespielt werden. Ein
Kuriosum: Während des Krieges wollten die Nazis »Die
Weber« doch aufführen lassen, aber mit einem neuen, opti-
mistischen Schluß, des Inhalts etwa, daß die Weber es in
Hitlers Staat gut hätten. Gerhart Hauptmann lehnte das
Ansinnen ab.

Bei vielen Aufführungen aus Anlaß seines Geburtstags
war er anwesend, so auch bei der Premiere der »Jungfern

vom Bischofsberg«. Er saß in der Ehrenloge zusammen mit Hermann Göring. Ich hatte einen billigen Platz im zweiten Rang, von dem sich diese Loge gut beobachten ließ. Der Beifall nach dem Ende der Vorstellung war stürmisch und galt offensichtlich nicht nur den Schauspielern, sondern auch den beiden prominenten Herrn, die leutselig dankten. Sie dankten mit dem Hitler-Gruß. Jawohl, ich habe es genau gesehen: Der greise Hauptmann, der Autor der »Weber« und der »Ratten«, er, zu dessen Aufstieg zum großen Teil Juden beigetragen hatten (vor allem Otto Brahm und Max Reinhardt, Alfred Kerr und Siegfried Jacobsohn), er kannte tatsächlich keine Hemmungen, die Hand zum Hitler-Gruß zu erheben.

Zu den wichtigsten Aufführungen in diesem Hauptmann-Jubiläumsjahr gehörte der »Michael Kramer« mit Werner Krauss. Er sah in dieser Rolle wie Johannes Brahms aus. Der Gegenspieler, Kramers verbummelter Sohn Arnold, kam mir interessanter vor: Ihn gab Bernhard Minetti. Man kann sich heute den Ruhm von Werner Krauss kaum vorstellen, zumal wir jetzt, nach dem Tod von Krauss, Gründgens oder Kortner, Schauspieler von einem auch nur im entferntesten vergleichbaren Format und Ansehen nicht mehr haben. Seine Verwandlungsfähigkeit war unbegrenzt: Er spielte in den dreißiger Jahren (mitunter innerhalb einer Woche) den Faust, den Wallenstein und den Kandaules in Hebbels »Gyges und sein Ring«, Richard III. und den König Lear und zwischendurch auch noch den Professor Higgins in Shaws »Pygmalion«, einem seiner besten Lustspiele, das freilich von dem Musical »My Fair Lady« rücksichtslos verdrängt wurde.

Sollte ich die Frage beantworten, in welcher dieser Rollen er auf mich am stärksten gewirkt hat, würde ich wohl zwischen Wallenstein, Kandaules und Richard III. schwanken. Viele Jahre später habe ich in Hamburg als Wallenstein und als Kandaules Gründgens gesehen. Er war in beiden Rollen erschütternd und virtuos, doch Werner Krauss nicht ebenbürtig: Ihm fehlte jene Unmittelbarkeit und jene elementare Kraft, die so stark, ja, überwältigend waren, daß sie Krauss' handwerkliches Können, seine Brillanz vergessen ließen. Wenn Gründgens auf der Bühne erschien, begann er gleich zu agieren: Aus seinen Blicken und Bewegungen, aus Worten und Wendungen, aus plötzlichen Pausen und unerwarteten Beschleunigungen ergab sich dann auf wunderbare Weise eine so suggestive wie originelle Figur. Wenn Krauss auf die Bühne kam, war die Figur, die er spielte, sofort da – ohne daß er etwas gesagt oder getan hätte.

Als König Lear hat er mich ein wenig enttäuscht. Lag das an ihm oder am Stück oder vielleicht an mir? Die Geschichte eines offenbar senilen Greises, der nicht mehr imstande ist, die Welt wahrzunehmen, geschweige denn sie einigermaßen vernünftig zu beurteilen, der sein Reich leichtsinnig verschenkt und auf die Gnade von zwei bösen, niederträchtigen Töchtern angewiesen ist, der vereinsamt und wahnsinnig auf der Heide umherirrt (und zu allem Unglück gibt es auch noch Sturm, Blitz und Donner) – nein, diese Geschichte konnte mich schwerlich überzeugen.

Aber der »Lear« gehört doch zu den berühmtesten Tragödien der Weltliteratur. Ich wurde unsicher, ich las dies und jenes über das Stück, aber nichts konnte mir helfen oder mich überzeugen – bis ich schließlich eine Kritik Alfred Kerrs aus dem Jahre 1908 fand. Zu meiner Überraschung und Freude las ich über den »Lear«: »Dieses Werk ist mir auf der Bühne heute fast unerträglich, mit den Kinderplumpheiten, den dicken Häufungen, die es neben der Größe zeigt.« Damit war der Fall »König Lear« für mich erledigt – so schien es mir.

Nach dem Krieg habe ich das Stück mehrfach gesehen, in verschiedenen Sprachen. Allmählich hörte das archaische

Märchen auf, mir gleichgültig zu sein. Ich begann die Gründe seines Ruhms zu verstehen. Warum hatte sich mein Verhältnis zu diesem Drama mit den Jahren deutlich geändert? Ich wußte es nicht – bis mir, es ist noch nicht so lange her, ein spätes Goethe-Gedicht aufgefallen ist. Es beginnt mit den Worten: »Ein alter Mann ist stets ein König Lear.« Als Goethe dies schrieb, war er 78 Jahre alt.

Muß man alt werden, um den »Lear« zu begreifen, zu bewundern? Muß man jung sein, um sich für »Romeo und Julia« zu begeistern? Ich war dreizehn oder vierzehn Jahre alt, als ich von einer Tante, die von meinem Theaterenthusiasmus wußte, plötzlich angerufen wurde: Ob ich ins Theater gehen wolle, sie habe eine Freikarte, aber ich müßte mich sofort auf den Weg machen, gespielt werde »Romeo und Julia«. Ich fuhr gleich los – zu einem Theater, das sich im Laufe der Jahre mehrfach gezwungen sah, seinen Namen zu wechseln: In der wilhelminischen Zeit hieß es »Theater in der Königgrätzer Straße«, in der Weimarer Republik »Theater in der Stresemann-Straße«, und im »Dritten Reich« »Theater in der Saarlandstraße«. Nach dem Zweiten Weltkrieg entschied man sich für eine Bezeichnung, die nicht mehr von der deutschen Geschichte abhängig war: Hebbel-Theater.

Zu den Shakespeare-Dramen, die ich schon kannte, gehörte »Romeo und Julia« nicht. Und da ich von der Freikarte erst im letzten Augenblick erfuhr, konnte ich das Stück nicht mehr lesen oder mich wenigstens in einem Schauspielführer informieren. Vielleicht hing es auch mit dieser Ahnungslosigkeit zusammen, daß mich »Romeo und Julia« fast aus der Fassung brachte, fast bis zur Sprachlosigkeit, daß mich dieses Stück damals so tief getroffen hat wie später nur noch eine einzige Shakespeare-Tragödie: »Hamlet«. Mit der Qualität der Aufführung konnte dies wohl kaum zu tun haben: Die Inszenierung war, wenn ich mich recht entsinne, eher ordentlich als hervorragend, den Romeo gab Wolfgang Liebeneiner, der in den nächsten Jahren als Regisseur und als Filmschauspieler sehr erfolgreich werden sollte. Warum also hat mich dieser Theaterabend so aufgewühlt?

Ich hatte schon viele Romane und Erzählungen, Gedichte und Dramen gelesen, in deren Mittelpunkt die Liebe stand. Doch waren sie für mich, der ich noch nicht die geringsten erotischen Erfahrungen gemacht hatte, etwas Abstraktes geblieben. Erst an diesem Abend begriff ich, was Liebe ist. Weil das Theater sinnlicher und anschaulicher ist als die Texte selbst der schönsten Novellen oder Balladen? Nicht nur. Ich spürte, was »Romeo und Julia« von den anderen literarischen Werken unterschied: Es war, zunächst einmal, Shakespeares unheimliche Radikalität, die Unbedingtheit seiner Behandlung dieses Themas.

Zum ersten Mal habe ich verstanden oder vielleicht nur geahnt, daß die Liebe eine Sucht ist, die keine Grenzen kennt, daß das Außersichsein der von ihr Beglückten und Heimgesuchten zu einer Raserei führt, die der ganzen Welt Trotz bietet, zu bieten versucht. Ich habe gespürt, daß die Liebe ein Segen ist und ein Fluch, eine Gnade und ein Verhängnis. Wie von einem Blitz wurde ich von der Entdeckung getroffen, daß Liebe und Tod zueinander gehören, daß wir lieben, weil wir sterben müssen.

Damals, vor über sechzig Jahren, hätte ich die Ursache dieser überwältigenden Wirkung, die Shakespeares »Romeo und Julia« auf mich ausgeübt hat, natürlich nicht zu erklären vermocht. Ich konnte nicht wissen, daß ich, nur wenige Jahre später, die bedrohliche Nähe, die grausame Nachbarschaft von Liebe und Tod selber erleben würde. Daß mir ein Erlebnis bevorstand, so herrlich wie schrecklich: zu lieben, ohne auch nur für einen Augenblick die höchste Todesgefahr vergessen zu können, und also liebend die Nähe des Todes zu ertragen. Was bleibt von Kunst? Robert Musil hat diese Frage gestellt und gleich lapidar beantwortet: »Wir, als Geänderte, bleiben.« Ich zögere nicht zu sagen: »Romeo und Julia« hat mich geändert – und Shakespeares Tragödie des Intellektuellen ebenfalls, also die Geschichte vom Dänenprinzen Hamlet.

»Hamlet« hat meinen Lebensweg oft gekreuzt, mit Sicherheit häufiger als irgendein anderes Drama der Weltliteratur. In der Schule haben wir den »Hamlet« im Englischunterricht gelesen. Ich wundere mich, daß der Lehrer gerade Shakespeares längstes und in mancherlei Hinsicht auch schwierigstes Stück ausgewählt hat, aber ich bin ihm bis heute dafür dankbar. Für fremdsprachige Texte, lateinische zumal, benutzten nicht wenige von uns Schülern die streng verbotenen »Klatschen«: kleine, dünne Hefte, die sich leicht verstecken ließen. Sie enthielten wörtliche Übersetzungen, die uns die Suche im Wörterbuch ersparten. Auch für den »Hamlet« bediente ich mich, die Verbote ignorierend, einer »Klatsche«, einer edlen freilich: der Schlegelschen Übersetzung. Seitdem liebe und schätze ich sie – und daran haben die vielen neueren Übersetzungen, auch wenn sie hier und da den englischen Text genauer wiedergeben, nichts zu ändern vermocht.

Auf der Bühne habe ich den »Hamlet« mindestens zehnmal gesehen – in vier Sprachen (deutsch, englisch, französisch und polnisch) und mit so großen Schauspielern wie Laurence Olivier und Jean-Louis Barrault. Mehrere Verfilmungen kommen hinzu. Ich erwähne dies alles aus zwei Gründen. Erstens: Es wäre peinlich, wollte ich mich dessen rühmen, was ich in meinem Leben geschrieben habe. Aber vielleicht darf man sich bisweilen dessen rühmen, was man zu schreiben unterlassen hat. So habe ich allen Versuchungen widerstanden und nie auch nur den kleinsten Aufsatz über den »Hamlet« verfaßt; ich habe es nicht gewagt. Und

zweitens: Was immer ich im Zusammenhang mit dem
»Hamlet« erlebt habe, wann immer ich mich an dieses
Drama erinnere und wann immer ich mich mit ihm be-
schäftige, muß ich an Gustaf Gründgens denken.

Werner Krauss habe ich bewundert, Käthe Dorsch beinahe verehrt und Käthe Gold geliebt. Gustaf Gründgens
indes hat mich nahezu hypnotisiert. Damit will ich nicht
sagen, er sei der größte deutsche Schauspieler in der Zeit
meiner Jugend gewesen – als solcher gilt meist Werner
Krauss. Aber keiner stand mir so nahe, keiner interessierte
mich so sehr wie Gründgens. Das hat mit den Zeitumstän-
den zu tun. 1934 wurde er, kaum 34 Jahre alt, von Göring
zum Intendanten der Staatlichen Schauspiele in Berlin ernannt. Es gelang ihm, in verhältnismäßig kurzer Zeit aus
dem Haus am Gendarmenmarkt Deutschlands bestes Theater zu machen. Damit hat er – das kann man gar nicht
bezweifeln – dem Staat Adolf Hitlers gedient. Aber er hat
zugleich (und auch das ist sicher) jenen gedient, die an der
Herrschaft der Nationalsozialisten litten und mitten im
»Dritten Reich« Trost und Hilfe suchten – im Theater, zumal bei den Klassikern. Und nicht zuletzt: Er hat das Leben
von Menschen gerettet, die damals aufs höchste gefährdet
waren.

Doch was mich reizte und irritierte, das war nicht etwa
die imponierende Arbeit des Intendanten und des Regis-
seurs Gründgens, das war vielmehr seine schauspielerische
Leistung. Wie haben sie mich beeindruckt: Werner Krauss,
Emil Jannings, Eugen Klöpfer, Heinrich George, Friedrich
Kayssler, Paul Hartmann. Sie alle hatten ihre künstlerische
Laufbahn im Kaiserreich begonnen und waren schon damals erfolgreich, ja zum Teil sogar berühmt. Ich schätzte sie
außerordentlich, aber als zwar bewundernswerte, doch aus
einer früheren Epoche stammende Mimen. Gründgens war
jünger als die großen Schauspieler jener Zeit, er, den nicht

das wilhelminische Deutschland geprägt hatte, sondern die Weimarer Republik, schien mir auch ungleich moderner.

Um die ihrer Ansicht nach dekadente Großstadtkultur, um das, was sie für verdorben, verächtlich und verwerflich hielten, zu charakterisieren, haben sich die Nationalsozialisten oft der Vokabel »Asphalt« bedient: Sie sprachen von der »Asphaltpresse«, der »Asphaltkultur« und, am häufigsten, von den »Asphaltliteraten«. Obwohl es Goebbels war, der diesen Begriff wenn nicht erfunden, so gewiß popularisiert hat, habe ich ihn gern, er gefällt mir: Sollte mich jemand heute als einen »Asphaltliteraten« bezeichnen, es würde mich nicht beleidigen, sondern freuen. Große Literatur ist, immer schon, in Großstädten entstanden: Die Schriftsteller, die ich liebe, kommen aus Stratford, aus Neuruppin, Auteuil oder Augsburg, aber berühmt wurden sie in London, in Berlin oder in Paris.

In Gründgens sah ich den typischen Repräsentanten der Kultur der zwanziger Jahre, eben der »Asphaltkultur«. Er blieb ihr im »Dritten Reich« treu. Mit dem Geist der Nationalsozialisten und dem Stil, der ihnen vorschwebte, hatte der Schauspieler Gründgens, der noch unlängst mit Erika Mann verheiratet und mit Klaus Mann befreundet gewesen war, nichts gemein, mehr noch: Ich hielt ihn für den Antityp der Zeit. Nicht Blut und Boden verkörperte er, wohl aber das Morbide und das Anrüchige, das Zwielichtige. Nicht die Helden spielte er und auch nicht die Gläubigen, sondern die Gebrochenen und die Degenerierten, die Schillernden. Er war ein Narziß und ein Neurastheniker, der Rollen bevorzugte, die es ihm ermöglichten, das Narzißtische und das Neurasthenische zu verdeutlichen und zu akzentuieren.

Seine Kunstauffassung, seine antiheroische Haltung, seine Vorliebe für die Zweifler, die Ironiker und die Skeptiker – das alles war genau das Gegenteil von dem, was die

Nazis anstrebten, was sie lauthals verkündeten. Eben das glaubte ich zu spüren, sobald ich Gründgens auf der Bühne oder auch auf der Leinwand zu sehen bekam – zumal als Don Juan in Grabbes »Don Juan und Faust« oder als Prinz in der »Emilia Galotti«. Doch nirgends kam es stärker zum Vorschein als in seinem Hamlet.

Der Höhepunkt der künstlerischen Laufbahn von Gründgens war, da ist man sich einig, der Mephisto in beiden Teilen des »Faust«. Sicher, kein anderer Schauspieler unseres Jahrhunderts kann in dieser Rolle mit Gründgens verglichen werden. Ich werde seinen Mephisto nie aus dem Gedächtnis verlieren. Aber für mich, der ich als Jude im »Dritten Reich« lebte und dem die Angst in den Gliedern saß, war sein Hamlet von 1936 noch wichtiger. Es wurde schon oft gesagt, daß jede Generation im »Hamlet« sich selber gesucht und gefunden hat, die eigenen Fragen und Schwierigkeiten, die eigenen Niederlagen. Auch ich habe Züge und Umrisse meiner Existenz im nationalsozialistischen Deutschland im »Hamlet« wiedererkannt – dank Gründgens.

Er spielte einen jungen, einen vereinsamten Intellektuellen, der, von »des Gedankens Blässe angekränkelt«, isoliert ist. Man sah einen passionierten Bücherleser und Theaterenthusiasten, der in eine Außenseiterposition gerät. Hamlets Worte »Die Zeit ist aus den Fugen« und »Dänemark ist ein Gefängnis« hatte Gründgens – so schien es mir jedenfalls – besonders hervorgehoben. In diesem Königreich Dänemark, einem Polizeistaat, werden alle von allen ausspioniert: Der Minister Polonius traut nicht seinem Sohn Laertes, der sich nach Paris begeben hat, er schickt ihm einen Agenten nach, der ihn bespitzeln soll. Die Königin soll mit ihrem Sohn Hamlet sprechen, aber auch ihr kann der Staat nicht trauen, der Minister belauscht persönlich die Unterredung.

Besonders verdächtig ist Hamlet: Er liest und denkt zuviel und überdies ist er gerade aus dem Ausland zurückgekehrt. Man holt rasch zwei Hofleute, Rosenkranz und Güldenstern, die mit ihm aufgewachsen sind und daher für geeignet gehalten werden, ihn zu »erspähn«. Er ist ein Mann, dessen Existenz, anders als die seiner Zeitgenossen, von seinem Geist bestimmt wird, von seinem Gewissen. Er beklagt sich, Gewissen mache Feige aus uns allen, und erklärt, »Nur reden will ich Dolche, keine brauchen« – gleichwohl erdolcht er Polonius. Er ist der Welt, in der er lebt, überlegen und ihr zugleich nicht gewachsen.

Nachdem ich Gründgens gesehen hatte, habe ich jede Szene des »Hamlet« anders gelesen als zuvor – vor allem als Tragödie des Intellektuellen inmitten einer grausamen Gesellschaft und eines verbrecherischen Staates. Haben die Theaterbesucher dieses Stück und diese Aufführung ähnlich wie ich verstanden? Wohl nur eine kleine Minderheit. Aber konnte es den Nazis, zumal ihren Kulturpolitikern und Journalisten, entgehen, daß dieser »Hamlet« auch als politisches Manifest, als Protest gegen die Tyrannei in Deutschland verstanden werden konnte? Nein, natürlich nicht.

Im »Völkischen Beobachter« erschien ein ganzseitiger Artikel, in dem die Hamlet-Interpretation von Gründgens mit damals als Schimpfworte verwendeten Vokabeln (»dekadent«, »neurasthenisch« und »intellektuell«) bedacht und als antinationalsozialistisch geächtet wurde. Gründgens floh sofort in die Schweiz, da er Verfolgungen befürchtete – auch im Zusammenhang mit seinen homosexuellen Neigungen und Praktiken. Doch Göring forderte ihn zur Rückkehr auf und garantierte ihm seine persönliche Sicherheit. Bald war Gründgens wieder in Berlin.

Übrigens verbindet mich mit dieser »Hamlet«-Aufführung von 1936 auch eine ganz andere Erinnerung. Sie hat mit der berühmten (von Käthe Gold zart und dezent gespielten) Wahnsinns-Szene der Ophelia zu tun. Nicht nur sie, die Verwirrte, hatte mich ergriffen, sondern auch die Situation eines hilflosen Zeugen ihres Verhaltens – ihres Bruders Laertes, des jungen Mannes, den der seelische und geistige Zusammenbruch seiner Schwester vollkommen ratlos macht. Als er verzweifelt aufschrie: »Seht Ihr das? O Gott!«, da wurde ich plötzlich von Angst überkommen, auch mir könnte es widerfahren, hilflos mit ansehen zu müssen, wie ein mir ganz nahe stehender Mensch, vom Wahnsinn befallen, schreit und stammelt. Im Zuschauerraum des Hauses am Gendarmenmarkt von Furcht gelähmt, dachte ich mir: Möge mir dies erspart bleiben. Aber es ist mir nicht erspart geblieben.

So hat mich von allen Schauspielern, die ich in meiner Jugend sehen konnte, gerade jener am stärksten fasziniert, der Görings Schützling war und der 1936 zum Preußischen Staatsrat ernannt wurde. Verwundern mag auch, daß mich in meiner Jugend am nachhaltigsten gerade jener Komponist beeindruckt hat, den man zu den schrecklichsten, den aggressivsten Antisemiten in der Geschichte der Kultur, nicht nur der deutschen, zählen muß.

Ich war ein Kind noch, erst dreizehn Jahre alt, als meine Schwester mich, nach gehöriger Vorbereitung am Klavier, in eine Aufführung der »Meistersinger von Nürnberg« mitnahm. Der nationalsozialistischen Propaganda zum Trotz hat mich diese Oper sofort entzückt – vermutlich auch deshalb, weil es eine Oper über Musik und Literatur ist, über den Künstler und das Publikum, über die Kritik. Bis heute bereitet mir keine Oper mehr Freude, mehr Glück als die »Meistersinger«. Und keine trifft mich tiefer und erregt mich stärker als »Tristan und Isolde«.

Ein Fernseh-Reporter hat mich einmal – es war spät nachts in einem Hotelpark, in dem gerade eine Garden-party zu Ende gegangen war – mit einer einfachen Frage überrascht. Er wollte wissen, wie ich mit einem so wütenden Judenhasser wie Richard Wagner denn eigentlich zurechtkomme. Ich habe ihm spontan geantwortet: »Es gab und gibt viele edle Menschen auf Erden, aber sie haben weder den ›Tristan‹ geschrieben noch die ›Meistersinger‹.«

Geht daraus hervor, daß man ihm seine Arbeit »Über das Judentum in der Musik« vergeben könne? Nein, gewiß nicht. Indes: Unter den bedeutenden Wagner-Dirigenten war immer schon der Anteil der Juden erstaunlich groß – von Hermann Levi, der die »Parsifal«-Uraufführung leitete, über Bruno Walter und Otto Klemperer bis zu Leonard Bernstein und Georg Solti, Lorin Maazel, Daniel Barenboim und James Levine. Auch unter den Musikwissenschaftlern, denen wir die zentralen Arbeiten über Wagner verdanken, gibt es viele Juden. Spricht es nun gegen oder vielleicht doch für diese Dirigenten und Wissenschaftler, daß sie die Musik Wagners für wichtiger hielten und halten als seine Publizistik, zumal als jene seiner Arbeiten, die letztlich doch nur Haßausbrüche eines Wirrkopfs sind?

Im März 1958 habe ich in Warschau, kurz vor meiner Rückkehr nach Deutschland, ein längeres Gespräch mit dem Komponisten Hanns Eisler geführt. Er war aus Ostberlin nach Warschau gekommen, um seine Musik zu Brechts Stück »Schwejk im Zweiten Weltkrieg« – ich hatte es zusammen mit meinem Freund Andrzej Wirth ins Polnische übersetzt, die Premiere stand bevor – zu Ende zu schreiben und für eine Bandaufzeichnung zu dirigieren. Einen Abend verbrachten wir zusammen. Eisler, ein leutseliger und beredter Mann, plauderte in bester Laune. Er erzählte uns allerlei Anekdoten, nicht schlechte übrigens, meist über Musiker.

So berichtete er über den Abschiedsbesuch bei seinem Lehrer Arnold Schönberg, Anfang 1948 in Los Angeles.

Als Schönberg hörte, Eisler werde nach Deutschland zurückkehren, war er betrübt, als er erfuhr, sein von ihm sehr geschätzter Schüler wolle sich in Ostberlin niederlassen, war er beunruhigt. Eisler versuchte ihm zu erklären, er, seit Jahrzehnten Kommunist, gehöre dorthin, wo seine Genossen nun an der Macht seien. Das könne er schon verstehen, antwortete Schönberg, nur sei die Gefahr groß, daß die Russen ihn entführten. Warum denn gerade ihn? Der etwas weltfremde Meister antwortete allen Ernstes: Die haben doch in der Sowjetunion keinen einzigen Schönberg-Schüler.

Lange dauerte es nicht, und Eisler begann über Wagner zu reden, genauer gesagt: zu schimpfen. Es war ungeheuerlich: Er nannte ihn einen kompletten Scharlatan, einen Kitschier der schlimmsten Art, einen geschmacklosen Wichtigtuer. Ich dachte nicht daran, diese flammenden Beschimpfungen ernst zu nehmen. Sie amüsierten mich. Überdies war mir klar: Wer sich mit so viel Leidenschaft gegen einen Komponisten der Vergangenheit auflehnt, der verrät sich. Er verdankt ihm wohl viel, ihn verbindet mit dem Attackierten zumindest Haßliebe.

Ich ließ also Eisler reden, ich widersprach ihm überhaupt nicht. Wozu auch? Ohnehin war ich sicher, daß ich diesen heiteren Dialog leicht gewinnen würde. Denn ich hatte einen Namen in Reserve, der, meinte ich, wie ein Joker im Kartenspiel alles entscheiden würde. Ich brauchte von diesem Joker nur Gebrauch zu machen, und Eisler, ein glänzender Musiker, würde sofort kapitulieren.

Schließlich kam der Augenblick, wo mir seine Schimpftiraden reichten. Ich sagte: »Ja, ja, Herr Eisler, was Sie so erzählen, mag ja richtig sein. Ich bin schon einverstanden, aber dieser furchtbare Wagner, er hat doch«, jetzt kam ich mit meinem Joker, »er hat doch den ›Tristan‹ geschrieben.« Eisler verstummte. Es wurde still im Zimmer, ganz still.

Dann sagte er sehr leise: »Das ist etwas ganz anderes. Das ist Musik.« Vier Jahre später, 1962 – ich war längst in Deutschland –, las ich in den Zeitungen, Eisler sei gestorben. Und ich las, daß er, der große Musiker, der Jude Hanns Eisler, sich auf seinem Totenbett die Partitur von »Tristan und Isolde« habe geben lassen.

In einem anderen Gespräch über Wagner war mein Spiel mit dem »Tristan« als Joker weniger erfolgreich. Im Westdeutschen Rundfunk mußte ich auf eine Talkshow warten, an der auch der Komponist Karlheinz Stockhausen teilnahm. Da die Unterhaltung etwas mühselig war, griff ich auf das zuverlässigste Mittel zurück, das das Gespräch mit Musikern sofort zu beleben imstande ist. Ich fragte höflich: »Wie stehen Sie eigentlich, lieber Herr Stockhausen, zu Wagner?« Er antwortete gelangweilt, er habe unlängst wieder einmal die »Walküre« gehört und auch den »Lohengrin«. Das sei ganz und gar indiskutable Musik.

Das nahm ich hin und stellte leise und, ich gebe es zu, scheinheilig die schlichte Frage: »Und wie ist es mit dem ›Tristan‹?« Stockhausen schwieg einen Augenblick und ließ sich dann zögernd vernehmen: »Die Ouvertüre (er sagte tatsächlich »Ouvertüre« und nicht »Vorspiel«), die Ouvertüre ist gut, der Rest ist überflüssig.« Das ist das originellste Urteil, das ich über Richard Wagners »Tristan und Isolde« je zu hören bekommen habe.

Ein Leiden, das uns beglückt

Über Sexualität wurde man in meiner Jugend nicht aufgeklärt, weder zu Hause noch in der Schule. Als ich zehn Jahre alt war, glaubte ich, Kinder kämen durch den sich zu diesem Zweck verbreiternden Nabel der Mutter zur Welt. Als ich elf, zwölf Jahre alt war, versuchte ich in Pausengesprächen mit Klassenkameraden gelegentlich etwas über Sexuelles zu erfahren. Manche von ihnen könnten mich, hoffte ich, über dies und jenes ein wenig informieren. Nun ja, diese Jungen kannten einige handfeste Vokabeln, sonst jedoch wußten sie noch weniger als ich. Und was mich wunderte: Viele interessierten sich für diese Materie nicht sonderlich – jedenfalls gaben sie es vor. Verklemmt waren wir alle. In den proletarischen Stadtteilen von Berlin war es wohl anders.

Eines Tages bekam ich eine Broschüre geliehen. Sie war in schlechtem Deutsch geschrieben und auf schlechtem Papier gedruckt, alles in allem sechzehn Seiten. Aber enttäuschend waren für mich nicht Stil und Papierqualität dieser Aufklärungsschrift, vielmehr der Hinweis auf dem Umschlag: »Für junge Männer«. Also nichts für und über Mädchen? Nichts über jenes Phänomen, das mir und anderen Gleichaltrigen rätselhaft und geheimnisvoll schien, das irgendwie mit dem Mond zusammenhängen sollte und die Mädchen von uns allen trennte? Kurz und gut: nichts über die monatliche Blutung?

Statt dessen standen im Mittelpunkt dieser Broschüre zwei Thesen. Die jungen Leser wurden beschworen, jeglichen Geschlechtsverkehr vor der Eheschließung zu unterlassen. Andernfalls drohten ihnen unheilbare Krankheiten, mit denen sie ihre künftigen Ehefrauen anstecken könnten und vielleicht auch ihre künftigen Kinder. Überdies wurden die jungen Leser vor der Onanie nachdrücklich gewarnt: Sie führe zu scheußlichen Hautkrankheiten, wenn nicht zur Erblindung und zur Taubheit.

Ergiebiger als die Pausengespräche und diese Aufklärungsschrift war ein Fund, den ich auf der Straße gemacht hatte: In einem Papierkorb fiel mir eine Kondom-Schachtel auf. Sie schien leer, war es aber nicht: Sie enthielt ein dünnes, gefaltetes Blatt. Es war, wie nicht anders zu erwarten, die Gebrauchsanweisung, klein gedruckt und sehr ausführlich. Ich nahm sie mit, um sie aufmerksam zu lesen – nicht weil ich belehrt werden wollte, wie man Kondome benutzt, sondern weil ich glaubte, hier konkrete Informationen über den Geschlechtsverkehr finden zu können. Doch gerade dies war nicht so einfach. Denn der Text war schwer und streckenweise überhaupt nicht zu verstehen. Es wimmelte in ihm von Fremdworten, die ich nicht kannte.

Glücklicherweise gab es in unserer Wohnung den Großen Brockhaus. Ich machte mich ans Werk, ich schlug also die Fremdworte nach, die in dieser wissenschaftlichen oder eher pseudowissenschaftlichen Gebrauchsanweisung vorkamen: Vagina, Klitoris, Penis, Erektion, Koitus, Orgasmus, Ejakulation, Sperma. Die Lexikon-Lektüre wollte kein Ende nehmen, da sich in jedem dieser Artikel weitere Vokabeln fanden, über die ich unterrichtet sein wollte: Masturbation, Uterus, Menstruation, Syphilis und viele andere.

So wurde der Große Brockhaus zu meinem Lehrbuch in Sachen Sexualität – einem Lehrbuch, dessen Sachlichkeit mich freute und dessen Trockenheit mich enttäuschte. Aber es dauerte nicht lange, und ich konnte mich davon überzeugen, daß jene Auskünfte und Beschreibungen, die ich suchte und dringend brauchte, auch in Druckschriften ganz anderer Art zu haben waren – und daß sie dort meist weniger sachlich, aber dafür auch viel weniger trocken waren.

Ich könnte, dachte ich mir, mit dieser Gebrauchsanweisung meiner Cousine imponieren, einem hübschen und aufgeweckten Mädchen, bloß zwei Jahre älter als ich und keineswegs prüde. Sie war für das eng bedruckte Papier, das ich ihr zeigte und gleich großzügig überließ, sehr dankbar. Erfreulicherweise hatte sie das Bedürfnis, sich auf angemessene Weise zu revanchieren. Gewiß wollte sie mir bei dieser Gelegenheit beweisen, daß auch sie nicht hinter dem Mond lebe und daß sie, wohl vierzehn Jahre alt, schon beinahe erwachsen sei. Sie brachte mir also ein ziemlich dickes Buch, das ich mitnehmen durfte. Aber sie empfahl mir die Lektüre nur der von ihr angestrichenen Stellen.

Wieder zu Hause, schloß ich mich mit dieser Leihgabe, da ich etwas Unanständiges erwartete, im Badezimmer ein. Das war, wie sich bald herausstellte, gar nicht nötig. Es handelte sich nämlich um einen ernsten Roman, in dem freilich viele Passagen Sexuelles betrafen. Ich las zunächst nur diese am Rande vermerkten Stellen. Sie gefielen mir, ich fand sie aufschlußreich und zugleich reizvoll und sogar poetisch. Beides regte mich an – *was* gesagt war und *wie* es gesagt wurde.

Nachdem ich alles, was meiner Cousine aufgefallen war, mit roten Backen zur Kenntnis genommen hatte, entschloß ich mich, ihren Ratschlag zu ignorieren und das *ganze* Buch zu lesen. Ich habe es nicht bedauert. Vielleicht ist mir damals aufgegangen, worauf es in der Literatur ankommt – darauf nämlich, daß sich der Sinn und der Ausdruck, der Inhalt und die Form nicht voneinander trennen lassen. Nur sollte ich noch sagen, welches Buch mir zu den frühen Ein-

sichten in das Sexuelle und den elementaren in das Literarische verholfen hat. Es war der Roman »Narziß und Gold-
mund« von Hermann Hesse.

Als ich dieses Buch in den fünfziger Jahren noch einmal
las, hat sich der Eindruck, den es einst auf mich gemacht
hatte, nicht als nachhaltig erwiesen: Die etwas penetrante
Mischung aus deutschromantischer Tradition und weltfremder Innerlichkeit, aus sanfter Sentimentalität und wü-
tender Zivilisationsverachtung schien mir nicht mehr erträglich. Ähnlich erging es mir mit einem anderen, alles in
allem doch wichtigeren Roman von Hesse, dem »Steppen-
wolf«. Ich habe ihn, nicht ganz freiwillig, dreimal gelesen:
In den dreißiger Jahren war ich entzückt, in den fünfziger
Jahren enttäuscht, in den sechziger Jahren entsetzt.

Immerhin hat mich *ein* Buch Hesses, dessen »Seelen-
speise« meiner Generation nur allzugut mundete, auch
später gerührt und beeindruckt: sein schon 1904 veröffent-
lichter Schülerroman »Unterm Rad«. Obwohl ich an der
Schule nicht sonderlich gelitten habe und von Lehrern nie
gequält wurde, gehörten düstere Schülerromane zu meiner
Lieblingslektüre, zumal »Freund Hein« von Emil Strauß,
Musils »Verwirrungen des Zöglings Törleß« und natürlich
der letzte Teil der »Buddenbrooks«. Aber es war wohl
nicht nur die literarische Qualität dieser Bücher, die mich
damals begeisterte, sondern auch und vor allem das (mit
dieser Qualität zusammenhängende) erstaunlich starke
Identifikationsangebot, das gerade auf Halbwüchsige
wirkte.

Die Aufklärung, zu der mir die Erlebnisse nicht sosehr
des Intellektuellen Narziß als vielmehr des Künstlers Gold-
mund verhalfen, suchte ich zu ergänzen und zu vertiefen
und war dankbar, wenn mir etwas Passendes auffiel. Daß
Faust das Gretchen schwängert, war mir schon sehr früh zu
Ohren gekommen, doch die Szene, in der dies geschieht,

konnte ich in Goethes Text leider nicht finden. Damals schöpfte ich wohl zum ersten Mal den Verdacht, daß in der Literatur das Allerwichtigste zwischen den Zeilen, zwischen den Szenen enthalten sei. In den »Räubern« verblüffte mich Spiegelbergs derbe Erzählung vom Überfall auf ein Nonnenkloster. Wie wird, fragte ich mich, unser Deutschlehrer mit dieser Szene fertig werden? Er machte es sich einfach, er übersprang sie.

Stark entzündete sich meine jugendliche Phantasie an den Romanen Jakob Wassermanns. Er war ein Moralist mit der Schwäche für billigen Pomp, ein passionierter Psychologe mit dem Drang zur handfesten Kolportage. Das Dämonische liebte er und das Dekorative, das Problematische und das Pikante. Er fand unzählige Leser, doch nur wenige ernste Kritiker. Aber ich gebe zu, daß seine meist redselig-schwülstigen Romane mir damals durchaus gefielen, vielleicht auch der Sexualmotive wegen.

In Wassermanns »Gänsemännchen« bewegte mich eine Situation so nachhaltig, daß ich mich noch nach vielen Jahren an sie erinnern konnte. Ein Mann will seine Freundin nackt sehen. Sie löscht das Licht. Sie zieht sich aus, er hört das Rascheln ihrer Kleider. Sie öffnet das Ofentürchen, die Glut läßt ihren Unterleib, insbesondere die Schamhaare, dunkelrot aufleuchten. Man wird zugeben: sehr aufregend, zumal, wenn man dreizehn oder vierzehn Jahre alt ist. Jetzt habe ich diese Passage im »Gänsemännchen« gesucht. Es stellte sich heraus, daß ich sie in meinem Gedächtnis über sechzig Jahre lang richtig aufbewahrt habe, nur die Schamhaare gibt es bei Wassermann nicht, sie gehen auf das Konto meiner pubertären Einbildungskraft.

Nicht weniger erregte mich eine Stelle in Flauberts »Madame Bovary«. Der Gutsbesitzer Rodolphe Boulanger, der von einem Besuch bei den Bovarys zurückkehrt, meditiert über das dort Erlebte: »Er sah Emma immer wieder vor sich, im selben Saal und ebenso gekleidet, wie er sie vorhin gesehen hatte, und in Gedanken entkleidete er sie.« Diese wenigen schlichten Worte – »und in Gedanken entkleidete er sie« – schreckten mich auf und prägten sich für immer ein.

Heute weiß ich, warum sie so wirken konnten: Überraschend hatte ich erfahren, daß die gelegentlichen Vorstellungen meiner Phantasie keineswegs ungewöhnlich waren, daß es also schon vor mir Männer gab, die auf die Idee gekommen waren, eine Frau in Gedanken zu entkleiden. Ich begriff, daß sich in der Literatur etwas finden und erkennen ließe, dessen Bedeutung nicht zu überschätzen sei – man könne sich selber finden, seine eigenen Gefühle und Gedanken, Hoffnungen und Hemmungen.

Etwa zur gleichen Zeit las ich in einem Roman von Zola, wie ein Mädchen zum ersten Mal die Menstruation erlebt. Das interessierte und irritierte mich sehr. Aber ich bedauerte, daß ähnliches über die Erlebnisse von Knaben in der Literatur nicht zu haben war, daß man also nirgends lesen konnte, wie ein Knabe die erste Erektion erlebt oder den ersten Samenerguß. Alfred Döblin, der seine Jugend freilich noch im neunzehnten Jahrhundert erduldet und erlitten hat, berichtet, er habe eine nackte Frau zum ersten Mal als Student der Medizin im Alter von 23 Jahren gesehen – es war eine weibliche Leiche im Anatomiesaal. Nein, so schlecht erging es mir nicht, doch auch mir wurde der Anblick einer nackten Frau spät zuteil – erst kurz vor dem Abitur.

1936 starb – im Alter von 88 Jahren – mein Großvater, der Rabbiner. Seit mindestens fünf Jahren war er blind. Gleichwohl wünschte er, daß die Folianten mit den hebräischen Schriften seiner Väter vor ihm auf dem Tisch lagen, damit er sie immer wieder berühren konnte. Da er also keine Zeitungen zu lesen imstande war und auch seit einiger Zeit nicht mehr die Wohnung verließ, fiel es uns nicht schwer, ihm die Existenz des »Dritten Reiches« zu ersparen. Wer ihn besuchte, wurde ermahnt, dieses Thema strikt zu meiden.

Als er auf dem jüdischen Friedhof in Weißensee bestattet wurde – ich war zum ersten Mal bei einer solchen Zeremonie –, verwunderte mich, daß er nicht, wie ich erwartet hatte, in einem Sarg beerdigt wurde, sondern in einer gewöhnlichen Kiste. Man erklärte mir den Grund: Vor Gott seien alle Menschen gleich, daher sei es unzulässig, die einen in schönen und verzierten, gar prächtigen Särgen ins Grab zu versenken, andere aber, jene aus bedürftigen Familien, in einfachen oder womöglich schäbigen. Deshalb sei es bei den Juden, jedenfalls bei den gläubigen, seit Jahrtausenden üblich, alle ihre Toten auf die gleiche Weise zu behandeln, sie stets in schlichten, schmucklosen Holzkisten aus ungehobelten Brettern zu begraben. Da die Literatur meinen Sinn für Symbole geschärft hatte, gefiel mir diese archaische Sitte, deren Pathos angesichts des Todes mir Respekt einflößte.

Von den sechs Geschwistern meiner Mutter fehlte bei der Beerdigung nur ihr jüngster Bruder, damals 36 Jahre alt, ein gutaussehender, ein eleganter, ein, wie manche Familienmitglieder meinten, gar zu eleganter und wohl etwas protziger Mann. Er war Rechtsanwalt, seine Kanzlei befand sich Unter den Linden – was die Familie als unangemessen, als Zeichen seines Übermuts wertete. In zweierlei Hinsicht fiel er aus dem Rahmen. Er hatte eine Schwäche für Pferderennen, die Wetten ließen ihn gelegentlich in ernste finanzielle Nöte geraten. Überdies war er, anders als seine vier Brüder, mit einer Nichtjüdin liiert und später verheiratet, mit einer effektvollen Dame, die als Schauspielerin gelten wollte. Aber niemand hat sie je auf der Bühne oder auf der Leinwand gesehen.

Dieser Onkel verließ Deutschland unmittelbar nach der nationalsozialistischen Machtübernahme – in größter Eile, angeblich irgendwelcher Schulden wegen. Mit einem mexikanischen Paß war er nach Frankreich gezogen. Den Krieg hat er als Angehöriger der Fremdenlegion in Nordafrika überlebt. Das klingt recht abenteuerlich, wenn nicht dramatisch. Aber er hat es in der Fremdenlegion nicht so schlecht gehabt: Er hat dort die Bibliothek verwaltet.

Nach der Bestattung des Großvaters überlegten die Brüder meiner Mutter, wer ihren Vater beerben solle. Aber er, der ganz arme Rabbiner, hatte nichts, gar nichts hinterlassen – nur eine goldene Uhr, ein Geschenk zu seiner Konfirmation, der Bar-Mizwa, im Jahre 1861. Die Brüder meinten, er habe keines seiner Enkelkinder mehr geliebt als mich, ich solle die Uhr erhalten. Ich nahm sie nicht ohne Stolz entgegen und besaß sie noch im Warschauer Getto. Ebendort mußte ich diese schöne, altmodische Uhr, so leid es mir tat, verkaufen. Aber ich brauchte dringend Geld – um eine Abtreibung bezahlen zu können.

Der Tod meines Großvaters veränderte unser Leben. Die monatlichen Zuwendungen der Brüder meiner Mutter blieben nun aus, es ging uns materiell immer schlechter. So wurde sein geräumiges Zimmer gründlich renoviert und schnell vermietet. Die Frau, die nun einzog, hat mich gleich, sagen wir, beunruhigt. Die fast dreißigjährige, schlanke und hochgewachsene Blondine, die, wenn ich mich recht entsinne, aus Kiel stammte – jedenfalls verriet ihr Aussehen die norddeutsche Herkunft. Sie war, wie man damals sagte, eine Arierin. Sie kleidete sich meist etwas extravagant: Gern trug sie lange, ziemlich enge schwarze Hosen aus Samt oder Kunstseide und ein dunkelrotes oder violettes, ungefähr bis zu den Knien reichendes Jackett, das an einen Frack erinnerte. Diese Garderobe ging wahrscheinlich auf das Vorbild jener Schauspielerin zurück, die eine ganze Generation von Männern und Frauen fasziniert hatte, deren Name aber jetzt, in den Jahren des »Dritten Reichs«, nicht mehr öffentlich genannt werden durfte – auf das Vorbild Marlene Dietrichs. Von Beruf war die hellblonde Untermieterin Fotografin, sie arbeitete in der Werbeabteilung einer großen Firma. Ihr Vorname war durchaus nicht extravagant – sie hieß, wie die berühmteste Geliebte der deutschen Literatur, ganz einfach Lotte.

Liebe – was ist das? 1991 wurde ich von einer deutschen Illustrierten gebeten, diesen Begriff zu definieren. Allerdings durfte es nur ein Satz sein. Die Aufgabe reizte mich, doch das angebotene Honorar schien mir allzu karg. Ich sei – teilte ich der Redaktion mit – bereit, das Gewünschte zu schreiben, doch müßten es mindestens zwei Maschinenseiten sein. Ein einziger Satz über dieses Thema mache viel mehr Mühe, da sei das Fünffache des angebotenen Honorars angemessen. Also: je kürzer der Text, desto höher das Honorar. Man war einverstanden. Ich schrieb: »Liebe nennen wir jenes extreme Gefühl, das von der Zuneigung zur Leidenschaft führt und von der Leidenschaft zur Abhängigkeit; es versetzt das Individuum in einen rauschhaften Zustand, der zeitweise die Zurechnungsfähigkeit des Betroffenen, des Getroffenen einzuschränken vermag: Ein Glück ist es, das Leiden bereitet, und ein Leiden, das den Menschen beglückt.«

Habe ich diese Lotte geliebt? Sicher bin ich nicht. Aber zum ersten Mal in meinem Leben ging mein Interesse an einer Frau bald in eine wachsende Sympathie über, in eine intensive Zuneigung, die zwar noch keine Leidenschaft war und die auch nicht zur Abhängigkeit führte – und die mich dennoch in einem bis dahin unbekannten Maße beschäftigte. In einen Rausch wurde ich nicht versetzt. Doch ahnte ich, was Liebe ist, genauer, was sie sein kann.

Mit ihr, der anmutigen und etwas scheuen Fotografin, führte ich lange Gespräche – meist in ihrem Zimmer oder auf unserem Balkon. Ich wundere mich noch heute, daß sie für mich so viel Zeit hatte. Warum wohl? Vielleicht deshalb, weil sie in eine Lebenskrise geraten war und jemanden benötigte, der ihr zuhörte. Wenn es Tolstoj drängte, sich auszusprechen, mietete er eine Kutsche und ließ sich eine Stunde lang durch die Stadt fahren. Was er unbedingt erzählen wollte, erzählte er nun – dem Kutscher. So war ich möglicherweise der Kutscher jener Lotte: Die Aufnahmefähigkeit und Neugierde des Sechzehnjährigen gefielen ihr, seine vorsichtigen Fragen waren ihr willkommen. Daß er sie offensichtlich bewunderte, störte sie keineswegs.

Mir aber schmeichelte ihr Vertrauen. Alles, was sie mir über ihre Vergangenheit berichtete oder, häufiger noch, andeutete, empfand ich als ein freigiebiges Geschenk. Daß das Erzählen über sich selber eine unerhörte Gabe sein kann, eine solche, die der Hingabe gleichkommt oder sich nähert – ich erlebte es zum ersten Mal. Hinzu kommt, daß diese Lotte mich, wie niemand vor ihr und ganz ohne Einschränkung, ernst nahm, mich ohne jedes Aufheben wie einen Gleichberechtigten, wie einen Erwachsenen behandelte. Ich sah darin jene Anerkennung, die ich, wie vermutlich die meisten Halbwüchsigen, dringend brauchte und die es mir erleichterte, meine isolierte Existenz zu ertragen. Dafür war ich ihr dankbar. Ich begann zu begreifen, daß Liebe immer auch mit dem Bedürfnis nach Selbstbestätigung zu tun hat und daß es keine Liebe ohne Dankbarkeit gibt. Sie muß nicht aus Dankbarkeit entstehen, aber sie führt zu ihr – oder erlischt.

Wir sprachen viel über Literatur, zumal über die französischen und russischen Romanciers des neunzehnten Jahrhunderts, die sie gut kannte. Natürlich sprachen wir auch über deutsche Schriftsteller, häufig über die jetzt verbotenen oder zumindest unwillkommenen – über Schnitzler und Werfel, über Thomas und Heinrich Mann. Erst nach einiger Zeit fiel mir auf, daß ihre Aufmerksamkeit, ob wir uns über Stendhal oder über Balzac, über Dostojewski oder Tschechow unterhielten, vor allem auf weibliche Figuren gerichtet war und auf erotische Motive. Das war wohl das Geheimnis unserer Beziehung: Wir hatten das Bedürfnis, über die Liebe zu sprechen – allerdings aus ganz verschiedenen Gründen.

Ihr waren Enttäuschungen nicht erspart geblieben: Sie hatte sich vor einiger Zeit von einem Freund getrennt, sich, wie sie nachdrücklich betonte, von ihm trennen müssen. Wenig später war sie von einem Geliebten verlassen worden. Sie suchte Trost und Schutz – bei der Literatur. Und ich? Ich glaubte, über die Liebe Bescheid zu wissen, denn ich verfügte über eine verläßliche, eine ausgezeichnete Quelle. Dieser nie versiegenden Quelle konnte ich die schönsten und klügsten Worte über die Liebe entnehmen, aber eben nur Worte. Kurz: Die norddeutsche Blondine kam von der Liebe zur Literatur, ich wollte von der Literatur zur Liebe kommen. Wir trafen uns auf halbem Wege.

Die Balkongespräche machten mir abermals bewußt, daß wir, die stille Fotografin und der unruhige Gymnasialschüler, Bücher lesend, vor allem uns selber verstehen wollten. Da wir beide auf der Suche nach uns selbst waren, entstand eine Gemeinsamkeit, die unserer dialogischen Beziehung eine unverkennbar erotische Note gab, wenn auch beileibe keine sexuelle. Ich habe die Frau, mit der ich mich über die Liebe in der Literatur unterhielt, nie berührt, ich kam gar nicht auf die Idee, sie – wie es Rodolphe Boulanger mit Emma Bovary getan hatte – in Gedanken zu entkleiden. Sie genügten mir: ihre Worte und Blicke, ihr Vertrauen und ihr Verständnis. Und je deutlicher sie, von Romanfiguren redend – immer sehr leise redend –, sich selber erkennbar machte, ja vielleicht entblößte, um so mehr fühlte ich mich belehrt und bereichert.

Es dauerte nicht lange, und in unserer Konversation tauchte – unvermeidbar, so will es mir scheinen – ein Name auf, der die ohnehin spürbare Intimität sogleich vertiefte: der Name Fontane. Ich kannte damals nur »Effi Briest« und »Irrungen, Wirrungen«, sie hingegen fast alle seine Romane. Doch steuerte sie schnell auf einen einzigen zu und kehrte zu ihm mehrfach zurück: »Der Stechlin« war es, der es ihr angetan hatte. Ihr Interesse galt aber nicht etwa dem Junker Dubslav von Stechlin, nicht seinem Sohn Woldemar oder anderen männlichen Figuren, sondern vornehmlich Melusine, der Gräfin von Barby.

Die ansehnliche, die gescheite und geistreiche Melusine hat schon eine Ehe hinter sich, freilich eine, die rasch wieder geschieden werden mußte. Sie war, wie es bei Fontane heißt, verheiratet und vielleicht auch nicht verheiratet gewesen. Das klingt geheimnisvoll, ist aber beinahe unmißverständlich: Auf ein sexuelles Versagen ihres Mannes wird hier angespielt, dies ist es, was sie tief gekränkt und verletzt haben muß. Damit hat wohl das ungewöhnliche Wesen Melusines zu tun. Wie sie das Aparte liebt, so verkörpert sie es selber. Nach Liebe sich sehnend und nach Glück, weckt sie, ob sie es will oder nicht, die Sehnsucht ebenso von Männern wie von Frauen. Sie ist eine stolze Frau, zurückhaltend und herausfordernd, kühl und warmherzig. Hinter Melusines betonter Selbstsicherheit verbirgt sich möglicherweise nichts anderes als Unsicherheit. Ob es vielleicht ebendiese Widersprüche sind, die zu ihrem Charme beitragen, die ihre Attraktivität steigern?

Es war wohl gut, daß ich den »Stechlin« noch nicht kannte. So konnte ich die vielsagende Wiedergabe der Geschichte Melusines auf mich wirken lassen, ohne mich darum zu kümmern, ob sie dem Romantext wirklich entsprach oder ob die Erzählende, bewußt und unbewußt, das, was in ihrer Erinnerung geblieben war, mit neuen Zügen und Nuancen angereichert hatte. Ich konnte damals von meiner Dialogpartnerin lernen, wie es möglich ist, über sich selber ohne Exhibitionismus zu sprechen – und gewiß habe ich auch einiges über die Liebe gelernt.

Unsere Gespräche wurden immer länger und, so will es mir heute vorkommen, immer schöner. Aber plötzlich war diese Balkonidylle in der Güntzelstrasse in Wilmersdorf beendet. Die aparte Untermieterin kündigte ihr Zimmer, sie hatte es sehr eilig, sie war in Panik. Es war ihr sichtlich unangenehm, uns zu erklären, warum sie weggehen müsse. Der Grund war: Sie hatte Angst – und das hing mit mir zusammen.

Wenige Monate zuvor, im Herbst 1935, waren in Deutschland Gesetze verabschiedet worden, die die Juden endgültig ausgrenzten: Die Reichsregierung hatte die Emanzipation der Juden rückgängig gemacht. Unter Androhung hoher Zuchthausstrafen verboten die »Nürnberger Gesetze« die Eheschließung und auch die außerehelichen Beziehungen zwischen Juden und »Ariern«. Das alles war 1936 längst bekannt, Verurteilungen von Juden und Nichtjuden wegen »Rassenschande« waren an der Tagesordnung, die Zeitungen berichteten über die öffentliche und brutale Mißhandlung und Verhöhnung jener, denen man vorwarf, gegen die Gesetze verstoßen zu haben.

Dennoch hatte die norddeutsche Fotografin, die »Arierin«, keine Bedenken gehabt, bei uns einzuziehen. Weil sie die Nationalsozialisten verachtete? Auch Leichtsinn mag dabei eine Rolle gespielt haben. Mein Vater und mein Bruder lebten damals schon in Warschau, aber ich war ja noch da, man konnte mich im Sinne der »Nürnberger Gesetze« belangen. Und ich konnte der Untermieterin zum Verhängnis werden. Man hatte sie jetzt nachdrücklich gewarnt, und sie zog daraus, sehr zu Recht, sofort die Konsequenzen. Sie verließ unsere Wohnung schon am nächsten Tag.

Ich habe sie erst 1952 wiedergesehen, in Warschau. Sie lebte in Ostberlin, verheiratet mit einem Kommunisten, der im »Dritten Reich« einige Jahre im Gefängnis gewesen war. Nun saßen wir uns wieder gegenüber: Sie, die nicht mehr als Fotografin arbeitete, sondern irgendeinen Posten in der DDR-Verwaltung bekleidete, und ich, der ich nach einigen Umwegen zur Literatur zurückgekehrt war. In Gegenwart unserer (meist schweigenden) Ehepartner berichteten wir uns gegenseitig, was wir durchgemacht hatten. Dann war vom Kommunismus die Rede, von den Verhältnissen in der DDR und in Polen, von unseren Enttäuschungen, von unserem Mißvergnügen.

Sie sprach so leise wie damals, und es schien mir, als sehnte sie sich wie eh und je nach Liebe und Glück, als würde sie diese Sehnsucht nach wie vor auf ihre Weise verkörpern – anmutig und reizvoll, jetzt freilich mit deutlich resignativen Zügen. Unvermittelt stellte sie mir eine Frage, die unsere beiden Ehepartner verwundern mußte: Und wie ist es mit Fontane? Ich antwortete sachlich: Fontane kenne man in Polen überhaupt nicht, noch nie sei ein Buch von ihm übersetzt worden. Vielleicht werde es sich bald ändern, denn es sei mir unlängst gelungen, eine polnische Ausgabe seiner Erzählung »Schach von Wuthenow« durchzusetzen. Das sei doch immerhin ein Anfang.

Sie nickte lächelnd, etwas ironisch. Sie hatte verstanden, daß ich ihr ausgewichen war. So wiederholte sie ihre Frage deutlicher: Sie wollte wissen, wie ich jetzt zu Melusine stünde. Den Anwesenden mußte diese Frage weltfremd vorkommen oder zumindest belanglos – und vielleicht auch meine Antwort. Ob ich Melusine noch liebe – sagte ich –, ich wisse es wirklich nicht. Wohl aber wüßte ich, daß ich sie nie vergessen würde.

Die Tür führte ins Nebenzimmer

An ihren Namen kann ich mich nicht mehr erinnern. Ich weiß auch nicht, wie es dazu gekommen war, daß sie mich zum Abendessen eingeladen hatte. Wahrscheinlich wollte sie jemandem einen Gefallen tun, vielleicht meiner Schwester oder meinem Schwager. Man hatte ihr wohl gesagt, da wohne in ihrer Nähe ein junger Mann, der am Theater geradezu leidenschaftlich interessiert sei und sich gern mit ihr über ihre Erfahrungen unterhalten möchte. Denn sie war Schauspielerin.

In Berlin hatte sie eine Schauspielschule absolviert, dann war sie beinahe zwei Jahre engagiert – in Hildesheim oder vielleicht gar in Braunschweig. Später hatte sie Aussicht, nach Hannover zu kommen, aber daraus wurde nichts mehr. Denn man schrieb mittlerweile das Jahr 1933, und sie war Jüdin. Bald heiratete sie einen offenbar vermögenden Kaufmann, der kein Jude war. Die Ehe wurde rasch wieder geschieden. Jetzt, Anfang 1938, lebte sie allein, zufällig ganz in unserer Nähe – in einer schön, aber eher anspruchslos eingerichteten Wohnung. So war sie auch gekleidet. Der enge hellbraune Pullover, das blaue Halstuch, der weite dunkelbraune Rock – alles schien sorgfältig ausgewählt und war dennoch unauffällig.

Was sie mir über das Theater erzählte, ernüchterte mich ein wenig: Daß man an den Provinzbühnen von Kunst nichts wissen wolle, daß vielmehr die Routine herrsche, daß keine Premiere hinreichend vorbereitet werde, daß die

Schauspieler fortwährend neue Rollen lernen müßten und daß die Anfänger es besonders schwer hätten. Das alles wußte ich schon. Statt ihr aufmerksam zuzuhören, war ich, wohl etwas zu deutlich, an ihrem Pullover interessiert. Sie merkte es, natürlich. Aber ob ihr Lächeln ermunternd oder abweisend war, vermochte ich nicht zu beurteilen.

Sie bereite, sagte sie mir, ihre Auswanderung vor, die werde nun demnächst erfolgen. Wann und wohin ich denn emigrieren wolle? Ich müsse erst, antwortete ich zögernd, das Abitur machen, das werde in zwei Monaten abgeschlossen sein. Ja, und dann? Sonst hätte ich noch keinerlei Pläne. Ich schämte mich meiner Ratlosigkeit. Offenbar rührte sie die plötzliche Einsilbigkeit des bis dahin eher gesprächigen jungen Mannes. Sie sagte, nicht unfreundlich, daß ich wohl mehr an Shakespeare als an meiner Zukunft interessiert wäre.

Wir schwiegen beide, es entstand eine etwas unheimliche Pause. Um sie zu überbrücken, fragte ich sie, ob sie mir nicht etwas vorsprechen könne. Sie zierte sich nicht, sie war gleich einverstanden. Mit raschen Bewegungen machte sie das Deckenlicht aus und verschob ein wenig die Stehlampe. Nun stand sie vor dem Eckkamin, schweigend. Aber es dauerte nicht lange, und sie entschied sich für einen Text, der ihr offenbar für mich geeignet schien. Es war der Auftritt einer Geliebten, geschrieben von einem Neunzehnjährigen: der Monolog des jungen Mädchens aus Hofmannsthals kleinem Spiel »Der Tor und der Tod«. So beginnt er:

> *Es war doch schön... Denkst du nie mehr daran?*
> *Freilich, du hast mir weh getan, so weh.*
> *Allein was hört denn nicht in Schmerzen auf?*

Gewiß, dieser schwermütige Rückblick der Geliebten ist, um es vorsichtig auszudrücken, nicht frei vom Rührseligen, er ist bestimmt nicht die allerbeste Literatur. Dennoch liebe ich diese Verse, ich liebe sie wie Rilkes »Cornet«. Daß sie mich immer aufs neue ergreifen, hat mit jener jungen Frau zu tun, von der ich sie im halbdunklen Zimmer zum ersten Mal gehört habe.

Nach den Worten »leise Lust«, mit denen der Monolog endet, kam sie auf mich zu und sah mich stumm und traurig an. Ich wartete, aber nichts geschah. Plötzlich sagte sie, sie wolle für mich noch ein Gedicht von Hofmannsthal sprechen, das schönste, das sie kenne. Sie meinte die »Terzinen über Vergänglichkeit« mit der herrlichen zweiten Strophe:

> *Dies ist ein Ding, das keiner voll aussinnt,*
> *Und viel zu grauenvoll, als daß man klage:*
> *Daß alles gleitet und vorüberrinnt.*

Als sie geendet hatte, riskierte ich, ziemlich unsicher, einige Bemerkungen, die mir zu Hofmannsthals Lyrik einfielen. Vermutlich waren sie banal, wenn nicht töricht. Sie ignorierte meine Bemühungen mit dem knappen Satz: Herr, es ist Zeit. Ob ich das Rilke-Zitat erkannt habe, weiß ich nicht mehr. Ich nickte, und wir gingen in die Diele. Als ich meinen Mantel vom Hänger nehmen wollte, winkte sie ab und öffnete eine Tür; nicht eine, die ins Treppenhaus führte, sondern ins Nebenzimmer. Es war ziemlich dunkel in diesem Zimmer, das Licht kam von einer sehr kleinen Nachttischlampe, neben der breiten Couch.

Als ich später durch die menschenleeren Straßen nach Hause ging, schwirrte mir durch den Kopf ein einziger Vers, immer wieder derselbe: »Dies ist ein Ding, das keiner voll aussinnt.« Am nächsten Tag schrieb ich ihr einen kurzen Brief. Er blieb unbeantwortet. Drei Wochen später erhielt ich ein dünnes und schmales Postpaket – aufgegeben in Paris, doch ohne Absender. Es enthielt das Bändchen der

Insel-Bücherei mit Hofmannsthals »Tor und der Tod«. Die Widmung lautete: »Was hört denn nicht in Schmerzen auf.« Da ich keine Adresse fand, konnte ich ihr, die mir dieses Buch geschickt hatte, nicht danken. Aber ich danke ihr immer noch.

Der Schock, der nicht ausbleiben konnte, war rasch überwunden. Denn die Vorbereitungen für das Abitur nahmen mich stark in Anspruch, und bald begann eine Freundschaft, die, ohne mich zu erregen oder zu verwirren, für mich wichtig wurde. Bei Bekannten meiner Eltern gab es eine Tochter namens Angelika. Sie war fünfzehn oder sechzehn Jahre alt, interessierte sich für Literatur und Theater und hatte auch selber schon einiges geschrieben, was sogar gedruckt worden war – in der »Jüdischen Rundschau«. Das stellte sich bald als eine Übertreibung heraus: Ihre Gedichte und Prosastücke waren in der Tat gedruckt, doch bloß in der Kinderbeilage dieser »Rundschau«. Ich fand die Arbeiten ziemlich wertlos, doch imponierte es mir, daß man sie veröffentlicht hatte. Vor allem aber: Mir gefiel, was mir sofort auffiel – die Ernsthaftigkeit dieses Mädchens.

Von Zeit zu Zeit trafen wir uns im Stadtpark Schöneberg, wir unterhielten uns lange über die Dramen Schillers und Kleists, über die Angelika ganz gut Bescheid wußte. Dann führte ich sie in das Werk Shakespeares ein, was mir viel Spaß bereitete. Schließlich landeten wir bei Heines erotischer Lyrik. Das war das einzige Erotische, das es zwischen uns gab. Was uns zusammengeführt hatte, war nicht nur die Liebe zur Literatur, es war auch die Ähnlichkeit unserer Situation. Befragt, wie sie sich denn ihre Zukunft vorstelle, zögerte sie mit der Antwort keinen Augenblick: Sie wolle eine Theaterschule besuchen und Schauspielerin werden. Auch ich konnte mit einer klaren, einer entschiedenen Antwort dienen: Germanistik wolle ich studieren und Kritiker werden.

Wir wußten beide, daß unsere Pläne weltfremd waren, daß es sich um absurde Träumereien handelte. Wir lebten ja mitten im »Dritten Reich«, wo Juden nicht studieren durften und überhaupt keine beruflichen Chancen hatten. Aber schwärmen und phantasieren konnten wir sehr wohl: Sie sprach von den Rollen, die sie spielen, ich von den Dichtern, über die ich schreiben wollte. Als ich schon in Warschau war, zitierte ich in einem Brief an sie den Heine-Vers: »Mein Kind, wir waren Kinder...« Bald brach der Krieg aus und der Kontakt mit ihr, mit Angelika Hurwicz brach ab.

Als ich im Winter 1946 in Berlin war, gab es im Deutschen Theater den »Hamlet« mit Horst Caspar in der Titelrolle. Im Programm fiel mir der Name »Angelika Hurwicz« auf. Das konnte, dessen war ich sicher, nur sie sein. Sie hatte also überlebt, sie hatte ihren Willen durchgesetzt, sie stand auf der Bühne eines der besten deutschsprachigen Theater. Nun ja, bloß als Hofdame, also in einer stummen Rolle. Aber so fängt es in der Regel an. Erkennen konnte ich sie allerdings nicht – wohl deshalb, weil sie stark geschminkt war und eine Perücke trug.

Nach der Vorstellung wartete ich auf sie am Bühneneingang. Die Situation war mir etwas unheimlich. Denn ich trug die Uniform eines polnischen Offiziers, und überdies war es an diesem Eingang beinahe dunkel. Wird sie mich überhaupt erkennen? Steht vielleicht ein steifes, etwas peinliches Gespräch zweier Menschen bevor, die sich fremd geworden sind? Ein kühles Wiedersehen mit dem ersten, dem vorläufig einzigen Menschen, den ich vor dem Krieg in Berlin gekannt hatte und der nun wieder in Berlin war, würde mich mehr enttäuschen, als eine herzliche Begrüßung mich erfreuen könnte. Ich wollte Angelika Hurwicz sehen, aber ich fürchtete mich. Die Feigheit siegte: Ich wartete nicht mehr, ich ging nach Hause. Und obwohl ich noch einige Monate in Berlin war, habe ich sie nicht mehr gesucht.

Aber Anfang der fünfziger Jahre wurde ihr Name auch in Warschau bekannt, immer häufiger fand ich ihn in den Zeitungen aus der DDR. Andere deutsche Zeitungen gab es damals in Warschau nicht. Sie war also inzwischen eine arrivierte, eine berühmte Schauspielerin geworden. Ihren außerordentlichen Erfolg verdankte sie vor allem der Rolle der stummen Kattrin in Brechts »Mutter Courage«.

Im Dezember 1952 gastierte Brechts Theater, das »Berliner Ensemble«, in Warschau mit drei Stücken, darunter war auch die »Mutter Courage« – mit Helene Weigel und Angelika Hurwicz in den Hauptrollen. Aus diesem Anlaß fand in der Botschaft der DDR ein Empfang statt. Geladen waren vor allem Kritiker: Man wollte ihnen die Gelegenheit geben, mit den Hauptdarstellern zu sprechen. Ich stand in einem nahezu leeren Raum, in dem mich vor allem der Bücherschrank interessierte. Lange konnte ich mich mit den überraschend sauberen Bänden nicht beschäftigen, denn ins Zimmer kam Angelika Hurwicz, geführt von einem der Warschauer DDR-Diplomaten. Er fragte artig: »Darf ich vorstellen?« Beide, sie und ich, sagten wir gleichzeitig: »Ist nicht nötig.« Wir haben dann miteinander geredet – ein wenig gleich in der Botschaft, erheblich mehr in den nächsten Tagen.

Wir gingen spazieren, wie einst in Berlin. Die Fremdheit, die ich befürchtete, war nicht zu spüren. Sie erzählte mir, wie es ihr ergangen war, wie sie es geschafft hatte, nicht vergast zu werden: Bei einer sudetendeutschen Wanderschmiere, einem kleinen Familienunternehmen alten Stils, war sie engagiert gewesen. Als Schauspielerin? Ja, das schon – und sie hatte unentwegt neue Rollen zu lernen. Doch zugleich mußte sie tun, was eben nötig war: soufflieren, Kulissen schieben, den Vorhang ziehen, an der Kasse sitzen und ähnliches. Das sei nicht leicht gewesen, aber niemand habe sich um ihre Personaldokumente gekümmert, niemand habe es interessiert, ob sie denn vielleicht eine Jüdin sei. Dann hatte ich zu berichten, was mit mir in diesen Jahren geschehen war. Plötzlich schaute Angelika Hurwicz mich ein wenig verwirrt an, als sei ihr etwas peinlich: »Entschuldige« – sagte sie –, »ich weiß ja gar nicht, was du machst. Was hast du denn für einen Beruf?« Ich antwortete knapp: »Nun ja, ich bin Kritiker geworden, ich schreibe über deutsche Literatur.«

Sie schwieg, und ich wußte nicht recht, wie ich dieses Schweigen verstehen sollte. Erst nach einer Weile begann sie langsam und nachdenklich zu reden: »Mitten im ›Dritten Reich‹ haben wir, zwei halbwüchsige Juden in einer verzweifelten, einer hoffnungslosen Situation, von einer Zukunft gesprochen, an die wir keinen Augenblick ernsthaft glauben konnten. Wie sollte denn damals eine Jüdin Schauspielerin und ein Jude Kritiker werden? Aber diesen Luxus haben wir uns doch geleistet – von einem Leben mit dem Theater und mit der Literatur zu träumen. Unsere Träume waren es wohl, die uns damals verbündet haben. Und es ist kaum zu fassen: Unsere Träume haben sich tatsächlich erfüllt. Während man die Unsrigen gemordet hat, wurden wir verschont: Wir wurden nicht erschlagen, nicht umgebracht, nicht ausgerottet, nicht vergast. Wir haben überlebt, ohne es verdient zu haben. Wir verdanken es nur dem Zufall. Wir sind die aus unbegreiflichen Gründen auserwählten Kinder des Grauens. Wir sind Gezeichnete, und wir werden es bleiben bis zu unseren letzten Tagen. Bist du dir dessen bewußt, weißt du das?« – »Ja«, sagte ich, »ich bin mir dessen bewußt.«

Mit unsichtbarem Gepäck

Je mehr sich die Abschlußprüfung näherte, desto größer wurde meine Angst. Nicht die Prüfung fürchtete ich, nicht eventuelle Schikanen der Lehrer und schon gar nicht der Mitschüler. Ich fürchtete auch nicht, mir, der ich als Jude leicht erkennbar bin, hätte auf der Straße oder in einem öffentlichen Verkehrsmittel etwas zustoßen können. Nein, ich hatte damals in Berlin – und das mag heute verwundern – keine Feindseligkeiten zu ertragen, jedenfalls habe ich keine bemerkt.

Wovor ich aber unentwegt Angst hatte, das waren weitere gegen die Juden gerichtete behördliche Anordnungen, solche zumal, die mein Leben hätten verdüstern, ja zur Hölle machen können. Täglich suchte ich in der Zeitung – wir abonnierten, da es das »Berliner Tageblatt« nicht mehr gab, die »Deutsche Allgemeine Zeitung« – vor allem Nachrichten über neue judenfeindliche Maßnahmen. Sie fanden sich immer wieder, aber vorerst nicht jene, die mich am meisten angingen: Mich verfolgte der Gedanke, man werde die Juden von den deutschen Schulen vertreiben oder sie zumindest vom Abitur ausschließen. Wie denn: kein Abitur? Das wäre für mich, davon war ich damals tatsächlich überzeugt, eine folgenschwere Katastrophe gewesen.

Schließlich wurden die wenigen 1938 noch im Fichte-Gymnasium verbliebenen jüdischen Schüler doch nicht entfernt, und wir wurden zur Prüfung zugelassen. Warum? Ich wußte es damals nicht, ich habe den Grund genau ein halbes Jahrhundert später erfahren: Er hatte mit einer persönlichen Entscheidung Hitlers zu tun. Ende 1936 wurde ihm vom Erziehungsminister Rust der Entwurf eines »Judenschulgesetzes« vorgelegt, das die Absonderung der jüdischen Schüler nach rassischen Kriterien vorsah. Dies aber hätte dazu geführt, daß die im Sinne der Nürnberger Gesetze jüdischen Kinder, die christlichen Glaubens waren, nur jüdische Schulen hätten besuchen dürfen – wogegen der Primas der katholischen Kirche im Reich, der Breslauer Kardinal Bertram, protestierte. Um die Beziehungen zur katholischen Kirche nicht zusätzlich zu belasten, zog es Hitler vor, das »Judenschulgesetz« zumindest zu verschieben.

Kaum weniger fürchtete ich, eines Tages werde man den Juden den Besuch der Theater und Opernhäuser verbieten. Damit wäre ich aus meinem wunderbaren Zufluchtsort verjagt worden, aus meinem elfenbeinernen Turm. In der Tat wurde den Juden seit dem 12. November 1938 der Zutritt – so in einer Bekanntmachung der Reichskulturkammer – zu »Theatern, Lichtspielunternehmen, Konzerten, Vorträgen, artistischen Unternehmen, Tanzvorführungen und Ausstellungen kultureller Art mit sofortiger Wirkung« untersagt. Da war ich allerdings nicht mehr in Berlin.

Was sollte aus mir werden? Diese Frage lastete auf meiner ganzen Jugendzeit, am stärksten naturgemäß im letzten Schuljahr und, noch schlimmer, nach dem Abitur. Für die anderen, die nichtjüdischen Schüler, war das Abitur die lange erwartete, die geradezu ersehnte Erlösung vom Schulzwang. Und für mich? Natürlich habe ich von allerlei Berufen geträumt. Dozent oder Professor für deutsche Literatur – das wäre, dachte ich mir, ein fabelhafter Beruf. Oder vielleicht eine Tätigkeit in der Dramaturgie? Das schien mir unerhört reizvoll, weil beide Bereiche, denen mein intensivstes Interesse galt – die Literatur und das

Theater –, vereint wären. Ein Ziel, aufs innigste zu wünschen, das war ein anderer Beruf, einer, der im »Dritten Reich« verpönt war: Kritiker. Es waren Träumereien, deren ich mich schämte und über die ich mit niemandem zu sprechen wagte. Ich fragte meine Familienangehörigen, was mit mir geschehen solle? Niemand wußte eine Antwort. Mein Vater, mittlerweile in Warschau, war nicht imstande, sich um mich zu kümmern, meine Mutter war ratlos.

Meine fünf Berliner Cousins und Cousinen, allesamt ungefähr in meinem Alter, hatten es gut: Sie wurden auf Colleges in England geschickt. Dort haben sie den Zweiten Weltkrieg überlebt. Auch mich hätte man ohne weiteres nach England schicken können, aber dazu war Geld nötig, ein bestimmter, nicht einmal so hoher monatlicher Betrag, dessen Zahlung freilich garantiert sein mußte. Doch davon konnte bei uns nicht die Rede sein.

Jeder Schüler, der die Reifeprüfung abzulegen wünschte, mußte ein Gesuch einreichen, in dem er anzugeben hatte, was er nach der Schule zu tun gedenke. Ich schrieb, daß ich Germanistik und Literatur studieren wolle. Auf meinem »Zeugnis der Reife« heißt es denn auch: »Reich will auf der Universität studieren.« In der Tat hielt es meine Mutter für nicht ganz ausgeschlossen, daß ich als polnischer Staatsangehöriger das Studium an der Berliner Universität werde wenigstens beginnen können. Es war eine naive, eine weltfremde Vorstellung, die wohl damit zusammenhing, daß mein Bruder 1935 noch in Berlin promovieren konnte. So reichte ich ein Immatrikulationsgesuch ein und bekam von der Friedrich-Wilhelm-Universität, wie nicht anders zu erwarten, einen abschlägigen Bescheid.

Um der Weltfremdheit die Krone aufzusetzen: Ich habe noch – von meiner Mutter gedrängt – um ein Gespräch mit dem Rektor der Berliner Universität nachgesucht. Es wurde mir, was mich heute noch wundert, sofort bewilligt, er hat mich empfangen und war überaus höflich. Offenbar wollte er nicht sagen, daß Juden zum Studium nicht mehr zugelassen seien. Er hat sich daher bloß auf den Mangel an freien Studienplätzen berufen.

Was mir damals verweigert wurde, habe ich nie nachgeholt – ich habe nie an einer Universität studiert. Einen Universitäts-Hörsaal habe ich erst Jahrzehnte später zu sehen bekommen: 1961 in Göttingen. Ich hatte dort eine Vorlesung zu halten. So kenne ich die Hörsäle nur aus der Perspektive des Katheders. Das Gebäude der Friedrich-Wilhelm-Universität – nach dem Zweiten Weltkrieg Humboldt-Universität genannt – habe ich seit jenem überflüssigen Besuch beim Rektor im Frühjahr 1938 nicht wieder betreten.

Schließlich gab es doch eine Tätigkeit für mich, allerdings eine, die mit allem, wofür ich mich interessierte, nichts gemein hatte: In einer Exportfirma in Charlottenburg, deren Teilhaber ein Jude war und die dennoch aus irgendwelchen Gründen immer noch existieren konnte, fand ich eine Stelle als Lehrling. Die Arbeit war anstrengend und langweilig, aber ich habe nicht darunter gelitten: Sogar eine solche Beschäftigung schien mir besser als gar keine.

Als ich meinen Chef fragte, was ich denn, sollte es mir gelingen, die Lehre zu Ende zu führen, können werde, antwortete er knapp: »Wenn es gutgeht, Geschäfte machen.« Genau dies habe ich nie gelernt. Aber der, wie sich bald herausstellte, sehr kurzen Lehrzeit verdankte ich zweierlei: Sie bewahrte mich vor depressiven Stimmungen, und ich habe damals schnell gelernt, wie ein gut organisiertes Büro funktioniert.

Mittlerweile war auch meine Mutter nach Warschau gezogen. Ich lebte in einem winzigen möblierten Zimmer in der Spichernstrasse in Charlottenburg, in der einst Brecht mit Helene Weigel gewohnt hatte. Die Situation der Juden hatte sich im Laufe der Jahre gründlich verändert, also verschlechtert. 1933 und 1934 hörten sie bisweilen von Nichtjuden, von Nachbarn und Bekannten, freundliche und begütigende Worte, meist des Inhalts, es werde sich doch bald alles wieder ändern: »Sie müssen durchhalten.« Den Juden gefielen diese beruhigenden Sprüche aus den frühen Jahren sehr wohl, nur waren sie 1938 nicht mehr zu vernehmen, kein Jude konnte sich noch trösten, es werde nichts so heiß gegessen wie gekocht.

Verhaftungen, Mißhandlungen und Folterungen ließen die Zahl der unverbesserlichen Optimisten rasch kleiner und die der Auswanderer immer größer werden. Im August 1938 wurde zum Entsetzen nicht nur der Juden die namentliche Kennzeichnung offiziell eingeführt: Jüdinnen wurde ein zusätzlicher Vorname aufgezwungen (»Sara«), den Juden der Name »Israel«. Überdies wurden die Pässe der Juden auf allen Seiten mit einem großen »J« gestempelt.

Zu den dramatischen und meist grausamen Vorgängen kamen solche hinzu, die unblutig waren, weil sie anderes bezweckten: Sie sollten nicht sosehr einschüchtern als vor allem demütigen. In den Parks und Grünanlagen gab es nunmehr gelbe Bänke mit der Aufschrift »Nur für Juden«. Es versteht sich, daß es nur wenige und ungünstig gelegene Bänke waren . In vielen Restaurants und Kaffeehäusern, in Hotels und Badeanstalten wurden Aufschriften »Juden sind hier unwillkommen« oder »Juden Eintritt verboten« angebracht. Es gab auch Lokale, in denen man es vorzog, auf solche Aufschriften am Eingang zu verzichten und statt dessen denjenigen Juden, die es wagten, diese Lokale dennoch zu betreten, leere Tassen hinzustellen, bisweilen mit einem Zettel: »Juden raus«. In manchen deutschen Städten waren die Verbotsschilder schon am Ortseingang zu sehen.

Eine große Rolle spielten in dieser Zeit die außenpolitischen Erfolge der Reichsregierung: Nach dem Anschluß

Österreichs im März 1938 schien das Regime auf lange Sicht stabilisiert. Gleichwohl stieg die Zahl der Juden, die ihre Emigration vorbereiteten, nur langsam an. Auch meine Schwester und ihr Mann Gerhard Böhm bemühten sich endlich, Deutschland zu verlassen. Sie wollten nach England. Es war ein vager Plan, für den selbst die geringsten Voraussetzungen fehlten. Und sie wollten, sollte ihnen die Emigration gelingen, mich nachkommen lassen. Aber die deutschen Behörden hatten mit mir anderes im Sinn.

Am 28. Oktober 1938 wurde ich frühmorgens, noch vor 7 Uhr, von einem Schutzmann, der ebenso aussah wie jene Polizisten, die auf den Straßen den Verkehr regelten, energisch geweckt. Nachdem er meinen Paß genauestens geprüft hatte, händigte er mir ein Dokument aus. Ich würde, las ich, aus dem Deutschen Reich ausgewiesen. Ich solle mich, ordnete der Schutzmann an, gleich anziehen und mit ihm kommen. Aber vorerst wollte ich den Ausweisungsbescheid noch einmal lesen. Das wurde genehmigt. Dann erlaubte ich mir, etwas ängstlich einzuwenden, in dem Bescheid sei doch gesagt, ich hätte das Reich innerhalb von vierzehn Tagen zu verlassen – und überdies könne ich auch Einspruch einlegen. Für solche Spitzfindigkeiten war der auffallend gleichgültige Schutzmann nicht zu haben. Er wiederholte streng: »Nein, sofort mitkommen!«

Daß ich alles, was ich in dem kleinen Zimmer besaß, zurücklassen mußte, versteht sich von selbst. Nur fünf Mark durfte ich mitnehmen und eine Aktentasche. Aber ich wußte nicht recht, was ich in ihr unterbringen sollte. Ich steckte in der Eile nur ein Reservetaschentuch ein und vor allem etwas zu lesen. Ich war gerade mit Balzacs Roman »Die Frau von dreißig Jahren« beschäftigt. Den nahm ich also mit. Sehr aufgeregt war ich offenbar nicht, denn ich dachte noch daran, meine Eintrittskarte für die nächste Premiere am Gendarmenmarkt – gegeben wurde Shaws

»Arzt am Scheideweg« mit Gründgens und Werner Krauss in den Hauptrollen – meiner Zimmerwirtin zu schenken. Nebenbei bemerkt: Es ist mir nicht viel entgangen, denn trotz der prominenten Besetzung war es, wie ich später hörte, eine nur mittelmäßige Aufführung.

Der Schutzmann ging mit mir, eher gemächlich, durch die noch dunklen Straßen. Viele Menschen eilten zur Arbeit, die Straßenbahn fuhr wie immer, die Läden wurden schon geöffnet, der Alltag begann, ein Berliner Tag wie jeder andere – nur nicht für mich. Warum? Jemand mußte mich verleumdet haben, denn ohne daß ich etwas Böses getan hätte, bin ich verhaftet worden. Ja, tatsächlich, ich wurde abgeführt. Aber es dauerte nicht lange, und wir, der Schutzmann und ich, waren am Ziel, im Polizeirevier meines Stadtteils.

Ich sah mich gleich inmitten von zehn oder vielleicht zwanzig Leidensgenossen: Es waren Juden und nur Männer, alle älter als ich, der Achtzehnjährige. Sie sprachen tadellos Deutsch und kein Wort Polnisch. Sie waren in Deutschland geboren oder als ganz kleine Kinder hergekommen und hier zur Schule gegangen. Doch hatten sie allesamt, das erfuhr ich bald, aus irgendwelchen Gründen einen polnischen Paß – ebenso wie ich.

Wir mußten eine oder zwei Stunden warten, dann wurden wir in »grünen Minnas« zu einem Sammelplatz – es war eine höhere Polizeidienststelle am Sophie-Charlotte-Platz – abtransportiert. Unter freiem Himmel standen dort schon Hunderte von Juden, die, wie sich rasch herausstellte, ebenfalls polnische Staatsangehörige waren. Jetzt begriff ich, daß meine Vermutung falsch gewesen war: Nein, niemand hatte mich verleumdet. Aber ich gehörte einer Gruppe an, die verurteilt war – zunächst nur zur Deportation. Es handelte sich um die erste von den Behörden organisierte Massendeportation von Juden. Ausgewiesen wurden aus

Berlin nur Männer, aus anderen deutschen Städten auch Frauen: Insgesamt waren es rund 18 000 Juden.

Erst am späten Nachmittag, als es schon dunkel war, brachte man uns zu einem Nebengleis des Schlesischen Bahnhofs. Dort wartete ein langer Zug. Alles war genau vorbereitet, alles lief ruhig ab, es wurde weder gebrüllt noch geschossen. Offensichtlich sollte die Aktion der Bevölkerung nicht auffallen. Wohin der Zug fuhr, sagte man uns nicht, doch bald war klar, daß die Fahrt in Richtung Osten ging, also zur polnischen Grenze. Wir froren, denn die Waggons waren nicht geheizt, aber jeder hatte einen Sitzplatz. Verglichen mit späteren Transporten waren es noch menschliche, ja nahezu luxuriöse Bedingungen.

Ich las den Balzac-Roman, der mir schlecht vorkam, der mich überhaupt nicht interessierte. Ob ich vielleicht, fragte ich mich, zu aufgeregt sei, um einen Roman zu lesen, oder ob er wirklich nicht viel tauge? Ich hatte, wie man sieht, noch keine sehr ernsten Sorgen. An der deutschen Grenze mußten wir aus den Waggons steigen und uns in Kolonnen aufstellen. Es war vollkommen dunkel, man hörte laute Kommandos, zahlreiche Schüsse, gellende Schreie. Dann kam ein Zug an. Es war ein kurzer polnischer Zug, in den uns die deutschen Polizisten brutal hineinjagten.

In den Waggons war es drängend voll. Sofort wurden die Türen kräftig zugeschlagen und plombiert, der Zug fuhr ab. Jetzt blieben wir, die Ausgewiesenen, unter uns, darunter auch Frauen aus verschiedenen Städten. Sie hatte man meist mitten in der Nacht verhaftet, ihnen wurde häufig nicht erlaubt, sich anzuziehen: Sie waren nur mit einem Nachthemd und einem Mantel bekleidet. Dicht vor mir stand ein dunkelhaariges Mädchen aus Hannover, wohl zwanzig Jahre alt. Mit Tränen in den Augen stellte sie mir Fragen, die ich nicht beantworten konnte. Es wurde immer enger. Plötzlich streichelte sie mich und drückte meine Hand an ihre Brust. Ich war überrascht, ich wollte etwas sagen. Jemand schob mich weg, sie rief mir zwei, drei Worte zu, vielleicht war es eine Adresse. Ich habe sie nicht verstanden.

Was würde in Polen aus mir werden? Je mehr wir uns dem (vorerst unbekannten) Ziel der Reise näherten, desto mehr irritierte mich die einfache Frage nach meiner Zukunft. Sie schien mir genauso düster, genauso undurchschaubar wie die Wälder, durch die wir jetzt langsam fuhren. Ruckartig hielt der Zug. Wir waren im polnischen Grenzort angelangt, durften aber nicht aussteigen. Erst nach einigen weiteren Stunden wurden die plombierten Waggontüren geöffnet.

Was sollte ich in dem Land machen, das mir vollkommen fremd war, dessen Sprache ich zwar verstand, doch nur mühselig und kümmerlich sprechen konnte? Was sollte ich in Polen anfangen, ich, der ich keinen Beruf hatte und auch keine Chance sah, dort einen zu erlernen? Mein Gepäck, das war jene Aktentasche mit dem Balzac-Roman und dem Reservetaschentuch.

Aber ich hatte noch etwas auf die Reise mitgenommen, was freilich unsichtbar war. Daran dachte ich nicht in jenem kalten Eisenbahnzug, der mich aus Deutschland deportierte. Ich konnte damals nicht ahnen, welche Rolle in meinem künftigen Leben diesem unsichtbaren, diesem, wie ich befürchtete, jetzt unnützen und überflüssigen Gepäck dereinst zufallen würde. Denn ich hatte aus dem Land, aus dem ich nun vertrieben wurde, die Sprache mitgenommen, die deutsche, und die Literatur, die deutsche.

ZWEITER TEIL

von 1938 bis 1944

Die Poesie und der Krieg

So war ich nach Polen gekommen – in mein Geburtsland, das nun mein Exil wurde. Alles war mir hier fremd, und ein wenig fremd ist mir Polen immer geblieben. Dabei hatte ich es zunächst gar nicht so schlecht, mit Sicherheit besser als die meisten der im Herbst 1938 aus Deutschland ausgewiesenen Juden. Mein Bruder und meine Eltern hatten in Warschau eine gemeinsame Wohnung, in der sich auch noch seine zahnärztliche Praxis befand. So klein diese Wohnung auch war – natürlich fand sich Platz, um für mich ein Feldbett aufzustellen. Überdies konnte ich mich polnisch verständigen.

Aber ich wußte nicht, was ich tun sollte. Niemand wußte es. Vom Studium konnte keine Rede sein, schon aus finanziellen Gründen. Und wer sollte mich beschäftigen? Ich war ein arbeitsloser, ein überflüssiger Mensch. Immerhin erwies sich das einzige, das ich konnte – Deutsch –, vorerst als nützlich. Ich gab ein wenig Deutschunterricht, vor allem Nachhilfeunterricht für Schüler, denen die Schule Schwierigkeiten bereitete. Damit verdiente ich nicht viel, doch genug, um mir ziemlich häufig Theater- und Konzertkarten, möglichst billige, versteht sich, beschaffen zu können.

Den ersten schönen Augenblick erlebte ich in Warschau in einem Konzertsaal. Es war ein Symphoniekonzert, dirigiert von einem jungen Mann, der aus Wien stammte und der noch heute bekannt ist, wenn auch eher als Musikwissenschaftler: Kurt Pahlen. Das Konzert begann mit Mozarts »Kleiner Nachtmusik« – sie war damals bei weitem nicht so abgegriffen wie heute –, und schon fühlte ich mich etwas besser, etwas weniger einsam. Als 1995 im Salzburger Großen Festspielhaus während einer Pause ein vornehmer Herr im Foyer auf mich zutrat, sich höflich vorstellte und sich sogleich bei mir für irgend etwas, was ich irgendwo geschrieben hatte, bedanken wollte, winkte ich rasch ab und sagte ihm, Kurt Pahlen: »Wenn hier jemand zu danken hat, dann bin ich es. Ihre Konzerte haben mir geholfen, ich habe Sie nie vergessen.« Zwei ältere Herrn im Smoking standen sich gerührt gegenüber.

Freudvoll und leidvoll zugleich – das war meine Situation damals in Warschau. Ich hatte, was Arbeitslose immer haben: viel Zeit. So konnte ich mich auf die Suche machen. Wonach? Auch in Polen suchte ich die deutsche Literatur. Meine Bibliothek mit vielen nicht sehr guten Klassikerausgaben, mit zahllosen verramschten Büchern und jenen, die mir der liebenswürdige Chemiker vor seiner Auswanderung »geliehen« hatte, war in Berlin geblieben.

Doch was ich jetzt haben wollte, fand ich überraschend schnell: Ich war begierig zu erfahren, was Thomas und Heinrich Mann, Arnold und Stefan Zweig, Döblin und Joseph Roth, Werfel, Feuchtwanger und Brecht, was sie alle nach 1933, in der Emigration also, geschrieben hatten. Das war nicht schwierig, denn es gab damals in Warschau viele private Leihbibliotheken, und manche waren mit deutschen Büchern gut versorgt. Ein Freund meines Bruders, ein verkrachter Jurist mit einer heimlichen Liebe zur Literatur, schlug mir ein Tauschgeschäft vor: Ich sollte zwei- oder dreimal in der Woche mit ihm deutsche Konversation machen, er würde mich dafür in die Geschichte der polnischen Literatur einführen. Ich war gleich einverstanden, und ich habe es nie bedauert.

Solide oder gar gründlich sind meine Kenntnisse der polnischen Literatur bis heute nicht. Aber die Hinweise und Kommentare des verkrachten Juristen entbehrten nicht einer gewissen Systematik, die Sprache, die melodiös und verführerisch, aber gar nicht leicht ist, beherrschte ich zusehends besser. Bald war ich auch in der Lage, eine Entdeckung zu machen, mit der ich überhaupt nicht gerechnet hatte und die, wenig später, in meinem Leben eine nicht unwichtige Rolle spielen sollte. In den ersten Monaten des Jahres 1939 entdeckte ich die polnische Poesie, zumal die moderne, die zeitgenössische.

Mich verblüffte ihr elegischer, ihr schwermütiger Ton, den ihr Witz und ihre Ironie nie schwächen oder gar in Frage stellen. Mich entzückte, was diese Dichtung ebenso charakterisiert wie adelt: die eindringliche Passion und die beschwingte Perfektion. Mich begeisterte die selbstverständliche, die ganz natürliche Einheit von Vitalität und Musikalität. Zu meiner Verwunderung stand mir manches in den Versen dieser Poeten doch etwas näher als in jenen Rilkes oder Georges, die ich, von einigen Gedichten Rilkes abgesehen, eher bewundert als geliebt habe. Vielleicht hatte das damit zu tun, daß die Polen, die meist Lyriker und Satiriker zugleich waren, mich bisweilen an Heine erinnerten und hier und da an Brecht. Ihre Verse lesend, dachte ich auch – das liegt so nahe, daß ich mich etwas geniere, es zu sagen – an die Mazurken und Polonaisen von Chopin, an seine Präludien und Balladen.

In der Tat: Neben dem Werk Chopins ist die Lyrik das Schönste, was die Polen zur europäischen Kunst beigetragen haben. Ich glaube dies nach wie vor. Allerdings hat sich Europa um die polnische Dichtung nie viel gekümmert. Das ist so bedauerlich wie verständlich, aber es ist das Unglück dieser Literatur: Denn der polnische Roman geht nur in wenigen Fällen über das Mittelmaß hinaus und das polnische Drama, wenn es nicht ein Versdrama ist, gleichfalls. Die polnische Poesie leistet aber den Versuchen, sie in eine andere Sprache zu übertragen, hartnäckigen Widerstand: Gewiß, wir haben auch ordentliche, beachtliche Übersetzungen ins Deutsche, wirklich gute Übersetzungen sind indes sehr selten.

Was mir an dieser Lyrik besonders reizvoll und anziehend schien, fand ich vor allem in den Gedichten der kurz nach dem Ersten Weltkrieg bekanntgewordenen Poeten, die man in ihrem Vaterland nach der von ihnen gegründeten Zeitschrift die »Skamandriten« nannte. Der größte unter ihnen war ein Dichter von unvergleichbarer Vielseitigkeit: Julian Tuwim, geboren 1894 als Sohn eines jüdischen Buchhalters in Lodz. In den zwanziger Jahren stieg er zu dem am meisten geschätzten und gerühmten und zugleich zu dem am häufigsten attackierten Lyriker und Satiriker Polens auf. Daß er nicht vergast wurde, verdankte er lediglich dem Umstand, daß es ihm gelungen war, rechtzeitig nach Frankreich zu fliehen und von dort in die Vereinigten Staaten.

Anfang der fünfziger Jahre habe ich mit ihm gelegentlich im Café des Polnischen Schriftstellerverbands in Warschau plaudern dürfen. Tuwim war ein stiller, überaus liebenswürdiger Mensch. Aber je bescheidener er sich gab – und es war eine etwas zu deutlich betonte, eine wohl kokette Bescheidenheit –, desto mehr hatte ich den Eindruck, daß der schlanke, anmutige Herr, 56 oder 57 Jahre alt, sich dezent in Szene setzte und also eine Rolle spielte.

Doch bin ich ziemlich sicher, daß ich mich dieses Eindrucks im Gespräch etwa mit Heine oder Rilke, mit Stefan George oder gar mit Else Lasker-Schüler ebenfalls nicht hätte erwehren können. Sollte es etwa zutreffen, daß die Lyriker mehr als die Dramatiker oder die Romanciers zum Komödiantentum im Alltag neigen? Das ist eine nicht ganz falsche und doch etwas riskante Vermutung. Denn Gerhart Hauptmann oder Thomas Mann gehören ja durchaus nicht zu den Lyrikern, aber bei ihnen war unübersehbar, was wir zwar belächeln, doch gerade diesen beiden rasch zu verzeihen bereit sind – ausgeprägte Eitelkeit und bares Komödiantentum.

In einem dieser Gespräche fragte ich Tuwim nach seinem Verhältnis zur deutschen Literatur. Er antwortete, anders als sonst, sehr wortkarg: Die Sprache der Deutschen sei ihm unverständlich und deren Literatur unbekannt. Das war offensichtlich unwahr. Ich dachte an ein Wort aus dem »Faust«: »Ich höre doppelt, was er spricht, / Und dennoch überzeugts mich nicht.« Denn schließlich sprachen gebildete Juden, die vor dem Ersten Weltkrieg in Lodz aufgewachsen waren, nahezu alle Deutsch. Auch hatte er – ich erlaubte mir, dies respektvoll zu bemerken – einiges aus dem Deutschen übertragen, so Gedichte von Hebbel und Gottfried Keller sowie Possen von Nestroy und, besonders schön, Lyrik von Heine. Aber das sei doch, antwortete er kühl, in einer ganz anderen Zeit gewesen – und wechselte rasch das Thema.

Eine Freundin, der ich nachher über dieses Gespräch berichtete, meinte: »Es erstaunt mich, daß du dich wunderst. Viele seiner Angehörigen wurden von Deutschen ermordet, auch seine Mutter. Das ist für ihn noch kein Grund, etwas Abfälliges über die deutsche Sprache oder die deutsche Literatur zu sagen. Aber er will damit nichts, gar nichts mehr zu tun haben. Er hat dir das nicht deutlicher gesagt, denn er ist ein taktvoller Mensch, und natürlich weiß er, womit du dich beschäftigst; er wollte dich nicht kränken. Vielleicht hat er sich im stillen über dich ein wenig gewundert. Das ist alles.«

Wenn ich mit Tuwim Kaffee trank, konnte ich auch nicht für einen Augenblick vergessen, daß der mir gegenüber sitzende vornehme Herr ein genialer Poet war, überdies einer, dem ich sehr viel verdankte. Ähnliches habe ich nur noch ein einziges Mal erlebt – im Gespräch mit Bertolt Brecht. Tuwim starb während eines Urlaubs in dem Kurort Zakopane in der Hohen Tatra, Ende Dezember 1953 – er wurde nicht einmal sechzig Jahre alt. Die Beerdigung fand in Warschau statt. Der Sarg, auf einem großen, offenen Wagen aufgestellt, wurde langsam durch die trübe Stadt gefahren. Ihm folgten viele weitere Autos mit den wenigen Angehörigen Tuwims und mit vielen, auffallend vielen Vertretern des Staates und der Behörden. Am Ende fuhr ein Autobus mit Mitgliedern des Polnischen Schriftstellerverbands, die an der Beisetzung teilnehmen wollten.

Einen regelrechten Trauerzug gab es nicht, die Überführung des Leichnams zum Friedhof war also kein Schauspiel. Dennoch und trotz des Frostes säumten viele Menschen die Straßen. Es waren vorwiegend Frauen. Alle hatten sie – und das schien mir das Ungewöhnliche – ihre Kinder mitgebracht. Denn zu Tuwims Werk gehören über dreißig Gedichte für Kinder. Ihr Erfolg war außergewöhnlich: Es gab und gibt in ganz Polen nur wenige Kinder, die nicht das eine oder andere dieser Gedichte auswendig können. Nun also erwiesen sie dem toten Poeten die letzte Ehre.

Auf dem Friedhof waren Hunderte, wenn nicht Tausende Menschen versammelt. Es sprach Polens Ministerpräsident. Von seiner Trauerrede habe ich, da ich ziemlich weit hinten stand, nicht viel verstehen können. Aber es fiel mir auf, daß die Schriftsteller, mit denen ich im Autobus gekommen war, Tränen in den Augen hatten. Sie gaben sich keine Mühe, dies zu verbergen – dabei ist es doch in diesem Gewerbe üblich, Rührung nicht zu zeigen, sondern zu bewirken.

Als ich mich 1939 zum ersten Mal mit polnischer Dichtung beschäftigte, hat sie mich, zusammen mit der deutschen Exilliteratur, gerettet, genauer: vor einer Depression bewahrt. Die zahnärztliche Praxis meines Bruders ging gut, er hatte sehr viel zu tun und konnte den größten Teil des Lebensunterhalts unserer Familie aufbringen. Mein Vater plante die Gründung einer neuen Firma, er führte allerlei Verhandlungen, und schließlich wurde diese Firma tatsächlich gegründet – in dem hierzu am wenigsten geeigneten Augenblick: im Juli oder August 1939. Die Sache brachte, wie nicht anders zu erwarten war, Spesen – und sonst nichts. Meine Mutter führte den Haushalt. Ich aber war ein Nichtstuer, wenn auch nicht unbedingt ein Faulenzer: Denn ich las unentwegt Romane und Gedichte – und hatte keinerlei Aussicht für die Zukunft. Natürlich litt ich darunter, wenn auch nicht lange. Die Weltgeschichte erlöste mich. Denn es war gekommen, was viele befürchteten und nicht wenige erhofften: der Krieg.

Die höchst gespannte Lage im August 1939 – das Stichwort hieß »Nervenkrieg« – schien uns entsetzlich, das sei, meinten beinahe alle, gar nicht mehr auszuhalten. Doch gab es auch ruhige, vernünftige Menschen, die uns warnten: Ihr werdet euch nach diesem Nervenkrieg noch zurücksehnen. Die Nachricht vom deutschen Überfall auf Polen haben wir dann, so unwahrscheinlich dies auch anmuten mag, mit Erleichterung, mit befreitem Aufatmen zur Kenntnis genommen. Und als am 3. September Frankreich und Großbritannien Deutschland den Krieg erklärten, konnte sich das Volk vor lauter Glück kaum beherrschen: Die Stimmung war – und nicht nur in Warschau – enthusiastisch. Ich schickte meiner Schwester, die zusammen mit ihrem Mann seit wenigen Wochen in London lebte, gleich eine Postkarte: Es werde gewiß nicht leicht, ja vielleicht schrecklich werden, aber wir seien guten Mutes, denn an der Niederlage Deutschlands hätten wir nicht den geringsten Zweifel. Die Postkarte ist nie angekommen.

Ob das nun für oder gegen mich spricht: Des Sieges der Alliierten war ich den ganzen Krieg über sicher, da gab es keinen Augenblick der Ungewißheit. Sogar an den unentwegt sonnigen, für uns aber düstersten Tagen unmittelbar nach der Eroberung von Paris kam meine Überzeugung für keinen Augenblick ins Wanken. War das nur Wunschdenken? Nein, wahrscheinlich nicht. Woher nahm ich also diese Sicherheit? Daran war wohl das preußische Gymnasium schuld, das mir immer wieder, auch im Deutschunterricht, beigebracht hatte, daß in der Geschichte der Menschheit letztlich stets die gerechte Sache triumphiere.

So sicher ich war, daß der Krieg mit der Niederlage Hitlers und der Seinen enden werde, so sehr befürchtete ich – und sagte es meinen Freunden damals immer wieder –, daß den Juden Grausames bevorstehe. Ich habe das, was dann tatsächlich geschehen ist, weder vorausgesagt noch vorausgeahnt, nur meinte ich, daß man einem Regime, das die »Kristallnacht« – sie fand wenige Tage nach meiner Deportation statt – organisiert hatte, auch das Schrecklichste zutrauen könne und müsse.

Die Freude über den Kriegsbeitritt der Alliierten wurde bald von Panik abgelöst. Noch unlängst hatte man in polnischen Zeitungen lesen können, das deutsche Heer sei unzureichend ausgerüstet, viele Offiziere und Soldaten seien Hitlergegner und somit potentielle Deserteure. Allen Ernstes wurde die Ansicht geäußert, der jämmerliche Zustand der meisten polnischen Chausseen und Wege würde den Vormarsch der deutschen Tanks und Panzerwagen erschweren, wenn nicht gar unmöglich machen – und somit Polen zum Vorteil ausschlagen. Doch kam alles anders, als die unverbesserlichen polnischen Optimisten lauthals prophezeit hatten: Die deutschen Armeen triumphierten, und gleich hörte man in Warschau von ungeheuerlichen Grausamkeiten der deutschen Soldaten: Sie würden in den besetzten polnischen Ortschaften den Männern, zumal den Juden, die Zungen abschneiden und bisweilen auch die Hoden. Wenige glaubten an diese Gerüchte. Gleichwohl verbreiteten sie Furcht und Schrecken.

Am 7. September teilte ein Oberst des polnischen Generalstabs über den Rundfunk mit, daß sich die deutschen Panzer Warschau näherten. Er appellierte an alle waffenfähigen Männer, die Stadt sofort zu verlassen und sich in östliche Richtung zu begeben. Dem entnahm man, daß eine Verteidigung der polnischen Hauptstadt überhaupt nicht geplant sei, daß vielmehr das Oberkommando der polnischen Armee es für richtiger halte, sich zurückzuziehen und eine Verteidigungsfront irgendwo östlich der Weichsel zu errichten. Die überwiegende Mehrheit der jungen Männer folgte sofort diesem Aufruf und verließ Warschau in größter Eile – meist ohne Gepäck und ohne zu wissen, wohin sie fahren oder gehen sollten. Ein heilloses Chaos brach über die Stadt herein. Die Regierung und das Oberkommando der Armee, erfuhr man bald, seien schon nach Rumänien geflohen und jener Oberst des Generalstabs habe eigenmächtig und verantwortungslos gehandelt. Die Stadt solle keineswegs den Deutschen kampflos in die Hände fallen, sondern um jeden Preis verteidigt werden.

Meinem Bruder und mir bot sich überraschend die Chance, Warschau mit einem Auto zu verlassen. Verwandte hatten zusammen mit mehreren Bekannten einen großen Lastwagen gemietet, mit dem sie wie alle anderen in östlicher Richtung fliehen wollten. Sie nahmen uns mit. Man konnte sich nicht vorstellen, daß die Deutschen ganz Polen besetzen würden, ein Teil des Landes würde vielleicht doch unter polnischer Verwaltung bleiben – und dort ließe sich eventuell überwintern. Nur überwintern? Das würde schon genügen, denn alle glaubten (ich ebenfalls), im Laufe des Jahres 1940, spätestens 1941 würden die Alliierten die Deutschen endgültig besiegen. Überdies meinten wir, durch die Flucht in den Osten könne man dem Bombardement Warschaus entgehen. Unsere Eltern allerdings blieben in der Stadt. Älteren Menschen, meinten wir, würden die Deutschen nichts antun.

Aber wohin wir in unserem Lastwagen auch kamen, die Unheil verkündenden schwarzen Vögel mit ihrer gefährlichen, ihrer alles zerstörenden Last, die deutschen Flugzeuge also – sie waren schneller als unser Auto, sie waren immer schon da gewesen, und wenn wir sie vorübergehend nicht sahen und nicht hörten, dann sahen wir doch ihr Werk: Leichen und Ruinen, vernichtete Dörfer und zerstörte Städte. Wir fuhren so rasch wie möglich durch die gerade heftig bombardierte, die brennende, die menschenleere Stadt Siedlce. Wir überquerten in der Nähe der Stadt Brest den Fluß Bug. Wir fuhren weiter, immer weiter, bis wir schließlich jenen trostlosen Landstrich erreichten, der »Pripjetsümpfe« heißt. Dort blieben wir in einem kleinen, jämmerlichen Dorf stecken.

Hier gab es keine Bomben, hier gab es nur Wiesen, Wälder und Weiden, Seen und Sümpfe und schäbige Bauernhütten. Immerhin konnte man in ihnen übernachten. Betten allerdings waren nicht vorhanden, die Bauern schliefen auf Bänken, die an den Wänden standen. Bänke, Schemel und Tische – das war das ganze Mobiliar. Keine Schränke, keine Kommoden? Nein, derartiges brauchten diese Dorfbewohner offenbar nicht. Sie besaßen nichts, was man in Schränken oder Kommoden hätte unterbringen können. Das Zivilisationsgefälle zwischen dem westlichen und dem östlichen Teil Polens war sehr groß – das wußte man natürlich. Daß es so enorm war, daß es in Polen Gegenden gab, in denen die Menschen nicht anders lebten als im Mittelalter, das habe ich erst im September 1939 erfahren.

Dort, in der unheimlichen Stille dieses Dorfes, waren wir von der Welt abgeschnitten. Kein Radio, keine Telefone, keine Zeitungen. Auf der Suche nach Lektüre fragte ich die Bauern, ob sie denn keine Bibel hätten, kein Gebetbuch. Nein, sagten sie verwundert, so etwas hätten sie nie gehabt, Bücher könne man vielleicht bei dem Herrn Pfarrer finden, der freilich in der Stadt wohne, etwa zwanzig Kilometer entfernt. Wozu sollten denn für sie Bücher gut sein? Sie waren wie ein nicht geringer Teil des polnischen Volkes Analphabeten.

Zu unserer Gruppe gehörte auch eine Achtzehnjährige, die vor drei Monaten das Abitur gemacht hatte. Wir gingen zusammen spazieren, auf schmalen, engen Pfaden zwischen feuchten Wiesen. Wir mußten aufpassen, daß wir nicht in einen Sumpf gerieten. Doch bald achteten wir nicht mehr auf die umliegenden Sümpfe, wir achteten aufeinander. Aber wir sind von unserem Pfad nicht abgekommen. Da sie wußte, daß ich aus Deutschland gekommen war, erzählte sie mir, in ihrer Schule habe man im Deutschunterricht eine besonders schöne Novelle behandelt, eine Liebesgeschichte, sehr zart und sehr traurig. Da sei ein Gedicht, das ihr besonders gefalle. Es beginne so:

Heute, nur heute,
Bin ich so schön;
Morgen, ach morgen
Muß Alles vergehn!

Das Vergänglichkeitsmotiv, ganz einfach, scheinbar kunstlos ausgedrückt, hatte diese Achtzehnjährige beeindruckt. Das verwunderte mich nicht, denn ich wußte aus eigener Erfahrung, daß für dieses Motiv besonders empfänglich jene Menschen sind, die es gerade entdeckt hatten.

Ein wenig prahlend, wenn auch nicht übertreibend, sagte ich beiläufig, ich hätte alle Gedichte und Novellen dieses Autors gelesen. Sie bat mich, ihr etwas über ihn zu erzählen. Er sei – erzählte ich ihr – ein stiller Jurist gewesen, ein kleiner Beamter und ein ganz großer Liebender, ein ungewöhnlicher freilich, der sich in sehr junge Mädchen verliebte. Einmal, als er schon verlobt war, wollte er sogar mit einer erst dreizehnjährigen Blondine anbändeln, die er später – inzwischen war seine erste Frau gestorben – geheiratet hat.

So sprachen wir in den öden und wüsten Pripjetsümpfen über Theodor Storm und über »Immensee«. Da fiel mir der Vers ein:

Kein Klang der aufgeregten Zeit
Drang noch in diese Einsamkeit.

Und wir sprachen über die Liebe. Deutsche und polnische Verse zitierend, gingen wir nebeneinander. Daß der Pfad enger wurde, sehr eng – es störte uns nicht. Wir kamen uns immer näher. Plötzlich blickte ich ihr in die Augen, und ich sah Tränen. Da habe ich getan, was am nächsten lag, was am einfachsten war. Ich habe sie geküßt, ihre feuchten Augen und dann wohl auch ihren Mund. Als ich in den blauen, den klaren Himmel aufblickte, da sah ich ungeheuer oben, nein, keine weiße Wolke, an die sich Brecht erinnert, als er an Marie A. dachte; dort sah ich drei oder vier Flugzeuge. Sie flogen so hoch, daß wir sie nicht fürchteten. Doch war er wieder da, der Klang der aufgeregten Zeit.

Aber sie schauten, dessen war ich sicher, anders aus als jene, die Adolf Hitler nach Polen geschickt hatte. Wir gingen schnell zurück, zu den Unsrigen. Auch sie waren verwirrt, auch sie meinten, es seien keine deutschen Flieger, vielleicht kämen sie aus der Sowjetunion. Was hatte Stalin im Sinn? Wollte er Polen verteidigen und beschützen?

Wozu sonst hätte er seine Flugzeuge hierhergeschickt? Etwa um den Deutschen, den Siegern, zu helfen? In unserer elenden Einsamkeit war nichts, gar nichts zu erfahren. Es wurde also beschlossen, daß drei von unserer Gruppe mit unserem Lastwagen ins nächste, angeblich größere Dorf fahren sollten, um sich zu erkundigen, was denn los sei. Einen hatte man ausgewählt, weil er als der politisch umsichtigste Kopf galt, einen zweiten, weil er gut Russisch sprechen konnte, und schließlich mich, falls eine Verständigung mit Deutschen erforderlich sein sollte.

In jenem nächsten Dorf wartete auf uns eine Überraschung: Ein mit der Schreibmaschine geschriebener Anschlag über die Ermordung von Hitler, Göring und Goebbels, über die Kapitulation Deutschlands und das Ende des Krieges. Wir haben es gern gelesen, aber glücklich waren wir nicht. Denn wir glaubten kein einziges Wort. Die Dorfbewohner, die wir befragten, zuckten mit den Achseln. Sie sagten uns, in einer etwas weiter weg gelegenen Ortschaft sei eine vor zwei Tagen einmarschierte russische Abteilung stationiert, dort würden wir vielleicht Auskunft erhalten.

Wir fuhren hin, fanden aber bloß einen Wachtposten vor einem Haus, das offenbar als Kaserne diente. Von diesem Soldaten wollten wir wissen, in welcher Eigenschaft die Russen hier seien, ob sie für oder gegen die Polen, für oder gegen die Deutschen Partei nähmen. Aber er war wortkarg und machte einen grimmigen Eindruck. Schließlich belehrte er uns, recht selbstzufrieden, wie uns schien: »Wir sind für das Proletariat und für die Freiheit.« Da waren wir so klug als wie zuvor.

Auf dem Rückweg trafen wir versprengte polnische Soldaten. Auch sie erzählten uns von der Kapitulation – doch nicht Deutschlands, sondern Warschaus. Die Stadt sei vollkommen zerstört. Und die Russen? Hitler und Stalin seien ein Herz und eine Seele und hätten Polen unter sich aufgeteilt. Wir fuhren rasch in unser Dorf zurück. Die Beratung mit meinem Bruder dauerte nur wenige Minuten: Wir waren uns gleich einig, daß es keinen Sinn habe, in Ostpolen zu bleiben oder weiter zu fliehen, daß wir in dieser neuen Situation keine andere Wahl hätten, als schleunigst nach Warschau zurückzukehren und zu sehen, ob unsere Eltern noch am Leben seien.

Am nächsten Morgen wurden wir mit dem Lastwagen unserer Gruppe zur nächsten Chaussee gebracht. Langsam kamen wir voran, in westlicher Richtung – mit Pferdewagen, mit Transporten der zerfallenden polnischen Armee und streckenweise zu Fuß. In Brest war eine Brücke über den Bug heil geblieben, im Fluß trieben aufgeschwemmte Kadaver von Pferden und Rindern. Auf der Landstraße war der Verkehr so dicht wie unlängst noch auf den Hauptstraßen Warschaus – der Verkehr in beiden Richtungen: Die einen wollten nach Hause, obwohl dort jetzt die Deutschen waren; die anderen in den allem Anschein nach schon sowjetisch besetzten Teil Polens. Je mehr wir in westlicher Richtung vorankamen, desto häufiger hörten wir, Warschau sei in einem so schrecklichen Zustand, daß man viele Straßen überhaupt nicht wiederfinden könne. Das letzte Stück des Weges, beinahe vierzig Kilometer, mußten wir zu Fuß gehen.

In der Tat machte die einstige polnische Hauptstadt den Eindruck eines einzigen Trümmerfelds: Die meisten Häuser waren zerstört, die anderen schienen, da keine Fenster heil geblieben waren, ebenfalls ruiniert und unbewohnt. Mein Bruder und ich – wir waren vollkommen erschöpft, wir hatten seit bald einer Woche nur sehr wenig geschlafen, aber wir wollten uns nicht ausruhen. So müde wir auch waren, wir gingen, je mehr wir uns dem Ziel näherten, immer schneller. Mit jeder Stunde, mit jeder Minute wuchsen unsere Aufregung und unsere Furcht. Jetzt standen wir vor dem Haus, in dem wir gewohnt hatten, ja, dieses Haus gab es noch, es war nur teilweise zerstört: Die Wohnung unter der unsrigen lag in Schutt und Asche.

Wir würden es nun erfahren: Ob sie, unsere Eltern, noch lebten oder nicht. Unsere Wohnung, das sahen wir jetzt, war bloß zur Hälfte erhalten. Zitternd klopften wir an die Tür, doch niemand öffnete uns, erregt klopften wir noch einmal, noch ungeduldiger und lauter. Plötzlich hörten wir zögernde Schritte, die Tür wurde langsam und offenbar ängstlich geöffnet. Vor uns standen zwei, wie uns schien, sehr alte Menschen, die uns in der Dunkelheit nicht erkannten und denen offenbar der Schreck die Sprache verschlagen hatte – meine Mutter und mein Vater.

Die Jagd ist ein Vergnügen

Kaum hatte sich Warschau ergeben, kaum war die Wehrmacht in die Stadt einmarschiert, da ging es gleich los, da begann schon das große Gaudium der Sieger, das unvergleichliche Vergnügen der Eroberer – die Jagd auf die Juden.

Nach dem blitzschnellen, dem großartigen Triumph bot sich den ausgelassenen und begreiflicherweise abenteuerlustigen deutschen Soldaten auf den Straßen einiger Viertel der polnischen Hauptstadt ein überraschender Anblick. Was ihnen noch nie untergekommen war, dem begegneten sie hier auf Schritt und Tritt: Sie sahen verwundert und verblüfft zahllose orientalische, jedenfalls orientalisch anmutende Individuen mit ungewöhnlich langen Schläfenlocken und mit dichten, struppigen Bärten. Exotisch war auch deren Kleidung: schwarze und schmucklose, beinahe immer bis zu den Knöcheln reichende Kaftane und ebenfalls schwarze, meist runde Mützen oder Hüte.

Aber man konnte sich mit diesen finsteren und doch sehr lebhaften Fremdlingen, anders als mit den Polen, ohne Mühe verständigen: Sie sprachen ein für deutsche Ohren sonderbar und eher häßlich klingendes Idiom. Doch im Unterschied zum Polnischen war diese Sprache, das Jiddisch, wenn sie nicht gar zu schnell gesprochen wurde, ganz gut zu verstehen. Warum die Sprache der Juden, so unschön sie auch sein mochte, für deutsche Ohren eben doch verständlich war, darüber machten sich die Soldaten keine Gedanken – es sei denn, es war unter ihnen ein Germanist, den die meist gutturalen Laute an die größten deutschen Dichter einer längst entschwundenen Epoche erinnerten, an die Verse des Walther von der Vogelweide und des Wolfram von Eschenbach. Denn auf ihrer Wanderung quer durch Europa hatten die Juden im Mittelalter die Sprache der deutschen Stämme, das Mittelhochdeutsch, mitgenommen und, wenn auch versetzt mit hebräischen, slawischen und anderen Elementen, erhalten und bewahrt.

Die jungen Soldaten sahen also zum ersten Mal in ihrem Leben orthodoxe Juden. Sympathien weckten diese unheimlichen Bewohner Warschaus bei ihnen nicht, vielmehr Abscheu und vielleicht Widerwillen. Aber die Soldaten mochten auch eine unbewußte Zufriedenheit empfinden, wenn nicht gar eine gewisse Genugtuung. Denn während sie zu Hause, in Stuttgart, Schweinfurt oder Stralsund, die Juden von den reinrassigen Deutschen, den Ariern, in der Regel nicht zu unterscheiden vermochten, konnten sie jetzt endlich jene sehen, die sie bisher nur als Karikaturen in deutschen Zeitungen kannten, zumal im »Stürmer«.

Hier waren sie, die arglistigen und abstoßenden Feinde des deutschen Volkes, die Untermenschen, vor denen der Führer beschwörend zu warnen pflegte und über die noch häufiger und noch viel anschaulicher der kleine Doktor sprach, der Reichsminister Goebbels. Jetzt begriffen die siegreichen Soldaten, was man ihnen seit Jahren erklärt und gepredigt hatte: Die vielen Juden auf den Straßen Warschaus – das waren die schrecklichen asiatischen Horden, die die Europäer bedrohten und die den Ariern, den Deutschen vor allem, nach dem Leben trachteten.

Daß diese Untermenschen, die freilich eher einen ängstlichen als widerborstigen Eindruck machten, Waffen trugen, war sehr unwahrscheinlich, doch mußte es auf jeden Fall geprüft werden: Täglich fanden nun Razzien statt, nie wußte man, welches Viertel gerade an der Reihe war. Die Waffen, die die gutgelaunten Soldaten angeblich suchten, konnte man bei den frommen Juden, wie sehr man sich auch bemühte, nicht finden. Aber sie besaßen anderes, was diesen deutschen Männern, die jetzt eifrig für Ordnung sorgten, durchaus willkommen war: Ringe und Brieftaschen und etwas Bargeld und gelegentlich auch goldene Taschenuhren.

Indes ging es nicht nur darum, die Juden zu berauben. Sie, die Feinde des Deutschen Reichs, sollten auch bestraft und erniedrigt werden. Das war nicht schwer zu machen: Die Soldaten hatten bald gemerkt, daß man orthodoxe Juden besonders schmerzhaft demütigen konnte, wenn man ihnen die Bärte abschnitt. Zu diesem Zweck hatten sich die unternehmungslustigen Okkupanten mit langen Scheren versorgt. Aber die feigen Juden flohen und verbargen sich in Höfen und Häusern. Das half ihnen nicht viel, sie wurden rasch ergriffen. Von wem? Von den deutschen Soldaten? Gewiß, auch von ihnen, doch häufiger noch von jenen, die ihnen, den neuen Herrn, sofort zu Diensten standen: von polnischen Rowdies und Nichtstuern aller Art, oft von Halbwüchsigen, die glücklich waren, daß sie eine fröhliche und auch abwechslungsreiche Betätigung gefunden hatten.

War es ihnen gelungen, einen fliehenden Juden zu fassen, dann schleppten sie ihn grölend zu den Deutschen, die gleich ans Werk gingen: Beherzt schnitten sie die langen Judenbärte ab, die sie bisweilen erst einmal mit einer brennenden Zeitung anzündeten. Das war besonders sehenswert. Kaum war der Bart auf den Damm gefallen, da johlten die vielen Schaulustigen, manche klatschten Beifall. Die beflissenen Hilfswilligen gingen nicht etwa leer aus: Mitunter fand sich für sie eine Banknote oder ein Ring.

Bald wurden auch die assimilierten, die europäisch gekleideten Juden ausgeraubt – und da es den Deutschen schwerfiel, sie von den Nichtjuden zu unterscheiden, konnten sich die polnischen Helfer wiederum nützlich machen: Die meisten kannten nur ein einziges deutsches Wort – »Jude« –, aber das reichte ja für ihre Aufgabe. Bestritt ein aufgegriffener Mann, Jude zu sein, dann lautete das Kommando: »Hosen runter!« – und es stellte sich bald heraus, ob er beschnitten war oder nicht. Übrigens wußten die Opfer solcher Razzien nicht, wann sie heimkehren würden – nach einigen Stunden, nach einigen Tagen oder nie.

Oft wurden die von der Straße mitgenommenen Juden – und auch Jüdinnen – in ein deutsches Dienstgebäude getrieben, das gereinigt werden mußte. Wenn Lappen zum Aufwischen des Fußbodens nicht zur Hand waren, dann wurde den Jüdinnen, zumal den besser aussehenden, befohlen, ihre Schlüpfer auszuziehen. Die ließen sich auch als Lappen verwenden. Für die Soldaten war das ein Heidenspaß – den übrigens ihre Kameraden bereits im März 1938 ausprobiert hatten: in der Ostmark, vor allem in Wien.

Den vielen Strassenrazzien folgten schon im Oktober 1939 Überfälle auf die Wohnungen von Juden. Sie fanden meist nach zwanzig Uhr statt, wenn die Häuser geschlossen waren. So hörten wir eines Abends, wie an das Tor unseres Hauses ungewöhnlich laut geklopft wurde. Da wußte man schon: Das sind die Deutschen. Der erschrockene Hausmeister öffnete sofort, doch bald fiel ihm ein Stein vom Herzen. Denn diese Soldaten begehrten nur deshalb Einlaß, weil sie einen jüdischen Zahnarzt brauchten. Damit war mein Bruder gemeint. Das Interesse für seine Person hatte allerdings keinen medizinischen Grund: Die jungen Männer benötigten Gold – und sie vermuteten es bei einem Zahnarzt.

Gleich pochten sie, wiederum sehr kräftig, an unsere Wohnungstür. Das war so üblich: Von der Klingel machten derartige Besucher keinen Gebrauch, weil das energische Klopfen mit einem Gewehr oder einer anderen Waffe jene, die man heimsuchen wollte, wirkungsvoller in Schrecken versetzte. Mein Bruder öffnete die Tür und sagte höflich, wenn auch etwas zu laut: »Was wünschen Sie?« Ich stand neben ihm. Im halbdunklen Treppenhaus sahen wir drei Soldaten in den Uniformen der Wehrmacht, alle nur wenig über zwanzig Jahre alt. Sie schrien »Hände hoch«, ihre Waffen waren auf uns gerichtet. Ob hier Untergrundkämpfer versteckt seien – wurden wir in rüdem Ton gefragt. Unsere verneinende Antwort schien sie nicht zu überraschen. Dann richteten sie ihre Pistolen mit grimmiger Miene auf unseren Kleiderschrank und forderten mich auf, ihn zu öffnen. Freilich waren auch hier Widerstandskämpfer nicht zu finden. Nun schauten die militärischen Ordnungshüter hinter die Gardinen, immer mit gezogener Waffe.

Dann gingen sie unvermittelt zur Sache über. Nicht mehr brüllend, sondern leise drohend wollten sie wissen, wo mein Bruder sein Gold aufbewahre und meine Mutter ihren Schmuck. Einer von ihnen bedrohte meine Mutter, mein Bruder wagte es, vorsichtig zu protestieren, und bekam zu hören: »Maul halten.« Gleichsam als Entschuldigung sagte er, jeder Sohn habe doch nur eine Mutter. Der Soldat ließ sich vernehmen: »Und jede Mutter hat nur einen Sohn.« Die Situation war komisch und gefährlich zugleich. Niemand von uns wagte es, auch nur zu lächeln, geschweige denn, den Soldaten darauf aufmerksam zu machen, daß dies nicht ganz stimme. Er hätte ja, von den frechen Juden gereizt, von seiner Waffe Gebrauch machen können: Was immer er uns angetan hätte, er war ja niemandem Rechenschaft schuldig.

Kaum eine Minute später war alles vorbei. Die drei Soldaten hatten nicht ohne Eile unsere Wohnung verlassen – mit der ersehnten Beute, versteht sich. Ich konnte mich des

Eindrucks nicht erwehren, daß es Anfänger waren, die uns überfallen hatten: Ob sie eine solche Szene schon im Kino gesehen hatten und sie bei uns einfach nachspielten? Jedenfalls war das Gold weg und der Schreck ließ nach – aber nicht nachlassen wollte der Glaube meiner Mutter an die deutsche Ordnung und die deutsche Gerechtigkeit.

In dieser Hinsicht ähnelte sie manchen Juden in Polen, älteren vor allem und assimilierten: Sie glaubten tatsächlich, die deutsche Besatzung würde auch diesmal nicht viel anders sein als jene im Ersten Weltkrieg. Letztlich würden die Okkupanten die Juden in Ruhe lassen, vielleicht sogar mehr oder weniger korrekt behandeln. Und die Razzien und Überfälle gleich in den ersten Tagen und Wochen nach der Eroberung Warschaus? Das seien brutale Willkürakte, die ohne Wissen der Vorgesetzten erfolgten und die sich sehr bald nicht mehr wiederholen würden.

Am nächsten Morgen machte sich meine Mutter auf den Weg, ich begleitete sie. Es dauerte nicht lange, und wir fanden die deutsche Kommandantur. Hier wollte sie sich beschweren und die Rückgabe des ihrem Sohn entwendeten Goldes und ihres Eheringes erbitten. Sie war wirklich überzeugt, daß ihr das gelänge. Aber wir konnten nicht einmal das Gebäude der Kommandantur betreten: Ein leutseliger Wachtposten empfahl uns, schleunigst das Weite zu suchen.

Diese Soldaten, die immer wieder Wohnungen von Juden überfielen, wollten sich bereichern. Doch sollte man ein ganz anderes Motiv nicht unterschätzen: Sie taten etwas, was ihnen augenscheinlich Freude bereitete. Zu dieser Vergnügungssucht kam oft jene Neigung zum Sadismus hinzu, die sie in der Heimat immer verbergen mußten und die sie im feindlichen Polen, davon waren unzählige Deutsche in Uniform überzeugt, nicht zu unterdrücken brauchten: Hier hatten sie auf nichts und niemanden Rücksicht zu nehmen, hier unterlagen sie keiner Aufsicht und keiner Kontrolle. Anders als am Rhein oder Main konnten sie endlich tun, wovon sie immer schon geträumt hatten: die Sau rauslassen.

Ende November 1939 erschienen in unserer Wohnung wieder einmal deutsche Soldaten, jetzt aber zwischen zehn und elf Uhr vormittags. Sie wollten – anders als ihre schneidigen Vorgänger – weder Geld noch Gold, vielmehr benötigten sie Arbeitskräfte, also vor allem junge Männer. Sie nahmen uns gleich mit: meinen Bruder, der die zahnärztliche Behandlung eines vor Schreck erstarrten Patienten unterbrechen mußte, und mich. Auf der Straße stand schon eine Kolonne von dreißig oder vierzig Juden. Da wir etwas besser angezogen waren als die anderen, wurden wir mit spöttischen Zurufen an die Spitze dieses Zuges kommandiert.

Wir mußten nun losmarschieren ohne zu wissen, wohin und wozu. Unsere Bewacher und Antreiber, meist meine Generationsgenossen, also zwanzig, höchstens fünfundzwanzig Jahre alt, machten sich einen Spaß daraus, uns zu schikanieren und bald auch zu quälen. Sie befahlen uns zu tun, was ihnen gerade einfiel: schnell zu rennen, plötzlich stehenzubleiben und dann wieder ein Stück zurückzurennen. Wenn auf unserem Weg eine große Pfütze war (es gab sie im zerstörten Warschau überall) und wir sie zu umgehen versuchten, wurden wir sofort gezwungen, durch diese Pfütze mehrfach hin- und zurückzulaufen. Unsere Kleidung sah bald erbärmlich aus – und eben darauf kam es diesen Soldaten an. Dann sollten wir singen. Wir sangen ein populäres polnisches Marschlied, aber unsere Bewacher verlangten ein jiddisches Lied.

Schließlich befahlen sie uns – und dieser Einfall schien ihnen sehr zu gefallen –, im Chor zu brüllen: »Wir sind jüdische Schweine. Wir sind dreckige Juden. Wir sind Untermenschen« – und dergleichen mehr. Ein etwas älterer Jude stellte sich taub. Jedenfalls hat er nicht mitgebrüllt – vielleicht weil er zu schwach war oder weil er den Mut hatte, gegen diese Demütigung zu protestieren. Der Soldat schrie »Lauf!«, der Alte lief einige Schritte, der Soldat schoß in seine Richtung, der Jude fiel hin und blieb auf dem Straßendamm liegen. Verletzt? Getötet? Oder nur vor Schreck hingefallen? Ich weiß es nicht, niemand von uns durfte sich um ihn kümmern.

Und ich? Hatte mich dieser deutsche Barbar in der Uniform der Wehrmacht beleidigt oder erniedrigt oder gedemütigt? Ich glaubte damals, er könne mich gar nicht beleidigen, er könne mich nur verprügeln oder verletzen oder auch töten. Ich meinte, es sei richtiger, diesen grausamen Zirkus schweigend, brüllend und singend mitzumachen, als den Tod zu riskieren. Ungewöhnlich war das alles nicht. Es spielte sich beinahe täglich ab, in beinahe jeder polnischen Stadt. Ungewöhnlich vielmehr war, was ich an jenem Vormittag, unmittelbar nach diesem Marsch zur Arbeit, noch erlebt habe.

Nach zwanzig oder dreißig Minuten waren wir am Ziel angelangt, einem kurz vor dem Krieg erbauten, großzügigen Studentenheim am Narutowicz-Platz. Das riesige Gebäude wurde jetzt als deutsche Kaserne benutzt. Unsere Aufgabe war es, das ganze Untergeschoß, in dem sich zu unserem Leidwesen auch ein Schwimmbad befand, gründlich zu reinigen. Unsere Bewacher teilten uns mit, sie würden uns allesamt, sollten wir nicht gut und schnell genug arbeiten, mit einem kräftigen Tritt in das Schwimmbad befördern. Ich hielt das für durchaus möglich.

Aus irgendeinem Grund wollte einer dieser lustigen, dieser brutalen Soldaten etwas von mir wissen. Er war, das hörte ich sofort, aus Berlin. Ein Gespräch mit ihm hätte vielleicht nützlich sein können. So wagte ich ein vorlautes

Wort: Ich sei ebenfalls aus Berlin. Schüchtern fragte ich ihn, wo er denn wohne. »Gesundbrunnen« – antwortete er unwillig. Dort hätte ich, erlaubte ich mir zu bemerken, schöne Fußballspiele gesehen. In der Tat habe ich mich in meiner frühen Schulzeit für Fußball interessiert, nur vorübergehend, aber noch wußte ich über die wichtigeren Berliner Mannschaften gut Bescheid. Sein Verein, rühmte sich der Soldat, sei Hertha BSC. Rasch nannte ich die Namen der damals berühmten Spieler – und das hat mich gerettet.

Er war erfreut, in Warschau, in dieser ihm fremden Welt, jemanden gefunden zu haben, mit dem er sich über Hertha BSC und die Konkurrenzmannschaften unterhalten konnte. Derselbe junge Mann, der uns vor kaum einer halben Stunde sadistisch geschunden und uns gezwungen hatte zu brüllen, wir seien dreckige Judenschweine, er, der uns noch vor wenigen Minuten mit der Pistole in der Hand gedroht hatte, er würde uns gleich ins eiskalte Wasser des Schwimmbads jagen – dieser Kerl benahm sich jetzt ganz normal, ja nahezu freundlich. Ich brauchte überhaupt nicht mehr zu arbeiten, auch mein Bruder wurde besser behandelt, er profitierte von meinen verblüffenden Informationen. Nachdem dieser Fußball-Enthusiast aus Berlins Norden beinahe eine Stunde mit mir geplaudert hatte, durften wir, mein Bruder und ich, nach Hause gehen.

So war es: Jeder Deutsche, der eine Uniform trug und eine Waffe hatte, konnte in Warschau mit einem Juden tun, was er wollte. Er konnte ihn zwingen, zu singen oder zu tanzen oder in die Hosen zu machen oder vor ihm auf die Knie zu fallen und um sein Leben zu flehen. Er konnte ihn plötzlich erschießen oder auf langsamere, qualvollere Weise umbringen. Er konnte einer Jüdin befehlen, sich auszuziehen, mit ihrer Unterwäsche das Straßenpflaster zu säubern und dann vor aller Augen zu urinieren. Den Deutschen, die sich diese Späße leisteten, verdarb niemand das

Vergnügen, niemand hinderte sie, die Juden zu mißhandeln und zu morden, niemand zog sie zur Verantwortung. Es zeigte sich, wozu Menschen fähig sind, wenn ihnen unbegrenzte Macht über andere Menschen eingeräumt wird.

Deutsche Besucher gab es in unserer kleinen Wohnung jetzt immer häufiger. Ende Januar 1940 wünschten zwei oder drei Soldaten meinen Bruder zu sehen, wahrscheinlich wollten sie ihn verhaften. Zufällig war er nicht zu Hause. Also warteten sie auf ihn. Es handelte sich aber nicht etwa um einen der alltäglichen Übergriffe und Eigenmächtigkeiten, denn das ganze Haus war umstellt, niemand durfte es verlassen oder betreten. Nur um ein kleines, neun- oder zehnjähriges Mädchen, die Tochter unseres Hausmeisters, die auf dem Hof Ball spielte, kümmerten sich die Wachtposten überhaupt nicht. Diesem kleinen Mädchen hatte aber seine Mutter gesagt, es solle, weiterhin Ball spielend, unauffällig auf die Straße gehen, dem Herrn Doktor entgegenlaufen und ihn warnen. So geschah es. Mein Bruder kehrte sofort um und verbarg sich in der Wohnung von Freunden. Inzwischen warteten die Soldaten ruhig und geduldig – ziemlich lange, wohl zwei oder drei Stunden. Dann wurden sie abgezogen; die treuherzige Frage meiner Mutter, ob sie heute noch wiederkommen würden, verneinten sie entschieden. Tatsächlich kamen sie nicht wieder.

Wenige Tage später erfuhren wir den Hintergrund. Einem jungen Polen jüdischer Herkunft, der an mehreren erfolgreichen Aktionen einer patriotischen Widerstandsorganisation teilgenommen hatte, war es auf abenteuerliche Weise gelungen, aus dem Warschauer Gestapo-Gefängnis zu fliehen. Daraufhin wurden über hundert Personen – sowohl Juden als auch Nichtjuden – als Geiseln genommen, und zwar ausschließlich Akademiker: Rechtsanwälte und Ingenieure, Ärzte und Zahnärzte. Auf dieser Liste stand der Name auch meines Bruders.

War der Gesuchte in seiner Wohnung nicht anzutreffen, dann hat man in der Regel als Ersatzperson einen beliebigen sich dort aufhaltenden Mann mitgenommen: ein Familienmitglied oder einen Besucher oder einen Handwerker, der hier gerade etwas reparierte. Alle im Rahmen dieser Aktion verhafteten Personen wurden hingerichtet. Mein Bruder indes blieb verschont: Ein kleines, Ball spielendes Mädchen hatte ihm das Leben gerettet.

Warum wurde ich nicht, wie das in den meisten anderen Fällen geschehen war, an Stelle meines Bruders verhaftet und ermordet? Eine vernünftige Frage – so will es scheinen. Dennoch ist sie absurd, und sie war auch nur am Anfang der Okkupationszeit denkbar, als wir die Besatzungsmacht und ihre Methoden noch nicht hinreichend kannten, als wir noch nicht wußten, daß die Deutschen, die unser Geschick in ihren Händen hatten, nahezu alle unberechenbare Wesen waren, fähig zu jeder Gemeinheit, jedem Frevel, jeder Untat. Noch hatten wir nicht begriffen, daß dort, wo sich zur Barbarei und zur Grausamkeit Zufall und Willkür gesellen, die Frage nach Sinn und Logik weltfremd und müßig ist.

Der Tote und seine Tochter

Es war am 21. Januar 1940, kurz nach dreizehn Uhr. Meine Mutter rief mich in die Küche. Sie blickte aus dem Fenster und war offensichtlich beunruhigt, doch, wie immer, ganz beherrscht. Auf dem Hof sah ich mehrere Nachbarn, etwa acht oder zehn an der Zahl. Sie gestikulierten lebhaft. Etwas mußte geschehen sein, etwas Aufregendes.

Noch standen wir erschrocken und unschlüssig am Fenster, da läutete schon jemand an unserer Wohnungstür: Der Doktor solle sofort kommen, denn der Herr Langnas habe sich aufgehängt; vielleicht könne man noch etwas machen. Aber mein Bruder war gar nicht zu Hause. Bevor ich auch nur einen Augenblick überlegen konnte, was ich tun sollte, sagte meine Mutter: »Geh sofort dahin, der Langnas hat doch eine Tochter, ihrer muß man sich jetzt annehmen.« Schon auf der Treppe, hörte ich die Stimme meiner Mutter: »Kümmere dich um das Mädchen!« Ich habe diesen Satz, diese Ermahnung – »Kümmere dich um das Mädchen!« – nie vergessen, ich höre sie immer noch.

Die Tür zur Wohnung, in der die aus Lodz nach Warschau geflüchtete Familie Langnas kürzlich Unterkunft gefunden hatte, war halb offen. In der Diele bemühten sich zwei oder drei Personen um die laut und, wie mir schien, feierlich, ja salbungsvoll klagende Frau Langnas. An der Wand lehnte, völlig aufgelöst, die Neunzehnjährige, um derentwillen ich gekommen war. Wir kannten uns schon, doch nur ganz flüchtig: Die Menschen, die zusammen in

189

einem Haus wohnten, lernten sich damals rasch kennen. Um zwanzig Uhr war die von den deutschen Behörden verhängte Polizeistunde, danach durfte man das Haus nicht mehr verlassen.

Man wollte unbedingt wissen, was sich auf der Welt abspielte: Davon hing ja, das war schon bald allen klar, unser Leben ab. Nur konnte man der einzigen zugelassenen Tageszeitung in polnischer Sprache, einem erbärmlichen und allgemein verachteten Presseorgan, abgesehen von den Meldungen des Oberkommandos der Wehrmacht so gut wie nichts entnehmen – und der in deutscher Sprache erscheinenden »Warschauer Zeitung« kaum mehr. Alle Rundfunkapparate hatten wir schon im Oktober 1939 abliefern müssen. Also war man auf die von Mund zu Mund gehenden Nachrichten angewiesen, die nicht immer zutrafen, und auf die sich unentwegt verbreitenden Gerüchte, die nicht immer falsch waren.

Das ständige Bedürfnis nach Neuigkeiten, wenn schon nicht erfreulichen, so doch wenigstens beruhigenden, ähnelte bald einer Sucht. Eben damit hatten die gegenseitigen abendlichen Besuche innerhalb eines Hauses zu tun: Man traf sich bei einem der Nachbarn, um das Allerneueste zu erfahren. »Was gibt es Neues?« – lautete die stereotype Frage. Ich habe sie mir bis heute nicht abgewöhnt. So war ich auch, meinen Vater begleitend, wenige Tage zuvor eine Stunde oder zwei im Zimmer der Familie Langnas gewesen. Dort hatten sich an diesem Abend einige Personen versammelt – um sich gegenseitig zu bestätigen, daß die Deutschen ernste Sorgen hätten, daß sie mit den Juden im Generalgouvernement vielleicht doch nicht so grausam umsprängen, daß der Triumph der Alliierten sicher sei und daß das Ganze nicht mehr lange dauern könne.

Damals also habe ich jene Neunzehnjährige zum ersten Mal gesehen. Da ich mich aber an der allgemeinen Unterhaltung beteiligen wollte, konnte ich ihr nur wenig Aufmerksamkeit zuwenden. Doch das genügte, um mich von zweierlei zu überzeugen: Sie konnte Deutsch, und die Literatur war ihr offenbar nicht gleichgültig. Das weckte mein Interesse, das sich vorerst noch in Grenzen hielt, das machte sie mir, neben anderen Umständen, sympathisch. Wie denn – nur sympathisch? Ja, in der Tat. Das hatte einen einfachen Grund: Ich war gerade von einer anderen Geschichte stark in Anspruch genommen. Einer erotischen, einer sexuellen? Gewiß. Aber ich erinnere mich an diese Geschichte mit gemischten Gefühlen. Sie ist banal und ein wenig peinlich, und überdies läßt sich schwer darüber reden – vielleicht deshalb, weil sie immer wieder passiert ist und schon unzählige Male erzählt wurde, besonders schön von Österreichern: von Schnitzler etwa, Hofmannsthal und Stefan Zweig bis zu Joseph Roth. Aber vergessen kann ich dieses Erlebnis auch nicht.

Reife Dame verführt einen ehemaligen Schulfreund ihres Sohnes, einen Neunzehnjährigen, der sich aber bald von ihr abwendet – natürlich um einer Jüngeren willen. So ließe es sich zusammenfassen. Die Dame stammte aus Sankt Petersburg, war Anfang der zwanziger Jahre nach Berlin geflüchtet und im Sommer 1939 nach Warschau geraten. Sie war, nun knapp über vierzig, eine originelle und effektvolle Person, die man für eine Bühnenfigur mitten im trüben Alltag halten konnte. Ihre Garderobe, ihre temperamentvolle Gestikulation, ihr stets etwas pathetischer Tonfall – alles war theatralisch. Sie spielte unentwegt eine Rolle – und sie spielte sie, obwohl sie bisweilen outrierte, gar nicht schlecht. Sie hatte das dringende, das kaum verborgene Bedürfnis, möglichst allen Menschen ihrer Umgebung zu imponieren. Jetzt wollte sie vor allem mich beeindrucken. Und obwohl ich manches durchschaute, gelang ihr dies auf Anhieb.

Theatralisch klang auch ihr Name: Tatjana. Genauer: Sie hat sich dieses schönen, in Deutschland durch die russische Literatur des neunzehnten Jahrhunderts populär gewordenen Namens ohne Reue bemächtigt. Ihr besonders hellblondes Haar war vermutlich kräftig gebleicht, ihre hellblauen Augen fielen durch ihre Größe auf. Ich habe nie schönere gesehen – oder sind sie nur in meiner Erinnerung so schön und groß geworden? Gern sprach sie von dem Luxus, in dem sie einst in Petersburg aufgewachsen war, und von den bedeutenden Männern, die sich in Berlin um ihre Gunst bemüht hatten. Beides war wohl stark übertrieben.

Ihr Bruder sei in der Sowjetunion, erzählte sie mir hinter vorgehaltener Hand, eine Person höchsten Ranges, er sei Mitglied des Zentralkomitees oder Minister oder beides zugleich, doch riskiere sie ihr Leben, wollte sie mir seinen jetzigen Namen verraten. Ich war ziemlich sicher, daß sie diesen geheimnisvollen Bruder erfunden hatte. Was sie aber nicht erfunden hatte, das war ihr außerordentliches Charisma. Authentisch überdies war ihre bewundernswerte Gabe, die Menschen ihrer Umgebung, keineswegs nur mich, zumindest zeitweise zu faszinieren.

Diese Tatjana besuchte ich nun beinahe täglich, stets von fünf bis sieben Uhr nachmittags. Für meine regelmäßigen Besuche hatte sie sich einen Vorwand ausgedacht: Sie beherrschte vier Sprachen, die fünfte aber, Englisch, nur dürftig. Ich sollte mit ihr englische Prosa lesen. Ich schlug Joseph Conrad vor und Galsworthy. Ihr war alles recht. Denn darauf kam es ihr überhaupt nicht an: In Sachen Literatur überließ sie die Entscheidung mir. Aber eben nur in Sachen Literatur. Sonst behielt sie, forsch und energisch, die Initiative. Ich hatte nichts dagegen.

Jeder Nachmittag nahm ungefähr den gleichen Verlauf: Es gab zunächst Kaffee und vorzügliche Kuchen und auch noch andere Leckerbissen, die damals in Warschau sehr teuer, doch erhältlich waren. Dann lasen wir englische Prosa, doch so richtig konzentrieren konnten wir uns auf die Lesung nicht; sie dauerte denn auch in der Regel nicht lange. »An jenem Tage lasen wir nicht weiter«, berichtet Francesca da Rimini in der »Göttlichen Komödie«. Für uns, dieses ungleiche Paar, galt: »An *jedem* Tage lasen wir nicht weiter.«

Der Geschichte dieser Verführung verdankte ich viele, sehr viele Erfahrungen. Eines Tages erzählte sie mir, sie habe seit langer Zeit nur lesbische Verhältnisse gehabt, gelegentliche Versuche mit Männern hätten nichts daran geändert. Ich sei der erste, der ihr die Rückkehr zum männlichen Geschlecht ermöglicht habe. Das sollte mir schmeicheln. Aber es verfehlte seine Wirkung, weil ich sofort den Verdacht hatte, es sei frei erfunden. Daß Frauen nicht selten mit solchen Bekenntnissen ihren Partnern Genugtuung bereiten wollen, habe ich damals noch nicht gewußt.

Nach zwei, drei Monaten begann mir Tatjanas melodramatische Selbstinszenierung, deren Zeuge ich täglich sein mußte, ein wenig auf die Nerven zu gehen, ich wurde des zunächst so aufregenden Minnediensts allmählich überdrüssig. Was ich damals zu empfinden begann, begriff ich erst später: Ich sehnte mich insgeheim nach einer ganz anderen Beziehung, nach einer jungen Frau, vielleicht nach einer Gleichaltrigen. Es mag sein, daß ich mir dessen an jenem 21. Januar bewußt wurde, als mir pötzlich die Aufgabe zufiel, mich um ein weinendes Mädchen zu kümmern.

Nach diesem Tag wurden meine Besuche bei der Frau, die mir die ersten Monate der Besatzungszeit erleichtert und verschönert hatte, seltener und hörten bald ganz auf. Wenige Wochen später traf ich sie zufällig auf der Straße. Sie sagte sofort: »Du hast mich allein gelassen, wegen einer Jüngeren.« Ich wollte schon antworten: »So ist das Leben.« Im letzten Augenblick habe ich mich beherrscht und ihr den Gemeinplatz erspart. Sie hat mein Schweigen richtig verstanden. Ich erschrak. Denn in ihren großen blauen Augen sah ich Tränen.

»Wer am meisten liebt, ist der Unterlegene und muß leiden« – diese schlichte und harte Lehre aus dem »Tonio Kröger« hatte sich mir, als ich die Liebe nur aus der Literatur kannte, fest eingeprägt. Aber erst jetzt begann ich sie zu begreifen. Ich wußte nicht, was ich sagen sollte. Ich schaute mich um, ob nicht irgendeine Gefahr sich näherte, eine Razzia etwa. Dann hätte ich sofort fliehen können. Aber alles blieb ruhig, nur ich war unruhig und zerstreut. Mir fiel nichts anderes ein als zu murmeln, ich hätte es leider eilig. Sie lächelte traurig und verständnisvoll, wenn nicht gar mit einer Spur von Neid. Rasch ging ich weg, bemühte mich aber, nicht zu schnell zu gehen: Sie sollte nicht merken, daß ich wegrennen, daß ich fliehen wollte.

Erst im Februar 1946 traf ich sie wieder: in Berlin, in einem Café am Kurfürstendamm. Sie war niedergeschlagen. Das habe schon Gründe, über die sie nicht sprechen wolle und dürfe. Sie tat wieder einmal geheimnisvoll. Ich stellte keine Fragen, und das mag sie enttäuscht haben. Sie trug im Ausschnitt ein nicht kleines ovales Schmuckstück, vielleicht aus Bernstein. Es hing an einem Goldkettchen, das sie schon in Warschau getragen hatte. Überraschend nahm sie es ab und reichte es mir hinüber – mit einer etwas theatralischen Geste. Ich sah sie fragend an. Sie sagte bedeutungsvoll: »Schau dir die Rückseite an.« Zu meiner Überraschung sah ich da auf einem goldenen Plättchen graviert:

Plaisir d'amour ne dure qu'un moment,
Chagrin d'amour dure toute une vie.

Aber stimmt es denn, was diese poetische Inschrift behauptet? Sollte die Freude, die die Liebe bereitet, wirklich nur kurz und vergänglich sein und der Kummer ein ganzes Leben dauern? Oder ist es vielleicht gerade umgekehrt? Ich schwieg, das Gespräch wollte nicht mehr in Gang kommen. Wir verabschiedeten uns – ganz ohne Groll und, wie mir schien, mit Dankbarkeit auf beiden Seiten. Ich ging, sie wollte noch in dem Café bleiben.

Als ich schon auf der Straße war, rief sie mich zurück. Aber wir wechselten nur noch wenige Worte. »Bleibst du in Warschau?« – »Ja.« – »Und du glaubst wirklich, die Politik sei dein Beruf?« – »Ja.« – »Du machst einen Fehler. Dein Platz ist in Deutschland und nicht in Polen, dein Beruf ist die Literatur und nicht die Politik.« – »Die Literatur ist überhaupt kein Beruf, sondern ein Fluch.« – »Hör auf mit Zitaten. Ich bin nicht Lisaweta Iwanowna, und du bist nicht Tonio Kröger. Ich rate dir noch einmal: Verlasse Polen...« Ich habe diesen Ratschlag befolgt. Aber erst viel später, erst zwölf Jahre nach diesem Gespräch.

Ohne Eile ging ich den Kurfürstendamm in Richtung Halensee. Plötzlich wurde mir bewußt, daß ich während des ganzen Gesprächs mit Tatjana an Tosia gedacht hatte. Und wieder kam mir, wie unzählige Male im Laufe der vergangenen Jahre, jener Tag in den Sinn, der mein Leben änderte, jener 21. Januar 1940, der Tag, an dem ihr Vater, der Herr Langnas aus Lodz, seinem Leben ein Ende gesetzt hatte.

Er war noch ein Kind, als seine Eltern starben. Ein Onkel sorgte für seinen Lebensunterhalt, sonst blieb er sich selber überlassen. Ein Selfmademan also und kein alltäglicher: Obwohl still und zurückhaltend, obwohl von seinen Ellenbogen keinen Gebrauch machend, war er geschäftstüchtig. Er wurde ein erfolgreicher und wohlhabender Kaufmann, Mitinhaber einer florierenden Textilfabrik. Dennoch war sein Selbstbewußtsein nicht stark ausgeprägt – und vielleicht hing sein Tod damit zusammen.

Kurz nach dem Einmarsch der Wehrmacht wurde er enteignet. Das Betreten seiner Fabrik, die nun ein Treuhänder verwaltete, war ihm untersagt. Am nächsten Tag hat ihn auf Piotrkowska, der Hauptstraße von Lodz, ein deutscher Soldat geohrfeigt, ein kräftiger junger Mann in bester Laune. Warum? Vielleicht hat er von dem Juden Langnas den Hitlergruß erwartet. Aber vielleicht kam es ihm gar nicht darauf an, nur hat er, weil er von seinem Vorgesetzten geärgert worden war, das Bedürfnis gehabt, jemanden zu prügeln. Damit begann der psychische Zusammenbruch des Herrn Langnas: Kaum nach Hause gekommen, sagte er, ihm bliebe jetzt nichts anderes übrig, als Selbstmord zu verüben – und sprach davon in den nächsten Wochen immer häufiger.

Später, als Lodz Litzmannstadt genannt und dem »Reichsgau Wartheland« angeschlossen wurde, flüchtete die Familie, ähnlich wie viele andere Juden aus Lodz, nach Warschau. Auch dort waren bei Herrn Langnas Anzeichen einer tiefen Depression zu beobachten, doch von Selbstmordabsichten sprach er nicht mehr. Man glaubte schon, er habe die Krise überwunden. Am 21. Januar gingen seine Frau und seine Tochter in die Stadt, um etwas zu besorgen. Nach einer knappen Stunde kehrten sie zurück. Es war zu spät: Der von einem fröhlichen deutschen Soldaten geohrfeigt worden war, hing an seinem Hosengürtel. Die beiden Frauen schrien auf, die Tochter war dann schneller als die Mutter: Sie rannte aus dem Zimmer in die Küche, um ein Messer zu holen. Doch ihre Kraft reichte nicht aus, den Gürtel zu durchschneiden. Erst der Notarzt schaffte es, der sonst nichts mehr tun konnte. Da war ich schon in dieser Wohnung, von der weinenden Tochter des Toten in ein anderes Zimmer geführt. Jetzt saß ich neben ihr, neben Teofila Langnas, die ihrem ein wenig prätentiös klingenden Vornamen das schlichte Diminutiv Tosia vorzog.

So unvergleichbar unsere Situation – wir waren ihr beide nicht gewachsen, wir waren beide überfordert. Sie wußte seit zehn Minuten, daß sie keinen Vater mehr hatte. Sie weinte, sie konnte nichts sagen. Und ich, was sollte ich einem Mädchen sagen, das sich vor zehn Minuten vergeblich bemüht hatte, ihren Vater vom Gürtel loszuschneiden? Wir, beide neunzehn Jahre alt, waren gleichermaßen ratlos. Ich war mir der Dramatik des Augenblicks bewußt, aber mir fiel nichts anderes ein, als den Kopf der Verzweifelten zu streicheln und ihre Tränen zu küssen. Sie nahm es, glaube ich, kaum wahr.

Um sie wenigstens für Augenblicke abzulenken, fragte ich, was sie denn eigentlich in Lodz getan hatte. Sie antwortete stammelnd. Ich verstand, daß sie vor einem halben Jahr das Abitur gemacht hatte und in Paris Graphik und Kunstgeschichte studieren sollte. Daraus war nun, des Kriegsausbruchs wegen, nichts geworden. Ich meinte, ich müßte ihr jetzt etwas sagen.

Vor einigen Jahren, noch in Berlin, hatte mir der Film »Traumulus« gefallen, wohl deshalb vor allem, weil in der Verfilmung dieses kurz nach der Jahrhundertwende geschriebenen Stücks von Arno Holz und Oskar Jerschke die Hauptrolle, den Lehrer, der nicht ohne Grund »Traumulus« genannt wird, Emil Jannings spielte. An der Leiche seines Lieblingsschülers, der Selbstmord verübt hat, erklärt dieser Lehrer – so ungefähr hatte ich es im Gedächtnis behalten –, wir seien dazu da, das Leben nicht von uns zu werfen, sondern zu bezwingen. Eine schwülstige Phrase, gewiß, aber sie schien mir noch erträglicher als die unheimliche Stille oder die übliche Redewendung: »Das Leben geht weiter.«

Dann aber tat ich etwas Ungehöriges, etwas, was mich selber überraschte, was ich in dieser Situation noch vor zehn Sekunden für ganz unmöglich gehalten hätte: Ich faßte sie plötzlich an, ich griff zitternd nach ihrer Brust. Sie zuckte zusammen, aber sie sträubte sich nicht. Sie erstarrte, ihr Blick schien dankbar. Ich wollte sie küssen, ich unterließ es.

Am nächsten Tag wurde Tosias Vater beerdigt. Noch wurden Juden beerdigt, noch – denn bald gab es für sie, wie es in Celans »Todesfuge« heißt, nur »ein Grab in den Lüften«. Da man sich an die Selbstmorde von Juden vorerst nicht gewöhnt hatte, waren viele Menschen zum Friedhof gekommen, zumal der stille Herr Langnas in seiner Heimatstadt nicht nur zu den angesehenen, sondern auch zu den beliebten Kaufleuten gehört hatte.

Ich begleitete und stützte Tosia. Am offenen Grab stand ich neben ihr. Ein Freund ihres Vaters fragte etwas verwundert, wer denn eigentlich der junge Mann sei, der sich offensichtlich der Tochter des Toten annahm. Vielleicht hielt er es für unpassend oder etwas ungehörig. Aber wir beide, sie und ich, wir machten uns keine Gedanken darüber. Wir empfanden es schon als selbstverständlich, daß wir an diesem düsteren, diesem regnerischen Tag im Januar 1940 zusammen waren. Und wir blieben zusammen.

Erst »Seuchensperrgebiet«, dann Getto

Die Endlösung war noch nicht beschlossen, ja man kannte dieses Wort noch nicht. Aber zu den Willkürakten, die den Juden den Alltag zur Hölle machten, kamen sogleich systematische Aktionen der Behörden hinzu. Deutsche Bürokraten waren am Werk, fleißige Schreibtischtäter. Sie verfolgten mit anderen Mitteln die gleichen Ziele wie jene, die die Juden, wo immer sie sie fanden, überfielen, ausraubten und peinigten. Unentwegt gab es im Generalgouvernement Polen neue Gesetze und Verfügungen, neue Anordnungen und Verordnungen, Erlasse und Weisungen. Wozu alle diese Maßnahmen in Wirklichkeit dienen sollten, haben wir damals weder gewußt noch geahnt, und wir hätten es, hätte uns jemand hierüber informiert, mit Sicherheit nicht geglaubt. Denn nichts anderes wurde mit diesen Maßnahmen vorbereitet als die Vernichtung aller Juden, ihre »Ausrottung«.

Schon wenige Wochen nach dem Einmarsch der Wehrmacht in Warschau verfügte die SS, daß die Juden ab sofort nur in einem bestimmten Teil der Stadt wohnen und sich aufhalten durften. Ein Getto also wurde angeordnet. Verheimlichen konnte man diese Rückkehr zum Mittelalter nicht, aber doch offiziell beschönigen oder tarnen. Daher wurde das Wort »Getto« sorgfältig vermieden – ebenso in den plakatierten Bekanntmachungen wie in den Zeitungen, es tauchte auch niemals im Briefwechsel mit den verschiedenen deutschen Dienststellen auf. Was errichtet werden sollte, hieß stets »der jüdische Wohnbezirk«.

Die Juden hatten innerhalb von drei Tagen in die nördlichen, meist häßlichen und vernachlässigten Viertel Warschaus umzuziehen. Gleichzeitig sollten die dort lebenden Nichtjuden diese Viertel verlassen und ebenfalls mit Sack und Pack umziehen. Unter den Betroffenen, Juden wie Nichtjuden, brach Panik aus, die Stadt geriet in Aufruhr. Offenbar war sich die SS der Folgen, die sich aus ihrer Anordnung ergaben, überhaupt nicht bewußt.

In den für die Juden vorgesehenen Bezirken befanden sich Fabriken und Betriebe, die Nichtjuden gehörten. Was sollte damit geschehen? Daß eine moderne Großstadt ein kompliziertes Gebilde ist, aus dem sich nicht ohne weiteres ganze Stadtteile herauslösen und isolieren lassen – das war ja beabsichtigt –, davon hatten jene, von denen die Geschicke der größten jüdischen Gemeinde Europas abhingen, keine Ahnung. Was sie wollten, ließ sich auf die Schnelle nicht machen: Die SS-Führer sahen sich genötigt, die Getto-Anordnung wieder zurückzuziehen.

Die Okkupationsbehörden hatten sich in aller Öffentlichkeit blamiert. Doch konnten die Juden nicht aufatmen: Es war klar, daß die deutschen Instanzen nicht daran dachten, auf ihren Plan zu verzichten. Die Sache war nur aufgeschoben – und es war ziemlich sicher, daß sie sich für ihre Fehlentscheidung grausam rächen würden, an den Juden, selbstverständlich.

Wie konnte es zu einer offensichtlich improvisierten und die deutschen Machthaber kompromittierenden Anordnung kommen? Die Antwort ist sehr einfach: Die in Warschau amtierenden und mit großen Vollmachten ausgestatteten SS-Führer waren Menschen von kümmerlicher Bildung. Schon die von ihnen verfaßten Briefe oder Notizen ließen dies erkennen. Oft handelte es sich bloß um Unteroffiziere; wenn es aber bisweilen Offiziere waren, dann meist nur solche, deren Rang dem eines Leutnants oder

Oberleutnants in der Wehrmacht entsprach – und sie wurden während ihres Dienstes in Warschau in der Regel nicht befördert.

Vorerst gab es also kein Getto in Warschau. Um so mehr schien es der SS und den vielen deutschen Behörden angebracht, die Juden auf andere Weise schleunigst auszusondern, auszugrenzen und zu demütigen. Ab 1. Dezember 1939 mußten im Generalgouvernement alle Juden im Alter von über zehn Jahren – im Distrikt Warschau war die Altersgrenze zwölf Jahre –, auf dem rechten Arm eine mindestens zehn Zentimeter breite weiße Binde mit einem blauen Davidstern tragen. Den vielen Warschauern, ob nun Deutsche oder Polen, die das Bedürfnis hatten, Juden auf den Straßen zu überfallen, war diese Kennzeichnung sehr willkommen – und sie wurde auch richtig begriffen: Die Juden waren vogelfrei.

Kam einem Juden ein uniformierter Deutscher entgegen, dann hatte er ihm sofort Platz zu machen. Die Anordnung war unmißverständlich. Nicht geklärt war hingegen die Frage, wie sich ein Jude darüber hinaus angesichts eines Deutschen zu verhalten hatte: Sollte er ihm etwa den deutschen Gruß entbieten? Ich habe dies einmal nicht getan und wurde prompt von dem Soldaten, der nicht älter war als ich, geprügelt. Ein andermal habe ich, um der zu befürchtenden Züchtigung vorzubeugen, einen Soldaten sehr wohl gegrüßt, was mir übrigens nichts ausmachte, weil ich ja daran schon seit der Berliner Schulzeit gewohnt war. Doch der junge Herrenmensch brüllte mich wütend an: »Bist du mein Kamerad, daß du mich grüßt?« – und schlug kräftig auf mich ein.

Sofort wurden besonders gekennzeichnete Lebensmittelkarten für Juden eingeführt. Die Zuteilungen waren erheblich kleiner als die für die nichtjüdische Bevölkerung. Die Auswirkungen waren voraussehbar und geplant: Die

Unterernährung und der fatale gesundheitliche Zustand der meisten Juden ließen nicht lange auf sich warten. Die Seifenzuteilungen waren überaus spärlich, die Seife enthielt viel Sand in grauer Farbe. Wer sich mit ihr gewaschen hatte, war schmutziger als vorher.

Eine der vielen Aktionen, die die konsequente Aussonderung der Juden bezweckten, war eine besondere Volkszählung: Jeder Jude mußte einen sehr langen und ausführlichen Fragebogen ausfüllen. Weshalb war den deutschen Behörden an genauen Auskünften gelegen – nicht nur über den Geburtsort und das Geburtsdatum, sondern auch über die Fremdsprachenkenntnisse und die Schulbildung, über den Militärdienst und die berufliche Laufbahn und viele andere Umstände?

Die Fragen nach dem Zweck dieser Erhebung wurden mit der knappen Losung »Ordnung muß sein« beantwortet – eine wenig überzeugende Erklärung, da diese »Ordnung« nur bei Juden erwünscht war. Also befürchtete man das Schlimmste – ausnahmsweise zu Unrecht: Die Riesenaktion hat die Juden zwar viel Mühe und viel Geld gekostet, doch niemandem Schaden zugefügt. Die Volkszählung war, wie sich bald zeigte, vollkommen überflüssig. Denn die deutschen Behörden haben nie Zeit oder Lust gehabt, deren Ergebnisse auszuwerten. Wozu auch? Um Juden zu morden, brauchten sie weder ihre Namen noch ihr Alter zu kennen, weder ihren Beruf noch ihren Bildungsgrad und all die anderen Informationen, die in den Fragebögen angegeben werden mußten.

Für mich allerdings war das Ganze wichtig und folgenreich. Die Erhebung hatte in Warschau, ähnlich wie in anderen Städten des Generalgouvernements, die Jüdische Kultusgemeinde durchzuführen. Damit es klar war, daß es sich jetzt um eine nicht nur konfessionelle Institution handeln sollte, wurde sie von den deutschen Behörden sofort umbenannt: Sie hieß jetzt »Ältestenrat der Juden« und bald, was wohl verächtlicher klingen sollte, »Judenrat«. Für die Volkszählung, die etwa zwei Wochen in Anspruch nahm, benötigte man Hunderte von Büroangestellten, darunter auch solche, die Deutsch konnten. Ich folgte dem Ratschlag von Bekannten und meldete mich, obwohl ich wenig Hoffnung hatte, zumal sich viele Arbeitslose bewarben und ich noch sehr jung war. Dennoch ging ich hin und stand nun inmitten der vielen Kandidaten, die man im großen Saal des Gemeindegebäudes versammelt hatte. Diejenigen, die vorgaben, des Deutschen mächtig zu sein, schickte man zu einem Prüfer. Meine Prüfung dauerte nicht länger als eine Minute – ich war akzeptiert, doch nur für zwei Wochen.

Aber daraus ergab sich wenig später eine ständige Tätigkeit. Ich wurde vom »Judenrat« angestellt, um dessen Korrespondenz in deutscher Sprache zu führen. Dieser »Judenrat« hatte zwei generelle Aufgaben. Er mußte das jüdische Viertel, aus dem einige Monate später das geschlossene Warschauer Getto hervorging, verwalten. Er war also eine Art Magistrat einer ungewöhnlichen Großstadt: Schleunigst mußten die notwendigen kommunalen Einrichtungen geschaffen werden. Die andere Aufgabe bestand darin, die Juden und deren unterschiedlichste Belange den Behörden gegenüber, vornehmlich den deutschen, aber auch den polnischen, zu vertreten.

Der Briefwechsel mit den deutschen Instanzen wuchs schnell. Immer mehr Schriftstücke mußten alltäglich übersetzt werden: bisweilen aus dem Deutschen ins Polnische, meist aber aus dem Polnischen ins Deutsche. Ein besonderes Referat wurde nötig. Man nannte es »Übersetzungs- und Korrespondenzbüro« und beschäftigte dort vier Personen: einen jungen Juristen, eine ziemlich bekannte polnische Romanautorin, Gustawa Jarecka, eine professionelle Übersetzerin und mich. Ich, der Jüngste, der zehn bis fünfzehn Jahre jünger war als die anderen, wurde zum Chef dieses Büros ernannt. Weil man mir organisatorische Fähigkeiten zutraute? Vor allem wohl deshalb, weil ich, was nun kein Kunststück war, besser Deutsch konnte als jene, die plötzlich meine Untergebenen waren.

Ich wurde also, zum ersten Mal in meinem Leben, gebraucht. Ganz unverhofft hatte ich eine feste Anstellung mit einem Monatsgehalt – wenn auch einem bescheidenen. Ich war zufrieden – nicht zuletzt deshalb, weil ich zum Unterhalt der Familie ein wenig beitragen konnte. Und ich freute mich auf die nicht unheikle Aufgabe. Nur eine Frage, möge das nun zu meinen Gunsten oder Ungunsten sprechen, beunruhigte mich überhaupt nicht – die Frage nämlich, ob ich, über keinerlei Erfahrungen verfügend, der Sache gewachsen sein würde. Damals konnte ich nicht wissen, daß sich diese Situation in meinem beruflichen Leben noch mehrfach wiederholen sollte: Immer wieder sah ich mich vor Aufgaben gestellt, für die ich nicht im geringsten vorbereitet war.

So begann ich als ein Autodidakt – und ich bin ein Autodidakt geblieben. Nach meinem Abitur hat sich nie jemand bemüht, mir etwas beizubringen. Was ich kann, habe ich selber gelernt. Darauf bin ich nicht stolz, und ich empfehle das niemandem zur Nachahmung. Der Not gehorchend, nicht dem eignen Trieb, bin ich ein Autodidakt geworden. Ich hätte es wahrscheinlich viel leichter im Leben gehabt, hätte ich einige Jahre an einer Universität studiert. Es ist möglich, daß manche, seien es bedauerliche, seien es vorteilhafte Eigentümlichkeiten meiner literarkritischen Arbeiten mit diesem Autodidaktentum zusammenhängen.

Meine Tätigkeit als Chef des Übersetzungs- und Korrespondenzbüros wurde von Tag zu Tag aufschlußreicher und aufregender. Da die gesamte Korrespondenz zwischen dem »Judenrat« und den deutschen Behörden durch meine

Hände ging, hatte ich wie nur wenige Einblick in das aktuelle Geschehen. Eines der wichtigen Themen des Briefwechsels waren die sanitären Verhältnisse im jüdischen Teil der Stadt. Da die Juden aus den umliegenden kleineren Orten systematisch (meist ohne Hab und Gut) nach Warschau umgesiedelt wurden, nahm die Bevölkerung rasch zu: Bald waren es 400000, später sogar rund 450000 Menschen.

Die Krankenhäuser waren in einem beklagenswerten Zustand und obendrein überfüllt. Die meisten Medikamente konnte man nicht erhalten, auch Kohle und Koks gab es kaum oder nur für viel Geld – und dabei war der Winter 1940 besonders streng. Es fehlte auch warme Kleidung. Überdies war ein beträchtlicher Teil der jüdischen Bevölkerung unterernährt. So ist es nicht verwunderlich, daß schnell Seuchen ausbrachen, vor allem Typhus.

Der »Judenrat« hat sofort die deutschen Sanitätsbehörden alarmiert. In vielen Briefen, Gesuchen und Denkschriften wurde über die rasche, die erschreckende Ausbreitung der Typhusepidemie ausführlich berichtet. Zahlreiche statistische Angaben sollten die Adressaten überzeugen, daß die Epidemie eine große Gefahr war, und zwar für die ganze Stadt Warschau. Es wurde dringend um Hilfe gebeten.

Die Reaktion war unbegreiflich, vorerst jedenfalls: Die meisten Briefe, die ich übersetzte und schrieb – und ich bemühte mich um eine ebenso sachliche wie anschauliche Darstellung –, blieben unbeantwortet, die zuständigen deutschen Behörden wollten von alldem, was sich in diesem Teil Warschaus abspielte und worauf der »Judenrat« immer wieder hinwies, nichts wissen. War ihnen die Verbreitung der Epidemie etwa gleichgültig? Nein, keineswegs, sie war ihnen vielmehr willkommen.

Im Frühjahr 1940 erhielt der von den Juden bewohnte Bezirk eine neue Bezeichnung: »Seuchensperrgebiet«. Der »Judenrat« hatte ihn mit einer drei Meter hohen Mauer zu umgeben, die oben noch mit einem ein Meter hohen Stacheldrahtzaun versehen werden sollte. An den Eingängen zu diesem Terrain, dessen Grenze die Juden nicht überschreiten durften, wurden Tafeln mit einer deutschen und einer polnischen Inschrift aufgestellt: »Seuchensperrgebiet – Nur Durchfahrt gestattet«.

Die Behörden teilten allen Ernstes mit, es seien menschenfreundliche Motive, die sie veranlaßten, diese Mauern anzuordnen: Sie seien dazu da, die Juden vor Überfällen und Ausschreitungen zu schützen. Gleichzeitig war in den für die polnische Bevölkerung bestimmten Zeitungsartikeln und anderen Veröffentlichungen zu lesen, die Besatzungsmacht sei gezwungen, die Juden zu isolieren, um die deutsche und die polnische Bevölkerung der Stadt vor Typhus und anderen Krankheiten zu bewahren.

Die verzweifelten Bemühungen des »Judenrats«, die Verbreitung der Epidemien einzuschränken, ergaben wenig oder nichts. Denn die deutschen Instanzen verweigerten jede Hilfe. Statt die leicht erkennbaren Ursachen der Seuche zu bekämpfen, hörten sie nicht auf, die christliche Bevölkerung Warschaus gegen die Juden aufzuhetzen. Als propagandistisches Leitmotiv diente die Gleichsetzung der Juden mit Läusen. Sehr bald wurde klar, was die Deutschen in Warschau anstrebten: Nicht die Epidemien sollten liquidiert werden, sondern die Juden.

Am 16. November 1940 wurden die 22 Eingänge (später waren es nur noch fünfzehn) geschlossen und von da an Tag und Nacht von jeweils sechs Posten bewacht: zwei deutschen Gendarmen, zwei polnischen Polizisten und zwei Angehörigen der jüdischen Miliz, die »Jüdischer Ordnungsdienst« hieß. Diese Miliz war nicht uniformiert, doch leicht erkennbar: Die Milizionäre trugen neben dem für alle verbindlichen Armband auch noch ein zweites in gelber Farbe, ferner eine Uniformmütze und auf der Brust ein

Metallschild mit einer Nummer. Bewaffnet waren sie mit einem Schlagstock.

So war aus dem »Seuchensperrgebiet«, aus dem offiziell »der jüdische Wohnbezirk« genannten Stadtteil ein riesiges Konzentrationslager geworden: das Warschauer Getto.

Die Worte des Narren

Von Zeit zu Zeit konnte man im Getto einen noch jungen, in Lumpen gehüllten Mann sehen, der, stets von belustigten Kindern und Halbwüchsigen begleitet, hüpfend und tänzelnd durch die Straßen lief. Die Passanten waren verwundert, begrüßten ihn jedoch mit Beifall. Sein Erkennungszeichen waren zwei jiddische Worte, die er laut ausrief und, wie ein Zeitungsverkäufer, rasch wiederholte: »Ale glach«, zu deutsch: »Alle gleich«. Ob es sich um einen Befund handelte, eine Voraussage oder eine Warnung, ob der Mann wahnsinnig war oder einen Wahnsinnigen spielte – das wußte niemand. Dieser unheimliche Mann, der Rubinstein hieß, aber »Ale glach« genannt wurde, war der Narr des Warschauer Gettos.

Waren denn wirklich alle gleich? Berühmte Wissenschaftler und primitive Lastenträger, vorzügliche Ärzte und erbärmliche Bettler, erfolgreiche Künstler und gewöhnliche Hausierer, reiche Bankiers und kleine Betrüger, tüchtige Kaufleute und biedere Handwerker, Orthodoxe, die keinen Augenblick an dem Glauben ihrer Väter zweifelten, und Konvertiten, die vom Judentum nichts wissen wollten und meist tatsächlich nichts wußten – sie alle fanden sich im Getto, sie waren zu Not und Elend verurteilt, sie mußten an Hunger und Frost, an Schmutz und Dreck leiden, sie schwebten in tausend Ängsten. Auf ihnen allen, ob jung oder alt, ob schlau oder dümmlich, lag ein düsterer, ein schrecklicher Schatten, dem man nicht entweichen konnte: der Schatten der Todesangst.

Daß aber diese sehr unterschiedlichen Menschen im Getto allesamt in der gleichen Situation waren und das gleiche ertragen mußten, traf nun doch nicht zu, jedenfalls vorerst nicht. Wer Ersparnisse hatte, wer etwas besaß, was sich veräußern ließ, zumal Schmuck, Gold oder Silber, alte Leuchter oder andere rituelle Gegenstände, konnte sich Lebensmittel leisten, die für die meisten Bewohner unerschwinglich waren und für alle, ausnahmslos alle ganz unentbehrlich – denn mit den offiziellen Zuteilungen auszukommen, war schlechthin undenkbar: Sie reichten gerade aus, um nicht am Hungertod zu sterben.

Viel hing von dem Beruf ab. Lehrer, Rechtsanwälte und Architekten hatten es besonders schwer. Denn es gab im Getto weder Schulen noch Gerichte, und es wurde auch nichts gebaut. Immerhin fanden viele Juristen eine Tätigkeit in der Verwaltung des Gettos oder in der Kommandantur des Ordnungsdiensts, also der (sehr unbeliebten) jüdischen Miliz. Ärzte und Zahnärzte hatten es entschieden besser, sie wurden ja immer benötigt. Das galt für Handwerker ebenfalls, vor allem für Tischler, Schlosser, Klempner, Elektrotechniker, auch für Schneider und Schuster.

Zugleich entstand ein neuer Beruf: der Schmuggler. Tausende von Juden, häufiger Männer als Frauen und eher jüngere Menschen, auch Halbwüchsige, gingen täglich zur Arbeit in großen deutschen Betrieben außerhalb des Gettos. Sie taten es freiwillig, obwohl die Entlohnung minimal war. Der Grund: Sie konnten aus dem Getto Verkäufliches mitnehmen, insbesondere Kleidungsstücke, gelegentlich auch Uhren oder Schmuck; alles wurde schnell zu Schleuderpreisen abgesetzt. Für den Erlös kauften sie Lebensmittel, die sie gegen Abend, wenn die jüdischen Kolonnen zurückkehrten, ins Getto schmuggelten.

Was sich an den Gettoeingängen ereignete, war unvorhersehbar, die deutschen Gendarmen verfuhren ganz und gar willkürlich: Mitunter haben sie den Grenzgängern alles, was sie am Leib trugen, Speck, Wurst oder auch nur Kartoffeln, brutal weggenommen. Es wurde bei diesen Kontrollen auch viel geschossen, an blutigen Opfern mangelte es nicht. Aber es gab auch Gendarmen, die sich anders verhielten: Ihnen war gleichgültig, was die armen Schlucker, diese jüdischen Amateurschmuggler, ins Getto mitbrachten.

Eine ungleich wichtigere Rolle spielten jedoch die professionellen Schmuggler: Juden proletarischer Herkunft, in der Regel große, derbe und stämmige Kerle, die vor dem Krieg ihren Lebensunterhalt meist als Lastträger oder ungelernte Industriearbeiter verdient hatten. Es waren Menschen, die das Risiko einkalkulierten und den Tod offenbar nicht fürchteten. Sie machten gemeinsame Sache mit polnischen Geschäftspartnern ähnlicher Provenienz und mit den deutschen Wachtposten an den Eingängen zum Getto.

So wurden allnächtlich Lebensmittel in riesigen Mengen transportiert: Hunderte von Säcken mit Mehl und Reis, mit Erbsen und Bohnen, mit Speck und Zucker, mit Kartoffeln und Gemüse. Diese Säcke haben die Schmuggler an bestimmten Stellen rasch über die Mauer geworfen oder durch Öffnungen in der Mauer hinübergereicht. Danach haben sie diese Löcher wieder provisorisch geschlossen. Bisweilen erfolgte die Lieferung mit Pferdefuhrwerken oder Lastautos, die anstandslos die offiziellen Gettoeingänge passieren konnten – im Einvernehmen mit den (selbstverständlich bestochenen) deutschen Gendarmen.

Wer an diesem Schmuggel beteiligt war, verdiente viel Geld. Denn die Preise für Lebensmittel waren innerhalb der Mauern mindestens doppelt so hoch wie in den übrigen Stadtteilen Warschaus. Die waghalsigen jüdischen Schmuggler konnten also in Saus und Braus leben, sie gehörten zu jenen, die das Publikum der nicht zahlreichen und sehr kostspieligen Restaurants im Getto bildeten. Nur mußten sie mit einer großen Gefahr rechnen: Irgendwann dämmerte es ihren deutschen Geschäftspartnern, es sei nicht empfehlenswert, jüdische Mitwisser zu haben. Viel klüger wäre es, sich des einen oder anderen schnell zu entledigen, etwa mit einem Pistolenschuß.

Mitten durch das Getto verlief eine der wichtigsten Warschauer Ausfallstraßen, die Ost-West-Achse. An ihr war die Wehrmacht stark interessiert, ganz besonders im Frühjahr 1941, also unmittelbar vor Ausbruch des deutsch-sowjetischen Krieges. Denn der ganze Verkehr vom Westen über Warschau nach dem Osten konnte nur über diese Straße geleitet werden. Man hat sie daher vom Getto abgesondert. Dadurch war der den Juden zugewiesene Wohnbezirk geteilt: Es gab jetzt das sogenannte große und das kleine Getto, die durch eine Überführung, eine (übrigens vom »Judenrat« erbaute und finanzierte) Holzbrücke miteinander verbunden waren.

Den deutschen Posten an dieser Brücke bereitete es ein Vergnügen, die Juden, die dort vorbeigehen mußten (anders konnte man nicht vom kleinen Getto ins große gelangen und umgekehrt), auf besondere Art zu behandeln. Viele wurden ohne weiteres durchgelassen, andere sadistisch gequält. Ging etwa ein bärtiger, womöglich älterer Jude vorbei, wurde ihm befohlen: »Fünfzig Kniebeugen!« Keiner hat das ausgehalten, alle brachen nach zwanzig oder dreißig ohnmächtig zusammen. Wir wohnten einige Monate lang unmittelbar an dieser Holzbrücke. So habe ich den düsteren Zirkus, der sich dort beinahe täglich abspielte und an dem sich die Wachtposten offenbar nicht satt sehen konnten, oft vom Fenster aus beobachtet. An die nächtlichen Schüsse und Schreie hatte man sich bald gewöhnt.

Im Getto existierten, wer hätte das gedacht, auch Taxis, aber keine Autos und keine Pferdedroschken, sondern Rikschas. Das waren Fahrräder, auf denen findige Leute, in der Regel junge Techniker, einen breiten Sitz montiert hatten; er reichte für zwei Personen. Allerdings konnten sich eine Rikschafahrt nur jene wenigen leisten, die Geld hatten. Und öffentliche Verkehrsmittel? Innerhalb des Gettos fuhr eine Straßenbahn, die, wie im vorigen Jahrhundert, von Pferden gezogen wurde. Sie war immer brechend voll – und eben deshalb haben wir, meine Freunde und ich, nie von ihr Gebrauch gemacht. Wir hatten Angst vor Läusen, den wichtigsten Überträgern des Fleckfiebers, wir gingen immer zu Fuß.

Freilich waren die meisten Straßen stets überfüllt – eine leere Straße habe ich im Getto nie gesehen, eine halbleere nur selten. Die gefürchtete Tuchfühlung mit anderen Fußgängern ließ sich nicht immer vermeiden: Auch auf der Straße konnte man sich also eine Laus holen und damit die in den meisten Fällen zum Tode führende Epidemie. Man traf ihn im Getto auf Schritt und Tritt – den Tod. Das ist wörtlich gemeint: Am Straßenrand lagen, vor allem in den Morgenstunden, die mit alten Zeitungen nur dürftig bedeckten Leichen jener, die an Entkräftung oder Hunger oder Typhus gestorben waren und für deren Beerdigung niemand die Kosten tragen wollte.

Zum Straßenbild im Getto gehörten unzählige Bettler, die, an eine Hauswand gelehnt, auf der Erde saßen und laut jammernd um ein Stück Brot baten; ihr Zustand ließ vermuten, daß sie sehr bald nicht mehr sitzen, sondern liegen würden – von Zeitungen bedeckt. Viel Lärm machten die professionellen Straßenverkäufer und die armen Menschen, die irgendwelche Gegenstände, bisweilen Kleidungsstücke, zum Verkauf anboten, um sich etwas zu essen kaufen zu können. Charakteristisch waren auch die »Reißer«. So nannte man Halbwüchsige, die in der Nähe von Läden auf Passanten warteten, die dort Brot oder jedenfalls etwas Eßbares gekauft hatten. Denen entrissen sie unversehens ihr Päckchen, rannten sofort weg oder bissen trotz der Papierverpackung an Ort und Stelle hinein.

Die Verarmung der Getto-Bewohner machte rasch Fortschritte – und die deutschen Behörden bemühten sich, diesen Prozeß noch zu beschleunigen. So wurden 1941 alle im Besitz der Juden befindlichen Pelze mit Beschlag belegt – nicht nur Pelzmäntel, sondern auch Pelzkragen und Pelzmützen. Natürlich wurde im Getto gestohlen, doch gab es keinen einzigen Mordfall – wohl aber einen Fall von Kannibalismus: Eine dreißig Jahre alte Frau, die vor Hunger dem Wahnsinn verfallen war, hat aus der Leiche ihres zwölfjährigen Sohnes einen Gesäßteil herausgeschnitten und zu verspeisen versucht. Als ich den Bericht hierüber ins Deutsche übersetzte, wurde ich darauf hingewiesen, daß diese Sache geheimgehalten werden müsse.

Nur ein einziges Auto gab es im Getto. Es war ein kleiner alter Ford, den der Obmann des »Judenrates«, der Bürgermeister des Gettos also, Adam Czerniaków, als Dienstwagen zur Verfügung hatte. Wenn sich sonst ein Wagen blicken ließ, flohen alle, die Straßen wurden gleich leer. Denn man konnte nicht ausschließen, daß die Insassen, Deutsche, versteht sich, diese unberechenbaren Wesen, plötzlich von ihren Waffen Gebrauch machen und wahllos nach links und rechts in die Menschenmenge schießen würden. Die Deutschen kamen in der Mehrzahl als Touristen. Sie wollten die exotische Welt der Juden besichtigen und hatten freilich oft das dringende Bedürfnis, die Juden zu verprügeln und bei Gelegenheit zu berauben.

Im Getto wurde auch gefilmt: Nicht wenige deutsche Soldaten und Offiziere wollten ein Souvenir nach Hause mitnehmen. Professionelle Filmleute, wohl Angehörige von Propaganda-Kompanien, waren ebenfalls am Werk. Ihre bevorzugten Motive waren Bettler und Krüppel, deren Anblick jüdischen Schmutz beweisen und Abscheu erregen sollte. Gedreht hat man auch gestellte Szenen: Erbärmlich, wenn nicht abstoßend aussehende Juden wurden von den Filmleuten in ein Getto-Restaurant gebracht. Dem Inhaber des Lokals wurde befohlen, für die unfreiwilligen Gäste den Tisch möglichst reich zu decken. Der Regisseur oder der Kameramann inszenierten ein Gelage: Es sollte zeigen, wie gut es den Juden gehe.

Auch Sexualszenen hat man gedreht: Mit der Pistole in der Hand zwangen deutsche Dokumentarfilmer junge Männer, mit älteren und nicht gerade ansehnlichen Frauen zu koitieren und junge Mädchen mit alten Männern. Diese Filme, die man zum Teil nach dem Krieg in Berliner Archiven gefunden hat, wurden aber nicht öffentlich vorgeführt: Das Propagandaministerium und andere deutsche Instanzen sollen befürchtet haben, die Aufnahmen könnten statt Ekel Mitleid hervorrufen.

Doch das Diktum des mit sonderbaren Verrenkungen durch die Straßen springenden, des offenbar einem unbekannten Ziel zustrebenden Gettonarren traf nicht zu, der Alltag schien seine höhnisch gekreischte Losung zu widerlegen. Eine verschwindend kleine Minderheit, darunter vor allem die Schmuggler, hatte Geld genug, um beinahe wie vor dem Krieg zu leben. Größer war die Zahl jener, die sich zwar nicht satt essen konnten, aber deren Hunger erträglich war, die auf ihre Kleidung achteten und regelmäßig zum Friseur gingen, die sich also der im Getto überall zu beobachtenden Deklassierung widersetzten.

In der Regel ging es den assimilierten Juden, die ausschließlich polnisch sprachen, etwas besser als den orthodoxen und jenen vielen, die, wie immer ihr Verhältnis zur Religion war, dem jiddisch sprechenden Milieu treu blieben. Kontakte zwischen diesen beiden großen Gruppen kannte man vor dem Krieg nur in Ausnahmefällen: Es waren Welten, die, ohne Berührungspunkte miteinander zu haben, sich gegenseitig wenig achteten, wenn nicht gar verachteten. Die Assimilierten warfen den Orthodoxen vor, daß sie in beinahe jeder Hinsicht rückständig seien, diese wiederum meinten, daß die Assimilierten sich vom Glauben und von der Tradition der Väter abwendeten, und zwar vorwiegend aus Gründen der Opportunität. Das alles hat sich nach 1939 nicht geändert, es gab also in Warschau nach wie vor zwei getrennte jüdische Welten. Auch ich kannte im Getto Menschen aus dem jiddischen Milieu überhaupt nicht.

Meine Familie und ich zählten nicht zu den Privilegierten. Keiner von uns war je in einem der berüchtigten Luxusrestaurants. Aber unsere Not hielt sich in Grenzen. Mein Bruder hatte als Zahnarzt einen guten Ruf und also genug Patienten. Meine Arbeit im Amt des »Judenrates« fiel mir nicht schwer und langweilte mich überhaupt nicht. Übrigens kann ich mich nicht beschweren: Nie im Leben hat mich meine berufliche Arbeit gelangweilt.

Viele der Berichte und Gesuche, deren Übersetzung ich zu kontrollieren hatte, und viele der Briefe, die ich selber übersetzte, ließen mich das ganze Ausmaß der Not und des Elends im Getto erkennen. Bald begriff ich, daß ich in einer ungewöhnlichen Situation war: Ich hatte Zugang zu Dokumenten von historischer Bedeutung. Eines Tages geschah es, daß ein Mann, der mir als eine der stärksten Persönlichkeiten des Gettos in Erinnerung geblieben ist, in mein Büro kam und mich um ein kurzes Gespräch bat. Er fragte mich, ob ich bereit sei, ihm zu helfen. Ich hatte über ihn, den Historiker Emanuel Ringelblum, und seine konspirativen Aktivitäten nur Vages gehört, daß er aber Vertrauen zu mir hatte und meine Mitarbeit suchte, schmeichelte mir. Schon damals gab es das Untergrundarchiv, das er gegründet hatte und leitete.

Hier wurde alles gesammelt, was das Leben im Getto dokumentieren konnte: Bekanntmachungen, Plakate, Tagebücher, Rundschreiben, Fahrkarten, Statistiken, illegal erscheinende Zeitschriften, wissenschaftliche und literarische Arbeiten. Daraus sollten künftige Historiker Nutzen ziehen. Auf Grund dieser Materialien wurden auch Berichte für die polnische Untergrundbewegung und für die polnische Exilregierung in London verfaßt. Es versteht sich, daß der Briefwechsel des »Judenrates« mit den deutschen Behörden für das Archiv von großer Bedeutung war. Ich hatte von allen wichtigeren Briefen und Berichten Kopien anzufertigen und sie einem der Mitarbeiter Ringelblums im Sekretariat des »Judenrates« auszuhändigen.

Das gesamte Archiv wurde in zehn Metallbehältern und zwei Milchkanistern vergraben, an drei verschiedenen Stellen. Von diesen drei Teilen hat man nach dem Krieg nur zwei gefunden, der dritte gilt als verschollen. Ringelblum wurde 1944 zusammen mit seiner Familie von der SS in Warschau aufgespürt und in den Ruinen des nicht mehr existierenden Gettos erschossen.

Ein stiller, unermüdlicher Organisator war er, ein kühler Historiker, ein leidenschaftlicher Archivar, ein erstaunlich beherrschter und zielbewußter Mann. Immer hatte er es sehr eilig, unsere wenigen Gespräche waren leise, knapp und ganz sachlich. Wenn ich es recht bedenke, habe ich ihn nur flüchtig gekannt. Aber ich sehe ihn immer noch vor mir, ihn, Emanuel Ringelblum, den schweigsamen Intellektuellen – wie ich immer noch den alarmierenden Ruf des plebejischen Narren höre, dessen Botschaft aus nur zwei Worten bestand.

Wenn die Musik der Liebe Nahrung ist

Die Juden im Warschauer Getto wurden gemartert. Ihnen ist Grauenhaftes widerfahren. Aber bisweilen auch Schönes und Wunderbares. Sie haben gelitten. Aber sie haben auch geliebt. Nur war die Liebe damals von besonderer Art. Bei Schnitzler sagt einmal eine Wienerin: »Geh, bleib jetzt bei mir. Wer weiß, ob wir morgen nochs Leben haben.« Auf der Liebe im Getto lastete an jedem Tag und in jeder Stunde die Frage, ob wir morgen noch das Leben hatten. Unruhig war sie und schnell, ungeduldig und hastig. Es war die Liebe in den Zeiten des Hungers und des Fleckfiebers, in den Zeiten der schrecklichsten Angst und der tiefsten Demütigung.

Die Menschen, junge vor allem, drängten zueinander, sie suchten beieinander Schutz und Geborgenheit und auch Hilfe. Sie waren dankbar für Stunden oder vielleicht bloß für Minuten des Glücks. Ich weiß schon: Die schwebende Pein, von der Goethes Klärchen singt, gehört immer zur Liebe, immer begleitet sie, häufiger unbewußt als bewußt, die Furcht, das Einzigartige, das kaum Faßbare könne so plötzlich zu Ende gehen, wie es begonnen hat.

Nein, nicht die Vergänglichkeit der Liebe hat damals die Liebenden irritiert, sondern die ständige, die pausenlose Bedrohung, die deutsche Bedrohung: In jedem Augenblick, und sei es im schönsten, hatte man damit zu rechnen, daß plötzlich Soldaten mit Gewehrkolben an die Wohnungstür pochten oder sie gleich einschlugen. Man mußte befürchten, daß sie brutal ins Zimmer drangen. Wenn es gutging, hatte man eine Stunde oder zwei miteinander, füreinander.

Und die übliche Angst, die häufig, ob im Frieden oder im Krieg, das Zusammenleben junger Leute erschwerte, an der sie jedenfalls litten, die Angst vor der Schwangerschaft? Niemand wollte im Getto ein Kind haben. Aber nicht immer gelang es, die Schwangerschaft zu verhindern, zumal die Präservative, mit denen man sich behalf, nicht selten brüchig waren – was man oft erst merkte, wenn es schon zu spät war. Eine Schwangerschaft unterbrechen zu lassen war nicht schwer: Im Getto gab es viele Frauenärzte, sie waren hilfsbereit, ohne überhöhte Honorare zu verlangen.

Wir, Tosia und ich, hatten es nicht so schlecht. Sie bewohnte mit ihrer Mutter ein möbliertes Zimmer – und die Mutter hatte die schöne Angewohnheit, die Nachmittage meist außerhalb des Hauses zu verbringen. So konnten wir dort allein sein. Wir erzählten uns gegenseitig unser Leben (und obwohl wir kaum zwanzig Jahre alt waren, hatten wir schon manches zu erzählen), wir lasen Gedichte von Mickiewicz und Tuwim, von Goethe und Heine. Sie wollte mich für die polnische Poesie gewinnen, ich wollte sie zur deutschen Dichtung bekehren und verführen. So gewannen wir einander, und bisweilen unterbrachen wir die Lektüre. Ohne Freuds Formulierung zu kennen, lernten wir die »Polarität von Lieben und Sterben« kennen, die Verquikkung von Glück und Unglück. Die Liebe war das Narkotikum, mit dem wir unsere Furcht betäubten – die Furcht vor den Deutschen.

Als ich nachher von ihr ging, als ich mich beeilte, um noch vor der Polizeistunde zu Hause zu sein, da konnte ich, von Not und Elend umgeben, nur daran denken, was ich gerade erlebt hatte. »Ist ein Traum, kann nicht wirklich sein« – diese Worte, die Sophie ganz am Ende des »Rosenkavalier« singt, gingen mir durch den Kopf, ich wiederholte sie immer wieder, ich rief sie mir stumm zu, ohne recht wahrzunehmen, was sich um mich herum abspielte.

Plötzlich sah ich auf meinem Weg die Leiche eines Menschen, wohl eines verhungerten Bettlers – und ich sah in der Dämmerung neben der auf dem Bürgersteig liegenden Leiche einen nicht mehr jungen, in Lumpen gehüllten Mann stehen. Mit dem Blick auf den Verstorbenen sprach oder, richtiger gesagt, murmelte er etwas, was ich nicht verstand. Es muß das Kaddisch gewesen sein, das Totengebet der Juden. Die Passanten gingen schnell vorbei, als würden sie fliehen, ich folgte ihnen ebenfalls rasch, ich lief weiter, mit Hofmannsthals Versen im Kopf, aber ich mußte mich umwenden. Die Leiche war inzwischen mit Zeitungspapier bedeckt. Ich hörte, ganz in der Nähe, Schüsse und Schreie, ich hatte Angst.

Als ich später im Bett lag und die deutschen Schüsse nicht aufhören wollten, dachte ich an Tosia und an die deutschen Gedichte, die ich ihr vorgelesen hatte, an die Verse, die uns vergessen ließen, was uns täglich bedrohte, was uns inmitten der grausamsten Barbarei stündlich bevorstehen konnte. Aber da gab es etwas, was auf uns noch stärker und noch tiefer wirkte als die Poesie, was uns bis ins Innerste aufwühlte, was uns berauschte. Es war die Musik.

Juden galten immer schon als musikalisch, besonders jene aus osteuropäischen Ländern. Bei den Warschauer Philharmonikern, in den Orchestern der Warschauer Oper und des Polnischen Rundfunks, in den vielen Ensembles der Unterhaltungs-, Tanz- und Jazzmusik – überall fanden sich nicht wenige Juden. Sie waren nun im Getto und allesamt arbeitslos. Da sie meist keine Ersparnisse hatten, wurde ihre Not von Tag zu Tag größer.

Damals konnte man überraschende Klänge hören: in einem Hof Beethovens Violinkonzert, im nächsten Mozarts Klarinettenkonzert, allerdings beide ohne Begleitung. Ich sehe sie immer noch vor mir – eine weißhaarige Frau, die ein Instrument spielte, das man auf einer Straße des Gettos wohl am wenigsten erwartet hätte: Erhobenen Hauptes gab sie auf einer Harfe etwas Französisches zum besten, wohl Debussy oder Ravel. Viele Passanten blieben verblüfft stehen, einige legten einen Geldschein hin oder eine Münze.

Bald kamen einige umsichtige Musiker auf eine Idee: Man könne doch im Getto ein Symphonieorchester organisieren. Um der holden Kunst zu dienen, um den Menschen Freude und Vergnügen zu bereiten? O nein, anderes hatten sie im Sinn: Sie wollten etwas verdienen, um den Hunger zu stillen. Es stellte sich rasch heraus, daß man im Getto ohne Schwierigkeiten ein großes Streichorchester gründen konnte: An guten Geigern und Bratschisten, Cellisten und Kontrabassisten war kein Mangel. Schwieriger war es mit den Bläsern. Mit Hilfe von Inseraten in der einzigen (übrigens sehr schlechten) Zeitung im Getto und auf Anschlagtafeln wurden geeignete Kandidaten gesucht: Es meldeten sich Trompeter, Posaunisten, Klarinettisten und Schlagzeuger aus den Jazzbands und den Tanzkapellen – rasch zeigte sich, daß sie, auch wenn sie nie in einem Symphonieorchester gearbeitet hatten, gleichwohl Schubert oder Tschaikowsky tadellos vom Blatt spielen konnten.

Doch fehlten drei Blasinstrumente. Und so waren bald etwas sonderbare Anzeigen zu lesen: Hornisten, Oboisten und Fagottisten dringend gesucht. Da sich niemand meldete, mußte man sich, wenn man Symphonien aufführen wollte, anders behelfen: Die Oboenstimmen wurden von Klarinetten gespielt und die Fagottstimmen von Baßsaxophonen – und das klang gar nicht so schlecht. Am schwierigsten hatte man es mit den Hörnern. Man entschied sich für eine allerdings höchst fragwürdige Lösung: Sie wurden mit Tenorsaxophonen ersetzt. Keinen Kummer hatten wir mit den Dirigenten: Es gab im Getto vier, sie alle beherrschten ihr Handwerk recht gut, einer war sogar ein hervorragender Musiker.

Simon Pullmann, 1890 in Warschau geboren, hatte am Konservatorium in St. Petersburg bei dem berühmten Leopold Auer Violine studiert, später war er als Geiger, Kammermusiker und Dirigent vor allem in Wien tätig gewesen. Daß ihm eine große Karriere nicht gelungen war, mochte damit zusammenhängen, daß er nie gelernt hatte, von seinen Ellenbogen Gebrauch zu machen. Im Sommer 1939 besuchte er seine Familie in Warschau – und konnte Polen nicht mehr rechtzeitig verlassen. So fand sich Pullmann im Getto und galt bald und zu Recht als der bedeutendste unter den dort wirkenden Musikern.

Er war ein außergewöhnlicher Mensch: selbstbewußt und ehrgeizig, doch sehr still und zurückhaltend und immer besonders höflich. In den Orchesterproben, bei denen ich oft dabei war, habe ich nie von ihm ein ungeduldiges oder gar lautes Wort gehört. Bruno Walter habe, wird erzählt, einen falsch blasenden Flötisten mit den Worten belehrt: »Hier empfehle ich fis.« Von dieser Art war auch Simon Pullmann. Es sei, meinte er, die Ehrenpflicht der Juden, sogar unter diesen schrecklichen Bedingungen gute Musik gut zu spielen. Er erlaubte keinen Pfusch, er ließ keine Ausrede gelten, er probte lange und gründlich und hat so die anderen Dirigenten, die vielleicht dazu neigten, fünfe grade sein zu lassen – und wer konnte es ihnen verübeln? –, gezwungen, unermüdlich zu arbeiten und ein hohes Niveau anzustreben.

Da die Streicher des Orchesters den Bläsern hoch überlegen waren, konzentrierte sich Pullmann verständlicherweise zunächst auf Musik eben für Streicher. Man spielte Vivaldi und Boccherini, Bach und Mozart – bis hin zur Serenade in C-Dur von Tschaikowsky. Kummer gab es immer. Mal hatte man zwar das gesamte Notenmaterial für ein bestimmtes Werk, aber es fehlte die Partitur, mal hatte man die Partitur, aber es fehlten die Noten für die einzelnen Instrumente. Also mußte man sie von Hand kopieren. Doch niemals fehlte es an Freiwilligen, die dies ohne Entlohnung machten.

Sehr beliebt waren fünf der Brahmsschen Walzer für Klavier zu vier Händen. Sie wurden von Theodor Reiss, einem im Getto lebenden Komponisten, für Streichorchester bearbeitet – nachdem er von Pullmann erhalten hatte, was sich der arme Mann nicht leisten konnte: Notenpapier. Die Uraufführung dieser Transkription war überaus erfolgreich, Reiss wurde vom Dirigenten auf das Podium gebeten, wollte aber nicht nach vorn kommen. Man konnte gleich sehen, daß es sich nicht um das in solchen Situationen übliche Getue handelte. Schließlich kam er doch, verneigte sich rasch und linkisch und verschwand schnell wieder im Publikum. Er schämte sich seines Aufzugs: Er besaß offenbar kein Jackett, trug nur einen ungewöhnlich schäbigen Mantel.

Auch Kammermusik, vor allem Quartette und Quintette, ließ Pullmann von seinem virtuosen Streichorchester spielen, und es spielte wunderbar: Beethovens Große Fuge op. 133, das Adagio aus Bruckners Quintett oder das Quartett von Verdi. Zuweilen klagten die Musiker, denen das traditionelle Repertoire lieber gewesen wäre, Pullmann verlange von ihnen zuviel. Letztlich gaben sie immer nach – und haben es nicht bedauert.

Es läßt sich kaum vorstellen, mit welcher Hingabe damals geprobt, mit welcher Begeisterung musiziert wurde. Als wir 1988 im Zweiten Deutschen Fernsehen das »Literarische Quartett« vorbereiteten, fragte man mich, welche Musik ich mir für den Vorspann und den Abspann wünsche. Ich bat um die ersten Takte des Allegro molto aus Beethovens Quartett opus 59, Nr. 3, C-Dur, das im Getto vom Streichorchester besonders oft und besonders gut aufgeführt wurde. Wann immer ich beim »Literarischen Quartett« diese Takte von Beethoven höre, denke ich an die Musiker, die sie im Getto gespielt haben. Sie wurden alle vergast.

Sosehr die Werke für Streichorchester im Vordergrund standen, die symphonische Musik wurde, allen Hindernissen zum Trotz, keineswegs vernachlässigt. Man spielte Haydn und Mozart, Beethoven und Schubert, Weber und Mendelssohn-Bartholdy, Schumann und Brahms, also, wie überall in der Welt, vornehmlich deutsche Musik – doch auch Berlioz und Tschaikowsky, Grieg und Dvořák. Kurz und gut: Abgesehen von moderner Musik, die man nicht besetzen konnte, spielte man alles, was sich finden ließ. Wirklich alles?

Wenige Monate nach dem Einmarsch der Wehrmacht in Warschau lassen die deutschen Behörden das Denkmal Frederic Chopins sprengen. Am 3. Juni 1940 untersagt das Propagandaamt für das Generalgouvernement Polen die Aufführung von Musikwerken, die mit der polnischen Nationaltradition zusammenhängen. Gezeichnet ist die Anordnung vom Stellvertreter des Generalgouverneurs Hans Frank, dem Staatssekretär Josef Bühler. Wie sich bald herausstellt, betrifft dieses Verbot auch das Gesamtwerk Chopins.

Im April 1942 wird die Verordnung eingeschränkt: Einige Werke Chopins sowie des in Polen nicht ohne Grund sehr geschätzten Komponisten Mieczyslaw Karlowicz – er lebte von 1876 bis 1909 – sind jetzt wieder genehmigt, doch gilt diese Verordnung, wie ausdrücklich vermerkt ist, nicht für den »jüdischen Wohnbezirk« in Warschau. So durfte im Getto weiterhin kein Takt von Chopin erklingen, nur bisweilen hat dieser oder jener junge Pianist, höchst leichtsinnig, als Zugabe ein weniger bekanntes Stück von ihm gespielt und dann die Frage, von wem das denn gewesen sei, ob nicht gar von Chopin, ironisch lächelnd mit dem Hinweis auf Robert Schumann beantwortet.

Zunächst veranstaltete man die Konzerte im Gebäude des alten Tanzlokals und Varietés »Melody Palace«, das zufällig an die Gettomauer grenzte. Später fand man einen besseren und größeren Saal: ein modernes Kino, das nie in Betrieb gewesen war, weil der Bau erst unmittelbar vor dem Zweiten Weltkrieg beendet wurde. Der Saal dieses Kinos »Femina« faßte neunhundert Plätze, man konnte ihn glücklicherweise leicht und rasch für Konzertzwecke herrichten.

Für Kammermusik – es gab im Getto drei Streichquartette, und alle drei waren gut – und für Auftritte von Solisten verwendete man kleinere Säle, vor allem eine Volksküche, in der die Konzerte nachmittags stattfanden, kaum daß die (jämmerliche) Suppe ausgegeben war. Im Saal roch es nach Kohl und Rüben, aber man ließ sich nicht stören, man hörte Schubert oder Brahms. Im Winter waren die Säle oft nicht geheizt, dann saß man eben in Mänteln – die Zuhörer und die Musiker. Wenn der Strom abgeschaltet wurde, behalf man sich mit Karbid-Lampen.

Es gab auch Schwierigkeiten ganz anderer Art. Gehungert haben wir alle – mehr oder weniger. Nun können Geiger oder Cellisten, die hungrig sind, dennoch schön Geige oder Cello spielen. Für Trompeter oder Posaunisten, deren körperliche Anstrengung größer ist, gilt das nicht: Der Hunger beeinträchtigt die Leistung der Bläser. Daher hat ein vermögender Arzt im Getto das ganze Orchester vor den Konzerten (sie begannen meist um 12 Uhr mittags) zu einem Frühstück eingeladen – damit die Bläser besser blasen konnten und die Streicher in besserer Laune waren.

Neben Solisten, die schon vor dem Krieg in Polen anerkannt waren, debütierten im Getto auch junge Geiger, Pianisten oder Sänger. Ich entsinne mich an einen besonders sympathischen und intelligenten Musiker namens Richard Spira, neunzehn oder zwanzig Jahre alt. Er spielte Beethovens Klavierkonzert in Es-dur im Getto zum ersten Mal mit einem Orchester. Sein Lehrer, einer der bedeutendsten polnischen Klavierpädagogen, wohnte damals in Warschau, aber, da er kein Jude war, natürlich außerhalb des Gettos. So konnte Spira ihn, obwohl sie kaum zwei Kilometer voneinander entfernt waren, nicht aufsuchen, und der Lehrer durfte nicht zu ihm kommen. Aber noch gab es im Getto Telefone, wenn auch wenige. Das war die Lösung: Spira spielte seinem Lehrer das ganze Konzert am Telefon vor und erhielt von ihm in stundenlangen Gesprächen genaue Unterweisungen. Der Triumph des Schülers war zugleich, der Gettomauer zum Trotz, der seines Lehrers.

Die erfolgreichste, die populärste Figur des Musiklebens im Getto war eine ganz junge schwarzhaarige Frau mit mädchenhafter Anmut, eine Sopranistin, die vor dem Krieg noch niemand kannte: Marysia Ajzensztadt, gerade zwanzig Jahre alt. Die schöne und reizvolle Sängerin debütierte mit Arien von Gluck und Mozart, mit Liedern von Schumann und Brahms. Um ihren Unterhalt zu verdienen, trat sie sehr bald auch in einem Café auf (in den Kaffeehäusern gab es keinen Kaffee, aber in manchen musikalische Darbietungen), wo sie Johann Strauß sang und Franz Lehár. Das Publikum in dem täglich überfüllten Café war begeistert – und die Kritik ebenfalls.

Kritik? In der Tat: Die von den deutschen Behörden genehmigte, im Warschauer Getto in polnischer Sprache zweimal wöchentlich erscheinende Zeitung »Gazeta Zydowska« veröffentlichte auch Konzertrezensionen. Der Kritiker, Wiktor Hart, bewunderte Marysia Ajzensztadt. Ihr Gesang – schrieb er – »zeugt von höchster Kunst, von Maß und Einfachheit, sie hat es in kürzester Zeit zu wahrer

Meisterschaft gebracht«. Wer war dieser enthusiastische Wiktor Hart? Wenn heute sein Name in zeitgeschichtlichen Büchern auftaucht, dann steht in Klammern ein Fragezeichen oder es heißt: »nicht ermittelt«. Doch zwischen uns sei Wahrheit: Ich war es.

Ein Bekannter, der in der »Gazeta Zydowska« für das Feuilleton zuständig war, wußte, daß ich an Musik interessiert war, und fragte mich, ob ich ihm einen Rezensenten empfehlen könnte. Ich empfahl ihm einen stillen Mann, der ein ordentlicher Geiger und ein vorzüglicher Musikkenner war. Er schrieb drei oder vier schöne Besprechungen und wurde dann krank. Man bat mich, ihn zu vertreten. Ich zögerte, denn ich hatte ja nie im Leben Kritiken publiziert. Ich hatte Angst. Aber die Aufgabe gefiel mir. So stimmte ich zu, vorerst nur für zwei oder drei Wochen. Doch kam es anders, und ich schrieb regelmäßig die Konzertbesprechungen in dieser Zeitung – bis es keine Konzerte mehr gab.

Ganz wohl war mir dabei nicht. Zwar hatte ich vor dem Krieg schon viel Musik gehört (meist im Rundfunk und von Schallplatten). Auch verfügte ich über ziemlich gute Kenntnisse der Musikgeschichte. Daß ich aber erfahrene und zu einem nicht geringen Teil längst anerkannte Künstler öffentlich beurteilte, wenn auch mit Gewissensbissen – das war schon ein starkes Stück, genauer: eine Frechheit. Ich wußte es, ich tat es dennoch. Wenn ich heute meine damaligen Artikel lese, schäme ich mich. Es geht nicht um den Stil, obwohl ich, man kann es kaum glauben, Beethoven einmal einen »Titanen« genannt habe und Schubert einen »großen Meister«. Derartiges lesend, erröte ich noch heute. Schon gar nicht geht es darum, daß der zwanzigjährige Rezensent bisweilen etwas reichlich lobte und rühmte. Aber wozu habe ich dies und jenes beanstandet und getadelt? Wozu habe ich Musikern, die sich redlich mühten, Schmerzen bereitet?

Vielleicht kann zu meiner partiellen Entlastung beitragen, daß ich, dessen bin ich ganz sicher, nie leichtfertig geschrieben habe und mich überdies von dem Kenner, den ich zunächst nur für kurze Zeit vertreten sollte, regelmäßig habe beraten lassen. Aber wenn ich bedenke, was diese jüdischen Musiker kurz nach den Konzerten erlitten haben, tut mir jedes skeptische oder gar negative Urteil, das ich damals gefällt habe, noch heute leid. Manche Äußerungen sind mir nicht mehr verständlich. So schreibe ich respektvoll über eine Aufführung von Haydns Symphonie mit dem Paukenschlag, die jedoch »aus Gründen, die von dem ›Jüdischen Symphonieorchester‹ unabhängig sind, nicht zu Ende gespielt werden konnte«. Was wollte ich andeuten und doch nicht sagen? Hat die Beleuchtung versagt? Oder waren etwa Deutsche gekommen und haben uns auseinandergetrieben? Nein, denn das hätte ich nicht vergessen.

An ein anderes Konzert, das tatsächlich von Deutschen heimgesucht wurde, kann ich mich sehr wohl erinnern. Man spielte die große g-moll-Symphonie von Mozart. Während der ersten Takte des vierten Satzes geschah etwas Ungewöhnliches: Zwei oder drei Deutsche in Uniform betraten den Saal. Das hatte es noch nie gegeben. Alle erstarrten, auch der Dirigent sah es, doch dirigierte er weiter. Nie im Leben habe ich diesen letzten Satz der g-moll-Symphonie mit einem so deutlichen Tremolo in den Geigen und Bratschen gehört. Nicht die Konzeption des Dirigenten war es, es war die Furcht der Musiker. Man konnte ja nicht wissen, was die Deutschen jetzt tun würden. Werden sie gleich brüllen: »Raus, raus«? Würden sie alle zusammenschlagen? Würden sie es für empörend halten, daß Juden Musik machten, würden sie gar von ihren Waffen Gebrauch machen?

Aber sie standen da und taten vorerst nichts. Das Orchester spielte die Symphonie zu Ende. Dann klatschte das

Publikum, zögernd und wohl ängstlich. Und nun passierte etwas absolut Unerwartetes, ja Unbegreifliches. Die zwei oder drei Männer in Uniform, sie haben nicht gebrüllt, sie haben nicht geschossen: Sie haben geklatscht und sogar freundlich gewinkt. Dann entfernten sie sich – ohne jemandem etwas angetan zu haben. Deutsche waren es, und sie haben sich dennoch wie zivilisierte Menschen verhalten. Darüber sprach man im Getto noch wochenlang.

Die Konzerte waren immer gut besucht, die Symphoniekonzerte meist überfüllt. Der Not zum Trotz? Nein, nicht Trotz trieb die Hungernden, die Elenden in die Konzertsäle, sondern die Sehnsucht nach Trost und Erbauung – und so verbraucht diese Vokabeln auch sein mögen, hier sind sie am Platz. Die unentwegt um ihr Leben Bangenden, die auf Abruf Vegetierenden waren auf der Suche nach Schutz und Zuflucht für eine Stunde oder zwei, auf der Suche nach dem, was man Geborgenheit nennt, vielleicht sogar nach Glück. Sicher ist: Sie waren auf eine Gegenwelt angewiesen.

So ist es kein Zufall, daß zu den beliebtesten Werken Beethovens neben der »Eroica«, der Fünften und der Siebten die »Pastorale« gehörte: Wo es keine Wiesen gab und keine Wälder, keine Bäche und keine Büsche, lauschten viele, die sonst wenig für Beethovens Programmmusik übrig hatten, dankbar dem »Erwachen heiterer Gefühle bei der Ankunft auf dem Lande« und anderen idyllischen Szenen – und sie waren dankbar nicht obwohl, sondern gerade weil diese Idyllen nichts mit ihrer Umgebung gemein hatten.

In die Konzerte drängten sich, so schien es mir damals, die Verlassenen und die Einsamen und vor allem die Liebenden: Die zueinandergefunden hatten, fühlten sich durch die Musik bestätigt. Und sie zitierten Shakespeare: »Wenn die Musik der Liebe Nahrung ist...« Eines Tages, nach einem besonders schönen Konzert, bat ich Tosia, mir zu versprechen, daß sie, sollte sie überleben und ich nicht, immer beim Allegretto aus Beethovens Siebter an mich denken werde. Dieser rührseligen Anwandlung, die mich plötzlich überkam, stimmte sie, ich war etwas überrascht, nicht zu: Das lasse sich doch nicht mehr ändern, sie werde keineswegs nur beim Allegretto, sie werde bei aller Musik, die wir hier gemeinsam hören, an mich denken müssen. So sentimental redeten wir miteinander.

In der Musik also erkannten sich die Paare wieder, die jungen ebenso wie die älteren. Und in der Dichtung? Literarische Veranstaltungen gab es im Getto auch, doch viel seltener als Konzerte, und sie hatten in der Regel nicht viel Zulauf. Es trifft schon zu – im Grunde ist das eine Banalität –, daß die Musik auf viele Menschen in Grenzsituationen unmittelbarer wirkt als das gesprochene Wort, daß sie stärker Gefühle zu wecken und die Phantasie anzuregen vermag.

Lange gab es dieses Glück nicht: Die Symphoniekonzerte wurden bald von den deutschen Behörden unterbunden. Konnte der Kommissar für den jüdischen Wohnbezirk die Qualität der Konzerte nicht ertragen? Es sei nicht zulässig – heißt es in einem Brief an den Obmann des »Judenrates« –, daß im Getto Werke von »arischen« Komponisten aufgeführt würden. Daher seien die Orchesterkonzerte ab dem 15. April 1942 für zwei Monate untersagt. Solistenkonzerte im kleinen Rahmen konnten noch stattfinden, mußten aber auf die Musik von jüdischen Komponisten beschränkt werden. Man spielte jetzt vorwiegend Mendelssohn, Offenbach, Meyerbeer oder Anton Rubinstein und, eher der Not gehorchend, auch Operettenkomponisten wie Paul Abraham, Leo Fall oder Emmerich Kalman.

Ich hörte auf, Kritiken zu schreiben, und wandte mich einer anderen, in dieser Situation, wie ich glaubte, ungleich wichtigeren Aufgabe zu: Ich organisierte im Hauptgebäude des »Judenrates«, in dem sich ein großer Saal befand, Solisten- und Kammermusikkonzerte. In der ersten Hälfte spielte ein Pianist oder ein Streichquartett, in der zweiten trat eine Sängerin auf oder ein Geiger. Die Eintrittskarten waren, wie übrigens bei allen anderen Konzerten im Getto, sehr billig, die gesamten Einkünfte kamen den Musikern zugute.

Uns jüngeren Leuten reichte das nicht, wir konnten offenbar nicht genug Musik bekommen. So veranstalteten wir regelrechte Schallplattenkonzerte. Freilich gab es Platten nur in begrenzter Zahl, und daß es fast immer die alten, meist zerkratzten Schellackplatten waren, konnte unserer Gier nach Musik nichts anhaben. Wir trafen uns in engen Wohnungen, fünfzehn oder gar achtzehn Personen, soviel in einem Zimmer Platz fanden. Eigentlich waren solche Treffen verboten. Wir waren waghalsig genug, uns darum nicht zu kümmern. Jeder Gast brachte etwas mit – eine Suite oder Partita von Bach, ein Violinkonzert von Mozart, eine Sonate von Beethoven oder eine Symphonie von Brahms.

Mir will es scheinen, daß in unserem ganzen Leben Musik niemals eine derartige Rolle gespielt hat wie in jener düsteren Zeit. Hat uns Mozart so entzückt und begeistert, obwohl wir hungrig waren und uns unentwegt die Angst in den Gliedern saß – oder vielleicht gerade deshalb? Jedenfalls darf man es mir glauben: Im Warschauer Getto ist Mozart noch schöner gewesen. In diesem Abschnitt meines Lebens hatte also die deutsche Musik die deutsche Literatur verdrängt. Bald sollte sich das Blatt wieder wenden. Da gab es für uns keine Musik – aber doch, höchst unerwartet, Literatur, vor allem deutsche.

Todesurteile mit Wiener Walzern

Das Verbot der Symphoniekonzerte hat die Musiker und die Freunde der Musik nicht nur betrübt, sondern auch beunruhigt. Es stellte sich bald heraus, daß dieser vergleichsweise harmlose Umstand – schließlich war ein großer Teil der Bevölkerung an den Konzerten nicht interessiert – zu einer Anzahl von Vorfällen, Maßnahmen und auch Gerüchten gehörte, deren Gleichzeitigkeit keineswegs Zufall war, daß sie vielmehr, allesamt im Frühjahr 1942, von einer geplanten generellen Veränderung der Verhältnisse im Getto zeugten.

Damals, wahrscheinlich im März, hörte ich zum ersten Mal, daß Deutsche irgendwo in Polen Juden mit Hilfe von Autoabgasen, die in kleine Räume geleitet wurden, umbrachten. Ich glaubte es nicht – und ich kannte auch niemanden, der dies für möglich hielt. Von Tag zu Tag wuchs die Bevölkerung des Gettos. Es kamen Juden, die aus Ortschaften im Distrikt Warschau umgesiedelt, richtiger: vertrieben wurden, es kamen auch Transporte deutscher und tschechischer Juden, vorwiegend aus Berlin, Hannover und Prag. Die Gettogrenzen wurden verändert und bei dieser Gelegenheit einige Ausgänge geschlossen.

In der Nacht vom 17. auf den 18. April haben uniformierte Deutsche auf Grund einer Namensliste 53 Juden aus ihren Wohnungen abgeholt und sofort – schon in der Toreinfahrt oder in unmittelbarer Nähe des jeweiligen Hauses – von hinten erschossen. Es waren meist politische, im Untergrund tätige Aktivisten, die offenbar und nicht zu Unrecht als Anführer eines eventuellen Widerstands galten. Im Mai und Juni 1942 folgten weitere Terrorakte. Allnächtlich wurden Juden, vorwiegend Männer, verhaftet und sofort erschossen; es fiel auf, daß es meist Intellektuelle waren, darunter viele Ärzte. Das Getto erstarrte vor Schrecken.

Anfang Juni erschien wieder einmal eine deutsche Film-Equipe und drehte zahlreiche gestellte Szenen. Auf den Straßen wurden gutaussehende und ordentlich gekleidete junge Jüdinnen verhaftet und ins Hauptgebäude des Judenrates gebracht; sie mußten sich ausziehen und wurden zu obszönen sexuellen Posen und Handlungen gezwungen. Ob die Equipe den Auftrag hatte, derartiges zu filmen, oder ob es sich um ihr Privatvergnügen handelte, ist nicht bekannt.

Zugleich gingen in diesen Wochen viele Gerüchte um, die sich meist gegenseitig widersprachen. Es hieß, im Getto sollten, so habe es die Regierung des Generalgouvernements Polen beschlossen, 120000 Juden bleiben, um der Wehrmacht mit der Produktion vorwiegend von Uniformen zu dienen. Man nahm auch an, die deutschen Beamten, insbesondere das Amt des Kommissars für den jüdischen Wohnbezirk, seien an der Aufrechterhaltung des Gettos interessiert, um ihre Posten nicht zu verlieren und nicht an die Front zu müssen. So versuchte man, sich zu trösten. Letztlich nahm niemand diese mehr oder weniger optimistischen Gerüchte ernst, es herrschte Panik, man befürchtete eine Katastrophe.

Mitte Juli intervenierte Adam Czerniaków mehrfach bei dem Kommissar für den jüdischen Wohnbezirk, Dr. Auerswald, wegen einer großen Zahl von Kindern (etwa 2000), die Lebensmittel schmuggelten, auf den Warschauer Straßen bettelten und daher von der polnischen Polizei aufgegriffen und ins Getto gebracht wurden. Sie befanden sich im Arrest. Czerniaków, der von Auerswald gehört hatte, daß dessen Frau hochschwanger sei, glaubte, aus diesem Umstand Nutzen für die verhafteten jüdischen Kinder ziehen zu können.

Er verfiel auf eine rührselige Idee: Er bestellte bei Tosia, die sich damals als Graphikerin versuchte und deren Arbeiten ihm seine Sekretärin bei verschiedenen Gelegenheiten gezeigt hatte, ein besonderes Geschenk für Auerswald – ein Fotoalbum für das noch nicht geborene Kind. Das mit allerlei Zeichnungen und Bildern ausgestattete Album sollte vor allem Platz für Fotos bieten, die die einzelnen Stationen im Leben des Kindes illustrierten: den ersten Zahn, den ersten Geburtstag, den ersten Schultag und ähnliches.

Tosia mußte dieses Album blitzschnell herstellen, sie arbeitete Tag und Nacht und schaffte es für die Unterredung am 20. Juli im allerletzten Augenblick: Czerniaków war sichtlich zufrieden und Auerswald angeblich gerührt. Er versprach, die Entlassung der verhafteten Kinder unter bestimmten Bedingungen schon in den nächsten Tagen zu genehmigen. Tosia war glücklich, zur Errettung so vieler Kinder beigetragen zu haben. Nur hatte Auerswald in den nächsten Tagen nichts mehr zu sagen, er war von der SS entmachtet worden. Sein Kind, dessen Lebensweg Tosia farbenprächtig geplant hatte, starb schon bald nach der Geburt.

Am 20. und 21. Juli war für jedermann klar, daß dem Getto Schlimmstes bevorstand: Zahlreiche Menschen wurden auf der Straße erschossen, viele als Geiseln verhaftet, darunter mehrere Mitglieder und Abteilungsleiter des »Judenrates«. Beliebt waren die Mitglieder des »Judenrates«, also die höchsten Amtspersonen im Getto, keineswegs. Gleichwohl war die Bevölkerung erschüttert: Die brutale Verhaftung hat man als ein düsteres Zeichen verstanden, das für alle galt, die hinter den Mauern lebten.

Am 22. Juli fuhren vor das Hauptgebäude des »Juden-rates« einige Personenautos vor und zwei Lastwagen mit Soldaten, die zwar deutsche Uniformen trugen, aber, wie sich später herausstellte, durchaus keine Deutschen waren, sondern Letten, Litauer und Ukrainer. Das Haus wurde umstellt. Den Personenwagen entstiegen etwa fünfzehn SS-Männer, darunter einige höhere Offiziere. Einige blieben unten, die anderen begaben sich forsch und zügig ins erste Stockwerk. Doch gingen sie nicht in den linken Flügel, wo unter anderem das große Zimmer war, in dem sich das Übersetzungs- und Korrespondenzbüro befand, sondern in den rechten Flügel – zum Amtszimmer des Obmanns.

Im ganzen Gebäude wurde es schlagartig still, beklem-mend still. Es sollten wohl, vermuteten wir, weitere Gei-seln verhaftet werden. In der Tat erschien auch gleich Czer-niakóws Adjutant, der von Zimmer zu Zimmer lief und dessen Anordnung mitteilte: Alle anwesenden Mitglieder des »Judenrates« hätten sofort zum Obmann zu kommen. Wenig später kehrte der Adjutant wieder: Auch alle Abtei-lungsleiter sollten sich im Amtszimmer des Obmanns mel-den. Wir nahmen an, daß für die offenbar geforderte Zahl von Geiseln nicht mehr genug Mitglieder des »Judenrates« (die meisten waren ja schon am Vortag verhaftet worden) im Haus waren.

Kurz darauf kam der Adjutant zum dritten Mal: Jetzt wurde ich zum Obmann gerufen, jetzt bin wohl ich an der Reihe, dachte ich mir, die Zahl der Geiseln zu vervoll-ständigen. Aber ich hatte mich geirrt. Auf jeden Fall nahm ich, wie üblich, wenn ich zu Czerniaków ging, einen Schreibblock mit und zwei Bleistifte. In den Korridoren sah ich stark bewaffnete Posten. Die Tür zu dem großen, für mein Gefühl etwas zu pompös eingerichteten Amts-zimmer Czerniakóws war, anders als sonst, offen. Er stand, umgeben von einigen höheren SS-Offizieren, hinter sei-

234

nem Schreibtisch. War er etwa verhaftet? Als er mich sah, wandte er sich an einen der SS-Offiziere, einen wohlbeleibten, glatzköpfigen Mann – es war der Leiter der allgemein »Ausrottungskommando« genannten Hauptabteilung Reinhard beim SS- und Polizeiführer, der SS-Sturmbannführer Höfle. Ihm wurde ich von Czerniaków vorgestellt, und zwar mit den Worten: »Das ist mein bester Korrespondent, mein bester Übersetzer.« Also war ich nicht als Geisel gerufen.

Höfle wollte wissen, ob ich stenographieren könne. Da ich verneinte, fragte er mich, ob ich imstande sei, schnell genug zu schreiben, um die Sitzung, die gleich stattfinden werde, zu protokollieren. Ich bejahte knapp. Daraufhin befahl er, das benachbarte Konferenzzimmer vorzubereiten. Auf der einen Seite des langen, rechteckigen Tisches nahmen acht SS-Offiziere Platz, unter ihnen Höfle, der den Vorsitz hatte. Auf der anderen saßen die Juden: neben Czerniaków die noch nicht verhafteten fünf oder sechs Mitglieder des »Judenrates«, ferner der Kommandant des Jüdischen Ordnungsdiensts (also der Gettomiliz), der Generalsekretär des »Judenrates« und ich als Protokollant.

Ich wollte den Text gleich in die Maschine tippen. Da ich wußte, daß man sich auf unsere alten, ziemlich ramponierten Schreibmaschinen nicht verlassen konnte, ließ ich mir aus meinem Büro gleich zwei Maschinen bringen, um auch dann sofort weiterschreiben zu können, wenn sich etwa das Farbband verheddern sollte, was nicht selten passierte. An den beiden zum Konferenzraum führenden Türen waren Wachtposten aufgestellt. Sie hatten, glaube ich, nur eine einzige Aufgabe: Furcht und Schrecken zu verbreiten. Die auf die Straße hinausgehenden Fenster standen an diesem warmen und besonders schönen Tag weit offen, was den Sturmbannführer und seine Leute nicht störte. So konnte ich genau hören, womit sich die vor dem Haus in ihren

Autos wartenden SS-Männer die Zeit vertrieben: Sie hatten wohl ein Grammophon im Wagen, einen Kofferapparat wahrscheinlich, und hörten Musik und nicht einmal schlechte. Es waren Walzer von Johann Strauß, der freilich auch kein richtiger Arier war. Das konnten die SS-Leute nicht wissen, weil Goebbels die nicht ganz rassereine Herkunft des von ihm geschätzten Komponisten verheimlichen ließ.

Höfle eröffnete die Sitzung mit den Worten: »Am heutigen Tag beginnt die Umsiedlung der Juden aus Warschau. Es ist euch ja bekannt, daß es hier zuviel Juden gibt. Euch, den »Judenrat«, beauftrage ich mit dieser Aktion. Wird sie genau durchgeführt, dann werden auch die Geiseln wieder freigelassen, andernfalls werdet ihr alle aufgeknüpft, dort drüben.« Er zeigte mit der Hand auf den Kinderspielplatz auf der gegenüberliegenden Seite der Straße. Es war eine für die Verhältnisse im Getto recht hübsche Anlage, die erst vor wenigen Wochen feierlich eingeweiht worden war: Eine Kapelle hatte aufgespielt, Kinder hatten getanzt und geturnt, es waren, wie üblich, Reden gehalten worden.

Jetzt also drohte Höfle den ganzen »Judenrat« und die im Konferenzraum anwesenden Juden auf diesem Kinderspielplatz aufzuhängen. Wir spürten, daß der vierschrötige Mann, dessen Alter ich auf mindestens vierzig schätzte – in Wirklichkeit war er erst 31 Jahre alt –, nicht die geringsten Bedenken hätte, uns sofort erschießen oder eben »aufknüpfen« zu lassen. Schon das (übrigens unverkennbar österreichisch gefärbte) Deutsch zeugte von der Primitivität und Vulgarität dieses SS-Offiziers. Er stammte, wie ich viel später erfahren habe, aus Salzburg und hatte angeblich einen Beruf erlernt: Er soll Automechaniker gewesen sein und später im Salzburger Wasserwerk gearbeitet haben.

So schnoddrig und sadistisch Höfle die Sitzung eingeleitet hatte, so sachlich diktierte er einen mitgebrachten Text, betitelt »Eröffnungen und Auflagen für den ›Judenrat‹«. Freilich verlas er ihn etwas mühselig und schwerfällig, mitunter stockend: Er hatte dieses Dokument weder geschrieben noch redigiert, er kannte es nur flüchtig. Die Stille im Raum war unheimlich, und sie wurde noch intensiver durch die fortwährenden Geräusche: das Klappern meiner alten Schreibmaschine, das Klicken der Kameras einiger SS-Führer, die immer wieder fotografierten, und die aus der Ferne kommende, die leise und sanfte Weise von der schönen, blauen Donau. Haben diese eifrig fotografierenden SS-Führer gewußt, daß sie an einem historischen Vorgang teilnahmen?

Von Zeit zu Zeit warf mir Höfle einen Blick zu, um sich zu vergewissern, daß ich auch mitkäme. Ja, ich kam schon mit, ich schrieb, daß »alle jüdischen Personen«, die in Warschau wohnten, »gleichgültig welchen Alters und Geschlechts«, nach Osten umgesiedelt würden. Was bedeutete hier das Wort »Umsiedlung«? Was war mit dem Wort »Osten« gemeint, zu welchem Zweck sollten die Warschauer Juden dorthin gebracht werden? Darüber war in Höfles »Eröffnungen und Auflagen für den ›Judenrat‹« nichts gesagt. Wohl aber wurden sechs Personenkreise aufgezählt, die von der Umsiedlung ausgenommen seien – darunter alle arbeitsfähigen Juden, die kaserniert werden sollten, alle Personen, die bei deutschen Behörden oder Betriebsstellen beschäftigt waren oder die zum Personal des »Judenrats« und der jüdischen Krankenhäuser gehörten. Ein Satz ließ mich plötzlich aufhorchen: Die Ehefrauen und Kinder dieser Personen würden ebenfalls nicht »umgesiedelt«.

Unten hatte man inzwischen eine andere Platte aufgelegt: Nicht laut zwar, doch ganz deutlich konnte man den frohen

Walzer hören, der von »Wein, Weib und Gesang« erzählte. Ich dachte mir: Das Leben geht weiter, das Leben der Nichtjuden. Und ich dachte an sie, die jetzt in der kleinen Wohnung mit einer graphischen Arbeit beschäftigt war, ich dachte an Tosia, die nirgends angestellt und also von der »Umsiedlung« nicht ausgenommen war.

Höfle diktierte weiter. Jetzt war davon die Rede, daß die »Umsiedler« fünfzehn Kilogramm als Reisegepäck mitnehmen dürften sowie »sämtliche Wertsachen, Geld, Schmuck, Gold usw.«. Mitnehmen durften oder mitnehmen sollten? – fiel mir ein. Noch am selben Tag, am 22. Juli 1942, sollte der Jüdische Ordnungsdienst, der die Umsiedlungsaktion unter Aufsicht des »Judenrates« durchführen mußte, 6000 Juden zu einem an einer Bahnlinie gelegenen Platz bringen, dem Umschlagplatz. Von dort fuhren die Züge in Richtung Osten ab. Aber noch wußte niemand, wohin die Transporte gingen, was den »Umsiedlern« bevorstand.

Im letzten Abschnitt der »Eröffnungen und Auflagen« wurde mitgeteilt, was jenen drohte, die etwa versuchen sollten, »die Umsiedlungsmaßnahmen zu umgehen oder zu stören«. Nur eine einzige Strafe gab es, sie wurde am Ende eines jeden Satzes refrainartig wiederholt: »... wird erschossen.« Als Höfle das Diktat beendet hatte, fragte ein Mitglied des »Judenrates«, ob auch die Angestellten der Jüdischen Sozialen Selbsthilfe von der Umsiedlung ausgenommen seien. Höfle bejahte rasch. Niemand wagte es, eine weitere Frage zu stellen. Czerniaków saß ruhig und beherrscht, er schwieg.

Wenige Augenblicke später verließen die SS-Führer mit ihren Begleitern das Haus. Kaum waren sie verschwunden, da verwandelte sich die tödliche Stille nahezu blitzartig in Lärm und Tumult: Noch kannten die vielen Angestellten des »Judenrates« und die zahlreichen wartenden Bittsteller die neuen Anordnungen nicht. Doch schien es, als wüßten oder spürten sie schon, was sich eben ereignet hatte – daß über die größte jüdische Stadt Europas das Urteil gefällt worden war, das Todesurteil.

Ich begab mich schleunigst in mein Büro, denn ein Teil der von Höfle diktierten »Eröffnungen und Auflagen« sollte innerhalb von wenigen Stunden im ganzen Getto plakatiert werden. Ich mußte mich sofort um die polnische Übersetzung kümmern. Langsam diktierte ich den deutschen Text, den meine Mitarbeiterin Gustawa Jarecka sofort polnisch in die Maschine schrieb.

Habe ich sie, die polnische Schriftstellerin Gustawa Jarecka, geliebt? Ja, aber es war eine ganz andere Beziehung als die zu Tosia. Über die Vergangenheit von Gustawa weiß ich nicht viel. Vor dem Krieg hatte sie mit der jüdischen Welt wenig gemein. Sie gehörte zu jenen polnischen Juden, denen die Religion ganz und gar fremd war. Ins Getto kam sie mit ihren zwei Kindern: einem elf oder zwölf Jahre alten Jungen, der aus einer frühen und rasch wieder aufgelösten Ehe hervorgegangen war, und einem zwei, höchstens drei Jahre alten Sohn, über dessen Vater sie sich nie geäußert hat. Czerniaków (und das muß man ihm hoch anrechnen) hat jene vielen Intellektuellen, die im Getto arbeitslos waren, großzügig gefördert – das bedeutete in den meisten Fällen, daß er sie in einem der Ämter des »Judenrates« beschäftigen ließ. Da Gustawa Maschineschreiben und Deutsch konnte, wurde sie meinem Büro zugewiesen.

Ich sehe sie vor mir: eine braunhaarige und blauäugige schlanke Frau, Anfang dreißig, beherrscht und ruhig. Sie war eine nicht unbekannte, wenn auch nicht berühmte Schriftstellerin, sehr jung, als ihr erstes Buch erschien. Ihm folgten bis zum Kriegsausbruch noch drei weitere Bücher – realistische, sozialkritische Romane, die, zumindest teilweise, im proletarischen Milieu spielten und linke Anschauungen erkennen ließen. Sie haben mich, als ich sie nach 1945 lesen konnte, gewiß interessiert, doch nicht gerade begeistert. Aber sie, Gustawa Jarecka, hat mich beinahe vom ersten Augenblick an tief beeindruckt. Was uns verband, war, wieder einmal, die Literatur – nicht die deutsche, über die sie nur schwach informiert war, und auch nicht die polnische, die ich nur wenig kannte. Wir sprachen vor allem über Franzosen und Russen, über Flaubert und Proust, über Tolstoj. Ich verdanke diesen Gesprächen viel.

Eines Tages zeigte ich ihr drei oder vier Aufsätze, die aus meinen letzten Schuljahren stammten und von denen ich noch in Berlin, natürlich aus purer Selbstgefälligkeit, schöne Maschinenabschriften verfertigt hatte. Sie war von diesen Arbeiten sehr angetan, vermutlich in viel höherem Maße, als sie es verdienten. Sie fragte mich, ob ich Saint-Exupérys »Nachtflug« gelesen hätte. Da ich das kleine Buch nicht kannte, hat sie es, ohne daß ich sie darum gebeten hätte, ins Polnische übersetzt. Ein Jahr nach Kästners »Lyrischer Hausapotheke« war dies abermals ein ungewöhnliches literarisches Geburtstagsgeschenk. Spätestens damals hätte ich begreifen sollen, daß ihr Interesse an mir noch stärker war als das meinige an ihr.

Was hat mich zu ihr in einer Zeit hingezogen, die doch ganz – so schien es mir jedenfalls – im Zeichen meiner Freundschaft, meiner Beziehung mit Tosia stand? Ich wußte es nicht, aber ich glaube es heute zu wissen. Als Tosia und ich uns in jener Zeit den Spaß gönnten, uns vorzustellen, daß wir, so unwahrscheinlich es auch war, den Krieg überleben sollten, als wir uns über eine gemeinsame Zukunft unterhielten, da erzählte ich ihr die Handlung der »Meistersinger« und zitierte den Ausspruch, mit dem Hans Sachs auf die halb ernste, halb scherzhafte Werbung der Eva reagiert: »Da hätt' ich ein Kind und auch ein Weib.«

Gustawa empfand ich als eine Kontrastfigur: Sie war nicht nur älter als Tosia, sie war auch reifer und selbständiger. Unbewußt fand ich bei ihr jenen Beistand, den meine Mutter mir nicht mehr bieten konnte – und Tosia noch nicht. Fast will es mir scheinen, als habe mich Gustawa geliebt. Irgendwann, als wir allein in unserem Bürozimmer waren, weil die beiden anderen dort arbeitenden Angestellten schon nach Hause gegangen waren, legte ich meine Hand auf ihre Schulter und sah sie an. Sie sagte sofort, mit sanfter Entschiedenheit: »Laß das.« Dann fügte sie hinzu, als wolle sie mir eine Freude bereiten: »Lassen *wir* das. Du hast Tosia – und das ist gut so, und dabei soll es bleiben.« Ich habe Gustawa nie wieder berührt – und ich habe sie nie vergessen.

Ihr also, Gustawa Jarecka, diktierte ich am 22. Juli 1942 das Todesurteil, das die SS über die Juden von Warschau gefällt hatte. Als ich bei der Aufzählung der Personengruppen angelangt war, die von der »Umsiedlung« ausgenommen sein sollten, und dann der Satz folgte, daß sich diese Regelung auch auf die Ehefrauen beziehe, unterbrach Gustawa das Tippen des polnischen Textes und sagte, ohne von der Maschine aufzusehen, schnell und leise: »Du solltest Tosia noch heute heiraten.«

Sofort nach diesem Diktat schickte ich einen Boten zu Tosia: Ich bat sie, gleich zu mir zu kommen und ihr Geburtszeugnis mitzubringen. Sie kam auch sofort und war ziemlich aufgeregt, denn die Panik in den Straßen wirkte ansteckend. Ich ging mit ihr schnell ins Erdgeschoß, wo in der Historischen Abteilung des »Judenrates« ein Theologe arbeitete, mit dem ich die Sache schon besprochen hatte. Als ich Tosia sagte, wir würden jetzt heiraten, war sie nur mäßig überrascht und nickte zustimmend.

Der Theologe, der berechtigt war, die Pflichten eines Rabbiners auszuüben, machte keine Schwierigkeiten, zwei Beamte, die im benachbarten Zimmer tätig waren, fungierten als Zeugen, die Zeremonie dauerte nur kurz, und bald hatten wir eine Bescheinigung in Händen, derzufolge wir bereits am 7. März getraut worden waren. Ob ich in der Eile und Aufregung Tosia geküßt habe, ich weiß es nicht mehr. Aber ich weiß sehr wohl, welches Gefühl uns überkam: Angst – Angst vor dem, was sich in den nächsten Tagen ereignen werde. Und ich kann mich noch an das Shakespeare-Wort erinnern, das mir damals einfiel: »Ward je in dieser Laun' ein Weib gefreit?«

Hermann Höfle hat die Deportation der Juden aus Warschau nach Treblinka vom 22. Juli bis September 1942 organisiert und überwacht. Nach dem Krieg wurde er von amerikanischen Behörden verhaftet und interniert. Doch gelang es ihm zu fliehen. 1961 wurde er in Salzburg festgenommen. Am 2. Januar 1962 hat mich das Amtsgericht Hamburg als Zeuge in der Ermittlung gegen Höfle vorgeladen. Ich sollte auch im Prozeß gegen ihn aussagen. Aber er fand nicht statt: Nach seiner Verlegung nach Wien hat Hermann Höfle in der Untersuchungshaft Selbstmord verübt.

Ein Intellektueller, ein Märtyrer, ein Held

Adam Czerniaków fragte die zuständigen SS-Leute, ob es denn nicht möglich sei, den »Umgesiedelten« zu erlauben, Lebenszeichen von sich zu geben, etwa Postkarten zu schicken – damit könne man der Panik im Getto entgegenwirken. Dies wurde von der SS schroff und, wie immer, ohne Begründung abgelehnt. Alle waren entsetzt und hilflos. Denn schon damals, am zweiten Tag der »Umsiedlung«, am 23. Juli, entstand der Verdacht, daß die Deportierten ermordet wurden. Der an der Spitze des Gettos stand, erkannte sofort, was die Deutschen von ihm erwarteten: Er, Adam Czerniaków, sollte der Henker der Warschauer Juden sein.

Gewiß hat er sich nie träumen lassen, er werde in die Geschichte als ein Mann mit tragischen Zügen eingehen, er werde sogar als Held und Märtyrer gelten. Vom Heroischen wollte Czerniaków, dieser bürgerliche Intellektuelle, nichts wissen, aber so ganz unlieb mag ihm die ungewöhnliche Rolle, die ihm zugefallen war, wohl auch nicht gewesen sein – jedenfalls nicht bis zum 22. Juli. Von Beruf war er Chemiker, er hatte vor dem Ersten Weltkrieg in Polen und in Deutschland (vor allem in Dresden) studiert, auf den Titel eines Diplomingenieurs legte er Wert. Die deutsche Kultur hat, wie aus manchen Gesprächen, die ich mit ihm führte, hervorging, auf seine Persönlichkeit einen nicht unwichtigen, wahrscheinlich einen prägenden Einfluß ausgeübt.

In den dreißiger Jahren bekleidete Czerniaków in Warschau ein ziemlich hohes Amt in der polnischen Finanzverwaltung. Doch scheint diese Arbeit seinen Ehrgeiz nicht ganz befriedigt zu haben. Denn zugleich gehörte er dem Warschauer Stadtrat an und bald dem Senat der Republik Polen; er wurde auch Vorstandsmitglied der Jüdischen Kultusgemeinde von Warschau – wo er es übrigens gar nicht leicht hatte, denn ihm, der einer assimilierten jüdischen Familie entstammte, verübelten die orthodoxen Juden, daß er des Jiddischen kaum mächtig war.

Als die Wehrmacht Polen besetzte, flohen die meisten Vorstandsmitglieder der Jüdischen Kultusgemeinde in Richtung Osten. Czerniaków gehörte zu jenen, die auf ihren Posten blieben. Während der Belagerung Warschaus hatte ihn der noch amtierende, der letzte Präsident der polnischen Hauptstadt zum einstweiligen Vorsitzenden der Gemeinde ernannt. Als die Deutschen kamen und ihm befahlen, einen aus 24 Personen bestehenden Jüdischen Ältestenrat zu bilden, empfand er die Aufgabe als eine historische Mission. Bei verschiedenen Gelegenheiten hat er daran erinnert, daß er keineswegs von den deutschen Okkupanten für dieses Amt auserwählt worden sei, sondern noch von den Polen.

So war Adam Czerniaków zum Oberhaupt der größten Ansammlung von Juden in Europa und (nach New York) der zweitgrößten auf der Welt geworden, zum faktischen Oberbürgermeister einer riesigen jüdischen Stadt. Er leitete deren Selbstverwaltung, die das Erbe der Kultusgemeinde übernommen hatte – und übernahm auch noch die Pflichten des polnischen Magistrats, der für das Getto nicht zuständig war. Zur Kompetenz des »Judenrates« gehörten die üblichen städtischen oder staatlichen Einrichtungen, also Krankenhäuser, Badeanstalten, Postämter, die Wohnungszuteilung, die Lebensmittelversorgung, der städtische Verkehr und die Friedhofsverwaltung, unterschiedliche soziale Institutionen und schließlich eine eigene Miliz. Aber es gab ja noch eine andere Zuständigkeit des »Judenrates«: Er hatte die Juden den deutschen Behörden gegenüber in ausnahmslos allen Angelegenheiten zu vertreten.

Daß Czerniaków einer solchen doppelten Funktion nicht gewachsen war, ist sicher. Ebenso sicher ist, daß man sich beim besten Willen den Menschen nicht vorstellen kann, der imstande gewesen wäre, diese, wie sich bald herausstellte, unheimliche Aufgabe zu bewältigen. Er war im Getto nur von wenigen geachtet, von vielen wurde seine Tätigkeit mißbilligt; er wurde sogar verabscheut und gehaßt. Denn man machte ihn für die barbarischen Maßnahmen der Deutschen mitverantwortlich, zumal kaum jemand wußte, daß er sich nahezu täglich bemühte, das Elend der Bevölkerung zu mildern – was in den meisten, doch nicht in allen Fällen vergeblich war.

Obwohl er mehrmals verhaftet und oft von seinen deutschen Gesprächspartnern gedemütigt, geschlagen und auch regelrecht gefoltert wurde, kapitulierte Czerniaków nicht: Immer wieder versuchte er, bei den von ihm unermüdlich aufgesuchten Behörden wenigstens kleine Vergünstigungen und Zugeständnisse zu erwirken. Als eine italienische Institution ihm und seiner Frau die Flucht aus dem besetzten Polen ermöglichen wollte, lehnte er ab, wieder hielt er es für seine Pflicht, auf seinem Posten auszuharren. Erst als sein Tagebuch veröffentlicht wurde (1968 die hebräische Übersetzung, 1972 der polnische Originaltext), ließen sich die Leiden und Leistungen dieses Obmanns des »Judenrates« ermessen.

Empört war man, daß es in seiner Umgebung einige höchst zwielichtige Figuren gab, die als Gestapo-Agenten galten. Das war zunächst einmal nur ein Verdacht, doch erwies er sich als berechtigt – und so wurden diese Leute

später, nach Czerniakóws Tod, von der Jüdischen Kampforganisation zum Tode verurteilt und hingerichtet. Aber es
handelte sich bei diesen unzweifelhaften Agenten um jüdische Verbindungsleute zur Sicherheitspolizei und zu anderen deutschen Dienststellen, die nur mit ihnen reden wollten: Die Deutschen waren es, die Czerniaków zwangen,
mit solchen Individuen zusammenzuarbeiten – was man
freilich im Getto nicht wissen konnte.

Jene hatten wohl recht, die ihn für einen schlechten Organisator hielten und auch für einen ziemlich willenlosen
und vielleicht auch eitlen Mann. Seine etwas ärgerliche
Schwäche für Repräsentation mußte im Getto besonders
auffallen. Er liebte pathetische Ansprachen, feierliche Eröffnungen und allerlei festliche Veranstaltungen. Als einige
Wochen zuvor ein Kinderspielplatz eröffnet wurde, de-
monstrierte Czerniaków eine im Getto unbekannte Ele-
ganz: Er trug einen strahlend weißen Anzug, einen Stroh-
hut und weiße Handschuhe und blickte sichtlich zufrieden
auf sein kinderfreundliches Werk.

Gern sah sich Czerniaków in der Rolle eines großzügigen Förderers der Kunst. Man machte sich hierüber gelegentlich lustig und wollte ihm nicht recht glauben, daß er
für sein Arbeitszimmer im Haus des »Judenrates« kunst-
volle Fenster nur deshalb anfertigen ließ, um einige im Getto lebende Maler zu unterstützen. Auch wußte man nicht,
daß er dem Jüdischen Symphonieorchester im Rahmen seiner bescheidenen Möglichkeiten half.

Wenn er besonders wichtige Dokumente diktieren wollte oder einen Brief selber deutsch schrieb und Hilfe brauchte, rief er mich zu sich. Der etwa Sechzigjährige machte auf
mich den Eindruck eines würdigen Herrn, für mich, damals
kaum über zwanzig, war er eine Respektsperson. Oft fragte er mich nach der Situation der Musiker im Getto. Auch
an der Literatur war er interessiert, es gefiel mir, daß er, um

mir ein wenig zu imponieren, mitunter die polnischen Romantiker zitierte und auch die deutschen Klassiker, Schiller zumal. Es ist mir erst viel später aufgefallen, daß er sich mehr als einmal auf ein Wort aus der »Braut von Messina« berief: »Das Leben ist der Güter höchstes nicht.«

Eines Tages erfuhren wir, daß Czerniaków vor dem Krieg Gedichte und einige Novellen geschrieben hatte und daß er sie auf eigene Kosten hatte drucken lassen. Eine seiner Mitarbeiterinnen wollte ihm aus irgendeinem Anlaß eine ungewöhnliche Freude bereiten: Sie bestellte bei Tosia eine verzierte und illustrierte, möglichst prachtvolle Abschrift dieser (übrigens nicht eben guten) Gedichte. Angeblich hat ihn dieses Geschenk beglückt. Auch während des Krieges soll er heimlich Verse verfaßt haben.

Doch nichts schmeichelte seiner Eitelkeit so sehr wie die Tatsache, daß niemand sonst im Getto über ein Auto verfügte: Der schäbige Wagen war das sichtbarste, das effektvollste Zeichen seiner Macht und Würde. Nicht nur für die nahezu täglichen Bittgänge Czerniakóws zu deutschen Ämtern erwies sich dieser Wagen als sehr nützlich. Zweimal war er von verzweifelten Juden angepöbelt und auch bedroht worden. Seitdem hat man ihn auf den Straßen des Gettos nur noch in seinem Auto gesehen. Wenn er es unbedingt verlassen mußte – etwa auf dem Friedhof, wo er nicht selten Ansprachen hielt –, haben ihn mehrere Angehörige der jüdischen Miliz beschützt.

Was immer Czerniaków vorgeworfen und angelastet wurde – selbst seine Gegner bestritten nicht, daß er, mochte er ein wenig naiv sein, letztlich ein ehrlicher, ein aufrechter, ein integrer Mann war. Während im Herbst 1942 zwei Kommandanten der Miliz auf Grund von Urteilen der Widerstandsorganisation im Getto als Kollaborateure hingerichtet wurden, hat ihn (und auch die 24 Mitglieder des »Judenrates«) niemand der Kollaboration bezichtigt.

247

Am 22. Juli habe ich Adam Czerniaków zum letzten Mal gesehen: Ich war in sein Arbeitszimmer gekommen, um ihm den polnischen Text der Bekanntmachung vorzulegen, die im Sinne der deutschen Anordnung die Bevölkerung des Gettos über die vor wenigen Stunden begonnene »Umsiedlung« informieren sollte. Auch jetzt war er ernst und beherrscht wie immer. Nachdem er den Text überflogen hatte, tat er etwas ganz Ungewöhnliches: Er korrigierte die Unterschrift. Wie üblich hatte sie gelautet: »Der Obmann des Judenrates in Warschau – Dipl.Ing. A. Czerniaków«. Er strich sie durch und schrieb statt dessen: »Der Judenrat in Warschau«. Er wollte nicht allein die Verantwortung für das auf dem Plakat übermittelte Todesurteil tragen.

Schon am ersten Tag der »Umsiedlung« war es für Czerniaków klar, daß er buchstäblich nichts mehr zu sagen hatte. Am nächsten Tag wurde ihm sein Auto weggenommen. In den frühen Nachmittagsstunden sah man, daß die Miliz, so eifrig sie sich darum bemühte, nicht imstande war, die von der SS für diesen Tag geforderte Zahl von Juden zum »Umschlagplatz« zu bringen. Daher drangen ins Getto schwerbewaffnete Kampfgruppen in SS-Uniformen – keine Deutschen, vielmehr Letten, Litauer und Ukrainer. Sie eröffneten sogleich das Feuer aus Maschinengewehren und trieben ausnahmslos alle Bewohner der in der Nähe des »Umschlagplatzes« gelegenen Mietskasernen zusammen. Sofort galten diese Männer in deutschen Uniformen als besonders grausam.

Daß sie sich um die Dokumente der Juden, die sie zum »Umschlagplatz« trieben, nicht kümmerten, kann niemanden verwundern. Wie sollten sie es tun, da sie offensichtlich kein Wort Deutsch verstanden? So war, was SS-Sturmbannführer Höfle am Vortag angeordnet und mir diktiert hatte, schon null und nichtig: Alle Arbeitsbescheinigungen, eben noch heiß begehrt, erwiesen sich als unnütze Zettel.

Auch das Dokument, das bestätigte, daß Tosia meine Frau sei und somit der »Umsiedlung« nicht unterliege, war überflüssig geworden, es hatte nicht mehr den geringsten Wert. Dennoch haben wir diese Bescheinigung sorgfältig aufbewahrt, beide haben wir die wahrlich nicht feierliche, die geradezu hastige Eheschließung vom 22. Juli 1942, so gewiß sie zunächst nur von praktischen Überlegungen angeregt war, doch sehr ernst genommen – und wir tun es immer noch.

In den späteren Nachmittagsstunden des 23. Juli war dank der Letten, Litauer und Ukrainer die Zahl der für diesen Tag vom Stab »Einsatz Reinhard« für den »Umschlagplatz« angeforderten 6000 Juden erreicht. Gleichwohl erschienen kurz nach achtzehn Uhr im Haus des »Judenrates« zwei Offiziere von diesem »Einsatz Reinhard«. Sie wollten Czerniaków sprechen. Er war nicht anwesend, er war schon in seiner Wohnung. Enttäuscht schlugen sie den diensttuenden Angestellten des »Judenrates« mit einer Reitpeitsche, die sie stets zur Hand hatten. Sie brüllten, der Obmann habe sofort zu kommen. Czerniaków war bald zur Stelle; zum ersten Mal kam er zu dem von ihm geleiteten Amt mit einer Rikscha – und auch zum letzten Mal.

Das Gespräch mit den beiden SS-Offizieren war kurz, es dauerte nur einige Minuten. Sein Inhalt ist einer Notiz zu entnehmen, die auf Czerniaków Schreibtisch gefunden wurde: Die SS verlangte von ihm, daß die Zahl der zum »Umschlagplatz« zu bringenden Juden für den nächsten Tag auf 10000 erhöht werde – und dann auf 7000 täglich. Es handelte sich hierbei keineswegs um willkürlich genannte Ziffern. Vielmehr hingen sie allem Anschein nach von der Anzahl der jeweils zur Verfügung stehenden Viehwaggons ab; sie sollten unbedingt ganz gefüllt werden.

Kurz nachdem die beiden SS-Offiziere sein Zimmer verlassen hatten, rief Czerniaków eine Bürodienerin: Er bat sie, ihm ein Glas Wasser zu bringen. Wenig später hörte der Kassierer des »Judenrates«, der sich zufällig in der Nähe von Czerniaków Amtszimmer aufhielt, daß dort wiederholt das Telefon läutete und niemand den Hörer abnahm. Er öffnete die Tür und sah die Leiche des Obmanns des »Judenrates« in Warschau. Auf seinem Schreibtisch standen: ein leeres Zyankali-Fläschchen und ein halbvolles Glas Wasser.

Auf dem Tisch fanden sich auch zwei kurze Briefe. Der eine, für Czerniaków Frau bestimmt, lautet: »Sie verlangen von mir, mit eigenen Händen die Kinder meines Volkes umzubringen. Es bleibt mir nichts anderes übrig, als zu sterben.« Der andere Brief ist an den Judenrat in Warschau gerichtet. In ihm heißt es: »Ich habe beschlossen abzutreten. Betrachtet dies nicht als einen Akt der Feigheit oder eine Flucht. Ich bin machtlos, mir bricht das Herz vor Trauer und Mitleid, länger kann ich das nicht ertragen. Meine Tat wird alle die Wahrheit erkennen lassen und vielleicht auf den rechten Weg des Handelns bringen...«

Von Czerniaków Selbstmord erfuhr das Getto am nächsten Tag – schon am frühen Morgen. Alle waren erschüttert, auch seine Kritiker, seine Gegner und Feinde, auch jene, die ihn noch gestern verspottet und verachtet hatten. Man verstand seine Tat, wie sie von ihm gemeint war: als Zeichen, als Signal, daß die Lage der Juden Warschaus hoffnungslos sei. Man verstand sie als verzweifelte Aufforderung zum Handeln. Und manchen, zumal im Kreis meiner Freunde und Kollegen, entging es nicht, daß der Mann, dem man so oft Eitelkeit vorgeworfen hatte, im entscheidenden Augenblick seine Würde zu wahren wußte. Er, der Pathetisches und Theatralisches schätzte, hatte eine klare und lapidare Botschaft hinterlassen.

Still und schlicht war er abgetreten. Nicht imstande, gegen die Deutschen zu kämpfen, weigerte er sich, ihr Werkzeug zu sein. Er war ein Mann mit Grundsätzen, ein Intellektueller, der an hohe Ideale glaubte. Diesen Grundsätzen und Idealen wollte er auch noch in unmenschlicher Zeit und unter kaum vorstellbaren Umständen treu bleiben. Er hatte gehofft, dies werde, der deutschen Barbarei zum Trotz, vielleicht möglich sein. Er war mit Sicherheit ein Märtyrer. War er auch ein Held? Jedenfalls handelte er, als er sich am 23. Juli 1942 in seinem Amtszimmer entschlossen hatte, dem Leben ein Ende zu setzen, in Übereinstimmung mit seinen Idealen. Kann man von einem Menschen mehr verlangen?

Als ich vom einsamen Tod Adam Czerniakóws hörte, dachte ich, bestürzt und verwirrt, an die Dichter, die er nicht nur liebte und gern zitierte, die er auch ernst nahm. Ich dachte an die großen polnischen Romantiker, an die großen deutschen Klassiker.

Eine nagelneue Reitpeitsche

Das Wort »Flitterwochen« kommt, wie uns die Wörterbücher belehren, vom mittelhochdeutschen Verbum »vlit-
tern«, welches soviel bedeutet wie »flüstern«, »kichern«
oder »liebkosen«. Wie war es damit bei uns bestellt? Eine
Hochzeitsreise haben wir nicht gemacht, sie blieb uns, Tosia und mir, erspart – sie hätte ja nur ein einziges Ziel haben
können: die Gaskammer. Aber »Flitterwochen« – das ist ja
ein zeitlicher Begriff, also muß es diese Wochen gegeben
haben. In der Tat, es hat sie gegeben, nur gehören sie zu den
schlimmsten, den schrecklichsten unseres Lebens.

Die in den Vormittagsstunden des 22. Juli 1942 begonnene und bis Mitte September dieses Jahres dauernde Ermordung der überwiegenden Mehrheit der Warschauer Juden wird in den historischen Darstellungen mit den damals
üblichen Worten benannt. Es sind Vokabeln, die den Tat-
bestand verschleiern. So spricht man von der »Großen Aktion« oder auch von der »Ersten Aktion« oder gar, die
behördliche deutsche Nomenklatur übernehmend, von der
»Umsiedlungsaktion«. Indes: Die Juden wurden deportiert
und also ausgesiedelt. Aber umgesiedelt? Wenn ja – wohin?

Täglich wurden Tausende auf Viehwaggons verladen, im
Durchschnitt etwa sechs- bis siebentausend. Die höchste
Zahl der an einem Tag Abtransportierten betrug den amtlichen deutschen Angaben zufolge 13 596 Personen. Die ersten Opfer waren jene, die der Gesellschaft, vor allem der
sozialen Wohlfahrt, zur Last fielen. Es waren die Elendsten

der Elenden: Die Gettomiliz hatte den Auftrag, die Obdachlosenasyle, die Waisenheime, die Haftanstalten und andere Unterkünfte für die Ärmsten zu leeren.

Die meisten alten und kranken Menschen wurden nicht in die Züge, sondern zum jüdischen Friedhof gebracht und dort sofort erschossen. Daß man die Arbeitsunfähigen an Ort und Stelle hinrichtete, dahinter könne sich für die Nichtbetroffenen – dies glaubten, wie unwahrscheinlich es auch sein mag, manche Gettobewohner – doch etwas Positives verbergen: Die »Umsiedlung« müsse, meinten sie, nicht unbedingt und nicht in allen Fällen den Tod bedeuten, vielmehr deportiere man die Juden, weil man sie irgendwo und zu irgendwelchen Arbeiten brauche. Die Deutschen, hörte man, planten im Osten eine gewaltige Verteidigungslinie, vergleichbar mit der Siegfriedlinie im Westen. Vielleicht benötige man hierzu, hieß es, Hunderttausende von Arbeitern.

Letztlich vermochten derartige Gerüchte und Spekulationen niemanden zu beruhigen. Man begriff: Wer Menschen wahllos aufgreift und auf so barbarische, so wahrlich unmenschliche Weise in Viehwaggons pfercht (auch Frauen und Kinder), kann nicht die Absicht haben, sie für sich arbeiten zu lassen. Sehr bald wurden alle, ob arbeitsfähig oder nicht, auf den Straßen verhaftet und zum »Umschlagplatz« abgeführt. Sofort waren die Straßen menschenleer. Wer sich in den Wohnhäusern aufhielt, wurde aufgerufen, gleich in den Hof zu kommen, und wer dieser Aufforderung nicht folgte, wurde erschossen. Dennoch haben viele vorgezogen, sich in Kellern, auf den Dachböden oder sonstwo zu verstecken und eher die Erschießung an Ort und Stelle zu riskieren, als sich zum »Umschlagplatz« bringen zu lassen.

Dabei mußten die jüdischen Milizionäre helfen: Die SS hatte ihnen versprochen, sie würden mit ihren Familien im

Getto, also am Leben bleiben dürfen. Trotz ihrer Todesangst waren nicht alle Milizionäre bereit zu tun, was ihnen die Deutschen befohlen hatten. Manche, die sich weigerten, wurden sofort hingerichtet, manche verübten Selbstmord. Aber die meisten haben in diesen Tagen und Wochen eine unrühmliche Rolle gespielt. Daß die SS nicht Wort gehalten hat, versteht sich von selbst: Am Ende der »Ersten Aktion« wurden beinahe alle Angehörigen der Jüdischen Miliz von den wenigen ihresgleichen, die noch bleiben durften, zum »Umschlagplatz« gebracht und deportiert.

Die Frage, wohin die Transporte gingen, ließ sich schon Anfang August beantworten. Die jüdischen Wachtposten auf dem »Umschlagplatz« hatten die Nummern der Waggons notiert und mußten zu ihrer Verblüffung feststellen, daß die Züge keinen weiten Weg zurücklegten, daß sie keineswegs nach Minsk oder Smolensk gingen. Denn die Waggons waren schon nach wenigen Stunden, höchstens vier oder fünf, wieder in Warschau.

Bald wurde bekannt, daß alle Transporte zu einem nordöstlich von Warschau gelegenen und nicht viel über hundert Kilometer entfernten Bahnhof gingen, der zu Treblinka gehörte, einer kleinen benachbarten Ortschaft. Von diesem Bahnhof führte ein etwa vier Kilometer langes Nebengleis in eine dicht bewaldete Gegend, in der sich das Lager Treblinka befand. Wirklich ein Lager? Wenig später erfuhr man noch, daß dort kein Konzentrationslager war, geschweige denn ein Arbeitslager. Dort gab es nur eine Gaskammer, genauer: ein Gebäude mit drei Gaskammern. Was die »Umsiedlung« der Juden genannt wurde, war bloß eine Aussiedlung – die Aussiedlung aus Warschau. Sie hatte nur ein Ziel, sie hatte nur einen Zweck: den Tod.

Man machte sich im Getto keine Illusionen. Aber Hoffnungen? Ein neuer deutscher Begriff kam in Umlauf: »nützliche Juden«. Als »nützlich« galt, vermutete man, wer im Sinne der »Eröffnungen und Auflagen« von der »Umsiedlung« ausgenommen war. Doch wie sollte man nachweisen, daß man etwas »Nützliches« verrichte, wenn diejenigen, die das Getto systematisch durchkämmten, vor allem die Letten, die Litauer, die Ukrainer, die ihnen gezeigten deutschen Arbeitsbescheinigungen ignorierten und oft gleich wegwarfen oder zerrissen? Am sichersten schien es, sich von den jeweiligen Arbeitsplätzen nicht zu entfernen. Dabei handelte es sich in der Regel um große Betriebe, die im Getto allerlei für deutsche Auftraggeber produzierten und deren deutsche Inhaber oder Chefs daran interessiert waren, die Deportation der bei ihnen beschäftigten Juden nicht zuzulassen. Denn diese Arbeitskräfte wurden überhaupt nicht oder nur minimal entlohnt.

Auch die Angestellten des »Judenrates«, dessen Personal schon stark reduziert war, wurden vorerst als »nützlich« eingestuft. Daher hielten wir uns, Tosia und ich, den ganzen Tag über in meinem Büro auf. Unerwartet erschien dort eine Verwandte Tosias, eine tüchtige und mutige Frau, die außerhalb des Gettos als Nichtjüdin lebte. Sie war gekommen, um Tosia mitzunehmen, also zu retten. Allerdings, sagte sie, sei es ihr nicht möglich, auch mich mitzunehmen. Das wäre zwecklos und gefährlich. Denn so, wie ich nun einmal mit meinen schwarzen Haaren aussehe, würde man mich als Juden erkennen und denunzieren – und auf der Stelle erschießen. Das sei jetzt gang und gäbe, sie selber habe neulich gesehen, wie eine Jüdin außerhalb des Gettos aufgedeckt und erschossen worden sei. Tosia hingegen könne – meinte jene Tante – durchaus als »Arierin« gelten. Sie solle sich die Sache rasch überlegen und gleich mitkommen, nur müsse sie sich eben von mir trennen. Auch derartiges sei doch heute gang und gäbe.

Ohne mit mir darüber zu reden, hat sich Tosia sofort entschieden. Sie sagte knapp, sie werde mich nicht allein lassen.

Wir blieben zusammen, weiterhin. Daß eine Frau ihr Leben riskiert, um einen Freund, einen Geliebten, einen Ehemann zu retten, dieses Motiv kannte ich wohl – aus Opern, aus Balladen und Novellen. Damals, im Warschauer Getto, habe ich es zum ersten Mal in der Wirklichkeit erfahren.

Zwei- oder dreimal fanden im August im Amt des Judenrates überraschende »Selektionen« statt. So nannte man das Verfahren, das dazu diente, einen Teil der von der Deportation Freigestellten doch zum »Umschlagplatz« zu treiben. Eine »Selektion« spielte sich folgendermaßen ab: Plötzlich mußten wir alle in den Hof gehen, uns in Kolonnen aufstellen und dann einzeln an einem SS-Führer vorbeimarschieren. Meistens war es ein junger, ein untergeordneter Mann, ein Unterscharführer etwa, mit einer hübschen Reitpeitsche in der Hand. Ihm hatte man zu sagen, wo und in welcher Eigenschaft man tätig sei, worauf er mit seiner Peitsche zeigte, ob man nach links oder nach rechts gehen sollte.

Auf der einen Seite standen jetzt diejenigen, die im Getto bleiben durften, auf der anderen jene, die zum »Umschlagplatz« und gleich in die Waggons gehen mußten. Die eine Seite bedeutete das Leben, das einstweilige, die andere den Tod, den sofortigen. Wonach entschied der Deutsche mit der hübschen Reitpeitsche? Richtete sich seine Auswahl nach irgendwelchen Gesichtspunkten? Wir hatten den Eindruck, daß kräftigere, arbeitsfähige Menschen eher Chancen hatten, auf die Seite des Lebens zu gelangen. Überdies hing es offensichtlich auch davon ab, wie man aussah. Schmuddelige, unordentlich gekleidete oder gar unrasierte Juden wurden sofort den für die Gaskammer bestimmten Kolonnen zugewiesen. Wer wie ich schwarzhaarig war, hat sich in jener Zeit zweimal täglich rasiert. Ich habe mir das bis heute nicht abgewöhnen können, ich rasiere mich immer noch zweimal täglich.

Oft allerdings hat sich der SS-Unterscharführer, der über unser Leben entscheiden durfte, nur von seiner Laune leiten lassen: Wie anders sollte man es sich erklären, daß er bisweilen auf einmal zwanzig oder dreißig Personen, darunter auch jüngere und adrett aussehende, mit einem gelangweilten Peitschenzeichen auf die Todesseite lenkte?

Wir, Tosia und ich, haben die August-»Selektionen« auf dem Hof des »Judenrat«-Gebäudes überstanden. Auch meine Eltern, die ich dort in einem Nebengebäude untergebracht hatte, teilte man der Seite des Lebens zu. Tosias Mutter aber, die in einem Textil-Betrieb Unterschlupf gesucht hatte, gehörte zu jenen, die im August zum »Umschlagplatz« getrieben wurden. Wir haben sie nie wiedergesehen. Als meine Mutter hörte, daß Tosia nun ganz allein war, sagte sie ihr sofort: »Du bleibst jetzt bei uns.« Wir waren meiner Mutter dankbar, daß sie dies für selbstverständlich hielt.

Unbegreifliches konnte man damals, also während der »Großen Aktion«, auf den Straßen des Gettos sehen: lange Menschenzüge, die, von niemandem bewacht oder getrieben, mit schwerem und, wie sich meist noch am selben Tag erwies, völlig überflüssigem Gepäck zum »Umschlagplatz« gingen. Sie folgten einer Bekanntmachung der jüdischen Miliz, die unter Berufung auf die deutschen Behörden allen, die sich freiwillig zur »Umsiedlung« meldeten, eine Lebensmittelzuteilung versprach: pro Person drei Kilogramm Brot und ein Kilogramm Marmelade. Zu diesem Zeitpunkt war noch nicht sicher, was sich hinter dem Wort »Umsiedlung« verbarg: Hunderte, an manchen Tagen sogar Tausende Verzweifelter und Hungernder meinten, am Ende der schrecklichen Bahnfahrt werde eine »Selektion« stattfinden, wenigstens ein Teil der Angekommenen könne, für harte Arbeit ausgewählt, überleben.

Aber jene, die sich nicht freiwillig zur Deportation meldeten, die nicht Selbstmord verübten (das taten alltäglich viele) und die nicht in den »arischen« Teil Warschaus flohen, was gerade während der »Großen Aktion« besonders schwierig und riskant war – worauf hofften sie? Ein Kollege im Amt des »Judenrates«, ein intelligenter und witziger Mann, flüsterte mir eine trockene, eine beinahe schnippische Bemerkung ins Ohr: »Von uns allen wird bleiben: eine kleine Delegation. Mehr werden die lieben Deutschen nicht genehmigen.« Der Mann wurde für einen Pessimisten gehalten. Aber seine Voraussage war noch allzu optimistisch. Vorerst freilich wollten viele glauben, daß sie der »kleinen Delegation« angehören würden.

Wieder waren Gerüchte im Umlauf, diesmal über das angeblich nahe Ende der »Umsiedlung«. Die Deutschen wollten wohl – darüber machte man sich immer wieder Gedanken – eine bestimmte Anzahl von Juden deportieren. Hatte es die SS-Führung auf ein Drittel der Gettobevölkerung abgesehen oder auf die Hälfte oder gar auf noch mehr? Daß sie die »Endlösung« anstrebte, darauf verfiel niemand.

Es gab Juden, die meinten, die Weltöffentlichkeit, die auf dem Funkweg über die Vorgänge im Generalgouvernement laufend informiert wurde, werde gegen das Ungeheuerliche protestieren und damit wohl etwas erreichen. Man hielt es für möglich, ja insgeheim rechnete man damit, daß die SS eines Tages, auf Grund einer Weisung aus Berlin, die Aktion abbrechen würde. In den letzten August- und in den ersten September-Tagen war es im Getto tatsächlich etwas ruhiger, manche glaubten schon, das Schlimmste hinter sich zu haben.

Aber am 5. September gab es wieder eine an allen Mauern plakatierte Anordnung: Sämtliche noch im Getto lebenden Juden hatten sich am nächsten Tag um zehn Uhr morgens auf den Straßen eines genau bezeichneten Bezirks in der Nähe des »Umschlagplatzes« zu stellen: »zur Registrierung«. Man sollte Lebensmittel für zwei Tage mitbrin-

gen und Trinkgefäße. Die Wohnungen durften nicht ver-
schlossen werden. Was jetzt stattfand, nannte man die
»große Selektion«: 35 000 Juden, somit weniger als zehn
Prozent der Bewohnerzahl des Gettos vor Beginn der
»Umsiedlung«, erhielten gelbe »Lebensnummern«, die auf
der Brust zu tragen waren – es waren vorwiegend die
»nützlichen« Juden, diejenigen, die in den deutschen Betrieben arbeiteten oder im »Judenrat«. Tausende bekamen
keine »Lebensnummern«, ließen sich aber von der angedrohten Todesstrafe nicht beirren: Sie hielten sich irgendwo
im Getto verborgen. Alle anderen, es waren Zehntausende,
wurden von der »Registrierung«, von der »großen Selektion« direkt zu den Zügen nach Treblinka abgeführt.

Manche fielen auf, weil sie ein sonderbares Gepäck
hatten. Sie trugen Musikinstrumente in entsprechenden
Kästen: eine Violine, eine Klarinette, eine Trompete, ja
sogar ein Cello. Das waren die Musiker vom Symphonieorchester. Mit einigen konnte ich, als wir stundenlang auf
die endgültige »Selektion« warten mußten, noch kurz sprechen. Jeder gab auf die Frage, warum er das Instrument
mitnehme, beinahe wörtlich die gleiche Antwort: »Die
Deutschen lieben doch die Musik. Vielleicht werden sie
einen, der ihnen etwas vorspielt, nicht ins Gas schicken.«
Aber von den Musikern, die nach Treblinka abtransportiert
wurden, ist kein einziger wiedergekommen.

Und Marysia Ajzensztadt, die zarte, die wunderbare
Sopranistin, die vom ganzen Getto geliebt wurde? Jeder
war entschlossen, ihr zu helfen, sie zu beschützen, auch jeder Milizionär. Sie geriet auf den »Umschlagplatz«, ein
Jude, der an diesem Tag dort etwas zu sagen hatte, wollte
und konnte sie retten. Aber ihre Eltern waren schon im
Waggon – und sie wollte sich nicht von ihnen trennen. Sie
versuchte, sich von dem Milizionär, der sie festhielt, loszu-
reißen. Ein SS-Mann beobachtete die Szene und erschoß

sie. Andere berichten, sie sei nicht auf dem »Umschlag-platz« umgebracht, sondern von dem SS-Mann in den Waggon nach Treblinka gedrängt und dort vergast worden. Unter denen, die das Getto überlebt haben, gibt es keinen, der sie vergessen hätte.

Tosia und ich hatten, da ich als Übersetzer noch gebraucht wurde, die begehrten »Lebensnummern« erhalten – ob die Deutschen diese Nummern auch wirklich honorieren würden, dessen waren wir nicht sicher, das mußte sich bald zeigen: Wir wurden auf den Platz geführt, auf dem sich heute das 1947 errichtete Warschauer Getto-Denkmal befindet, und dort gab es, wie nun schon üblich, einen etwas gelangweilten jungen Mann mit einer offenbar nagelneuen Reitpeitsche. Hier sollte sich wieder einmal entscheiden, ob wir nach links gehen mußten, also zum »Umschlagplatz«, zu den Waggons nach Treblinka, oder nach rechts, also, vorerst, am Leben bleiben durften. Die Peitsche zeigte nach rechts.

Meine Eltern hatten schon ihres Alters wegen – meine Mutter war 58 Jahre alt, mein Vater 62 – keine Chance, eine »Lebensnummer« zu bekommen, und es fehlten ihnen Kraft und Lust, sich irgendwo zu verbergen. Ich sagte ihnen, wo sie sich anstellen mußten. Mein Vater blickte mich ratlos an, meine Mutter erstaunlich ruhig. Sie war sorgfältig gekleidet: Sie trug einen hellen Regenmantel, den sie aus Berlin mitgebracht hatte. Ich wußte, daß ich sie zum letzten Mal sah. Und so sehe ich sie immer noch: meinen hilflosen Vater und meine Mutter in dem schönen Trenchcoat aus einem Warenhaus unweit der Berliner Gedächtniskirche. Die letzten Worte, die Tosia von meiner Mutter gehört hat, lauten: »Kümmere dich um Marcel.«

Als sich die Gruppe, in der sie standen, dem Mann mit der Reitpeitsche näherte, war er offenbar ungeduldig geworden: Er trieb die nicht mehr jungen Leute an, doch schneller nach links zu gehen. Er wollte schon von seiner schmucken Peitsche Gebrauch machen, aber es war nicht mehr nötig: Mein Vater und meine Mutter – ich konnte es von weitem sehen – begannen in ihrer Angst vor dem strammen Deutschen zu laufen, so schnell sie konnten.

Am nächsten Tag traf ich den Kommandanten der jüdischen Miliz auf dem »Umschlagplatz«, einen rabiaten Mann, den ich flüchtig kannte, weil er einige Wochen lang im Getto unser Nachbar war. Er sagte mir: »Ich habe Ihren Eltern ein Brot gegeben, mehr konnte ich für sie nicht tun. Dann habe ich ihnen noch in den Waggon geholfen.«

Ordnung, Hygiene, Disziplin

Die Miła-Straße in Warschau hat zwar keinen guten Ruf, aber eine Zeitlang erfreute sie sich in vielen Ländern einer auffallenden Popularität: Die Adresse »Miła 18« war beinahe weltberühmt, auch wenn jene, die sie immer wieder nannten, oft nicht recht wußten, was sich hinter ihr verbarg. Es handelt sich um eine arme, eine, offen gesagt, scheußliche Straße im nördlichen, vor dem Krieg vor allem von Juden bewohnten Teil Warschaus.

Daß sie außerhalb der polnischen Hauptstadt bekannt wurde, hat mit der Literatur zu tun. Der polnische Dichter Wladyslaw Broniewski hat ihr kurz vor dem Zweiten Weltkrieg eines seiner schönsten Gedichte gewidmet. In ihm spricht er von dem schroffen Widerspruch zwischen dem freundlichen, dem liebevoll-zarten Straßennamen (»Miła-Straße« heißt soviel wie »Lieblichstraße«) und dem abstoßenden Leben, das sich dort alltäglich abspielt. Das Gedicht beginnt mit den Worten:

Die Lieblichstraße - lieblich ist sie nicht.
Die Lieblichstraße - betritt sie nicht, meine Liebste.

Und es endet:

Und selbst wenn ich zu dir dränge,
meide ich die Lieblichstraße,
denn wer weiß, ob ich mich dort nicht erhänge.

Allerdings kennt man den Dichter Wladyslaw Broniewski, einen der bemerkenswerten polnischen Lyriker unseres

Jahrhunderts, außerhalb Polens kaum – und das unübersetzbare Gedicht »Miła Straße« schon gar nicht.

Einem amerikanischen Autor unterhaltsam-spannender Romane, Leon Uris, blieb es vorbehalten, der Miła-Straße internationale Bekanntheit zu verschaffen: Er ließ 1961 seinem sensationellen Bestseller »Exodus« einen zweiten Roman folgen, der ebenfalls ein Welt-Bestseller wurde – den Roman »Miła 18«. In diesem Haus, genauer: in dessen geräumigem Keller-Bunker befand sich die Kommandantur der Jüdischen Kampforganisation, hier war das Zentrum des Aufstands im Warschauer Getto.

Unmittelbar nach der »Großen Selektion« erfuhren wir, Tosia und ich, daß man uns unsere bisherige Wohnung weggenommen hatte. Denn während diese »Selektion« im Gange war, wurden die Grenzen des Gettos von den deutschen Behörden blitzschnell enger gezogen: Die Straße, in der wir noch vor einigen Stunden gewohnt hatten, gehörte jetzt nicht mehr dazu, wir durften sie nicht mehr betreten. Doch von weitem konnten wir sehen, daß dort zahlreiche Lastwagen und riesige Möbelwagen standen: Die SS-Formation »Werterfassung« war schon mit dem Abtransport aller Habseligkeiten jener beschäftigt, die inzwischen auf dem Weg nach Treblinka waren. Wir verstanden, warum es, als wir uns der »Großen Selektion« zu stellen hatten, verboten gewesen war, unsere Wohnungen abzuschließen. Ja, es war alles gut geplant, gut organisiert.

Nun warteten wir in einer langen Kolonne auf die Zuteilung einer Unterkunft, womöglich einer neuen Wohnung. Wir wurden in die Miła-Straße geführt; an die Hausnummer kann ich mich nicht mehr erinnern. Die Wohnung, die wir bekamen, bestand aus einem Zimmer, einer Küche und einem winzigen Waschraum. In diesen Wänden hatten vor fünf, höchstens zehn Stunden Menschen gelebt, wohl ein Ehepaar, das sich jetzt im überfüllten Viehwaggon nach

Treblinka befand. Nein, vermutlich waren die beiden dort schon angelangt und von SS-Männern aus den Waggons getrieben worden. Vielleicht erklärte ihnen gerade jetzt ein ernster, ein ruhiger Offizier, sie seien in einem Durchgangslager und müßten sich, bevor sie in ein Arbeitslager kämen, ausziehen – Männer und Frauen getrennt, wie es sich schickt. Dann sollten sie gründlich duschen, denn die Hygiene sei nun einmal oberstes Gesetz. Daher werde auch ihre Kleidung desinfiziert. Geld und Wertsachen seien abzugeben, aber sie würden sie, versteht sich, nach dem Duschen zurückerhalten. Denn Ordnung muß sein. Und: Hier herrsche strenge Disziplin, deutsche Disziplin.

Oder waren die beiden Neuankömmlinge aus Warschau schon nackt und in dem »Schlauch«, wie der Pfad genannt wurde, der zur Gaskammer führte? Möglich, daß sie bereits in der Gaskammer standen, dicht neben meiner nackten Mutter und meinem nackten Vater, in der Gaskammer, die einem Duschraum ähnelte und an deren Decke Röhren angebracht waren. Doch kein Wasser strömte aus diesen Röhren, sondern das von einem Dieselmotor produzierte Gas. Etwa dreißig Minuten dauerte es, bis alle, die sich in der Gaskammer drängten, erstickt waren. In ihrer Todesangst, in ihren letzten Augenblicken haben die Sterbenden Darm und Blase nicht beherrschen können. Die meist mit Kot und Urin besudelten Leichen wurden rasch beseitigt – um Platz zu machen für die nächsten Juden aus Warschau.

Wir aber waren in der Miła-Straße, in jener kleinen Wohnung, die heute früh von zwei Menschen offenbar in größter Eile verlassen worden war. Schweigend, beklommen, blickten wir umher. Die Betten waren nicht gemacht, der Küchentisch war nicht abgeräumt, auf einem Teller lag noch, neben zwei halbvollen Gläsern Tee, ein angebissenes Stück Brot, und es brannte noch das Licht im Waschraum. Auf einen Stuhl hatte jemand einen Rock hingeworfen, an der Lehne hing eine Bluse. Die Kleider, die Möbel, die beiden Sofakissen und der Teppich – das alles schien noch zu atmen.

Und sie, deren schön gerahmte Fotos zusammen mit einigen anderen Bildern die Kommode schmückten, sie, die hier gewohnt, hier geliebt und gelitten hatten, atmeten sie noch? Wir wagten es nicht, daran zu denken. Hatten wir denn überhaupt keine Skrupel, keine Hemmungen, die kleine Wohnung in der Miła-Straße in Besitz zu nehmen? Aufs höchste verwundert, aufs tiefste beschämt, gestehe ich: Wir hatten keine Skrupel, wir kannten keine Hemmungen, wir brauchten keinen Widerstand zu überwinden. Und diejenigen unserer Freunde und Kollegen, die, vorerst ebenfalls der Gaskammer entgangen, unsere Nachbarn in der Miła-Straße wurden – auch sie richteten sich jetzt in den ihnen zugewiesenen Wohnungen ein, schnell und hastig und, zumindest dem Anschein nach, ohne Bedenken.

Hatte das Unmenschliche, dessen Zeugen und Opfer wir alle waren, auch uns unmenschlich gemacht? Jedenfalls waren wir abgestumpft: Wir hatten sehen müssen, wie die Unsrigen zu den Zügen nach Treblinka getrieben wurden. Wir aber waren verschont geblieben. Nur trauten wir der Rettung nicht: Wir fürchteten, nein, wir waren überzeugt, daß man uns bloß eine kurze Schonfrist gewährt hatte. Die Wohnungen in der Miła-Straße, wir ahnten es, würden nie unsere werden, es waren bloß einstweilige Unterkünfte für die letzten Monate, vielleicht die letzten Wochen des Warschauer Gettos.

Jetzt, im Herbst 1942, gab es im Restgetto 35 000 Juden mit »Lebensnummern« und rund 25 000, die der Deportation irgendwie entgangen waren, doch keine »Lebensnummer« hatten; sie wurden die »Wilden« genannt. Bald erfuhren wir, wie sich unser Dasein unter den neuen Bedingungen abspielen sollte. Wir durften nicht mehr einzeln auf die

Straße gehen, wir mußten morgens in Kolonnen zum Arbeitsplatz marschieren und abends in Kolonnen zurückkehren.

Im Amt des »Judenrates« war ich weiterhin für Übersetzungen zuständig und für die immer noch geführte Korrespondenz mit deutschen Behörden. Auch Tosia hatte ich dort untergebracht, sie war mit kleinen graphischen Arbeiten beschäftigt, sie fertigte Schilder und Aufschriften an. Ein Gehalt bekam sie nicht, aber das war ohne Bedeutung, denn es kam vor allem darauf an, einen Arbeitsplatz zu haben, an dem man sicherer war als in der Wohnung oder gar auf der Straße.

Die Deportation lief zwar aus, doch ganz abgeschlossen war sie nicht: Noch wurden, wenn auch nicht mehr täglich, Waggons mit Juden, die die SS irgendwo aufgegriffen hatte, nach Treblinka geleitet. Da geschah es, daß ich einmal ohne Tosia im Büro war, denn sie sollte mit einer anderen Kolonne etwas später nachkommen – und kam nicht. Plötzlich wurde ich benachrichtigt, sie sei auf dem »Umschlagplatz«. Niemand konnte wissen, wann der nächste Zug abgehen würde. Man mußte sofort handeln: Ich suchte jenen rabiaten Kommandanten der jüdischen Miliz auf dem »Umschlagplatz«, der meinen Eltern für die Fahrt zur Gaskammer ein Brot gegeben hatte. Ich fand ihn. Es war gerade ein ruhiger Tag, an dem es keine SS-Leute auf dem »Umschlagplatz« gab. So konnte er Tosia freilassen. Sie kam zu mir, aufgeregt und aufgelöst. Wie sie auf den »Umschlagplatz« geraten war und was sie dort erlebt hatte, wollte oder konnte sie mir nicht erzählen. Ich habe es nie erfahren. Nur glaube ich bis heute, daß die Krankheit, an der sie nach dem Krieg, zumal ab 1950, leiden mußte, in jenen Stunden ihren Anfang genommen hat. Wer, zum Tode verurteilt, den Zug zur Gaskammer aus nächster Nähe gesehen hat, der bleibt ein Gezeichneter – sein Leben lang.

Unheimlich war es im Getto immer, doch die Zeit, die uns im Herbst 1942 bevorstand, unterschied sich von der vorangegangenen vor allem dadurch, daß im kleinen Restgetto vorerst nichts geschah. Die einst überfüllten Straßen waren den ganzen Tag über leer, es blieb ganz still, freilich war es eine gespannte, eine, wenn man so sagen darf, schrille Stille. Die Ruhe eines Friedhofs? Ja, aber vor allem die Ruhe vor dem Sturm. Denn niemand glaubte ernsthaft, die Deutschen hätten sich unversehens entschlossen, die noch lebenden Juden nicht zu ermorden, niemand traute den vielen Gerüchten, die besagten, bald würde sich alles normalisieren, die SS würde wieder Gottesdienste dulden und vielleicht sogar Theateraufführungen und Konzerte erlauben. Sollten etwa – fragte man sich – derartige Gerüchte aus deutschen Quellen stammen und die jüdische Bevölkerung irreführen? Andererseits hörte man immer häufiger, es werde bald wieder eine »Aktion« geben, man müsse mit der nächsten »Umsiedlung«, mit der nächsten Deportation nach Treblinka rechnen: Unentwegt wurden Termine genannt, die uns in höchste Aufregung versetzten.

Alle wußten wir: Diese »Zweite Aktion« werde mit Sicherheit früher oder später erfolgen und wir dürften auf keinen Fall die Entwicklung untätig abwarten. Manche planten, aus dem Getto in den »arischen« Teil Warschaus zu fliehen. Das war äußerst schwierig und mit einem enormen Risiko verbunden. Wer außerhalb des Gettos von der Existenz eines Juden wußte und diesen nicht sogleich anzeigte, wer ihm gar half und Unterkunft gewährte, dem drohte – zusammen mit seiner Familie – die Todesstrafe. Die Juden, die man in den »arischen« Stadtteilen aufgedeckt hat – denn viele waren schon vor der »Ersten Aktion« geflohen oder überhaupt nicht ins Getto gegangen –, wurden meist sofort erschossen.

Aber auch diejenigen, die die Flucht fürchteten, waren

entschlossen, die Zeit bis zu den nächsten Maßnahmen der Deutschen auf keinen Fall untätig verstreichen zu lassen. Die Keller mancher Häuser wurden mit großer Mühe und viel Geschick in Schutzräume umgebaut, die mit Lebensmitteln und Wasservorräten versorgt, an die Wasserleitungen angeschlossen wurden und bisweilen sogar an das unterirdische Kanalnetz, durch das man aus dem Getto fliehen konnte. Im Falle einer abermaligen Deportation wollte man sich dort verbergen und sie auf diese Weise vielleicht überdauern.

Vor allem wurde beschlossen, der zu erwartenden nächsten »Umsiedlung« offenen Widerstand zu leisten – mit der Waffe in der Hand. Eine derartige (natürlich hoffnungslose) Auflehnung gegen die Deutschen hatten Vertreter verschiedener jüdischer Organisationen auf einer gemeinsamen Sitzung schon am 22. Juli 1942 erörtert, allerdings mit negativem Ergebnis: Da im Getto Waffen kaum vorhanden waren, hätte der Widerstand, meinte man zu jener Zeit, nicht einmal symbolische Bedeutung gehabt. Jetzt, im Herbst 1942, war die Situation ganz anders: Jugendgruppen und politische Parteien hielten den Augenblick für gekommen, sich zusammenzuschließen. Die Jüdische Kampforganisation (später benutzte man die polnische Abkürzung ZOB) wurde gegründet. Vor allem mußten Waffen beschafft werden, sie waren noch am ehesten bei polnischen Untergrundorganisationen zu erhalten. Alles mußte sehr schnell geschehen, denn man rechnete mit der nächsten Deportation im Dezember, spätestens im Januar 1943.

Mitte Januar gab es wieder einmal beruhigende Gerüchte, die offensichtlich aus deutschen Quellen stammten und nichts anderes bezwecken sollten, als die Wachsamkeit der Juden einzuschläfern. Am 18. Januar wurden wir kurz nach sechs Uhr morgens vom Lärm auf der Straße geweckt. Ich sprang ans Fenster und sah trotz der Dunkelheit Hunderte,

wenn nicht gar Tausende von Juden, die eine Marschko-
lonne bildeten. Von unserer Haustreppe hörte ich laute,
rüde Kommandos. Ich verstand, daß alle, die nicht sofort
ihre Wohnung verließen und sich auf der Straße einfänden,
an Ort und Stelle erschossen würden. Wir zogen uns so
schnell wie möglich an und liefen hinaus. Zweierlei fiel
mir gleich auf: Die Kolonne vor unserem Haus, von der
wir nicht wußten, wo sie begann und wo sie endete, wurde
von einer viel größeren Zahl von Gendarmen bewacht als
früher: Die Posten standen, mit schußbereiter Waffe in der
Hand, nur zehn oder fünfzehn Meter voneinander entfernt.
Sie trugen deutsche Uniformen, es waren, anders als früher,
nicht Letten, Litauer oder Ukrainer, sondern, wie die Sprache ihrer zornigen, wütenden Rufe und Befehle erkennen
ließ, wirklich Deutsche und vorwiegend Österreicher.

Nach wenigen Minuten wurden wir in Marsch gesetzt.
Wir zweifelten nicht, wohin er führte: zum »Umschlagplatz«. Es war ebenfalls klar, daß wir an diesem stets überfüllten und auf abscheuliche Weise besudelten Warteraum
für die Passagiere, die für die Gaskammer bestimmt waren,
sehr bald ankommen würden. Denn die Miła-Straße war
nicht weit vom Ziel unseres langsamen Schweigemarsches
entfernt. Ich flüsterte Tosia ins Ohr: »Denk an die Dosto-
jewski-Anekdote.« Sie wußte genau, was ich meinte.

In Stefan Zweigs vor und auch noch nach dem Krieg besonders populären »Sternstunden der Menschheit« betrifft
eine der »historischen Miniaturen« ein ungewöhnliches Ereignis aus dem Leben von Dostojewski. Nachdem er 1849
aus politischen Gründen zum Tode verurteilt worden war,
hatte man ihm, Stefan Zweig zufolge, auf der Hinrich-
tungsstätte schon das Sterbehemd angezogen, ihn schon
mit Stricken an Pfähle gefesselt und ihm die Augen verbunden. Da hörte man plötzlich einen Schrei: Halt! Im letzten,
im allerletzten Moment kam ein Offizier mit einem Doku-

ment: Der Zar hatte das Todesurteil kassiert und die Strafe in eine mildere verwandelt.

Diese Miniatur über Dostojewski hatte mich, obwohl sie in literarischer Hinsicht ziemlich fatal ist, zusammen mit einigen anderen Stücken aus Zweigs »Sternstunden der Menschheit« in meiner Gymnasialzeit beeindruckt. Ich hatte sie Tosia erzählt – und in den Reihen zum »Umschlagplatz« erinnerte ich sie an diesen von Stefan Zweig geschilderten und zum Teil frei erfundenen Vorfall. Ich wollte sie beschwören, sollten wir getrennt werden, nur ja nicht zu früh aufzugeben. Freilich war es hier mit Anekdotischem, mit Literarischem nicht getan. Da der Weg zum »Umschlagplatz« sehr kurz war, konnte uns die Flucht aus der Kolonne nur jetzt gelingen oder nie – zumal die Flucht aus dem Eisenbahnzug nach Treblinka so gut wie unmöglich war.

Auf jene, die jetzt aus der Kolonne ausscherten, wurde sofort geschossen – nicht wenige blieben auf dem Straßendamm liegen. Aber dieses Risiko mußte man in Kauf nehmen. Ich gab Gustawa Jarecka, die mit ihren beiden Kindern in unserer Reihe stand, ein Zeichen, daß wir ausbrechen wollten, und sie uns folgen solle. Sie nickte. Schon wollte ich fliehen, doch den tödlichen Schuß befürchtend, zögerte ich noch einen Augenblick. Da zerrte mich Tosia aus der Reihe, wir rannten in das Tor eines schon im September 1939 zerstörten Hauses in dieser lieblichen, dieser Miła-Straße. Gustawa Jarecka folgte uns nicht, sie ist mit ihren beiden Kindern im Waggon nach Treblinka umgekommen.

Andere aus unserer Kolonne, die etwas später als wir geflohen waren, berichteten, daß einer der Gendarmen auf uns zu schießen versucht habe. Haben uns seine Schüsse verfehlt? Hat sein Gewehr nicht funktioniert? Oder hat er, dieser Deutsche oder Österreicher, vielleicht nicht schießen wollen, hat er gar, die ihm erteilten Befehle ignorierend, Hemmungen gehabt, uns zu töten?

Von dem Tor der Hausruine in der Miła-Straße sprangen wir in einen Keller, der zu unserer Verwunderung mit anderen Kellern verbunden war. Offenbar hatte man hier die Mauern durchbrochen, um einen Bunker zu bauen. So kamen wir in den letzten, von der Straße schon ziemlich weit entfernten Keller. Hier hörte man keine Schreie und keine Schüsse, hier war es vollkommen still – und hier blieben wir bis zum Abend. Niemand suchte uns.

Abends konnte man dieses Versteck verlassen. Am nächsten Morgen verbargen wir uns zusammen mit einigen unserer Freunde in einem unbenutzten Haus des »Judenrates«, in dem Tausende von Büchern und Akten aus dem Archiv der alten jüdischen Gemeinde Warschaus lagerten. In dem großen Raum, zu dem nur ein Eingang existierte, verbarrikadierten wir uns – eben mit Hilfe von unzähligen uralten Büchern. Dort hofften wir, die »Aktion« zu überleben. In der Tat: Die Bücher haben uns das Leben gerettet.

Möglich war dies, weil die »Zweite Aktion« schon am vierten Tag, also am 21. Januar 1943, nach der »Umsiedlung« von etwa fünf- bis sechstausend Juden, abgebrochen wurde. Die deutschen Befehlsstellen entschieden sich, sie nicht fortzusetzen, obwohl nur die Hälfte der auf dem »Umschlagplatz« wartenden Waggons nach Treblinka abgefahren war, die andere Hälfte aber weiterhin der SS zur Verfügung stand. Der Grund: Während dieser »Zweiten Aktion« hatte sich etwas ereignet, womit die Deutschen nicht gerechnet hatten – die Juden leisteten bewaffneten Widerstand. Doch war es klar, daß man die weitere »Umsiedlung« bloß verschoben hatte und daß die SS, nunmehr den bewaffneten Widerstand einkalkulierend, den Rest der Juden ermorden und das Getto endgültig liquidieren werde.

Der Jüdischen Kampforganisation gehörte ich nicht an, doch an einer ihrer Widerstandsaktionen nahm ich teil – beinahe zufällig. Wenn man nach der Januar-Deportation dem sicheren Tod entgehen wollte, mußte man, das ließ sich jetzt weder verkennen noch verdrängen, unbedingt und so schnell wie möglich aus dem Getto fliehen. Aber damit ein Jude im »arischen« Teil der Stadt überhaupt existieren konnte, waren drei Voraussetzungen nötig. Erstens: Man brauchte Geld oder Wertsachen, um sich falsche Personal-dokumente zu kaufen, ganz zu schweigen davon, daß man mit Erpressungen rechnen mußte. Zweitens: Man durfte nicht so aussehen und sich so verhalten, daß die Polen Ver-dacht schöpfen konnten, man sei ein Jude. Drittens: Man benötigte außerhalb des Gettos nichtjüdische Freunde und Bekannte, die zu helfen bereit waren.

Wenn bei einem Juden, der in den »arischen« Stadtteil fliehen wollte, von diesen drei Voraussetzungen nur zwei zutrafen, dann war seine Situation schon bedenklich, wenn nur eine zutraf, dann waren seine Chancen minimal. Bei mir jedoch traf keine der drei Voraussetzungen zu. So war es in meinem Fall eigentlich sinnlos, zu fliehen. Ich hatte kein Geld und auch keine Freunde außerhalb des Gettos, und jeder – die Polen haben hierfür ein erstaunliches Ge-spür – erkannte in mir sofort einen Juden. Bei Tosia war es kaum besser. Nur meinten wir, sie würde nicht wie eine Jüdin ausschauen, doch bald mußten wir uns überzeugen, daß man sich darauf nicht verlassen konnte.

Ich machte mir Gedanken, was man unter diesen Um-ständen ändern könnte. Vielleicht ließe sich rasch etwas Geld beschaffen? Wenige Tage nach dem Ende der »Zwei-ten Aktion« saßen wir mit zwei Freunden abends in der Miła-Straße in einem Keller und waren uns darin einig, daß unsere Lage hoffnungslos sei. Es sei doch ein Skandal, sagte ich beiläufig, daß der »Judenrat« immer noch wöchentlich Geld an die Deutschen zahle. Sollte man nicht die Kasse des »Judenrates« überfallen? Ganz ernst meinte ich es wohl nicht. Aber einer der Anwesenden, ein junger Mann, von dem ich wußte, daß er der Jüdischen Kampforganisation angehörte, zeigte sich sofort an der abenteuerlichen Idee interessiert. Er bat uns, vorerst mit niemandem darüber zu sprechen.

Am nächsten Tag sagte er uns, daß man die Sache wahrscheinlich machen werde, nur müßten wir mithelfen. Ich hatte die für den Überfall benötigten Angaben zu liefern: über das Modell der Kasse im Haus des »Judenrates«, über den Zugang zum Kassenraum und über die Türschlösser. Im Gespräch mit dem Kassierer, den ich ganz gut kannte, hatte ich zu ermitteln, an welchem Tag die jetzt bevorstehende Geldübergabe an die deutsche Behörde erfolgen sollte. Ferner hatte ich Briefpapier des »Judenrates« zu entwenden, auf dem Tosia die Unterschrift des Obmanns fälschte – was ihr nicht schlecht gelang. Wozu die Organisation diesen Brief samt Unterschrift brauchte, sagte man uns nicht.

Die Operation wurde in der Nacht vom 30. auf den 31. Januar durchgeführt, doch ganz anders, als wir es vermutet hatten: Kein Türschloß wurde aufgebrochen – und auch nicht die Kasse. Die Jüdische Kampforganisation hat eine mildere und bessere Lösung gefunden. Einige ihrer Mitglieder, verkleidet als jüdische Milizionäre, weckten den Kassierer nachts in seiner Wohnung und überreichten ihm ein Schreiben des Obmanns des »Judenrates«, das ihn aufforderte, sofort zu kommen und die Kassenschlüssel mitzubringen. Es seien, wurde dem erschrockenen Kassierer erklärt, plötzlich Deutsche erschienen, die eine größere Summe forderten. Er war mißtrauisch, tat dann aber, was man von ihm verlangte.

Als am nächsten Morgen bekannt wurde, daß der jüdischen Organisation ein derartiger Überfall gelungen war und daß sie sich des für die Deutschen bestimmten Geldes – es waren über 100000 Zloty – bemächtigt hatte, war die allgemeine Freude groß. Der Obmann des »Judenrates« meldete den Vorgang sofort den deutschen Behörden. Sie schickten Spezialisten, die allerlei untersuchten und nichts herausfanden. Der Freund, der die Verbindung zur Jüdischen Kampforganisation hergestellt hatte, teilte uns mit, man habe beschlossen, den größten Teil der Beute für den Kauf von Waffen zu verwenden. Aber Tosia und mir wolle man als Anerkennung für unsere Idee und unsere Hilfe eine Prämie auszahlen – pro Person etwa fünf Prozent des beschlagnahmten Betrags. Dies solle uns die Flucht aus dem Getto erleichtern.

Vor der »Zweiten Aktion« wollte ich die Möglichkeit, in den »arischen« Stadtteil zu fliehen, nicht recht ins Auge fassen: Ich fürchtete die ständige Abhängigkeit von jedem Nachbarn, von jedem Passanten, ich wußte wohl, daß mich jedes Kind denunzieren konnte. Die Wahrscheinlichkeit, daß ich außerhalb des Gettos rasch umkommen würde, betrage, glaubte ich, 99 Prozent. Im Getto aber stand mir der Tod bevor, und zwar mit hundertprozentiger Sicherheit. Ich mußte diese minimale Chance wahrnehmen, *wir* mußten sie wahrnehmen. Zwischen Tosia und mir gab es in dieser Angelegenheit keinen Meinungsunterschied.

Ein Musiker, ein ausgezeichneter Geiger, gab uns die Adresse einer polnischen proletarischen Familie, der es schlechtging und die bereit war, natürlich gegen eine angemessene Bezahlung, Juden zu beherbergen. Er selber wollte später ebenfalls aus dem Getto fliehen. Er ist in Treblinka umgekommen. Als wir uns verabschiedeten, sah er uns traurig an, aber er sagte kein Wort. Als wir schon an der Tür standen, nahm er seine auf einer Kommode liegende Geige in die Hand. Er spielte, wohl etwas langsamer und elegischer als sonst, die ersten Takte des Allegro molto aus Beethovens Quartett opus 59, Nr.3, C-Dur.

Wie sollten wir die Gettogrenze überschreiten? Zwei Möglichkeiten kamen in Frage. Wir konnten uns einer Kolonne anschließen, die frühmorgens zur Arbeit ging; und wir mußten uns, wenn wir schon außerhalb des Gettos waren, von ihr lösen, das Armband mit dem Davidstern schnell wegwerfen und irgendwohin fliehen. Allerdings durften wir nicht das geringste Gepäck in der Hand haben, wir durften nichts mitnehmen. Die andere Möglichkeit: Man konnte nachmittags, etwa zwischen siebzehn und achtzehn Uhr, rauskommen, wenn die Arbeitskolonnen zurückkehrten und die Grenzposten ganz und gar von den leidenschaftlich betriebenen Leibesvisitationen in Anspruch genommen waren.

Der zweite Weg hatte den Vorzug, daß man wenigstens ein kleines Köfferchen mitnehmen konnte. Natürlich mußte man die Grenzposten bestechen. Das erledigte der jüdische Milizionär, der die Flucht organisierte: Er erhielt die Bestechung und teilte den Betrag mit dem deutschen Gendarmen und mit dem polnischen Polizisten. Dies sagte er mir, als wir die Höhe der Bestechung aushandelten. Aber er hat mich betrogen: Er behielt das Geld für sich. Als seine angeblichen Teilhaber, der Deutsche und der Pole, uns auf dem mit Scheinwerfern stark beleuchteten Grenzbereich den Rücken zuwandten, rief er uns zu: »Jetzt geht geradeaus, schnell!« Das taten wir: Wir gingen schnell geradeaus. Wir hatten kaum mehr als zwanzig Schritte gemacht – und wir befanden uns schon außerhalb des Gettos. Es war der 3. Februar 1943. Was uns im nichtjüdischen Teil Warschaus erwartete, sollten wir schon nach zwei, drei Minuten erfahren.

Geschichten für Bolek

Die Grenze, die die beiden Teile der Stadt Warschau trennte, hatten wir gerade eilig überschritten – und schon hörten wir von hinten das so harmlose wie schreckliche Wort: »Halt!«: Zwei Beamte der polnischen (von den Deutschen geduldeten und gebrauchten) Polizei, die man, nach der Farbe ihrer aus der Vorkriegszeit stammenden Uniformen, die blaue nannte, wünschten unsere Ausweise zu sehen. Ich sagte ohne Umschweife, wir hätten keine, wir seien Juden, eben aus dem Getto gekommen. Dann müßten sie uns zur deutschen Gendarmerie bringen.

Wir erschraken, ohne gleich zu verzweifeln. Zwar wußten wir, daß jeder deutsche Wachtposten einen Juden sofort und ohne Umstände erschießen konnte, wir wußten aber auch, daß die »blauen Polizisten« zwar der deutschen Gendarmerie zu Diensten waren, jedoch in der Nähe der Gettoeingänge fleißig patrouillierten, weil sie flüchtende Juden erpressen wollten.

Sofort begannen Verhandlungen, die einem Muster folgten, das vermutlich so alt ist wie die Polizei selbst. Der eine Polizist erwies sich als ein strenger Mann, der nicht mit sich reden ließ, der andere indes war durchaus gesprächsbereit. Von ihm bekamen wir auch zu hören, er würde es mit uns im stillen abmachen, nur sei sein Kollege leider sehr diensteifrig. Ein angemessener Betrag würde ihn vielleicht milde stimmen. Es lief darauf hinaus, daß wir die beiden bestochen und sie uns in einer Pferdedroschke dorthin gebracht haben, wo wir hinwollten. Während der Fahrt bekamen wir zu hören, wir seien schließlich alle Polen.

Mit einer Bestechung hatte unser Leben im Warschauer Getto geendet; mit einer Bestechung begann unser Leben außerhalb des Gettos. Trotz der drohenden Todesstrafe haben damals nicht wenige Polen Juden aufgenommen und verborgen gehalten, in den meisten Fällen allerdings gegen ein sehr hohes Entgelt. Bei der proletarischen Familie, die uns der Musiker empfohlen hatte, konnten wir einige Tage bleiben. Auch dort wurden wir erpreßt und mußten so schnell wie möglich weiter.

Erpressung und Flucht – das wiederholte sich unentwegt. Tausende von Polen, häufig Halbwüchsige, die ohne Schule und ohne Universität aufwuchsen und oft auch ohne Väter, weil viele in Kriegsgefangenschaft waren, Menschen, die nichts gelernt und nichts zu tun hatten, verbrachten ihren Tag damit, alle Passanten mißtrauisch zu beobachten: Sie waren überall, zumal in der Nähe der Gettogrenzen, auf der Suche, auf der Jagd nach Juden. Diese Jagd war ihre Profession und wohl auch ihre Passion. Sie erkannten Juden, ohne sich zu irren. Woran denn? Wenn nicht andere Merkmale, dann seien es – so wurde gesagt – die traurigen Augen, an denen man sie erkenne.

Wollten diese rabiaten jungen Männer, für die der Okkupationsjargon das Wort »Schmalzowniks« erfunden hatte, ihre Opfer tatsächlich den deutschen Behörden ausliefern? Nein, daran war ihnen nicht sonderlich gelegen. Viel lieber wollten sie die Juden berauben, ihnen Geld, Schmuck und Wertsachen abnehmen oder wenigstens das Jackett oder den Wintermantel. Wenn ich mich auf der Straße sehen ließ, und sei es nur für Minuten, dann war ich sofort in höchstem Maße gefährdet. Aber irgendwie mußte ich von einem provisorischen Versteck zum nächsten kommen. Im Dunkeln ließ sich das nicht machen, weil um acht Uhr Polizeistunde war und es bald die Sommerzeit gab. Ich hatte eine simple, doch nicht ganz schlechte Idee: Ich beschaffte mir den »Völkischen Beobachter«, hielt ihn so, daß die Titelseite mit dem Hakenkreuz deutlich sichtbar war und marschierte auf der Straße schnell, mit kräftigem Schritt und erhobenem Kopf. Die Erpresser und Denunzianten würden mich, hoffte ich, für einen wunderlichen Deutschen halten, den man lieber nicht anrempeln sollte.

Am 19. April 1943 brach im Getto der Aufstand aus, eine heroische und hoffnungslose Rebellion gegen die Unmenschlichkeit. Nachdem er von einem beträchtlichen deutschen Militäraufgebot, einschließlich Panzern, am 16. Mai endgültig niedergeschlagen worden war, gelang es manchen, aus dem Getto zu fliehen – vor allem durch die Kanalisation. Für die Erpresser und Denunzianten bedeutete dies Hochkonjunktur. Auch wir bekamen es zu spüren. Plötzlich trat in das Zimmerchen, in dem wir damals verborgen waren, mit großem Getöse ein junger Mann ein, ein hagerer Kerl in dürftiger Arbeitskleidung: Er rief theatralisch »Hände hoch« und verlangte Geld. Nachdem er sich unseres Bargelds – viel war es nicht – und meines Füllfederhalters bemächtigt und mir einige meiner Kleidungsstücke weggenommen hatte, wurde er friedlich. Jetzt hatte er offenbar das Bedürfnis, mit uns ein wenig zu plaudern. Nach einer Weile sagte er recht treuherzig, wir bräuchten nicht davonzulaufen, er werde uns nichts mehr antun. Dann ging er weg. Er wohnte im selben Haus wie wir und ist sehr wahrscheinlich von dem Mann geholt worden, der uns verbarg: Die beiden teilten sich die Beute.

Es war klar: Wir durften hier nicht mehr übernachten, wir mußten fliehen – und zwar sofort. Aber ich wußte nicht, wohin, und ich hatte keinen Pfennig mehr. Ich blieb also, gänzlich resigniert. Am nächsten Tag ging wieder die Tür auf, diesmal ohne Getöse. Es war der üble, der gefährliche Nachbar, der brutal aussehende hagere Mann, der uns erpreßt hatte. Jetzt war er freundlich, nichts wollte er von mir – oder doch: Er wollte sich mit mir noch etwas unterhalten, über den Krieg vor allem, über dessen weiteren Verlauf und über das vermutliche Schicksal Polens. Was ich ihm zu sagen hatte, schien ihm zu gefallen. Von Beruf war er Feinmechaniker, zur Zeit arbeitslos. Seine Fragen schienen mir nicht unintelligent.

Am folgenden Tag kam er wieder. Er hatte Erfreuliches zu berichten – über angebliche deutsche Niederlagen. Dann bemerkte er, eher beiläufig: »Tja, wenn Sie Geld hätten, ließe sich schon etwas für Sie tun. Sie könnten ganz sicher sein – nämlich bei meinem Bruder.« Dieser wohne allein mit seiner Frau und seinen beiden Kindern in einem gemieteten Häuschen am Stadtrand. »Übrigens ist er ein Deutscher oder beinahe ein Deutscher. Den wird schon keiner verdächtigen, daß er Juden versteckt.«

Tosia war es inzwischen gelungen, »arische« Personaldokumente zu bekommen und als Dienstmädchen zu arbeiten. Sollte ich mich von einem Kerl unterbringen lassen, der mich (und mit Sicherheit auch andere) aufs gemeinste erpreßt hatte? Sollte ich mich ihm auf Gedeih und Verderb ausliefern? Das wäre leichtsinnig, mehr noch: Es wäre geradezu wahnsinnig. Aber ich war verzweifelt, ich wußte keinen Ausweg. So bat ich ihn, mit seinem Bruder, dem Deutschen, zu reden. Zwar hätte ich kein Geld mehr, sehe aber Chancen, welches zu beschaffen. Kam diese meine Bitte dem Selbstmord gleich? Ich fürchtete es.

Er, der Feinmechaniker Antek, fuhr zu seinem Bruder. Nach drei Stunden war er wieder zurück, deutlich angetrunken: Sein Bruder habe sich alles angehört und vor allem wissen wollen, ob es sich etwa um einen Hausierer oder einen schmuddligen Händler handle. Nein, habe er ihm geantwortet, es handle sich um einen gebildeten Menschen, der gut reden könne und auch gut erzählen. Der Bruder hatte gesagt: »Na dann führ ihn mal her. Ich will ihn mir ansehen.«

Der Vorort, zu dem ich kommen mußte, war weit weg, auf der anderen, der rechten Seite der Weichsel. Man mußte mit der Straßenbahn bis zur Endhaltestelle fahren und dann noch ein Stück gehen. Wie sollte ich das bewerkstelligen, ohne unterwegs erkannt und denunziert zu werden? Antek, der hagere Halunke, war kein weltfremder Mensch. Der Trick mit dem »Völkischen Beobachter« – sagte er – sei hier nicht verwendbar: Ich solle mit der Straßenbahn nachmittags gegen fünf Uhr fahren, wenn sie überfüllt sei – und ich müßte, um nicht gleich angezeigt und zur Wache gebracht zu werden, ganz anders ausschauen: nicht wie ein jüdischer Intellektueller, sondern wie ein armseliger polnischer Prolet.

Er machte aus mir einen elenden Eisenbahner, der vom Dienst nach Hause fährt. Die schwarzen Haare, die ich damals noch hatte, mußten beseitigt werden, mein Kopf wurde kahl geschoren. Auf meine Brille mußte ich verzichten. Antek beschaffte mir eine alte Eisenbahnermütze und eine noch ältere Eisenbahnerjacke. Mein Gesicht wurde mit Ruß geschwärzt. In der Hand hielt ich eine große, rostige Zange. Von einem solchen etwas dreckigen Eisenbahner würden sich die Leute fernhalten.

So kam ich mit etwas Glück bis zur Endhaltestelle. Dort sollte ich Antek, der mit derselben Bahn gekommen und vor mir ausgestiegen war, im Abstand von zwanzig bis dreißig Metern folgen. Alles ging gut, nur führte er mich zu meinem Entsetzen wieder aus der Vorort-Siedlung hinaus und in den benachbarten Wald, dann immer weiter, kreuz und quer. Ausrauben konnte er mich nicht mehr, er wußte ja, daß ich nichts mehr besaß. Wollte er mich etwa umbringen? Ich traute es ihm zu. Aber wozu? Bald änderte Antek wieder die Richtung und brachte mich über Wiesen und Felder zur Siedlung zurück und zu einem einsam gelegenen Häuschen. Es war zwar kurz vor dem Zweiten Weltkrieg erbaut, doch gab es in ihm weder ein Badezimmer noch eine Toilette. Man mußte sich mit einer keineswegs immer funktionierenden Wasserleitung in der Küche behelfen und mit einem Plumpsklo. Den langwierigen, für mich angstvollen Umweg hatte Antek für nötig gehalten, um sich zu vergewissern, daß uns niemand folge, niemand beobachte.

Der Anblick desjenigen, der uns neugierig erwartete, überraschte mich. Anteks älterer Bruder, ein Mann von eher kleinem Wuchs, war ein ganz anderer Typ. In seinem Gesicht gab es nichts Brutales oder Drohendes, im Gegenteil: Er, Bolek, machte einen soliden, einen sympathischen Eindruck, er begrüßte mich höflich und freundlich. Rasch bot er mir ein Gläschen Wodka an, das ich schwerlich ablehnen konnte, obwohl mir ein Stück Brot entschieden lieber gewesen wäre.

Von Beruf war er Setzer, er hatte eine besonders schöne Handschrift, und er schrieb, damals in Polen unter einfachen Leuten eine Seltenheit, orthographisch einwandfrei. Er war, obwohl ich ihn nie mit einem Buch in der Hand gesehen habe, ein gebildeter Proletarier. Daß er während der Okkupation zu den zahllosen Arbeitslosen gehörte, versteht sich von selbst: Druckereien waren im Generalgouvernement so gut wie überhaupt nicht in Betrieb.

Boleks gleichaltrige, ziemlich derbe, etwas üppige und rothaarige Frau mußte in jüngeren Jahren schön gewesen sein. In jüngeren Jahren? Sie war nicht älter als 37, aber sehr vernachlässigt und schon deutlich vom Zahn der Zeit angegriffen. Zu meiner Verwunderung konnte sie flott lesen (anders als ihr Mann las sie auch Bücher, aber ausschließlich Kitschromane). Schreiben konnte sie überhaupt nicht, sogar mit ihrer Unterschrift hatte sie Schwierigkeiten – in Polen damals nicht ungewöhnlich.

Kaum hatten wir uns eine Viertelstunde unterhalten, da verblüffte mich Bolek mit einem ganz schlichten und ganz ohne Nachdruck gesprochenen Satz: »Es wäre doch so schön, wenn Sie diesen schrecklichen Krieg hier bei uns überleben könnten.« Er sagte es im Juni 1943 – und so ist es auch geschehen: In seinem jämmerlichen Häuschen haben wir die deutsche Besatzung überlebt, hier wurde unser Leben gerettet – von Bolek, dem Setzer, und von Genia, seiner Frau.

Unser Leben? Zunächst war ich dort allein. Aber Tosias Karriere als Dienstmädchen konnte nicht erfolgreich sein. Ihre Eltern hatten sich mit ihrer Erziehung viel Mühe gegeben, sie hatte allerlei gelernt: Klavierspielen, Englisch, Französisch und natürlich auch Deutsch. Doch hatte sie nicht gelernt, wie man bügelt oder Kartoffeln schält und Gemüse putzt. Kein Wunder, daß sie mehrfach rasch entlassen wurde. Schließlich fand sie eine offenbar ganz gute Stelle. Aber sie konnte, als sie eines Tages allein in der Wohnung ihrer neuen Arbeitgeber war, einer Verlockung nicht widerstehen: Sie setzte sich ans Klavier und spielte einen Walzer von Chopin. Die vorzeitig zurückgekehrte Dame des Hauses hatte zwar eine Schwäche für Chopin, aber sie hatte noch nie eine Hausangestellte gesehen, die Klavier spielt. Sie zweifelte nicht, daß das neue Dienstmädchen eine Jüdin war, ja eine Jüdin sein mußte. Damit war Tosias berufliche Laufbahn im besetzten Warschau beendet. Ihre gefälschten Personalpapiere wurden unbrauchbar. Sie zögerte keinen Augenblick und langte nach wenigen Stunden in Boleks Häuschen an.

Tagsüber waren wir in einem Keller, einem Erdloch oder auf dem Dachboden versteckt, nachts haben wir für Bolek gearbeitet: Wir fertigten mit den primitivsten Mitteln Zigaretten an – Tausende, Zehntausende. Er verkaufte sie, machte jedoch nur geringen Gewinn. So lebten Bolek und seine Familie in Armut. Unser Elend indes war noch viel schlimmer: Wir hungerten. Wir glaubten tatsächlich, die KZ-Häftlinge hätten es zumindest in dieser Hinsicht ein wenig besser als wir. Denn sie bekamen täglich eine Suppe, wir jedoch mußten, wenn die Not besonders arg war, oft bis zum Abend warten, um etwas zu essen zu bekommen, und es waren mitunter nur zwei Mohrrüben. Aber schrecklicher als der Hunger war die Todesangst, schrecklicher als die Todesangst war die dauernde Demütigung.

Sowenig Geld auch da war – für einen Zweck mußte es immer reichen: Bolek konnte nicht einen Tag ohne Alkohol aushalten. Doch habe ich ihn zwar oft angeheitert, aber nie betrunken gesehen. Niemals haben wir befürchtet, er könne sich verplappern und uns gefährden oder uns gar plötzlich hinauswerfen. Auch Genia trank regelmäßig, sogar die beiden Kinder, damals sechs und acht Jahre alt, bekamen von Zeit zu Zeit etwas Wodka – damit sie sich »einübten«.

War dieser Bolek, wie uns sein Bruder Antek etwas geheimnisvoll bedeutet hatte, tatsächlich ein Deutscher? Den Deutschen, genauer, den Volksdeutschen, ging es im Generalgouvernement viel besser als den Polen. Sie profitierten auch von ganz anderen, erheblich besseren Lebensmittelkarten. Allerdings sprach Bolek, wie fast alle Polen, über die Volksdeutschen mit großer Verachtung: Es seien Menschen, die für die günstigen Lebensmittelkarten das Vaterland verraten hätten. Das Deutschtum der Familie war, mußten wir annehmen, eine Erfindung Anteks, des Wichtigtuers.

Auf die Kirche und die Pfarrer war unser Bolek besonders schlecht zu sprechen: »Sie saufen alle, aber uns einfachen Menschen gönnen sie den Wodka nicht.« Zu dieser

Einsicht war er schon als Junggeselle gelangt: Als er kurz vor seiner Trauung, wie es sich gehörte, beichten wollte, wurde er von dem Pfarrer mit der nicht abwegigen Begründung abgewiesen, einem Betrunkenen könne er keine Beichte abnehmen. Bolek war tief verletzt und pflegte seitdem jedem, der es hören wollte, zu sagen: »Gauner sind sie alle – die katholischen Pfaffen und die evangelischen auch.« Mein Hinweis, daß die Evangelischen niemanden von der Beichte abweisen könnten – und warum sie es nicht könnten –, machte auf ihn keinen Eindruck: Schon in der Bibel heiße es, daß diese Gauner öffentlich Wasser predigten und heimlich Wodka tränken. »Aber Gott hat den Wodka für alle geschaffen, nicht nur für die Pfaffen« – meinte Bolek.

Wenn er etwas mehr als üblich getrunken hatte, pflegte er bedeutungsvoll und lauter als sonst zu sprechen. So blickte er uns eines Tages – wir waren noch nicht lange bei ihm – übermütig an und erklärte mit verwegener Miene, besonders langsam und nicht ohne Feierlichkeit: »Adolf Hitler, Europas mächtigster Mann, hat beschlossen: Diese beiden Menschen hier sollen sterben. Und ich, ein kleiner Setzer aus Warschau, habe beschlossen: Sie sollen leben. Nun wollen wir mal sehen, wer siegen wird.« Wir haben uns an diesen Ausspruch oft erinnert.

Über den Verlauf des Krieges waren wir, trotz unserer ganz und gar isolierten Situation, nicht schlecht informiert. Bolek wiederholte uns alles, was die Nachbarn und Bekannten erzählten. Die zahllosen in Warschau umgehenden Gerüchte stammten meist von jenen, die es riskierten, einen Rundfunkapparat zu haben und den Londoner Sender zu hören. Die im Generalgouvernement in polnischer Sprache erscheinende Tageszeitung war dünn und dämlich. Besser war die deutschsprachige »Krakauer Zeitung« und deren regionale Version, die »Warschauer Zeitung«. Ich erklärte Bolek, es lohne sich, diese Zeitung zu kaufen, denn ihr sei über die wahre Kriegssituation der Deutschen mehr zu entnehmen als dem polnischen Blatt. Ich übersetzte ihm die wichtigeren Artikel – in stark vereinfachter und auch frisierter Fassung. Das soll heißen: Die Nachrichten und Artikel, die ich ihm referierte, mußten unbedingt erkennen lassen, daß die Niederlage der Deutschen und damit das Ende unserer Leiden sich von Tag zu Tag nähere.

Hatte ich nur Düsteres mitzuteilen, dann drohte mir Bolek, er werde das Geld für die deutsche Zeitung nicht mehr ausgeben, er könne sich diesen Luxus nicht leisten. Ich gab zu, daß in diesem Blatt in der Tat zu wenig enthalten sei. Besser wäre es, er beschaffe eine andere deutsche Zeitung, »Das Reich«, dort sei ungleich mehr Wahrheit über den Krieg und die Deutschen zu finden. Er kaufte das »Reich«, zu dessen aufmerksamsten Lesern ich bald gehörte.

Bolek kommentierte meine optimistisch gefärbten Berichte meist skeptisch. Die Deutschen, meinte er, würden den Krieg verlieren, das sei sicher – aber wir würden es nicht mehr erleben. Denn die Deutschen, der Teufel solle sie alle holen, seien noch stark, und die Alliierten hätten es leider nicht sehr eilig: »Diese Herrn treffen sich hier und da, sie haben es gemütlich: In Teheran gibt es für sie immer reichlich zu essen und genug Wodka. Sie haben es bestimmt auch warm. Deshalb dauert der Krieg so lange. Daß es in Warschau einen Setzer Bolek gibt, der zwei Freunde durchbringen möchte – das wissen diese Herrn nicht.«

In dem Haus, in dem sich nur ein einziges Buch finden ließ – leider war es nicht die Bibel, sondern ein ganz sauberes, offenbar nie benutztes Gebetbuch –, las ich vor allem das Feuilleton des »Reichs«. Ich las es, offen gesagt, nicht ohne Vergnügen. Doch war dies nicht meine einzige Beschäftigung mit der Literatur. So unglaubhaft es auch anmuten mag – hier fand ganz unerwartet meine Wiederbegegnung mit der Literatur statt, mit der deutschen zumal.

In Boleks Häuschen gab es zwar elektrisches Licht, aber es wurde in dem ganzen Vorort oft abgeschaltet. Man war dann auf Petroleum- oder Karbidlampen angewiesen, von denen man nur Gebrauch machte, wenn es für die Arbeit, also für das Herstellen von Zigaretten, benötigt wurde. So schlecht diese Beleuchtung auch war, billig war sie keineswegs. Also saß man im Dunkeln und unterhielt sich über alle möglichen Dinge, stets lauschend, ob sich nicht jemand dem Haus nähere.

Eines Tages kam Boleks Frau auf die Idee, ich solle mal was erzählen, am besten eine spannende Geschichte. Von diesem Tag an erzählte ich täglich, sobald es dunkel geworden war, dem Bolek und seiner Genia allerlei Geschichten – stundenlang, wochenlang, monatelang. Sie hatten nur einen einzigen Zweck: die beiden zu unterhalten. Je besser ihnen eine Geschichte gefiel, desto besser wurden wir belohnt: mit einem Stück Brot, mit einigen Mohrrüben. Ich habe keine Geschichten erfunden, keine einzige. Vielmehr erzählte ich, woran ich mich erinnern konnte: In der düsteren, kümmerlichen Küche bot ich meinen dankbaren Zuhörern schamlos verballhornte und auf simple Spannung reduzierte Kurzfassungen von Romanen und Novellen, Dramen und Opern, auch von Filmen. Ich erzählte den »Werther«, »Wilhelm Tell« und den »Zerbrochnen Krug«, »Immensee« und den »Schimmelreiter«, »Effi Briest« und »Frau Jenny Treibel«, »Aida«, »Traviata« und »Rigoletto«. Mein Vorrat an Themen und Geschichten war, wie sich erwies, enorm, er reichte für viele, viele Winterabende.

Ich konnte mich davon überzeugen, welche literarische Figuren und welche Motive auf einfache Menschen wirkten. Bolek und Genia war es ganz gleichgültig, von wem die Geschichte über den alten König stammte, der sein Reich unter drei Töchtern aufzuteilen gedachte. Den Namen Shakespeare hatten sie nie gehört. Aber mit dem König

Lear hatten sie Mitleid. Bolek dachte, wie er mir nachher verriet, an sich und seine Kinder – obwohl er buchstäblich nichts zu vererben hatte. Die Überlegungen und Konflikte Hamlets waren ihm hingegen fremd.

Aber »Kabale und Liebe« hat ihn ernsthaft aufgeregt: »Weißt du, ich habe diesen Wurm gekannt, genau so einer hat in unserer Druckerei gearbeitet.« Zu meiner Verblüffung hat auf ihn den größten Eindruck ein ganz anderes Drama gemacht – wohl auch deshalb, weil ich es mit besonderem Engagement und vielleicht besonders anschaulich erzählt habe. Als ich fertig war, äußerte er sich klar und entschieden:

»Der Teufel soll die Deutschen holen, alle zusammen. Aber dieser Herr Hamburg, der gefällt mir. Er hat Schiß vor dem Tod – wie wir alle. Er will leben. Er pfeift auf Ruhm und Ehre. Ja, das gefällt mir. Ich sage es dir: Dieser Deutsche, der Teufel soll sie alle holen, ist der Mutigste von ihnen. Er hat Angst, aber er schämt sich nicht, er redet offen von seiner Angst. Solche, die leben wollen, die lassen auch andere leben. Ich glaube, dieser Herr Hamburg trinkt gern ein Gläschen Wodka und er gönnt auch anderen ein Gläschen. Schade, daß er nicht jetzt der Kommandant von Warschau ist. Dieser Deutsche, der Teufel soll sie alle holen, er würde niemanden hinrichten lassen. Komm, trinken wir auf die Gesundheit des deutschen Herrn Hamburg.«

Er schenkte ein: je ein Gläschen Wodka, ausnahmsweise auch für Tosia und für mich. Jedes Mal, wenn ich am Kleinen Wannsee bin, denke ich an Bolek, der die Deutschen zu allen Teufeln wünschte und der auf das Wohl des Prinzen Friedrich von Homburg trank. Ich verneige mich im Geist – vor dem preußischen Dichter, der hier sein Leben beendete, und vor dem Warschauer Setzer, der sein Leben aufs Spiel setzte, um das meinige zu retten.

Sosehr es mich freute, daß meine Geschichten die beiden

Zuhörer interessierten, sosehr stimmten sie mich selber eher elegisch. Ich dachte, die Zeit, da ich die deutsche Literatur zu meinem Beruf hatte machen wollen, sei unwiederbringlich vorbei. Für solche Sorgen haben die Juden einen schönen Ausdruck: seidene Zores. Denn nach wie vor mußten wir täglich, ja, stündlich um unser Leben bangen. Es gab Tage, an denen Bolek das Ganze satt hatte und uns loswerden wollte. Hatte er Angst vor den Deutschen, fürchtete er, man werde uns finden und ihn erschießen? Natürlich spielte das eine wichtige Rolle, doch leichtsinnig wie er war, nahm er die schreckliche Bedrohung nicht gar so ernst. Aber es war aufrichtig, wenn er uns sagte: »Es geht nicht mehr. Ihr müßt euch auf den Weg machen. Wir haben euch eine Weile geholfen, jetzt sollen es andere tun. Sonst werden wir hier alle zusammen verhungern.«

Wann immer er uns hinauswerfen wollte, redete Genia auf ihn ein: »Die sollen noch bei uns bleiben. So lange haben wir es zusammen durchgehalten, vielleicht werden wir es doch schaffen.« Wann immer Genia die Geduld verlor, war er derjenige, der verkündete: »Verflucht noch mal. Wir werden es schon schaffen, den Deutschen, der Teufel soll sie alle holen, zum Trotz.« Wir wurden weiter von unseren Beschützern verborgen gehalten, wir produzierten nach wie vor in nächtlichen Stunden Tausende von Zigaretten, und ich erzählte weiter an langen Abenden von liebenden Mädchen, jungen Prinzen und alten Königen, von Wintermärchen und Sommernachtsträumen.

Nach wie vor mußten wir schrecklich hungern, auch dann, als eine Verwandte von Tosia auf komplizierten Umwegen kleine Beträge schickte. Mitunter reichte das Geld nicht einmal für den Wodka, den allerbilligsten. Plötzlich hatte Bolek einen originellen Einfall. Schulen existierten nicht, doch ließen viele Eltern ihre Kinder in Privatzirkeln unterrichten, die man »konspirative Kurse« nannte. Bolek bot den Nachbarn an, er könne deren Kindern die Schularbeiten abnehmen. Allerdings sei er zu nervös, um derartiges in Gegenwart der Kinder zu machen, er müsse die Hefte nach Hause mitnehmen. Die Aufgaben wurden dann von uns gemacht: Tosia war zuständig für polnische Grammatik und Aufsätze, ich für Rechnen und Arithmetik. Bolek bekam dafür kein Geld, wohl aber wurde er von den Nachbarn häufig mit Wodka bewirtet – und darum ging es ihm. Mehr noch: Rasch wuchs sein Ansehen in der ganzen Siedlung – auch daran war ihm gelegen. Er war uns für die Hilfe dankbar, und wir waren froh, daß wir nützlich sein konnten.

Im Juni 1944 sagte mir Bolek überraschend, er müsse mit mir über eine sehr ernste, eine gefährliche Angelegenheit reden. Das sah nicht gut aus, aber mir fiel auf, daß er in einem anderen Ton als sonst mit mir sprach. Er genierte sich, etwas war ihm wohl sehr unangenehm. Schließlich rückte er mit der Sprache heraus: Kurz bevor wir zu ihm gekommen waren, hatte er etwas getan, wovon wir bisher nichts wußten und was er nun nicht mehr verheimlichen konnte: Er hatte die Zuerkennung des Volksdeutschtums beantragt – für ihn, für seine Frau und für die beiden Kinder. Ein Onkel habe ihn dazu überredet, vor allem mit dem Hinweis auf die üppigen Lebensmittelkarten.

In einer schwachen Stunde habe Bolek das Antragsformular unterschrieben, in trunkenem Zustand – was ich für durchaus wahrscheinlich hielt und was er nun, zu seiner Rechtfertigung, mehrfach wiederholte. Mit Deutschland hat er nie im Leben etwas zu tun gehabt, und er konnte natürlich kein Wort Deutsch. Jedoch: Genia war vor ihrer Ehe evangelisch – und das reichte im Generalgouvernement Polen aus, um als Volksdeutscher akzeptiert zu werden, zumal in den letzten Kriegsjahren, da kein Pole daran dachte, mit den Deutschen gemeinsame Sache zu machen.

Monatelang blieb der Antrag unbeantwortet, Bolek hatte schon gehofft, das Ganze sei in Vergessenheit geraten. Da habe er plötzlich den Bescheid erhalten, seine Angelegenheit sei günstig erledigt: Er wurde aufgefordert, die deutschen Papiere und die entsprechenden Lebensmittelkarten sofort abzuholen. Er wußte nicht, was er tun sollte: Die sowjetische Armee hatte schon das Gebiet des ehemaligen polnischen Staates erreicht, man konnte sich leicht ausrechnen, daß sie innerhalb von einigen Wochen am Ufer der Weichsel stehen würde. Im befreiten Polen werde man die Verräter, die, vom Judaslohn gelockt, zum Feind übergelaufen waren, aufhängen oder zumindest in ein Lager sperren: »Wenn ich aber« – versuchte mich Bolek zu überzeugen – »diese Vorladung in den Lokus werfe und mich überhaupt nicht melde, dann werden die Deutschen, der Teufel soll sie holen, schon den Braten riechen. Die Gestapohunde werden mich rufen und verhören und vielleicht auch eine Hausdurchsuchung anordnen – und ihr seid geliefert.«

Eine Hausdurchsuchung? Das schien mir übertrieben, doch nicht ganz ausgeschlossen. Jedenfalls war die Situation bedrohlich. Die Behauptung Anteks, sein Bruder sei ein Deutscher, war zwar nicht richtig gewesen, aber, wie sich herausstellte, auch nicht ganz aus der Luft gegriffen. Mein Ratschlag war einfach: Was geschehen sei, könne man nicht mehr ungeschehen machen. Er müsse das ihm jetzt fatalerweise zuerkannte Volksdeutschtum annehmen und es vor den Nachbarn und Bekannten strikt verheimlichen.

Sollten wir überleben und sollte der wiedererstandene polnische Staat ihn wegen des verfluchten Volksdeutschtums zur Verantwortung ziehen, dann würde ich (versprach ich ihm) vor Gericht als Zeuge auftreten und unter Eid aussagen, daß er, Bolek, das Volksdeutschtum auf meine Bitte hin beantragt habe, um uns besser schützen und retten zu können. Doch ist alles anders gekommen: Niemand hat von Boleks peinlichem Fehltritt erfahren, seine Akten wurden offenbar während des Warschauer Aufstands von 1944 vernichtet. Der Meineid, den ich, ohne mit der Wimper zu zucken, geschworen hätte – er war nicht nötig.

Inzwischen verfolgten wir mit wachsender Ungeduld den Vormarsch der Russen: Nur die sowjetische Armee konnte unser Leben retten. Je näher sie war, desto größer war unsere Furcht, noch im letzten Augenblick von den Deutschen aufgespürt und ermordet zu werden. Im August 1944 kam noch ein fataler Umstand hinzu: In der unmittelbaren Nachbarschaft des Häuschens, in dem wir verborgen waren, baute die Wehrmacht eine Verteidigungslinie auf. Die Hütten und Häuser wurden nacheinander gesprengt, ein Schußfeld sollte entstehen.

Auch unser Haus hatte man für die Sprengung vorgesehen. Dies wäre für uns die allerschlimmste Katastrophe gewesen. Wo hätten wir, zwei ausgemergelte und in Lumpen gehüllte Juden, die überdies nichts besaßen, nicht einen Pfennig, denn Unterschlupf finden können? Wir wären wenige Wochen, vielleicht wenige Tage vor der Befreiung mit Sicherheit umgekommen. Aber das Unglaubliche geschah: Das Häuschen wurde schließlich doch nicht gesprengt. Es war wohl nicht mehr nötig, oder es war schon zu spät.

Anfang September 1944 gab es keinen Zweifel mehr, daß die deutsche Besatzung nur noch wenige Tage dauern würde. Am 7. September war morgens gegen neun Uhr ein ungeheuerlicher Kriegslärm zu hören, alles bebte – und unsere Laune wurde immer besser: Nie habe ich Krach mehr genossen, nie hat mir Lärm mehr gefallen. Denn das war die Rote Armee, das war ihre von uns erwartete, erhoffte, ersehnte Offensive. Schon nach einer Viertelstunde war unser

Haus zwischen den Fronten: Aus dem Fenster der westlichen Seite sah man, erschreckend nahe, deutsche Artilleristen, auf der östlichen in einiger Entfernung – wir trauten unseren Augen nicht – tatsächlich russische Infanteristen. Diese höchst bedrohliche Lage dauerte nicht lange, etwa eine halbe Stunde. Dann pochte jemand kräftig, offenbar mit einem Gewehrkolben, an die Haustür. Zitternd und mit erhobenem Haupt öffnete Bolek die Tür. Vor ihm stand ein müder russischer Soldat und fragte laut: »Nemzew njet...?« – »Keine Deutschen hier?« Wo wir fünfzehn Monate unentwegt fürchten mußten, jemand würde an die Tür klopfen und fragen: »Keine Juden hier?«, wo diese Frage noch vor einer Stunde für uns den Tod bedeutet hätte, da wurden jetzt Deutsche gesucht.

Bolek verneinte und rief mich. Er nahm an, mir würde es eher gelingen, mich mit dem russischen Soldaten zu verständigen. Dieser schaute mich scharf an und fragte: »Amchu?« Ich hatte keine Ahnung, daß es sich um ein in Rußland gebräuchliches Wort handelt (es bedeutet etwa: »Gehörst du auch dem Volk an?«), mit dem sich Juden vergewissern, daß ihr Gesprächspartner ebenfalls Jude sei. Da er meine Ratlosigkeit sah, formulierte er die Frage direkt: Ob ich ein »Jewrej« sei? Dies ist die russische Vokabel für »Hebräer«. Ich antwortete rasch: »Ja, ich, Hebräer.« Lachend sagte er: »Ich auch Hebräer. Mein Name Fischmann.« Er drückte mir fest die Hand und versicherte, er werde bald wiederkommen, jetzt aber habe er es eilig: Er müsse dringend nach Berlin.

Waren wir also frei? Bolek meinte, wir müßten noch über Nacht bleiben, denn die Russen könnten ihre Front zurückziehen, und die Deutschen, der Teufel soll sie holen, könnten vorübergehend wiederkommen. Am nächsten Morgen verabschiedeten wir uns: Zwei geschwächte, ausgehungerte, jämmerliche Menschen machten sich auf den

Weg. Bolek murmelte: »Wir werden euch niemals wiedersehen.« Doch schien mir, daß er bei diesen Worten freundlich lächelte. Genia fuhr ihn an: »Red keinen Scheißdreck!«

Wir wollten schon aufbrechen, da sagte Bolek: »Ich hab hier etwas Wodka, laßt uns ein Gläschen trinken.« Ich spürte, daß er uns noch etwas mitzuteilen hatte. Er sprach ernst und langsam: »Ich bitte euch, sagt niemandem, daß ihr bei uns gewesen seid. Ich kenne dieses Volk. Es würde uns nie verzeihen, daß wir zwei Juden gerettet haben.« Genia schwieg. Ich habe lange gezögert, ob ich diesen erschreckenden Ausspruch hier anführen soll. Wir, Tosia und ich, haben ihn nie vergessen. Aber wir haben auch nie vergessen, daß es zwei Polen waren, denen wir unser Leben verdankten, Bolek und Genia.

Wir standen auf und verabschiedeten uns noch einmal. In wessen Augen gab es damals Tränen? In Boleks oder Genias? In Tosias Augen oder in meinen? Ich weiß es nicht mehr. Erst nach zwei oder drei Monaten konnte ich Bolek und Genia besuchen. Ich war damals beim Militär und trug einen Offiziersmantel. Bolek sah mich nachdenklich an und sagte knapp: »Ich habe also der polnischen Armee einen Offizier geschenkt.«

Wir hatten Bolek und Genia versprochen, daß wir uns nach dem Krieg, sollten wir ihn in ihrem Haus überleben, schon auf eine angemessene Weise materiell erkenntlich zeigen würden. Bis heute sind wir in Kontakt mit der einzigen Überlebenden der Familie, mit der Tochter von Bolek und Genia. Aber ist es möglich, ist es vorstellbar, auf eine angemessene Weise das Risiko zu vergelten, das die beiden eingegangen sind, um unser Leben zu retten? Nein, es war nicht die Aussicht auf Geld, die Bolek und Genia veranlaßte, so zu handeln, wie sie gehandelt haben. Es war etwas ganz anderes – und ich kann es nur mit großen längst abgegriffenen Worten sagen: Mitleid, Güte, Menschlichkeit.

DRITTER TEIL

von 1944 bis 1958

Der erste Schuß, der letzte Schuß

Wir waren frei. Wie oft hatten wir diesen Augenblick ersehnt, wie oft hatten wir ihn uns vorgestellt. Waren wir jetzt in Hochstimmung, fröhlich, gar glücklich? Wir hatten keine Zeit, darüber nachzudenken, und wir hatten immer noch Angst: Wir fürchteten, die Deutschen könnten wiederkehren – für einen Tag oder zwei, also wahrlich lang genug, um uns zu finden und zu ermorden. Wir waren frei, aber schwach und elend, dreckig und verlaust und in schmutzige Lumpen gehüllt, wir hatten keine richtigen Schuhe. Wir waren frei, aber sehr hungrig – und nirgends gab es etwas zu essen. Was tun, wohin gehen? Wir mußten etwas unternehmen, um nicht gleich nach der Befreiung auf der belebten Chaussee zusammenzubrechen und vielleicht zu verrecken.

Sowjetische und polnische Soldaten, Lastwagen und Pferde, Personenautos, Schubkarren und Leiterwagen, Radfahrer und Fußgänger – alles gab es auf dieser Landstraße, alle waren unterwegs, in verschiedene Richtungen, alle eilten irgendwohin. Die siegreiche Rote Armee war in einem beklagenswerten Zustand. Die Soldaten waren übermüdet und ungenügend versorgt. Ihre Uniformen sahen oft jämmerlich aus. Die Fleischkonserven, die sie erhielten, stammten aus den Vereinigten Staaten oder aus Kanada. Kein Soldat verstand die englische Aufschrift auf den Dosen: Sie warnte vor dem Genuß dieser Konserven. Denn sie waren nicht für Menschen, sondern für das Vieh bestimmt.

Zigaretten erhielten nur die Offiziere, die gewöhnlichen Soldaten bekamen Tabak und drehten sich Pfeifen aus Zeitungspapier. Besonders geeignet war hierzu das Papier der »Prawda«; damit hing, wie man hörte, die gigantische Auflage dieser Zeitung zusammen.

Um uns kümmerte sich niemand. Wir fielen auch nicht auf, denn es fehlte nicht an Menschen, die ebenso erbärmlich aussahen wie wir. Alle, ob in Uniform oder in Zivil, befaßten sich mit sich selbst. Wir waren kaum zwei oder drei Kilometer von Boleks Haus entfernt, als ein polnischer Offizier auf uns zukam. Er kommandierte: »Halt«. Und fragte: »Seid ihr Juden?«. Da wir wohl zusammenfuhren, sagte er rasch: »Habt keine Angst, ich bin auch Jude.« Ob wir vielleicht im Warschauer Getto gewesen wären – und ob wir dort eine Esther Rosenstein gekannt hätten? Wie alle Juden, die mit der sowjetischen Armee gekommen waren, suchte er seine Angehörigen. Leider konnten wir ihm keine Auskunft über seine Schwester geben.

Wir sollten uns so schnell wie möglich von der Front entfernen und nach Lublin fahren. Dort sei, belehrte er uns, das Zentrum, die provisorische Hauptstadt des befreiten Teils von Polen, dort würde man uns schon helfen. Fahren – womit denn? Er hielt einen offenen Militär-Lastwagen an und befahl dem Fahrer, uns mitzunehmen. Wir fragten schüchtern, wo man etwas zu essen bekommen könne. Er gab uns je eine dicke Scheibe Brot – mit der Bemerkung: »Mehr hat euch die große Sowjetunion im Augenblick nicht zu bieten.«

Auf dem Lastwagen, der allerlei Waren transportierte, saßen schon mehrere Leidensgenossen. Man betrachtete uns nicht gerade mit Sympathie. Aber ein ordentlich gekleideter Pole sprach mich freundlich an. Nach einigen Minuten fragte er mich, den unrasierten und schmutzigen Landstreicher: »Sie sind wohl Jurist?« So heruntergekommen ich war, etwas war offenbar geblieben und hatte ihn zu seiner Vermutung veranlaßt: die Sprache – oder vielleicht die logische Argumentation. Mein Alter schätzte er auf knapp fünfzig. Ich war damals 24.

Nachdem wir mit anderen Flüchtlingen in einer Scheune übernachtet hatten, kamen wir am nächsten Tag in Lublin an. Die erste Nacht verbrachten wir in einem schrecklichen Obdachlosenheim – bisher kannte ich solche Häuser bloß aus Gorkis »Nachtasyl« –, dann erhielten wir eine einmalige, bescheidene Unterstützung. Sie reichte für einige billige Kleidungsstücke, die wir auf dem Marktplatz kauften. Nun schauten wir etwas menschlicher aus. Wir sahen uns an und bemühten uns, ein wenig zu lächeln. Tosia fragte: »Also haben wir wirklich überlebt?« Ich tat etwas, was in jener Zeit auf der Straße nicht üblich war. Ich küßte sie. Ein vorbeigehender älterer Soldat zeigte uns einen Vogel.

Wenige Tage später haben wir uns freiwillig zum Militärdienst gemeldet, zur polnischen Armee. Sie unterstand dem sowjetischen Oberbefehl, war also ein Teil der Roten Armee. Diese Entscheidung ist heute schwer zu verstehen. Jedenfalls hatte sie mit Heldentum nichts gemein. Nur hielten wir es für unsere selbstverständliche Pflicht, im Rahmen unserer Möglichkeiten wenigstens im letzten Augenblick zum Kampf gegen jene beizutragen, die die Unsrigen ermordet und uns gepeinigt hatten. Daß man im Militär zu essen bekam und überdies eine Uniform, mag dabei auch eine Rolle gespielt haben.

Ein Militärarzt untersuchte uns. Wir wurden abgelehnt – weil unterernährt und abgemagert, weil viel zu schwach. Immerhin fragte uns ein verwunderter Personalreferent, womit wir uns in der Armee denn nützlich machen könnten. Ich hätte, sagte ich, an eine Propaganda-Abteilung gedacht, zumal an eine Einheit, die deutsche Soldaten zur Kapitulation aufrufe und zu diesem Zweck Flugblätter in deutscher Sprache und ähnliche Materialien bearbeite. Daß einer, der in Berlin aufgewachsen war und dort bis Ende 1938 gelebt hatte, sich für eine solche Tätigkeit eignete, leuchtete ein. Und Tosia könne vielleicht, meinten wir, in einer graphischen Werkstatt – denn auch eine solche gab es in der Armee – arbeiten. Auch das leuchtete ein.

Wir hatten uns durchgesetzt, wir wurden mobilisiert. Wieder mußten wir uns auf den Weg machen – zu der Einheit, der man uns zugeteilt hatte. Ein erbärmliches Dorf, gelegen inmitten einer trostlosen Einöde im östlichen Teil Polens, war unser Ziel. Mit verschiedenen Militärautos gelangten wir wenigstens in die Nähe dieses Dorfes. Den Rest des Weges, vier oder fünf Kilometer, hatten wir zu Fuß zurückzulegen.

Erfreulicherweise waren wir nicht allein. Dasselbe Ziel hatte auch ein Zivilist. Sein schönes, allzu schönes Polnisch fiel mir auf. Er war, wie er uns gleich erzählte, ein Berufsschauspieler, den man zum Fronttheater kommandiert hatte. Es dauerte nicht lange, und er stellte seinen kleinen Koffer, einen Holzkoffer (Lederkoffer hatten in dieser Armee nur höhere Offiziere), auf die Erde, auf den schmalen Weg zwischen weiten Feldern und brachliegenden Äckern. Im Lichte der noch warmen Nachmittagssonne begann er zu deklamieren – laut, pathetisch und mit ausladenden Gebärden.

Die Situation war unmißverständlich: Einer, der seinen Beruf lange nicht mehr hatte ausüben können, war glücklich, zwei, wie er vermutete, nicht ganz ungebildete junge Menschen als Zuhörer seiner Darbietung gefunden zu haben. Aber welchen Text hatte er für diesen spontanen Freilicht-Auftritt ausgewählt? Der Schauspieler sprach eine Rede aus dem historischen Drama »Uriel Acosta«, einem Werk des ehrenwerten, verdienstvollen deutschen Autors Karl Gutzkow. Das im neunzehnten Jahrhundert erfolgreiche Stück war vor dem Zweiten Weltkrieg bisweilen auch in Polen aufgeführt worden, wohl vor allem dem jüdischen Publikum zuliebe.

Der im Mittelpunkt dieses Dramas stehende Philosoph Uriel Acosta, der jüdischer Herkunft ist, aber als Kind getauft wurde, wendet sich in seiner großen Rede vom Christentum ab und bekennt sich, stolz und trotzig, zum Judentum: »So will ich leiden mit den Leidenden – / Ihr dürft mir fluchen! Denn ich bin ein Jude!« Er hatte es gut gemeint, der Schauspieler, er wollte uns eine Freude bereiten. Dennoch war uns nicht ganz wohl. Warum? Wir wußten es vorerst nicht, jedenfalls nicht genau.

Ludwig Börne beklagte sich einmal: »Es ist wie ein Wunder! Tausend Male habe ich es erfahren, und doch bleibt es mir ewig neu. Die einen werfen mir vor, daß ich ein Jude sei; die anderen verzeihen mir es; der dritte lobt mich gar dafür; aber alle denken daran.« Mich verblüfft, daß Börne dies für »ein Wunder« halten konnte und sich damit nicht abfinden wollte. Schließlich stammt seine Äußerung aus dem Jahr 1832, es waren also seit der Emanzipation der Juden erst zwei Jahrzehnte vergangen. Es scheint mir selbstverständlich, daß ihm zu diesem Zeitpunkt und unter diesen Umständen versagt bleiben mußte, wonach er sich sehnte: die normale Existenz als gleichberechtigter Bürger, das – wie die etwas ältere Rahel Varnhagen, geborene Levin, schrieb – »natürlichste Dasein«, dessen sich doch jede Bäuerin und jede Bettlerin erfreuen könne.

Und im Herbst 1944? Noch wurde an allen Fronten gekämpft, noch waren die deutschen Streitkräfte sehr stark, der Holocaust gehörte noch keineswegs der Vergangenheit an, Auschwitz war noch nicht befreit. Und uns, die wir eilten, den Militärdienst anzutreten, die wir unser Ziel unbedingt vor Sonnenuntergang erreichen wollten, uns beunruhigte ein wenig, daß der brave polnische Provinzschau-

301

spieler, kaum war er uns begegnet, es für richtig hielt, uns Jüdisches zu bieten.

Ließ uns diese harmlose Sympathiekundgebung schon spüren, was uns in den kommenden Jahren und Jahrzehnten bevorstand? Ein Frankfurter Taxifahrer überrascht mich mit der Frage: »Kennen Sie Herrn Isaak Goldblum?« Ich verneine, er sagt: »Sie sehen ihm ähnlich.« Ich steige am Hamburger Flughafen in ein Taxi ein. Der Fahrer, ein Deutscher, fragt mich (nicht unfreundlich) »Kommen Sie aus Tel-Aviv?«

Als mir diese Frage wiederholt gestellt wurde, habe ich mich nicht mehr mit der Antwort begnügt, ich käme aus München oder Stuttgart, aus Wien oder Stockholm, sondern gleich hinzugefügt: »Aber Sie haben schon recht, ich bin ein Jude.« Auf der Straße in Wiesbaden hält mich eine Frau an, sie wünscht ein Autogramm. Sie vergewissert sich: »Sie sind doch der Herr Bubis?« In einem Salzburger Restaurant möchte ich telefonieren, ein Stadtgespräch nur. »Ich dachte« – wird mir gesagt –, »Sie wollten Jerusalem anrufen.«

Derartiges kam vor zwanzig oder dreißig Jahren ungleich häufiger vor. Doch noch unlängst wurde ich gefragt, was ich davon hielte, daß Israel die Palästinenser mißhandle. »Jeder Jude ist für ganz Israel verantwortlich« – schrieb ein jüdischer Publizist vor dem Ersten Weltkrieg. Gilt das alles nur für Deutschland oder Österreich? Seit vielen Jahren verbringen wir unseren Urlaub meist in der Schweiz. Natürlich besuchen wir gern Lokale, zumal solche, in denen zur Unterhaltung der Gäste ein Pianist spielt. Kaum einer läßt es sich nehmen, uns auf besondere Weise zu begrüßen: Es ist so gut wie immer derselbe weltberühmte Schlager, der uns als Leitmotiv zugedacht wird – »If I were a Rich Man« (»Wenn ich einmal reich wär'«) aus dem Musical »Fiddler on the Roof«, das in einem ostjüdischen Dorf

spielt und in Deutschland unter dem Titel »Anatevka«
bekannt ist, ein Werk, das ich, um es gelinde auszudrücken,
weder liebe noch schätze. Aber ich winke dem Pianisten
freundlich zu. Er meint es ja so gut – wie der Schauspieler,
der auf dem sandigen polnischen Weg Gutzkows feierlichen Monolog rezitierte. Sind wir ungerecht, weil über-
empfindlich? Ja, gewiß. Überdies: Zwar haben wir es damals noch nicht gewußt, aber wohl schon geahnt: Wer
zufällig verschont wurde, während man die Seinen gemordet hat, kann nicht in Frieden mit sich selber leben.

Abends kamen wir endlich in dem Dorf an, in dem wir
uns zu gestellen hatten. Am nächsten Tag meldete ich mich
beim Ortskommandanten, wo sich gleich zeigte, daß die
Propaganda-Einheit, die ich suchte, noch gar nicht existierte. Doch ihren künftigen Chef gab es schon: Es war ein
Oberleutnant, was mich nicht beeindruckte, und er hieß
Stanislaw Jerzy Lec, was mich, der ich schon eine Uniform
trug, respektvoll die Hacken zusammenschlagen ließ – im
Geiste natürlich. Denn Lec, ein im noch österreichischen
Lemberg geborener Jude, gehörte vor dem Krieg zu den
besten polnischen Satirikern der jungen Generation. Er
war ein Poet und ein Schalk, ein Meister mit der Narren-
kappe. Er war ein Bursche von unendlichem Humor, voll
von den herrlichsten Einfällen – wie der arme Yorick, der
königliche Spaßmacher, dessen Totenschädel Hamlet zu
Tränen rührte.

Lec, der damals 35 Jahre alt war und mir ein wenig kor-
pulent vorkam, residierte in einer bejammernswerten Bau-
ernhütte. In seiner Stube befanden sich: ein einziger Stuhl,
ein kleiner Tisch und ein Bett. Auf dem Stuhl saß er, der
Oberleutnant, in einer nagelneuen Uniform. Er war in ein
Manuskript vertieft und offensichtlich verärgert, daß ihn
jemand störte. Ohne aufzublicken, fragte er mich militärisch knapp: »Können Sie Deutsch?« Dann stellte er mir

ohne Übergang eine unerwartete, eine beinahe unglaubliche Frage. In diesem gottverlassenen Nest inmitten von scheußlichen Sümpfen und düsteren Wäldern wollte der Oberleutnant der Polnischen Armee Stanislaw Jerzy Lec von mir wissen: »Kennen Sie Brecht?« Ich sagte: »Ja«, und da er mir offenbar nicht recht traute, kam gleich die nächste Frage: »Was?« Ich zählte einige Titel auf. Jetzt erst blickte er mich an, sein Gesicht hellte sich auf: Daß jemand in dieser abscheulichen Einöde von der »Hauspostille« gehört hatte und vom »Aufstieg und Fall der Stadt Mahagonny« – damit hatte er nicht gerechnet. Wir beide, Lec und ich, wir waren, dessen bin ich beinahe sicher, die einzigen in der ganzen polnischen Armee, die den Namen Brecht kannten.

Ich mußte mich auf das Bett setzen. Dann gab mir der ungewöhnliche Oberleutnant, dessen Kommandoton schon etwas ziviler wurde, einige Blätter auf die ein längeres Gedicht von Brecht getippt war. Er werde mir die von ihm selber stammende polnische Übersetzung dieses Gedichts vorlesen. Ich solle prüfen, ob er alles einwandfrei verstanden und richtig übertragen habe. Dies war der erste Befehl, der mir in der polnischen Armee erteilt wurde. Sonderbar: Ob ich es wollte oder nicht, wohin ich kam, da war deutsche Literatur – gestern Gutzkow, heute Brecht.

Die Übersetzung war sehr gut. Um ihm aber zu beweisen, daß ich mich der Sache gewissenhaft annehme und mir die Materie nicht fremd sei, machte ich ihn auf zwei oder drei Stellen des gar nicht kurzen Gedichts aufmerksam. Sie seien zwar vorzüglich übersetzt, doch könne man sie vielleicht noch eine Spur besser machen; natürlich handle es sich bloß um Kleinigkeiten. Die Reaktion von Lec hat mich enttäuscht: Er war an meinen schüchternen Vorschlägen überhaupt nicht interessiert, er hörte mir kaum zu. Die Audienz wurde rasch beendet. Erst viel später habe ich begriffen, welches Mißverständnis hier vorgefallen war: Er wollte nicht, daß ich seinen Text kontrolliere oder gar korrigiere, sondern daß ich ihn lobe und bewundere, rühme und preise. 1944 hatte ich noch keine Erfahrungen im Umgang mit Schriftstellern.

Nach dem Krieg, als wir bisweilen in Warschau spazierengingen, und später, als Lec uns in Hamburg besuchte, da merkte ich, daß unsere Unterhaltungen immer wieder den gleichen Verlauf nahmen: Sie ähnelten dem Vorstellungsgespräch in jenem polnischen Dorf im Oktober 1944. Denn es gab für ihn stets nur ein einziges Thema: seine Gedichte, seine Aphorismen, seine poetischen Übersetzungen. Nie wollte er wissen, was sich in meinem Leben abspiele, womit ich mich beschäftige. Ein eitler, ein egozentrischer Mensch? Ich habe noch nie einen Schriftsteller kennengelernt, der nicht eitel und nicht egozentrisch gewesen wäre – es sei denn, es war ein besonders schlechter Autor. Die einen tarnen ihre Eitelkeit und verbergen ihre Egozentrik, andere bekennen sich zu diesen Schwächen ostentativ, mit Humor und ohne Pardon. Als Lec mit einem Kollegen von Warschau nach Wien flog, fragte ihn dieser nach der Ankunft, ob ihm nicht aufgefallen sei, daß er während des ganzen Fluges nur über sich selbst gesprochen habe. Lec antwortete mit einer kurzen Gegenfrage: »Kennst du ein besseres Thema?«

Vor bald einem halben Jahrhundert machten wir, Lec und ich, einen langen Spaziergang – vom Haus des Schriftstellerverbands in Warschau bis zum wunderbaren Lazienki-Park und zurück. Es ist der schönste Straßenzug der polnischen Hauptstadt. Lec sprach unentwegt – und ich, von dem behauptet wird, nicht besonders wortkarg zu sein, lauschte schweigsam und begnügte mich damit, ihm mit gelegentlichen Stichworten zu dienen. Alles, was er erzählte, interessierte und amüsierte mich – nicht zuletzt seine improvisierten und leider nie notierten deutschen Wortspiele. Nach einer Stunde etwa sagte er plötzlich: »Das geht nicht so weiter. Wir reden ja immer nur über mich. Jetzt wollen wir über Sie reden. Sagen Sie mal, wie hat denn *Ihnen* mein letztes Buch gefallen?« Ich habe diese Äußerung vielen Kollegen erzählt, man hat sie immer wieder zitiert und oft auch anderen Autoren zugeschrieben: So entstand eine internationale, eine schon klassische Wanderanekdote.

In Deutschland gehörte Lec in den sechziger und siebziger Jahren zu den wenigen erfolgreichen, ja fast berühmten polnischen Autoren. Das ungewöhnliche Echo verdankte er nicht seiner sehr beachtlichen Lyrik, sondern einzig und allein seinen Aphorismen: Die »Unfrisierten Gedanken« von Lec, mit denen er an eine deutsche Tradition – von Lichtenberg über Heine und Schopenhauer bis zu Karl Kraus – anknüpfte, wurden in der ausgezeichneten Übersetzung von Karl Dedecius in Hunderttausenden von Exemplaren verbreitet und unzählige Male in Zeitungen nachgedruckt.

Meine Kontakte mit Lec erreichten ihren Höhepunkt im Jahre 1964. Ich erfreute mich zu jener Zeit seiner aufrichtigen Sympathie, er war mir vielleicht sogar in Herzlichkeit zugetan, er schätzte mich, ja, es ist möglich, daß er mich damals für einen hervorragenden Kritiker hielt. Das hatte nur einen einzigen Grund: In der »Zeit« war meine begeisterte Besprechung seiner »Unfrisierten Gedanken« erschienen. Es war, glaube ich, die erste und letzte Kritik aus meiner Feder, die er gelesen hat. Es ist eine alte Geschichte, doch bleibt sie immer neu: Was ein Autor von einem Kritiker hält, hängt davon ab, was dieser Kritiker über ihn, zumal über sein letztes Buch, geschrieben hat. Habe ich auch das von Lec gelernt?

Er ist nicht alt geworden. Der Krebskranke hat beinahe bis zum letzten Augenblick an seinen Manuskripten gear-

beitet, aber nur beinahe: Als man ihm Anfang Mai 1966 –
er befand sich in einem Sanatorium in der Nähe von Warschau – die Druckbögen seines neuesten Buches zur Korrektur brachte, winkte er ab: »Jetzt habe ich Wichtigeres zu
tun. Ich beschäftige mich mit dem Sterben.« Wenig später
starb er. »Schade, daß man ins Paradies mit einem Lei-
chenwagen fährt«, heißt es in seinen »Unfrisierten Gedanken«. Und: »Die Uhr schlägt – alle.«

Auf seiner Beerdigung haben hervorragende Schriftstel-
ler die Ehrenwache gehalten, eine Ehrenkompanie war im
Paradeschritt aufmarschiert und präsentierte das Gewehr,
Salutschüsse wurden abgefeuert, ein junger Lyriker trug ein
Samtkissen mit den Orden des Verstorbenen. Einen Schalk
und Narren hat man wie einen Helden zu Grabe getragen.
Ja, Polen ist ein sonderbares, ein originelles Land. Ob Sta-
nislaw Jerzy Lec wirklich ein Held war – ich weiß es nicht.
Aber er war, dessen bin ich sicher, der weitaus bedeutend-
ste europäische Aphoristiker in der zweiten Hälfte unseres
Jahrhunderts.

Aus meinem Dienst in der Propaganda-Einheit, die Lec
aufbauen sollte, ist nichts geworden. Denn wenige Tage
nach meinem ersten Gespräch mit ihm kam ein Befehl, daß
die polnische Armee auf diese Einheit verzichten werde –
was ich sehr bedauerte. Wahrscheinlich war sie den Russen
nicht genehm. Nun waren wir, Tosia und ich, schon mobilisiert, also mußte man uns irgendwie verwenden. Der Per-
sonalreferentin, die sich darüber Gedanken machte – es gab
viele Frauen in der polnischen Armee –, fiel auf, daß wir
mehr oder weniger gut drei Fremdsprachen beherrschten.
Sie schickte uns zur militärischen Postzensur, die in einem
benachbarten Dorf organisiert wurde.

Wir waren nicht unzufrieden. In seinen »Unfrisierten
Gedanken« fragt Lec: »Worte seien überflüssig? Und wo
brächte man unter, was zwischen den Worten steht?« Das

sollten wir suchen: Was zwischen den Worten und zwischen den Zeilen verborgen war. Wir hatten in Briefen und Postkarten – für Bücher und Zeitungen war diese Zensur nicht zuständig – einen geheimen Inhalt aufzudecken, den doppelten Boden ausfindig zu machen. Das schien uns eine überaus reizvolle Aufgabe. Später habe ich erfahren, daß bekannte Schriftsteller während des Krieges an Feldpostbriefen interessiert waren und gelegentlich die Zusammenarbeit mit der militärischen Zensur suchten – so in der habsburgischen Armee Robert Musil, so in der Wehrmacht Ernst Jünger.

Doch wie sollte es uns ohne entsprechende Ausbildung gelingen, das Verborgene, das Chiffrierte zu entschlüsseln? Wir würden es schon erlernen, unseren Kommandanten seien bestimmt raffinierte Methoden bekannt, um jenen, die die Feldpost für ihre dunklen Machenschaften mißbrauchen wollten, auf die Spur zu kommen. Unsere Arbeit in der Militärzensur würde, darüber waren wir uns im klaren, höchsten Scharfsinn erfordern. Nun, tröstete ich mich, wir würden es schon schaffen. Bald stellte sich heraus, daß alles etwas anders war, als wir es in unserer Naivität vermutet hatten. Im Laufe der nächsten Tage trafen in dem Dorf, in dem die Zensur-Einheit stationiert war, die ihr zugeteilten Soldaten ein. Wir waren verwundert und rasch nahezu sprachlos: Denn die jungen Bauernsöhne, die kamen, fielen durch schlichte Geistesart auf. Während der fünf Jahre deutscher Besatzung in Polen war eine Generation von Halbanalphabeten herangewachsen, jedenfalls von Menschen, deren Allgemeinbildung minimal war – und gerade das hatten ja die deutschen Behörden gewollt.

Was sollten diese Burschen in einer so delikaten Institution wie der Zensur? Es würden bestimmt auch Wachtposten benötigt werden. Nur gab es jetzt weit und breit immer bloß Wachtposten zu sehen. Tatsächlich – wir erfuhren es rasch – sollten diese simplen Soldaten als Zensoren fungieren. Das war die erste Überraschung. Die zweite: Sie waren gar nicht so schlechte Zensoren. Denn für diesen Beruf sind Fleiß und Gewissenhaftigkeit nötiger als Bildung und Intelligenz. Die Zensur hatte vor allem zu prüfen, ob in den Briefen – sie stammten meist von jungen Soldaten, die nach Hause schrieben – Militärgeheimnisse verraten wurden, ob also Angaben über die verwendeten Waffen enthalten waren oder über den Standort der jeweiligen Einheit. Überdies sollten Briefe mit mysteriösen oder unverständlichen Mitteilungen und Anspielungen nicht durchgelassen werden. Alles, was dem Zensor bedenklich vorkam, hatte er einem Oberzensor vorzulegen, der sich, wenn er nicht selber entscheiden konnte, an einen Inspektor wenden sollte.

Da in der polnischen Armee unter sowjetischem Oberbefehl Abiturienten nur sehr selten zu finden waren und nicht einmal von Offizieren das Abitur erwartet wurde, hat man uns, obwohl wir doch von dem Dienst in der Zensur keine Ahnung hatten, sofort befördert: Tosia wurde Oberzensorin, ich – Inspektor. An der Spitze der Einheit standen, wie damals üblich, zwei von der sowjetischen Armee delegierte Offiziere, die polnische Uniformen trugen und sich zur Not auch polnisch verständigen konnten. Daß es besonders intelligente Offiziere waren, konnte man beim besten Willen nicht sagen.

Wenn ich mich recht entsinne, gab es in der Zeit, in der wir in der Militärzensur tätig waren, keinen einzigen Fall von ernstzunehmendem Geheimnisverrat. An Kuriosem fehlte es nicht. Da man in Moskau schon einen kommunistischen deutschen Staat plante – Ulbricht und seine Leute bereiteten sich auf die Reise nach Berlin vor –, da Stalins schöne Losung galt, daß die Hitlers kommen und gehen, das deutsche Volk aber bleibe, waren mitten im Krieg gegen

Deutschland antideutsche Äußerungen in Feldpostbriefen, sogar die harmlosesten, strengstens untersagt. Die Soldaten durften nicht schreiben: »Der Teufel hole alle Deutschen« oder »Wir jagen die deutschen Banditen«, vielmehr »Der Teufel hole alle Nazis (eventuell alle Hitleristen)« oder »Wir jagen die nazistischen, die hitlerschen Banditen«. Verwendete ein treuherziger Soldat das Wort »deutsch« in einem geringschätzigen, gar bösartigen Zusammenhang, dann mußte es von dem Zensor mit Hilfe von Tinte unleserlich gemacht werden. Das intellektuelle Niveau der Zensur und deren technische Hilfsmittel hielten sich die Waage.

Dunkle Formulierungen, die die Zensoren auf den Plan riefen, fanden sich besonders oft in Briefen weiblicher Angehöriger der Armee. Da las man: »Mein Indianer kommt nicht.« Oder: »Ich bin sehr unruhig, denn der Chinese läßt sich nicht blicken.« Ferner: »Alle meine Anstrengungen sind vergeblich. Weißt Du nicht, wie man die Sache in Schwung bringen könnte?« Nach langwierigen Bemühungen wurde das Rätsel gelöst: Es ging immer um die ausbleibende Periode. Man konnte meinen, das größte Geheimnis der polnischen Armee sei die Menstruation. Dies habe ich damals gelernt: Die von Geheimnissen umwitterten Institutionen verdanken ihren Ruf in der Regel den Legenden, die über sie verbreitet werden und die sie selbst in Umlauf bringen. Lernt man sie von innen kennen, enttäuschen sie immer. Letztlich wird überall nur mit Wasser gekocht. Wenn die Postzensur der polnischen Armee Spürsinn und Kennerblick erforderte, dann höchstens von den Chefs. Bald war ich überzeugt, daß die Arbeit in der Zensur nicht nur stumpfsinnig und langweilig war, sondern auch ganz und gar überflüssig.

Nach einigen Tagen mußten die in der Militärzensur Beschäftigten eine Erklärung unterschreiben, daß sie ausnahmslos alles, was mit dem Dienst zusammenhing, geheimhalten würden. Das war ein Routinevorgang ohne jede Bedeutung. Aber erst diesem hektographierten Blatt konnte ich entnehmen, daß ich in eine Einheit geraten war, die zwar der polnischen Armee angehörte, jedoch der Aufsicht des Ministeriums (noch hieß es: Ressort) für Öffentliche Sicherheit unterstand. Dies machte auf mich überhaupt keinen Eindruck, ich unterschrieb die Erklärung, ohne zu zögern: Denn ob die Zensur von dieser oder jener Behörde beaufsichtigt wurde, schien mir eine bürokratische Angelegenheit und kümmerte mich nicht. Indes hatte die Sache für meine berufliche Laufbahn in den nächsten Jahren Folgen, die ich nicht geahnt habe und die von großem Interesse für mich waren.

Zunächst wurde ich, im Januar 1945, von der Militärzensur in jenem elenden Dorf endlich erlöst und in die Zentrale der Kriegszensur in Lublin versetzt und wenig später nach dem eben erst befreiten Kattowitz delegiert, wo ich die Zensur zu organisieren hatte. Ich tat dies zum Entzücken meiner Vorgesetzten so schnell, daß sie bald arbeitsfähig war, doch vorerst ohne Arbeit – denn die Post funktionierte noch nicht. Das trug mir den Ruf eines guten Organisators ein, weshalb ich, kaum nach Lublin zurückgekehrt, auf einen leitenden Posten in der Auslands-Postzensur der ebenfalls gerade befreiten Stadt Warschau kommandiert wurde.

Das Land war verwüstet, Warschau war zerstört – so furchtbar zerstört, daß verschiedene polnische Urbanisten und namhafte ausländische Städtebauspezialisten empfahlen, Polens Hauptstadt an einer anderen Stelle des Landes neu aufzubauen. Freilich wollte niemand davon hören – weder die neuen Behörden noch die Bevölkerung. Sie war von den Deutschen aus der Stadt evakuiert worden und kehrte nun von allen Seiten zurück: Die Menschen wollten

Warschau, obwohl das Leben dort schwer, ja unerträglich war, auf keinen Fall aufgeben. Sie richteten sich in den wenigen einigermaßen erhaltenen Wohnungen ein, in Kellern und Baracken. Wie ungewiß und unklar die Zukunft Polens auch war, die Warschauer bewährten sich als unverbesserliche Optimisten.

Und wir, Tosia und ich? Wir konnten vorerst in der zerstörten Stadt keine Wohnung, nicht einmal ein Zimmer bekommen: Wir schliefen auf einem Feldbett, das für die Nacht in meinem Büro aufgestellt wurde. Aber wir beklagten uns nicht: Es war ja Krieg – und die Kriegsverhältnisse waren in Polen nicht etwa im Mai 1945 beendet, sondern erheblich später. Überdies gehörten auch wir zu den Optimisten. Die alliierten Armeen rückten voran, das baldige Ende des Krieges war nun ganz sicher. Indes blieb uns zu unserer Überraschung die jetzt fällige Daseinsfreude versagt, von Glück konnte keine Rede sein. Wir hatten doch überleben wollen. Und wir hatten, um überleben zu können, Leid erfahren, das wir für unsagbar hielten. Wir hatten Erniedrigungen und Demütigungen erduldet. Wir hatten Hunger ertragen müssen, den wir nie vergessen würden. Wir schwebten in tausend Ängsten, die Todesangst gehörte jahrelang zu unserem Alltag. Je näher jetzt das Ende des Krieges kam, desto schwerer lastete auf uns, den Befreiten, eine einfache Frage: Warum? Warum durften gerade wir überleben?

Mein Bruder Alexander hatte ungleich bessere Chancen als ich gehabt, die deutsche Okkupation zu überleben. Er war in vielerlei Hinsicht ein anderer Typ als ich, vielleicht der Gegentyp: Etwas kleiner, zarter und schmächtiger, gewiß auch schüchterner und in höherem Maße gehemmt. Vor allem war er ein liebenswerter, ein überaus liebenswürdiger Mensch, er hatte ein gewinnendes Wesen, frei von Selbstbewußtsein, von Arroganz oder gar Aggressivität.

Man konnte vermuten, daß er über den Ring verfügte, nach dem ich mich ein Leben lang vergeblich gesehnt habe – den Ring, von dem der weise Nathan erzählt, er habe die geheime Kraft, denjenigen vor Gott und Menschen angenehm zu machen, der ihn in dieser Zuversicht trage. So hatte mein Bruder, anders als ich, der ich erst kurz vor dem Krieg nach Warschau gekommen war, auch außerhalb des Gettos Freunde und Bekannte, die ihm wohl geholfen hätten.

Aber er fürchtete, aus dem Getto zu fliehen – und er konnte nicht im Getto bleiben: Denn bei der »Großen Selektion« im September 1942 hatte er, da er in keiner Institution tätig war, keine »Lebensnummer« erhalten. Im November kam er aus dem Warschauer Getto in ein Lager bei Lublin und wenige Monate später in das Kriegsgefangenen- und Arbeitslager Poniatowa, ebenfalls im Distrikt Lublin gelegen. Er hat dort als Zahnarzt und als Leiter der Poliklinik gearbeitet. Am 4. November 1943 haben SS-Einheiten sämtliche Gefangene aus den Baracken getrieben und zu den in der Nähe dieses Lagers ausgehobenen Gruben gejagt. Dort wurden sie mit Maschinengewehren erschossen. Insgesamt hat die SS an diesem Tag im Lager Poniatowa 15 000 Gefangene ermordet. Unter ihnen war mein stiller, mein liebenswerter Bruder Alexander Herbert Reich.

Genau ein Jahr später, am 4. November 1944, traf ich in der polnischen Armee einen Soldaten, einen Nichtjuden, der es für richtig hielt, mir gleich zu erzählen, was mit den Juden in Poniatowa geschehen war. Er habe in der Nähe dieses Lagers in einer Baufirma gearbeitet, wo man, wenn ärztliche Hilfe nötig war, einen Passierschein bekam, um in die Poliklinik in Poniatowa gehen zu können. Davon habe er nur zweimal Gebrauch gemacht; er habe Zahnschmerzen gehabt. Ich ließ mir den Zahnarzt beschreiben. Er beschrieb ihn genau – und kein Zweifel war möglich. Er sprach auch von einer ziemlich großen, blonden Assistentin. Es war, wiederum ohne Zweifel, die Frau, mit der mein Bruder schon im Getto zusammengelebt hatte.

Der Soldat hatte sich später nach dem, wie er hinzufügte, so sympathischen Zahnarzt erkundigt: Dieser sei, zusammen mit seiner Freundin, zu den Gruben gejagt worden. Aber die Deutschen haben die beiden wohl nicht erschießen können. Denn sie hatten Zyankali. Warum, frage ich noch einmal, mußte er sterben, warum durfte ich am Leben bleiben? Ich weiß, daß es hierauf nur eine einzige Antwort gibt: Es war purer Zufall, nichts anderes. Doch kann ich nicht aufhören, diese Frage zu stellen.

Als uns am 9. Mai 1945 in Warschau die Nachricht erreichte, daß im sowjetischen Hauptquartier in Berlin-Karlshorst die bedingungslose Kapitulation aller deutschen Streitkräfte unterzeichnet worden sei und damit der Zweite Weltkrieg beendet war, forderten uns einige fröhliche und glückliche Kollegen auf, mit ihnen in den Hof zu gehen. Es sei Zeit, sagten sie, für einen Salut gen Himmel. Wir entsicherten unsere Pistolen. Dann schossen meine aufgeräumten und übermütigen Kollegen gleichzeitig in die Luft. Einen Augenblick später richtete auch ich meine Pistole auf den blauen und sonnigen, den unbarmherzigen und grausamen Himmel, und dann drückte ich ab. Es war mein erster und letzter Schuß im Zweiten Weltkrieg, der erste und letzte in meinem Leben.

Tosia stand neben mir. Wir schauten uns schweigend an. Wir wußten genau, daß wir das gleiche empfanden: Nein, nicht Freude empfanden wir, sondern Trauer, nicht Glück, sondern Wut und Zorn. Ich blickte noch einmal nach oben und sah, daß eine Wolke aufgezogen war, dunkel und schwer. Ich spürte: Diese Wolke über uns, sie würde sich nie verziehen, sie würde bleiben, unser Leben lang.

Von Reich zu Ranicki

Wenn mich 1945 jemand gefragt hätte, welchen Beruf ich ausüben möchte und wo ich zu leben gedenke, wie ich mir also meine Zukunft vorstelle – ich glaube, ich hätte mich bemüht, meine Ratlosigkeit zu verbergen, und wäre schließlich die Antwort schuldig geblieben. Der Auslandszensur, die meine ganze Zeit in Anspruch nahm, wurde ich rasch überdrüssig. Der Krieg war beendet, vom Frieden spürte man zunächst nicht viel, aber natürlich würde man die Postzensur früher oder später auflösen. Es war höchste Zeit, mir zu überlegen, was aus mir werden solle.

Doch zu meiner Überraschung erfuhr ich – es war im Jahre 1945 –, daß es in Warschau noch jemanden gab, der sich Gedanken über meine Zukunft machte. Im Ministerium für Öffentliche Sicherheit, dem die Zensur unterstand, hatte ein Major von mir gehört. Er interessierte sich für mich, und zwar im Namen der Institution, in der er arbeitete: des polnischen Geheimdiensts, genauer: der Auslandsabteilung des Nachrichtendiensts. Verwunderlich war das nicht. Denn man suchte jetzt in der Armee Leute, womöglich junge Intellektuelle, die Fremdsprachen beherrschten und die sich im Ausland, zumal in Deutschland, auskannten.

Wenn ich mich damals, noch im Krieg gegen das nationalsozialistische Deutschland, dem Ruf polnischer Behörden, im Auslands-Nachrichtendienst zu arbeiten, verweigert oder entzogen hätte – ich hielte es für einen Fleck in meiner Biographie. Ich müßte auch heute noch den Blick zu Boden senken. Hinzu kommt: Man brauchte mich für eine ganz besondere Arbeit. Mir, der ich so lange untätig war, schmeichelte dies. Bevor ich über das Angebot informiert wurde, gefiel es mir schon, wenn auch vorerst in Grenzen. Mich reizte eine Tätigkeit, die mit einer besonderen Aura umgeben war, ein dunkler und heikler Lebensbereich, eine von der Literatur und vom Film mythologisierte Sphäre. Also Abenteuerlust? Selbstverständlich spielte sie bei der Entscheidung, die mir bevorstand, eine wichtige Rolle. Nur war da bald nichts mehr zu entscheiden.

Denn wohin wollte man mich schicken? Hätte man mich mit Rom oder Madrid zu locken versucht, ich hätte wohl gezögert und mir alles genau überlegt. Aber das Angebot lautete: Berlin. Da war's um mich geschehn. Um Berlin wiederzusehen – wer weiß, vielleicht hätte ich einen Pakt auch mit dem Teufel geschlossen. Der polnische Geheimdienst hat meinen dringendsten Wunsch erfüllt: Das besiegte, das in die Knie gezwungene Deutschland faszinierte mich mehr als irgendein Land auf Erden, ja, ich wollte unbedingt nach Berlin fahren. Sollte mir die Zerstörung der Stadt, von der das ganze Unglück ausgegangen war, jetzt Genugtuung bereiten? Hatte ich etwa das Bedürfnis, mich an der deutschen Not zu laben? Nein, keineswegs. Nicht Rachsucht trieb mich nach Berlin, sondern Sehnsucht: Die Stadt wollte ich wiedersehen, in der ich aufgewachsen war, den Ort, der mich geprägt hatte.

Der Plan des Auslands-Nachrichtendiensts war einfach: In Berlin funktionierte bereits eine Polnische Militärmission. Dort sollte ich arbeiten, und zwar in der Abteilung für Rückforderungen und Entschädigungen. Diese Instanz hatte den Standort der aus Polen während des Krieges abtransportierten Maschinen und Fabrikeinrichtungen zu ermitteln und dann deren Rückgabe zu beanspruchen.

Gleichzeitig sollte ich für den Nachrichtendienst, den Geheimdienst, tätig sein.

Über meine Aufgabe in der Militärmission würde man mich an Ort und Stelle unterrichten. Was aber sollte ich für den Geheimdienst machen? Der Major tat sehr geheimnisvoll. Darüber könne man jetzt nicht reden, er murmelte etwas von zahllosen Nazis, von Nachfolge-Organisationen, deren Aktivitäten sich auch auf die jetzt an Polen gefallenen Gebiete erstreckten. Vorerst solle ich mich in Berlin gut umsehen, später würde ich dort schon die nötigen Weisungen erhalten. Auf welchem Wege? Das würde ich schon merken – sagte der Major unwirsch; und dann etwas höflicher: Im Geheimdienst müsse man Geduld haben. Ich begriff, daß ich nicht zu viele Fragen stellen sollte, und ich bereitete mich auf die Reise vor. Tosia konnte nicht mitfahren, jedenfalls nicht gleich.

Als ich im Januar 1946 zusammen mit drei anderen Angestellten der Militärmission mit einem Auto gegen Abend in das ganz dunkle, das zerstörte, das so trostlose Berlin kam, hatte ich schon allen Anlaß, Schadenfreude, ja, tödlichen Haß zu empfinden. Aber davon konnte keine Rede sein, ich war zum Haß nicht imstande – und ein klein wenig wundert mich das noch heute. Bedarf es vielleicht einer Rechtfertigung? Trotz allem war mir Haß immer schon fremd, und er ist mir fremd geblieben. Ich kann mich furchtbar aufregen, erhitzen und ereifern, ich kann aus der Haut fahren und in Harnisch geraten. Aber richtig hassen, gar längere Zeit hassen – nein, das konnte ich nie, das kann ich auch heute nicht. Ich weiß, daß es keinen Grund gibt, darauf stolz zu sein. Und was auch in meinem Leben geschehen ist, welches Unrecht mir auch angetan wurde, ich habe niemals einen Menschen, der sich mit mir versöhnen wollte, zurückgewiesen. Das Gegenteil hat sich leider oft ereignet.

In der Militärmission hatte ich sehr wenig zu tun, der Geheimdienst ließ mich in Ruhe: Von ihm kamen keinerlei Weisungen – was mich mit der Zeit immer mehr wunderte und immer weniger betrübte. Denn da gab es etwas, was meine Freizeit, über die ich reichlich verfügte, ganz und gar in Anspruch nahm: Berlin. Ich wollte sie sehen: die Häuser, in denen ich gewohnt, die Schulen, die ich besucht, die Theater, die ich geliebt hatte. Ich war auf der Suche nach meiner verlorenen Jugend, der herrlichen und der schrecklichen.

Ich stand vor dem Gebäude, das ich einst für das schönste in der ganzen Stadt gehalten und das den Mittelpunkt meines Lebens gebildet hatte: vor dem zerstörten Schauspielhaus am Gendarmenmarkt. Es war ein diesiger, ein regnerischer Tag. Niemand ließ sich vor dem Theater blicken, ich war ganz allein. Plötzlich spürte ich, daß meine Augen feucht wurden, daß Tränen über meine Backen liefen. Doch es war nicht der durch die Ruinen wehende, der schneidende stürmische Wind, der diese Tränen verschuldete. Meine Jugend war es wohl, der ich hier, auf diesem kalten und leeren Berliner Platz, verschämt nachweinte. Ich ging zum Bahnhof Friedrichstraße, erst langsam und dann immer schneller, als wollte ich mich von der Sentimentalität befreien.

Die Abende verbrachte ich im Theater, das noch oft in provisorischen Sälen spielte, oder in Konzerten der Berliner Philharmoniker, an deren Spitze jetzt ein beinahe unbekannter, ein vorzüglicher junger Dirigent stand: Sergiu Celibidache. Von allen Theateraufführungen hat sich in meinem Gedächtnis am stärksten Lessings »Nathan« eingeprägt. Für mich war es ein ungewöhnlicher Abend. Das Stück, das im »Dritten Reich« nicht gespielt werden durfte, sah ich zum ersten Mal in meinem Leben. Paul Wegener, ein vor dem Krieg berühmter Mime, war sichtlich bemüht, in der Figur des weisen Nathan alles Jüdische, etwa im Tonfall oder in der Gestik, zu vermeiden. Offenbar befürchtete er, man hätte es als Antisemitismus mißverstehen können.

Und das Publikum? Es interessierte mich, wie die Deutschen jetzt auf die Geschichte eines Juden reagierten, dessen Frau und dessen sieben Söhne verbrannt wurden. Aber gerade das ließ sich an diesem Abend nicht erkunden. Den Zuschauerraum des »Deutschen Theaters« füllten vor allem Offiziere in den Uniformen der vier Besatzungsmächte. Es waren vorwiegend Juden, die erstaunlich gut deutsch sprachen. Es waren Vertriebene und Geflohene, die sich jetzt in einem Berliner Theater, nicht weit von den Ruinen des Reichstags und der Reichskanzlei entfernt, versammelt hatten – im Zeichen Lessings.

Mehr als drei Monate war ich damals in Berlin. Ich habe keinen meiner Schulfreunde gefunden – von meinen Angehörigen, die allesamt vertrieben oder vergast worden waren, ganz zu schweigen. Ich hatte keinerlei Kontakte, niemanden kannte ich in der Stadt meiner Jugend. So war es eine traurige und einsame Zeit, erschreckend, doch bisweilen auch beglückend. Sie machte mir meine Heimatlosigkeit bewußt. Denn daß Polen mir fremd geblieben war, das spürte und erkannte ich nirgends so deutlich wie gerade in Berlin. Ich frage mich heute, was wohl geschehen wäre, wenn man mir damals, 1946, von deutscher Seite irgendeine Tätigkeit im Kulturleben angeboten hätte. Vielleicht wäre ich in Berlin geblieben. Ich kann mir denken, was dann aus mir geworden wäre – gewiß nichts anderes als ein Kritiker, ein Literaturkritiker. Nur: Wer sollte mir etwas anbieten, da mich niemand kannte?

Ich hatte schon angenommen, ich sei von der Warschauer Zentrale des Geheimdiensts vergessen worden. Da kam schließlich doch eine Weisung: Ich wurde nach Hause kommandiert. Warum man mich nach Berlin geschickt, aber dort überhaupt nicht beschäftigt hat, weiß ich nicht. Wahrscheinlich war die Sache nicht hinreichend mit den Russen vereinbart, wahrscheinlich wünschten die Russen nicht, daß die Polen irgendwelche Informationen in Berlin sammelten.

Anders als der Poet und Offizier Stanislaw Jerzy Lec wollte mir der strenge Major, mit dem ich gesprochen hatte, bevor ich nach Berlin gefahren war, keinen reinen Wein einschenken: Er hielt es für richtig, mir zu verheimlichen, daß der Auslands-Nachrichtendienst im Sicherheitsministerium zu jenem Zeitpunkt noch gar nicht existierte, daß er erst im Entstehen begriffen war. Auch damit hing es wohl zusammen, daß man sich in Warschau nicht um mich gekümmert hatte.

Aber obwohl ich in Berlin nichts für ihn getan hatte, wollte mich der Geheimdienst weiterhin beschäftigen, jetzt nicht nur im Sicherheits-, sondern zugleich auch im Außenministerium. Man sah meine Zukunft im Ausland und stellte mir einen Posten im Auswärtigen Dienst in Aussicht – und zwar in einer Stadt, die, nachdem ich schon einige Zeit in Berlin gewesen war, nun den stärksten Reiz auf mich ausübte: in London. Dort wohnte das einzige Mitglied meiner Familie, das überlebt hatte: Meine ältere Schwester Gerda Böhm, der es kurz vor Ausbruch des Krieges gelungen war, mit ihrem Mann aus Deutschland nach England zu fliehen.

Auf die Doppelaufgabe in London sollte ich in den beiden zuständigen Ministerien vorbereitet werden – im Sicherheitsministerium auf den Geheimdienst, im Außenministerium auf den Konsulardienst. In der Geheimdienst-Zentrale hatte ich einstweilen als Sektionsleiter und etwas später als stellvertretender Abteilungsleiter zu arbeiten. Die mir angekündigte Schulung, der ich ungeduldig und neugierig entgegensah, sollte bald beginnen, der Raum und der genaue Zeitpunkt wurden schon bekanntgegeben. Endlich würde ich erfahren, wie der Auslands-Nachrichtendienst zu versehen und zu organisieren sei, jetzt erst, das war für mich klar, würde man mich in die Geheimnisse dieser Arbeit einweihen. Ich wartete gespannt.

Zwei oder drei Tage vor dem festgesetzten Termin hatte ich mich bei einem meiner Vorgesetzten zu melden. Ob ich mich auf die Schulung freue – fragte er hinterlistig. Ich bejahte mit Entschiedenheit. Nur sei ich mir doch wohl darüber im klaren – sagte er zu meiner höchsten Verblüffung –, daß mich niemand schulen werde. Es sei vielmehr meine Aufgabe, die Kollegen zu schulen.

Ich machte ihn darauf aufmerksam, daß ich von dieser Materie keine Ahnung hätte. Das sei ihm keineswegs neu – meinte er nicht ohne Ironie –, doch seien wir alle in dieser Hinsicht Anfänger. Ob ich etwa meine, daß die Parteimitglieder, die unlängst Minister geworden seien, irgend jemand auf ihre Aufgabe vorbereitet hätte? In einer Pionierzeit müsse man improvisieren. Mit einiger Intelligenz könne man es schon schaffen; er habe volles Vertrauen zu mir. Überdies gebe es einen sowjetischen Berater, mit dem solle ich gleich reden, er werde mir schon helfen. Mein Vorgesetzter lächelte in bester Laune.

Zehn Minuten später saß ich im Zimmer des sowjetischen Beraters. Es war ein freundlicher, ein liebenswürdiger Mensch und nicht ohne Humor. Er konnte einigermaßen polnisch sprechen. Aber statt mir die dringend benötigten Ratschläge zu erteilen, wollte er von mir wissen, wie ich mir die geplante Schulung vorstelle. Meine ausweichenden Antworten ignorierend, wiederholte er seine Frage so starrsinnig wie verbindlich. Mir blieb nichts anderes übrig, als nachzugeben und ihm einiges, was ich über den Auslands-Nachrichtendienst und über die Spionageabwehr wußte, wortreich zu erzählen. Freilich stammte alles aus einer einzigen und für diese Zwecke wohl nicht immer zuverlässigen Quelle: aus Romanen, Erzählungen und Reportagen.

Der sowjetische Berater war entzückt und gratulierte mir: Ich sei für die Schulung vorzüglich geeignet. So wurde ich vorübergehend zum Instrukteur des polnischen Geheimdiensts. Ich dachte mir einen kleinen Lehrgang aus, der, glaube ich, eher kurzweilig als nützlich war. Wieder einmal profitierte ich ausgiebig von der deutschen Literatur. Den größten Erfolg erzielte ich mit der auf Egon Erwin Kisch zurückgehenden Geschichte von Oberst Redl und seiner Aufdeckung.

Auch auf die Fragen, die ich den sowjetischen Beratern später stellte, reagierten sie auf die gleiche Weise. Sie wünschten, daß ich selber eine Antwort finde, eine Lösung vorschlage. Was ich vorschlug, wurde in der Regel als brauchbar akzeptiert. Denn die Berater waren nicht nach Warschau geschickt worden, um uns zu helfen, vielmehr war es ihre Aufgabe, nach Informationen Ausschau zu halten, die für den sowjetischen Geheimdienst von Interesse sein könnten – so war es zumindest in der Abteilung, in der ich gearbeitet habe.

Die wichtigste Aufgabe des Nachrichtendienstes bestand darin, Informationen über die polnische politische Emigration in den westlichen Ländern, über ihre Strömungen, ihre Intentionen und Organisationen zu sammeln. Genauer: Es ging darum, rechtzeitig zu ermitteln, was die politischen Emigranten gegen den neuen polnischen Staat unternehmen wollten, was sie planten. Hierzu war dieser Dienst zum damaligen Zeitpunkt nur in sehr bescheidenem Umfang imstande. Denn dem absoluten Dilettantismus entsprach die Primitivität der Methoden: Niemand hatte konkrete Erfahrungen, und es gab überhaupt keine technischen Hilfsmittel. Ganz anders war die Situation im Außenministerium, wo ich in den letzten Monaten vor der Abreise nach London tätig war. Dort, im Departement für Konsular-Angelegenheiten, waren Fachleute aus der Vorkriegszeit am Werk. Von ihnen konnte ich alles Nötige lernen. Besonders amüsant oder gar aufregend ist der Konsulardienst übrigens nicht.

Inzwischen aber war ich der Kommunistischen Partei Polens (die sich »Polnische Arbeiterpartei« nannte) beigetreten. Niemand hat mich dazu gezwungen, niemand hat mir diesen Schritt nahegelegt. Es war auch keineswegs eine spontane oder übereilte Entscheidung. Zunächst und vor allem: Tosia und ich, wir verdankten unser Leben unzweifelhaft der Roten Armee. Hätte sie nicht die Deutschen aus Polen vertrieben, wäre sie nur wenig später in Warschau einmarschiert, wir wären ebenso umgebracht worden wie meine Eltern und mein Bruder, wie Tosias Mutter.

Überdies haben mich die Ideen des Kommunismus schon sehr früh interessiert. Sie waren damals, kurz nach 1945, äußerst attraktiv, ja, sie hatten für mich, ähnlich wie für viele Intellektuelle nicht nur in Polen, sondern auch in Frankreich, in Italien und anderen west-europäischen Ländern, etwas Bestechendes. Sicher, für Aufmärsche, Kundgebungen und Demonstrationen war ich nie zu haben. Aber mich hat die Möglichkeit fasziniert, an einer weltweiten, einer universalen Bewegung teilzunehmen, einer Bewegung, von der sich unzählige Menschen die Lösung der großen Probleme der Menschheit versprachen. Ich glaubte, endlich gefunden zu haben, was ich schon lange benötigte: eine Zuflucht, wenn nicht gar, das Wort läßt sich schwer vermeiden, Geborgenheit.

Für die längst fällige Neuordnung der Gesellschaft gab es, so schien mir, nur eine einzige Möglichkeit: eben den Kommunismus. Das galt insbesondere für Polen. Die polnischen Intellektuellen und Künstler, zumal die Schriftsteller und die Journalisten, waren in ihrer Mehrheit keine Anhänger der Sowjetunion. Indes hielten sie sich nach den Jahren der Untätigkeit während der deutschen Besatzung an die alte englische Weisheit: Wen du nicht besiegen kannst, mit dem verbünde dich. Sie wußten, daß nur eine einzige Macht Polen vor dem Chaos schützen und den Wiederaufbau in die Hand nehmen konnte – die von der Sowjetunion eingesetzte und von den Alliierten anerkannte polnische Regierung.

Vielleicht hat auch die deutsche Literatur ein klein wenig dazu beigetragen, daß ich mich in dieser Zeit der Kommunistischen Partei Polens anschloß. Denn mich beeindruckte, mich begeisterte seit meiner Jugend ein Stück klassischer deutscher Prosa aus dem neunzehnten Jahrhundert, ein Aufruf, dessen Pathos, dessen Rhetorik, dessen Bilderreichtum mir imponierten, mich sogar bestrickten: das »Kommunistische Manifest« von Karl Marx und Friedrich Engels.

Vieles erhellt also meine Entscheidung von 1945, vieles macht sie wohl auch begreiflich. Nur möchte ich auf keinen Fall mißverstanden werden: Von heute her gesehen war sie, kein Zweifel, ein ernster Fehler. Ich habe das im Laufe der fünfziger Jahre erkannt. Aber ich wußte schon damals und weiß es jetzt erst recht: Der Zugehörigkeit zur Kommunistischen Partei verdanke ich Erfahrungen, die ich nicht mehr missen möchte.

Allerdings gibt es in der Zeit nach 1945 noch eine andere Entscheidung, die ich getroffen hatte, ohne ihre Folgen zu ahnen, eine zudem, die sich nie mehr korrigieren ließ. Ich sollte in London unter einem anderen Namen amtieren, da mein Familienname Reich für die Tätigkeit als Konsul nicht recht passend schien. Der Begriff Reich sei auch jenen Polen und Engländern geläufig, die kein Wort Deutsch sprächen, er erinnere zu sehr an das »Dritte Reich«. War

der Name, mit dem alle Pässe unterschrieben werden mußten, zu deutsch? Oder vielleicht zu jüdisch? Jedenfalls zu
wenig polnisch. Ich wollte das Ganze nicht hinauszögern,
stimmte gleich zu und wählte, ohne lange zu überlegen, den
Namen Ranicki. Ich dachte, das würde nur für den Aufenthalt in England gelten. Aber nachher blieb es bei diesem
Namen – mein ganzes Leben lang.

Daß ich möglichst schnell in London sein wollte, hatte
auch mit meiner Arbeit in Warschau zu tun. Sie machte mir
nicht viel Spaß, weil ich an ihrem Sinn und ihrer Nützlich-
keit zweifelte: Für die Berichte, Meldungen und Informationen, die in die Zentrale kamen, konnte ich mich nicht
erwärmen. Ich fand sie meist belanglos, wenn nicht unseriös und irreführend. Sie wurden an verschiedene Instanzen
des Staates weitergeleitet und natürlich an die Partei. Aber
man erfuhr nie – die ewige Geheimnistuerei verhinderte
es –, ob sie jemand verwertet oder auch nur gelesen hatte.
Meine Fragen und Bedenken wurden ungern gehört: Es sei
alles erst im Entstehen begriffen, von Kinderschuhen war
die Rede und von Kinderkrankheiten. Man müsse eben Geduld haben.

Ich brauchte nicht lange Geduld zu haben, denn ich war
bald in London, zwar nicht, wie geplant, 1947, aber doch
Anfang 1948. Unser Leben dort war schöner, luxuriöser
und auch freier als im zerstörten Warschau: Es ging uns
sehr gut in den beinahe zwei Londoner Jahren. Wir hatten,
wovon wir in Warschau nicht einmal träumen konnten:
eine gut ausgestattete, geräumige Wohnung. Auch bekamen
wir einen ziemlich großen amerikanischen Wagen.

Mit der Literatur befaßte ich mich allerdings nur wenig. Hingegen gingen wir häufig ins Theater, in die Oper,
in Konzerte. Die beiden Eindrücke, die sich meinem Gedächtnis am stärksten eingeprägt haben: Wilhelm Furtwängler, der unter anderem die »Neunte« dirigierte, und

Laurence Olivier, der allerlei von Shakespeare bis Anouilh spielte. Wir reisten durch England und Schottland und mitunter für ein Wochenende nach Paris. Wir verbrachten den Urlaub einmal in der Schweiz, einmal in Italien. Wir waren privilegiert.

Aber man sollte nicht meinen, ich hätte, das Leben genießend, den Dienst vernachlässigt. Der überwiegende Teil meiner Tätigkeit – achtzig, wenn nicht neunzig Prozent – war die alltägliche und glücklicherweise nicht eben anstrengende Konsulararbeit. Zunächst war ich Vize-Konsul, später wurde mir die Leitung des Generalkonsulats anvertraut, eines Amtes mit immerhin rund vierzig Angestellten. Ich wurde zum Konsul ernannt. Mit meinen 28 Jahren war ich der jüngste Konsul in London. Das Amt funktionierte tadellos, zumal ich zwei tüchtige Stellvertreter hatte, zwei Juristen, die mir die Arbeit erleichterten.

Und der Geheimdienst? Ich will die wahrscheinlich enttäuschende Wahrheit bekennen: Ich habe weder einen künstlichen Bart gehabt noch ein Toupet. Ich habe keine Geheimtinte benutzt, ich hatte keine Waffe, keinen Fotoapparat, keinen Fotokopierer und kein Tonbandgerät. Gewiß, einen Kugelschreiber hatte ich schon, aber ich mußte ihn mir in London kaufen: Diese Erfindung der kapitalistischen Industrie war in Polen noch nicht bekannt. Von den vierzig Angestellten des Konsulats waren außer mir noch drei oder vier für den Geheimdienst tätig. Überdies hatten wir (außerhalb des Konsulats) zehn bis fünfzehn Mitarbeiter, meist arbeitslose oder pensionierte Journalisten. Sie informierten uns regelmäßig über die polnische Emigration, deren Zentrum sich in London befand, dem Sitz der polnischen antikommunistischen Exilregierung. Für bescheidene Honorare berichteten sie ausführlich über meist belanglose Vorkommnisse jeglicher Art: über die verschiedenen Parteien und Richtungen innerhalb der Emigration, über die internen Kämpfe, die unaufhörlichen Intrigen und natürlich über einzelne Politiker.

Vieles stammte aus Versammlungen, die meist allgemein zugänglich waren. Nur konnten sich dort Angestellte der Botschaft oder des Konsulats schwerlich blicken lassen. Neben sachlichen Informationen gab es in diesen Berichten auch Klatschgeschichten – und das war noch das Interessanteste. Manches hatten die geheimen Informanten ganz einfach den polnischen Exilzeitungen entnommen, die Herkunft ihrer Mitteilungen aber selbstverständlich verheimlicht und getarnt. Agenten in der Exilregierung, die uns hätten berichten können, hatten wir nicht, auch keine Sekretärin und keinen Portier.

Ich selber hatte keinerlei Kontakte mit Exilpolen, wohl aber mit Engländern und, vor allem, mit deutschen Emigranten. Meine Sache war es, die verschiedenen Auskünfte und Berichte zu begutachten und nach Warschau weiterzuleiten. Das Echo, das aus der Zentrale kam, war spärlich. Das von mir allwöchentlich geschickte Material wurde wohl nur von untergeordneten Angestellten gelesen und meist flüchtig. Wünsche oder Weisungen erreichten mich nur sehr selten. Ich war, um es gelinde auszudrücken, weder ein eifriger noch ein talentierter Organisator dieses geheimen Informationsdienstes.

Einmal immerhin konnte ich einen schönen Erfolg verbuchen. Er betraf ein Objekt, das nicht in meiner Zuständigkeit lag. Denn mit englischen Angelegenheiten beschäftigte sich der Apparat des Militärattachés in der polnischen Botschaft, mit dem ich keinerlei Kontakte haben durfte und über dessen Arbeit ich nichts wußte. In England lebte ein Cousin von mir, der kurz vor dem Krieg aus Berlin emigriert war. Er arbeitete in einer englischen Institution, die in Wilton Park, dem ehemaligen Wohnsitz des Schriftstellers und Politikers Benjamin Disraeli, untergebracht war –

etwa eine Stunde Bahnfahrt von London entfernt. Dort wurden ausgewählte deutsche Kriegsgefangene von englischen und deutschen Intellektuellen, die man als Lektoren oder Dozenten bezeichnete, geschult und umerzogen: Die Kriegsgefangenen sollten in ihre Heimat als möglichst gute Demokraten zurückkehren.

Ich kam auf die Idee, über diese Institution für die Warschauer Zentrale einen längeren Bericht zu schreiben. Man war dort an dem Thema und meinen Informationen sehr interessiert, vermutlich hatte der sowjetische Berater das Ganze an sich gerissen. Mein Ansehen stieg erheblich. Das wäre wohl kaum der Fall gewesen, hätte ich auf einen Umstand hingewiesen, den ich wohlweislich ausgespart habe: Was in Wilton Park geschah, war keineswegs geheim, jeden Journalisten, natürlich auch einen polnischen, hätte man dort, so er es wünschte, gern über alles unterrichtet. Aber die Geheimdienste schätzen nur solche Materialien, die sie von Agenten, von vertraulichen Informanten erhalten. Von dem, was allgemein zugänglich ist, was sich beispielsweise den Zeitungen entnehmen läßt, wollen sie in der Regel nichts wissen.

Doch mein weiterer beruflicher Weg hatte mit der Qualität meiner Arbeit so gut wie nichts zu tun. Sehr bald war meine Tätigkeit in London durch die politische Entwicklung im Ostblock in Frage gestellt. Dem Konflikt zwischen der Sowjetunion und Titos Jugoslawien, also dem im Sommer 1948 erfolgten Bruch zwischen Moskau und Belgrad, folgte bald die Gleichschaltung der Ostblockländer. Der Führer der polnischen Kommunisten, Wladyslaw Gomulka, dem man vorwarf, er suche einen »polnischen Weg zum Sozialismus«, wurde gestürzt. Die Nachfolge hat man in Moskau auf so originelle wie überraschende Weise gelöst: Boleslaw Bierut, ein Mann, über dessen politische Vergangenheit man nichts wußte (es hieß, er sei vor dem Krieg

Gewerkschaftsfunktionär gewesen), spielte in Polen die Rolle des überparteilichen Staatspräsidenten. Jetzt entpuppte er sich als alter polnischer Kommunist und wurde über Nacht nicht nur Mitglied der Kommunistischen Partei Polens, sondern zugleich auch ihr Erster Sekretär. Nach der Zwangsvereinigung der beiden großen Parteien, der kommunistischen und der sozialdemokratischen, stand Bierut automatisch an der Spitze der »Vereinigten Polnischen Arbeiterpartei«. So waren die Kommunisten jetzt offiziell die Alleinherrscher des Landes: Auf die relativ liberale Periode der ersten Nachkriegszeit folgte die Zeit des Stalinismus in Polen.

Meine Situation in London wurde immer schwieriger. In den Hauptstädten verschiedener Ostblockländer fanden politische Schauprozesse statt, die auf beunruhigende Weise an die Moskauer »Säuberungsprozesse« der dreißiger Jahre erinnerten. Bei manchen (etwa dem Rajk-Prozeß 1949 in Budapest) waren die antisemitischen Akzente unverkennbar. Wir waren entsetzt. Und aufs tiefste erschreckte uns, was sich in unserer unmittelbaren Umgebung abspielte. Wir waren in London mit Paula Born befreundet, einer kultivierten und gebildeten Frau, die in der polnischen Botschaft das Amt des Ersten Sekretärs versah. Sie war während eines Aufenthalts in Warschau im Sommer 1949 verschwunden. Bald erfuhren wir, daß man sie verhaftet hatte. Sie wurde verdächtigt, während des Krieges in der Schweiz für den amerikanischen Geheimdienst gearbeitet zu haben. Sie blieb einige Jahre im Gefängnis – ohne Prozeß, ohne jeglichen Grund.

Wir hatten allen Anlaß, Angst zu haben, zumal ich sehr bald als »kosmopolitisch« galt. »Kosmopolitismus« war ein in der kommunistischen Presse immer häufiger verwendetes Schimpfwort, mit dem man Intellektuelle bedachte, die man nicht für hinreichend linientreu hielt. Ich hatte die

Sache des Kommunismus noch nicht ganz aufgegeben, aber meine Illusionen waren schon erheblich kleiner geworden. Bei einem Besuch in Warschau fragte ich in der Zentrale des Nachrichten-Auslandsdienstes, ob meine Tätigkeit in London überhaupt noch erwünscht sei. Man werde mir innerhalb von einigen Wochen Bescheid geben – bekam ich zu hören. Ich wartete nicht ab, ich bat um meine Abberufung. Meine Vorgesetzten waren zufrieden.

In diesen Jahren geschah es nicht selten, daß Diplomaten kommunistischer Staaten (auch polnische Diplomaten) nach ihrer Abberufung die Rückkehr verweigerten oder, wenn sie im Westen auf Dienstreise waren, absprangen: Sie wählten die Freiheit – wie man zu sagen pflegte. Auch wir hätten in England bleiben oder in die Vereinigten Staaten oder nach Australien fliegen können. Die Wahrheit ist: Wir haben eine solche Möglichkeit überhaupt nicht erwogen. Wir hielten es für eine Anstandspflicht, nach Polen zurückzukehren. Warum eigentlich?

Vielleicht hatte das mit meiner Berliner Jugend zu tun, mit dem preußischen Gymnasium: Dort hatte man mir beigebracht, daß man unter allen Umständen loyal zu sein habe und daß niemand verächtlicher sei als der Verräter. Aber noch ein ganz anderer Faktor mag eine Rolle gespielt haben: Ich mußte damit rechnen, daß man einen Mann des Geheimdienstes, der im Westen bliebe, verfolgen und vielleicht auch aufspüren würde – und daß sein Schicksal dann sehr bitter sein könnte.

War es falsch, war es töricht, nach Polen, einem inzwischen eindeutig stalinistischen Staat, zurückzukehren? Leichtsinnig war es auf jeden Fall. Wie auch immer: Im November langten wir alle drei in Warschau an. Alle drei? In der Tat, die dritte Person war unser in London geborener Sohn, noch nicht ein Jahr alt. Daß es mir nach der Rückkehr nicht gut ergehen werde, war sicher. Aber es kam härter, als ich dachte. Ich wurde innerhalb von wenigen Wochen sowohl aus dem Außenministerium als auch aus dem Sicherheitsministerium entlassen. Und ich landete in einer Einzelzelle. Aber man tat mir dort nichts, man verhörte mich auch nicht. Ich saß und wartete, und ich hatte Zeit genug, um nachzudenken.

Mit meinen 29 Jahren hatte ich schon sehr viel erlebt, in meiner Biographie fehlte es nicht an Höhen und Tiefen, an Glanz und Elend. Meine politische Karriere war endgültig gescheitert – und mit gutem Grund. Was sollte ich, der ich keinen Beruf erlernt hatte, jetzt tun? Ich stand, nicht zum ersten Mal in meinem noch nicht langen Leben, vor dem Nichts.

In der Zelle durfte ich lesen. Ich konnte mir von Tosia ein Buch schicken lassen, das politisch unbedenklich sein mußte. Ich entschied mich für einen deutschen Roman, für das »Siebte Kreuz« der Anna Seghers. Allerdings war die Glühbirne, die sich an der Decke hinter einem Drahtgitter befand, sehr schwach. Mehr Licht – das war im Augenblick das wichtigste. Ich bot meine ganze Energie auf, um eine größere Glühbirne zu bekommen – und schließlich wurde sie mir gegönnt.

Während der Lektüre spürte ich immer deutlicher, daß meiner Laufbahn, die ich jetzt in Ruhe überblicken konnte, ein fatales Mißverständnis zugrunde gelegen hatte: Ich hatte geglaubt, die Politik könne meine Sache sein oder werden. Aber den Roman von Anna Seghers lesend, den ich noch heute liebe und bewundere, begriff ich, daß mich die Literatur ungleich mehr interessierte als alles andere. So überlegte ich mir in der jetzt gut erleuchteten Zelle, ob es vielleicht möglich sein könne, zur lange vernachlässigten Partnerin meiner frühen Jahre zurückzukehren – zur Literatur also.

Nach zwei Wochen war ich wieder frei. Man hatte beschlossen, mir keinen Prozeß zu machen, sondern es bei einem Parteiverfahren bewenden zu lassen. Ich wurde in einer dramatischen Sitzung, in der mich mancher meiner bisherigen Kollegen brutal anbrüllte, aus der Partei ausgestoßen. Die offizielle Begründung lautete: wegen ideologischer Entfremdung. Ich hielt dieses Urteil für falsch. Aber nach einiger Zeit hatte ich begriffen, daß die Partei im Recht war: Früher als ich selber hatte sie meine längst erfolgte »ideologische Entfremdung« treffend erkannt.

Etwa zu dieser Zeit wurde ich noch ins Sicherheitsministerium vorgeladen. Ich hatte eine Erklärung zu unterzeichnen, derzufolge ich mich verpflichtete, niemals ein Wort über den polnischen Geheimdienst und über alles, was mit ihm zusammenhing, verlauten zu lassen. Sollte ich mich nicht daran halten, müsse ich – darüber wurde ich mit besonderem Nachdruck belehrt – der schlimmsten und schärfsten Konsequenzen gewärtig sein. Was damit gemeint sei, dessen sei ich mir wohl bewußt. Obwohl das Wort »Todesstrafe« nicht verwendet wurde, hatte ich keinen Zweifel, worauf meine Gesprächspartner anspielten. Ich habe die Drohung sehr ernst genommen.

Aber ich habe vom polnischen Auslands-Nachrichtendienst nie wieder etwas gehört: Man brauchte mich nicht mehr, man ließ mich in Ruhe – so schien es mir. In Wirklichkeit haben mich die polnischen Behörden nach meiner Ausreise aus Polen sehr wohl gesucht. Das erfuhr ich allerdings erst 1994 aus dem »Spiegel«, der sich Materialien der Gauck-Behörde beschafft hatte.

Im Oktober 1958 (es waren noch keine drei Monate seit meiner Ankunft in der Bundesrepublik vergangen), da bat das polnische Innenministerium, dem jetzt der Sicherheitsdienst unterstand, die Staatssicherheit der DDR um dringende Amtshilfe. Die Sache war offenbar besonders wichtig, denn es kümmerte sich um sie – wie der »Spiegel« zu berichten wußte – der damalige Stasi-Chef Markus Wolf persönlich. Doch im November 1958 sah sich das DDR-Ministerium für Staatssicherheit genötigt, dem Ministerium des Innern der Volksrepublik Polen mitzuteilen: »Trotz mehrfacher Ermittlungen im Presseamt, im Verband der Deutschen Presse sowie durch inoffizielle Mitarbeiter konnte der Aufenthaltsort des Genannten nicht festgestellt werden.« Zu dieser Zeit wurden meine Artikel bereits in der Bundesrepublik kontinuierlich veröffentlicht – in der »Frankfurter Allgemeinen« und in der »Welt«. Die inoffiziellen Mitarbeiter des DDR-Ministeriums für Staatssicherheit lasen offenbar keine Zeitungen. Ich wiederum weiß nicht, ob diese Nachforschungen mit den mir angedrohten »schlimmsten und schärfsten Konsequenzen« zu tun hatten. Sicher ist aber, daß ich viele Jahre hindurch im Grenzfahndungssystem der Ostblock-Geheimdienste erfaßt war.

Nachzutragen bleibt: Im Herbst 1960, als ich schon über zwei Jahre in der Bundesrepublik lebte, kamen zu mir – ich wohnte damals in Hamburg – zwei Beamte vom Verfassungsschutz, einer aus Bonn und einer aus Hamburg. Sie stellten mir einige harmlose Fragen, an irgendwelchen Geheimnissen waren sie nicht interessiert. Offensichtlich hielten sie den polnischen Geheimdienst in jener ersten Nachkriegszeit für kein seriöses Thema. Das alles sei damals – deuteten sie etwas gönnerhaft an – eher läppisch und lächerlich gewesen. Ich hatte keinen Grund, ihnen zu widersprechen.

Brecht, Seghers, Huchel und andere

Man konnte Anfang der fünfziger Jahre durchaus in Polen leben, ohne Mitglied der Kommunistischen Partei zu sein. Aber wer einmal der Partei angehört hatte und aus ideologischen, aus politischen Gründen verstoßen worden war, der lebte in einer fatalen Situation. Und doppelt fatal war die Situation des aus der Partei Ausgeschlossenen, der auch noch im Gefängnis gesessen hatte. Ich war verfemt und bekam es täglich zu spüren. Wenn mich Bekannte auf der Straße sahen, machten sie plötzlich einen großen Bogen um mich, sie zogen es vor, mich nicht mehr zu kennen. Sie hatten gute Gründe. Schließlich war es nicht sicher, ob man so einen wie mich nicht wieder verhaften würde. Dann konnte man vorgeladen und wegen zweifelhafter Kontakte vernommen werden. Immerhin waren nicht alle so vorsichtig, wir hatten einige Freunde, die es wagten, zu uns zu halten.

So waren diese Wochen und Monate in hohem Maße dramatisch; und sie wurden bald aufregender, als ich es mir je hätte denken können. Tosia hat man in einem vertraulichen Gespräch nahegelegt, sich von mir abzuwenden und sich auch gleich offiziell scheiden zu lassen. Sie lehnte das Ansinnen der Partei ohne Begründung ab. Kurze Zeit darauf erlitt sie einen schweren, äußerst heftigen Nervenzusammenbruch. War es eine Spätfolge ihrer Erlebnisse während der deutschen Okkupation? Oder hatte dieser Zusammenbruch eher damit zu tun, was sie nach unserer Rückkehr aus London durchmachen mußte? Die Ärzte waren sicher, daß beides zutraf und sich gegenseitig steigerte. Nach mehreren Wochen im Krankenhaus konnte sie zwar entlassen werden, mußte aber noch viele Jahre in medizinischer Behandlung bleiben. Wenig später erhielt sie einen nicht uninteressanten Redakteursposten im Polnischen Rundfunk.

Auch ich war nicht arbeitslos. Es war üblich, daß die Partei jenen, die sie ausgeschlossen hatte, irgendeine Tätigkeit vermittelte – man wollte verhindern, daß sie zu Feinden wurden oder verhungerten. Ich wurde gefragt, was ich denn tun wolle. Es sei mein Wunsch, in einem Buchverlag zu arbeiten, und zwar in einem, in dem deutsche Literatur publiziert werde. Mein Gesprächspartner war vollkommen verblüfft und offenkundig ratlos. Derartiges, stellte sich heraus, hatte noch niemand gewünscht.

Ich wurde dem Verlag des Verteidigungsministeriums zugewiesen, einem großen Haus, das auch Belletristik veröffentlichte. Aber ein Lektorat für deutsche Literatur gab es dort, wie sich bald zeigte, vorerst noch nicht. Nach dem Krieg hat man in Polen alles Deutsche geächtet, auch die Sprache – und darüber kann sich nur wundern, wer keine Ahnung hat, was sich in Polen in den Jahren von 1939 bis 1945 ereignet hat. Wenn ich irgendwo deutsch redete, bekam ich zu hören, daß ich es unterlassen solle, mich der Sprache Hitlers zu bedienen. Es fiel mir nicht schwer, solche Leute streng zur Ordnung zu rufen: Es handle sich, sagte ich, um die Sprache von Marx und Engels – damit war der Fall erledigt.

Nach manchen Bemühungen hatte ich die Verlagsleitung von der Notwendigkeit eines deutschen Lektorats überzeugt: Das konnte mir nur gelingen, weil schon die DDR existierte. Nur dort erschienene Titel kamen für dieses Lektorat in Betracht. Immerhin durfte ich neben Büchern von DDR-Autoren wie Willi Bredel und Bodo Uhse auch einige Bände von Egon Erwin Kisch publizieren. Eines Tages, es war Anfang Juni 1951, fragte mich eine Kollegin, eine gute Übersetzerin, ob ich vielleicht wisse, wer Gerhart Hauptmann sei. Sie habe einen Auftrag des Polnischen Rundfunks angenommen, einige Maschinenseiten aus Anlaß seines fünften Todestags zu verfassen, und brauche Hilfe. Ich lieferte ihr am nächsten Tag einige rasch geschriebene Seiten über Hauptmanns Größe und Schwäche. Sie war sehr zufrieden und fragte mich, warum ich mich nicht als Kritiker betätige.

Das fragte ich mich selbst, rezensierte ein gerade in polnischer Sprache erschienenes deutsches Buch und schickte das Manuskript der besten Wochenzeitung des Landes, der »Nowa Kultura«. Zu meiner Überraschung wurde es prompt gedruckt, mehr noch: Man bat mich, regelmäßig die in Polen verlegte deutsche Literatur zu besprechen. Ich schrieb über Arnold Zweig, Hans Fallada und Bernhard Kellermann, über Anna Seghers, Johannes R. Becher und Friedrich Wolf, aber auch über Autoren minderen Ranges.

Der erfolgreiche Dramatiker Friedrich Wolf, der Vater des Filmregisseurs Konrad Wolf und des Geheimdienst-Chefs Markus Wolf, wirkte zu dieser Zeit in Warschau: Er war der erste Botschafter der DDR in Polen. Ich kam auf die Idee, ihn zu bitten, mir Autoren aus der DDR zu empfehlen, die sich für polnische Leser eignen würden. Er empfing mich würdevoll: Jeder Zoll ein Diplomat. Da ich schon über einschlägige Erfahrungen im Umgang mit Schriftstellern verfügte, eröffnete ich die mir bewilligte Audienz mit einer knappen Beurteilung der wichtigsten Theaterstücke des Herrn Botschafters. Mir seien, sagte ich, »Cyankali« ebenso wie »Die Matrosen von Cattaro« unvergeßlich. Ich rühmte »Professor Mamlock« als Jahrhundertwerk – was, gelinde gesagt, übertrieben war. Wolf schenkte mir Cognac ein und bestellte bei seiner Sekretärin Kaffee.

Nun kamen wir rasch zur Sache. Für die Übersetzung ins Polnische sei – sagte mir der Botschafter – einer seiner Romane besonders geeignet und noch ein weiterer ebenfalls. Dankbar notierte ich mir die Titel, doch bevor ich mich nach anderen Autoren erkundigen konnte, machte mich Wolf auf eine Sammlung einiger seiner im Exil entstandenen Geschichten aufmerksam. Ferner müsse er mich auf einen umfangreichen Tatsachenbericht hinweisen und auch noch auf eine größere Erzählung – alles, versteht sich, aus seiner Feder. Dann versuchte ich das Gespräch auf jüngere Schriftsteller der DDR zu lenken. Ja, erwiderte der Botschafter, darauf werde er gleich zu sprechen kommen, doch vorerst habe er einen vielleicht interessanten Gedanken: Man könne doch einen Auswahlband seiner Dramen in polnischer Sprache publizieren. Er habe auch Aufsätze und Glossen veröffentlicht, sie seien gerade jetzt sehr aktuell, ich solle sie unbedingt lesen.

Ich nickte. Wir tranken noch einen Cognac, die Stimmung wurde immer besser. Nach etwa einer Stunde fuhr ich großzügig beschenkt zurück in mein Büro. In meiner Aktentasche hatte ich schön gebundene Bücher, sieben an der Zahl – allesamt von Friedrich Wolf. Auf meinem Verzeichnis fanden sich neun mir nachdrücklich zur Übersetzung empfohlene Titel, allesamt von Friedrich Wolf. Dieser sympathische Botschafter – dachte ich mir –, er ist doch ein richtiger Schriftsteller.

Einiges habe ich erreicht, aber letztlich hielt sich der Erfolg meiner Anstrengungen, in dem Haus, in dem ich tätig war, mehr deutsche Literatur zu verlegen, in bescheidenen Grenzen. Gleichwohl waren meine Vorgesetzten mit meiner Arbeit zufrieden. Ich war es nicht, was ich natürlich verheimlichte. Denn im Programm dieses Verlags stand im Vordergrund politische, zeitgeschichtliche und militärische Literatur, während die Belletristik eher stiefmütterlich behandelt wurde. Da kam mir ein Angebot eines der beiden führenden polnischen Belletristik-Verlage, des »Czytelnik«, sehr gelegen: Ich sollte die Leitung einer Abteilung übernehmen, zu der auch das ziemlich große deutsche Lektorat gehörte. Kaum hatte ich in meinem bisherigen Verlag gekündigt, da wurde mir mitgeteilt, daß die zuständigen Genossen vom Zentralkomitee gegen meine Beschäftigung beim »Czytelnik« Einspruch erhoben hätten: Jemand, der wegen »ideologischer Entfremdung« aus der Partei ausgeschlossen worden sei, könne keinen leitenden Posten im Verlagswesen bekleiden.

Meine Kündigung ließ sich nicht mehr zurücknehmen. So war ich plötzlich ohne Stellung, ohne Arbeit. Aber ich hatte schon eine Anzahl von Kritiken veröffentlicht – und das war mein Glück. Nichts anderes blieb mir übrig, als aus meiner bisherigen Nebenbeschäftigung eine Haupttätigkeit zu machen: Ich schrieb laufend Rezensionen für verschiedene polnische Zeitungen und Zeitschriften, doch mein Generalthema habe ich nicht geändert: Ich blieb bei der deutschen Literatur. Beinahe über Nacht war ich geworden, wovon ich in meiner Jugend geträumt hatte: ein Kritiker. Und ich war, obwohl ein Anfänger, doch schon ein freier Schriftsteller.

Konnte das gutgehen? Würde ich davon leben können? Vorerst ging es ganz gut. Man hat meine Artikel gern gedruckt. Auch die Zusammenarbeit mit drei oder vier Verlagen, für die ich Lektorats-Gutachten über deutsche Bücher verfaßte, entwickelte sich nicht schlecht. Ich versuchte die Verlage zu überreden, dieses oder jenes deutsche Werk der Vergangenheit ins Polnische übersetzen zu lassen, vor allem Bücher von Autoren, die in Polen noch wenig bekannt waren – es handelte sich sowohl um Schriftsteller unseres Jahrhunderts (wie etwa Hermann Hesse und Heinrich Mann, Arthur Schnitzler und Leonhard Frank) als auch um Erzähler des neunzehnten Jahrhunderts (wie Fontane, Storm, Raabe), über die in Polen damals bloß die Germanisten informiert waren. Die dann tatsächlich erscheinenden polnischen Ausgaben habe ich mit ausführlichen Vor- oder Nachworten versehen.

Ich hatte in kurzer Zeit den Ruf eines zuverlässigen und gut lesbaren Fachmanns für deutsche Literatur. Das gefiel mir, natürlich. Nur war es zugleich mein Unglück. Ein älterer Freund, Kommunist seit Jahrzehnten und ein Kenner der Praktiken der Partei, warnte mich: »Das Zentralkomitee hat deinen Aufstieg im Verlagswesen nicht deshalb verhindert, damit du jetzt Karriere als Kritiker machst. Dies werden die Genossen irgendwann merken und als Provokation empfinden. Du mußt um die Wiederaufnahme in die Partei bitten. Wahrscheinlich wird daraus nichts werden, aber es wird die zuständigen Genossen vielleicht etwas milder stimmen.«

Das leuchtete mir ein. Um also meine Tätigkeit als Kritiker nicht zu gefährden, bat ich, meinen Ausschluß aus der Partei zu überprüfen und aufzuheben. Eine Antwort bekam ich nie. Immerhin wurde meine Arbeit nicht gestört, zunächst einmal. Freilich stand sie immer im Schatten der antideutschen Stimmungen, die trotz der offiziellen polnischen Propaganda kaum nachließen.

Als der Arbeiterschriftsteller Willi Bredel, der im Unterschied zu manch anderem DDR-Autor wirklich ein Arbeiter und wirklich ein Schriftsteller war und dessen Bücher in polnischer Übersetzung nicht ganz erfolglos blieben, Warschau besuchte, habe ich ihn zum Mittagessen eingeladen. Unsere Haushälterin machte ich darauf aufmerksam, daß der Gast zwar ein Deutscher sei, aber ein anständiger Kerl, einer, der nicht für, sondern gegen Hitler gekämpft habe. Sie solle sich Mühe geben und ein gutes Essen bereiten. Sie nickte: Ja, das Essen werde schon gut sein, nur hätte sie gern gewußt, ob der Gast nicht zufällig jener Deutsche sei, der ihren Mann im Konzentrationslager erschlagen habe.

Die deutschen Schriftsteller, die in den frühen und mittleren fünfziger Jahren, Polen besuchten, konnte niemand verdächtigen, sie hätten mit den Nazis sympathisiert – es waren fast nur ehemalige Emigranten. Gleichwohl wurden sie meist ignoriert oder bestenfalls kühl begrüßt. Das gilt auch für Anna Seghers. Sie besuchte Warschau im Dezember 1952. Mir war an einem ausführlichen Gespräch mit ihr sehr gelegen, zumal ihr polnischer Verlag von mir eine Monographie über ihr Werk haben wollte.

Ich kannte alles, was sie veröffentlicht hatte, und bewunderte neben dem »Siebten Kreuz« auch den Roman »Transit« und einige ihrer Erzählungen, vor allem den »Ausflug der toten Mädchen«. So wußte ich, daß das methodische Denken nicht zu den starken Seiten dieser vielseitig gebildeten Autorin gehörte. Für das Diskursive hatte Anna Seghers nicht viel übrig, es war ihr wohl etwas fremd. Ich bin auch nicht sicher, ob der Marxismus – wie oft gesagt wurde – wirklich ihre Persönlichkeit geprägt hat. Jedenfalls vermochte er auf ihren Denkprozeß keinen wesentlichen Einfluß auszuüben. Dies zeigen auch ihre Aufsätze und Ansprachen: Es sind sehr unterschiedliche, bisweilen reizvolle Arbeiten. Sie bestehen aber meist – und zwar gerade die wichtigeren – aus nur lose miteinander verbundenen Bruchstücken, genauer: aus Beobachtungen, Impressionen und Augenblicksbildern, aus Splittern, Reflexionen und erzählerischen Passagen.

Als wir uns in Warschau trafen, nahm sich Anna Seghers viel Zeit für mich – vielleicht deshalb, weil sie vom Verlag darum gebeten worden war. Sie war schlicht gekleidet, benahm sich ganz natürlich, ohne eine Spur von Selbststilisierung oder Affektation. Aber sie machte auf mich einen widerspruchsvollen Eindruck: Von ihrer Person ging etwas

Betuliches aus – und zugleich etwas Unheimliches. Das hatte mit ihrem Gesichtsausdruck, mit ihrer Mimik und Gestik zu tun. Eben hatte sie freundlich gelächelt – und schon blickte sie mich ernst und traurig an. Eben war sie fröhlich, und schon schien sie resigniert und vielleicht schwermütig. Eben hörte sie mir konzentriert, ja, angestrengt zu – und schon hatte ich den Verdacht, sie sei zerstreut oder abwesend. Der Wechsel erfolgte stets blitzartig, ohne den geringsten Übergang.

Unser Gespräch dauerte rund zwei Stunden. Ich hatte viele Fragen vorbereitet, sie bemühte sich auf alle, ob sie ihr angenehm waren oder nicht, aufmerksam einzugehen. Aber je länger das Gespräch dauerte, desto mehr befürchtete ich, es werde für meine Arbeit über die Seghers nichts ergeben. Ich stellte konkrete Fragen – und erhielt ungenaue und unklare Antworten. Es waren eher emotionale Äußerungen, die man eventuell als ein wenig poetisch oder märchenhaft gelten lassen konnte.

Schließlich kamen wir zum »Siebten Kreuz«. Ich rühmte, ganz und gar aufrichtig, die novellistische Komposition des Romans. Anna Seghers winkte ab. Was ich da lobe, sei gar nicht ihr Werk, sie habe die Komposition von Manzonis Roman »Die Verlobten« übernommen. Sie empfahl mir dringend die Lektüre dieses Buches. Ich habe ihren Ratschlag noch in derselben Woche befolgt – und keine nennenswerten Analogien gefunden. Die Komposition der »Verlobten« mag sie tief beeindruckt haben, doch die Vorbildfunktion dieses Romans war wohl nur für sie selber erkennbar.

Aber der Hinweis auf Manzoni war das einzig Faßbare, das ich dem Gespräch über das »Siebte Kreuz« entnehmen konnte. Sonst hörte ich Banales und zwischendurch hilflose Wendungen. Ein Gedanke schoß mir durch den Kopf: Diese bescheidene, sympathische Person, die jetzt in breiter Mainzer Mundart gemächlich über ihre Figuren schwatzte, diese würdige und liebenswerte Frau hat den Roman »Das siebte Kreuz« überhaupt nicht verstanden. Sie hat keine Ahnung von der Raffinesse der hier angewandten künstlerischen Mittel, von der Virtuosität der Komposition. Einen Augenblick später irritierte mich ein anderer Gedanke: Es gibt Hunderttausende, vielleicht Millionen von Menschen, die diesen in zwanzig oder dreißig Sprachen erschienenen Roman nicht nur gelesen, sondern auch richtig verstanden haben, es gibt viele Kritiker, von denen er sachgerecht und intelligent und klug erläutert und gedeutet wurde. Doch gibt es nur einen einzigen Menschen, der ihn geschrieben, der ihn gedichtet hat. Als wir uns verabschiedeten, tat ich etwas, was in Deutschland nicht mehr üblich ist: Mich tief verneigend, küßte ich die Hand der Anna Seghers.

In den sechziger Jahren erzählte mir Ernst Bloch, was ihm widerfahren sei, als er im November 1911 bei Richard Strauss in Garmisch zum Abendessen eingeladen war. Strauss habe auf ihn den Eindruck eines gewöhnlichen und betriebsamen Menschen gemacht, eines eher simplen Lebensgenießers. Man sprach über die »Elektra«, aber es redete wohl nur der junge Bloch, während Strauss, der Klöße aß und Bier trank, sich aufs Schweigen verlegte. Nur ab und zu brummte er etwas, was der Gast als Zustimmung verstehen konnte. Es sei, sagte Bloch, ein »entsetzlicher« Abend gewesen. Plötzlich wurde er von einem schrecklichen Gedanken heimgesucht: Dieser Strauss, dieser bajuwarische Biertrinker, er hat von der subtilen, der erlesenen, der delikaten, der wundervollen Musik der »Elektra« rein gar nichts verstanden. Als Bloch dies feststellte, lachte er fröhlich, gewiß über sich selbst.

Was habe ich aus dem Gespräch mit Anna Seghers gelernt? Daß die meisten Schriftsteller von der Literatur nicht mehr verstehen als die Vögel von der Ornithologie. Und daß sie am wenigsten ihre eigenen Werke zu beurteilen imstande sind. Denn in der Regel wissen sie zwar, was sie ungefähr zeigen und verdeutlichen, erreichen und bewirken wollten. Dieses Wissen trübt ihren Blick auf das, was sie tatsächlich geleistet und geschaffen haben. Der Kritiker soll prüfen – so gründlich und so sorgfältig wie möglich –, was der Autor geschrieben hat. Was der Autor sonst über sein Werk zu sagen hat, sollten wir nicht ignorieren, indes auch nicht sonderlich ernst nehmen.

Aber ich habe damals noch etwas gelernt: Es gibt Literatur ohne Kritik, aber keine Kritik ohne Literatur. Anders ausgedrückt: Erst kommt das Fressen und dann die Moral, erst die Poesie und dann die Theorie, erst die Literatur und dann die Kritik. Weil es so ist, sollten wir uns hüten, zu unterschätzen oder gar zu vergessen, was wir ihnen verdanken – jenen Schriftstellern, die wirklich etwas zu unserer Literatur beigetragen haben.

Ich erinnere mich noch an zwei weitere Besuche aus Ost-Berlin: Zunächst kamen, schon im Februar 1952, Bertolt Brecht und Helene Weigel, im August 1956 kam Peter Huchel. Ich habe in Warschau mehrfach mit ihm gesprochen und habe ihn auch nach Kazimierz, einem besonders schönen und sehenswerten Ort an der Weichsel, begleitet. Im Grunde war Huchel, das spürte man gleich, ein unpolitischer Mensch – und auch ein unpolitischer Dichter. Die sozialen Fragen waren ihm keineswegs gleichgültig, sie spielen in seinem Werk eine wichtige Rolle. Aber er sah sie vorwiegend emotional, vielleicht sogar naiv. Es war der Terror der SED, der ihn gezwungen hat, in seinen späten Jahren einige politische Gedichte zu schreiben.

Am 15. August holte ich ihn vom Warschauer Ausländerhotel ab, dem Bristol. Er wartete auf mich unmittelbar vor dem Hoteleingang. Ich sagte ihm gleich: »Herr Huchel, ich habe leider eine traurige Nachricht. Ich habe sie gerade im Rundfunk gehört; Brecht ist gestorben.« Huchels Antwort kam sofort, wie aus der Pistole geschossen: »Um Gottes willen – was wird aus ›Sinn und Form‹ werden...« Ich mußte mein Entsetzen verbergen: Es hatte ihn nicht der Tod des größten deutschen Dichters unserer Zeit erschüttert, eines Dichters, der kaum 58 Jahre alt geworden war, sondern der Tod eines Beschützers und Förderers der von ihm, Peter Huchel, redigierten Zeitschrift »Sinn und Form«.

Wir haben uns später noch mehrfach getroffen, vor allem in den siebziger Jahren, als er in der Bundesrepublik lebte. Im Juli 1977 besuchte ich ihn in Staufen im Breisgau. Sein gesundheitlicher Zustand war noch ganz gut, wir gingen lange spazieren, er zeigte mir einen wunderbaren alten jüdischen Friedhof. Er sprach nur über zwei Themen – über sich selber und über die Zeitschrift »Sinn und Form«. Zwei Themen? In Wirklichkeit war es ein und dasselbe. So plante er auch ein Buch, das beides zugleich sein sollte: eine Autobiographie und eine Geschichte der Zeitschrift, die für ihn das Zentrum der Welt war. Viel wird wohl von der deutschen Literatur unserer Epoche nicht überdauern. Aber einige Gedichte von Peter Huchel werden bleiben.

Nicht nur von Huchel wußte man damals in Polen so gut wie nichts. Auch Brecht war beinahe unbekannt: Es gab kein einziges Buch von ihm in polnischer Übersetzung, nur ein einziges seiner Stücke war auf der Bühne zu sehen gewesen, und es blieb ohne nennenswerten Erfolg: die »Dreigroschenoper«, 1929 in Warschau. Es war nicht etwa das Interesse für das kommunistische Nachbarland oder für dessen immer noch furchtbar zerstörte Hauptstadt, was Brecht 1952 veranlaßt hatte, Warschau zu besuchen. Vielmehr war es das dringende Bedürfnis, das polnische Publikum mit seinem Werk bekannt zu machen und auch mit Inszenierungen des »Berliner Ensembles«.

Am Tag seiner Ankunft wurde ein Mittagessen gegeben – zu Ehren von Brecht, Helene Weigel und des gleichzeitig angekommenen DDR-Schriftstellers Hans Marchwitza, von dem freilich in Warschau niemand etwas wissen wollte. Die Tafelrunde war klein, die Enttäuschung groß. Denn Frau Weigel teilte uns, einigen Kritikern und Übersetzern, sogleich mit, Brecht fühle sich unwohl, er sei krank; wir sollten daher seine Abwesenheit entschuldigen.

Nach dem Essen bat mich Helene Weigel zu einem kurzen, vertraulichen Wortwechsel. Ich hatte zu Brechts Begrüßung in einer großen Warschauer Tageszeitung einen kleinen Artikel geschrieben, dessen deutsche Übersetzung, wie ich jetzt erfuhr, Brecht schon am Bahnhof vom Vertreter der Botschaft der DDR erhalten hatte. Dieser Artikel habe ihm, so Helene Weigel, außerordentlich gefallen. Kein Wunder, dachte ich mir, denn ich hatte den Gast ausgiebig gelobt und gerühmt. Nun könne aber Brecht leider niemanden empfangen. Doch für mich werde er eine Ausnahme machen. Ich solle mich noch heute um fünf Uhr im Hotel Bristol, Zimmer 93, melden. Dort werde er mir das gewünschte Interview erteilen.

Ich war sehr zufrieden – und erschien pünktlich. Zu meiner Überraschung sah ich vor der Zimmertür einen Bekannten, der als Übersetzer aus dem Deutschen tätig war. Ich schaute mich um und sah noch einen Bekannten, einen Verleger, der ebenfalls hier wartete. Und jemand war schon bei Brecht, ein Regisseur. Vermutlich hat jeder von uns gehört, nur er werde empfangen – und nun standen wir Schlange. Schließlich war ich an der Reihe.

Kaum hatte ich die Schwelle überschritten, und schon war ich erstaunt. Brecht saß hinter einem Tisch, auf dem eine große Schale zu sehen war – und in der Schale lag etwas, was es in Warschau im Jahre 1952 nicht gab, was man damals nirgends auftreiben konnte: Apfelsinen, Bananen und Weintrauben. Brecht hatte die Früchte entweder aus Berlin mitgebracht, oder die Botschaft der DDR hatte sie ihm hinstellen lassen. Er hat keinem von uns, seinen Gästen, etwas von diesem Obst angeboten.

Aber die begehrten Köstlichkeiten schufen zwischen ihm und seinen Gesprächspartnern eine Distanz, eine Kluft. Hat er, seine Gäste erwartend, diese Obstschale auf dem Tisch des Hotelzimmers absichtlich stehenlassen? Nein, es war wohl eher ein Zufall. Daß ich aber überhaupt auf den Gedanken kommen konnte, er habe die Bananen und Apfelsinen als nützliche Requisiten verwendet, ist bezeichnend für die Atmosphäre, die Brecht, ob er es wollte oder nicht, ständig verbreitete: Ich hatte den Eindruck, daß er immer Theater spielte.

Auch sein Habitus trug dazu bei. In Warschau war er in jene plebejisch anmutende, jene auffallend schlichte dunkelgraue Joppe gekleidet, die er sich, wie erzählt wurde, aus bestem englischen Stoff hatte schneidern lassen. Wollte er sich kostümieren, hatte er diesen Mumpitz nötig? Natürlich hatte er ihn nicht nötig. Aber es war ein Spaß, auf den er nicht verzichten mochte.

Man mag darüber rätseln, warum viele Schriftsteller, Maler oder Komponisten der oft kostspieligen und meist ein wenig lächerlichen Selbstinszenierung so große Bedeutung beimessen. Nur sollte man nicht meinen, dies sei Sache eher der mittelmäßigen oder gescheiterten Künstler: Selbst ein Richard Wagner hatte eine Schwäche für die Kostümierung und für die farbenprächtig-pompöse Stilisierung seiner Umgebung. Mir hat immer gefallen, was Thomas Mann seinen Tonio Kröger sagen läßt: »Wünschten Sie, daß ich in einer zerrissenen Sammetjacke oder einer rotseidenen Weste umherliefe? Man ist als Künstler innerlich immer Aben-

346

teurer genug. Äußerlich soll man sich gut anziehen, zum Teufel, und sich benehmen wie ein anständiger Mensch ...«

Brecht empfing mich freundlich, er beantwortete alle meine Fragen sehr geduldig. Es ging zunächst um Shakespeares »Coriolan«, den er gerade für eine Inszenierung am »Berliner Ensemble« in neuer Übersetzung vorbereitete. Dann erzählte er von einem noch nicht fertigen Stück, und zwar über einen in der DDR berühmten Aktivisten, einen Ofensetzer. Ob das ein Lehrstück sein werde oder vielleicht – hier entschlüpfte mir eine, ich gebe es zu, äußerst dumme Frage – etwas im Stil der »Dreigroschenoper«. Peinlich berührt wandte Brecht sich ab: »So schreibe ich schon lange nicht mehr.« Ich begriff meinen ärgerlichen Fauxpas, hatte mich aber inzwischen wieder gefangen und sagte: »Herr Brecht, ich kann es gut verstehen, daß Sie von der ›Dreigroschenoper‹ nichts hören wollen. Goethe konnte es auch nicht ertragen, daß man ihn ein Leben lang auf seinen ›Werther‹ ansprach.« Auf den scherzhaft gemeinten Vergleich reagierte Brecht ernsthaft und mit Genugtuung: Die Parallele schien ihm durchaus angemessen.

Später erst habe ich erfahren, daß Brecht, als in den Jahren des Exils die erste Ausgabe seiner »Gesammelten Werke« herausgegeben wurde, unsicher war, ob er sich »Bert« oder »Bertolt« nennen solle. Ruth Berlau plädierte damals für »Bertolt«, und zwar mit der Begründung: »Willi statt William wäre seinerzeit auch nicht richtig gewesen.« Das Argument hat Brecht sofort überzeugt.

Als ich das Gespräch auf Kurt Weill lenkte, wurde Brecht einsilbig. Die Frage, ob die Musik zu einem seiner Stücke Weill geschrieben habe oder Eisler oder Dessau, sei nicht von entscheidender Bedeutung. Er selber habe meist eine mehr oder weniger deutliche Vorstellung von der für seine Texte notwendigen Musik, der Komponist müsse ihm dabei nur ein wenig helfen.

Dann fragte mich Brecht, ob zur Zeit in den Warschauer Theatern etwas Beachtliches zu sehen sei. Ich machte ihn auf eine ausgezeichnete Aufführung aufmerksam, nur sei es leider ein Stück, das bestimmt nicht sein Geschmack sein könne. Bernard Shaws »Frau Warrens Gewerbe«. In der Tat wollte er von Shaw nichts wissen, aber ich versuchte ihn zu überzeugen, er solle dennoch hingehen – und zwar wegen der Darstellerin der Titelrolle, der in Polen berühmten Schauspielerin Irena Eichlerówna.

Da er nicht recht wußte, wie er den Abend verbringen sollte (zu Kontakten mit deutschen Gästen hatte man damals in Polen wenig Lust), gab er nach – und war, als ich mit ihm am nächsten Tag sprach, von der Eichlerówna hellauf begeistert. Das sei eine außerordentliche Schauspielerin, er werde sie nach Berlin holen, sie sei die ideale Besetzung für die Hauptrolle in seinem Stück »Die Gewehre der Frau Carrar«. Das möge ein glänzender Einfall sein, meinte ich, aber die Eichlerówna könne kein Wort Deutsch. Brecht verstummte nur für einen Augenblick und sagte dann: »Das macht nichts! Alle werden deutsch sprechen und sie polnisch. Das wird erst die wahre Verfremdung sein.« Natürlich ist nichts daraus geworden.

An Polen war Brecht nicht im geringsten interessiert, für Sehenswürdigkeiten hatte er nichts übrig. Er kannte damals ein einziges Thema: sein Werk, sein Theater. Es gab für ihn eine einzige Frage: Was ließe sich machen, damit seine Dichtung in Polen übersetzt, gedruckt und vor allem aufgeführt werde? Er wollte nur mit Menschen sprechen, die dies ermöglichen konnten – mit Intendanten, Regisseuren und Schauspielern, mit Verlegern, Übersetzern und Journalisten.

Sie alle berichteten übereinstimmend, Brecht sei ein leiser und sachlicher Gesprächspartner gewesen. Sie hätten ihn als einen hartnäckigen Geschäftsmann empfunden, der unbedingt seine Waren absetzen wollte, als einen tüchtigen Impresario des Dichters Bertolt Brecht.

Von der charismatischen Ausstrahlung, die ihm oft nachgerühmt wurde – häufiger allerdings von Frauen –, habe ich in jenen Tagen, wenn ich mich recht entsinne, so gut wie nichts gemerkt. Nein, von Charme, so wollte mir scheinen, konnte bei Brecht schwerlich die Rede sein. Er hat mich weder fasziniert noch verzaubert. Aber Brecht hat mich, auch wenn dies ein Widerspruch sein sollte, aufs tiefste beeindruckt. Jenseits seiner Selbststilisierung und Selbstinszenierung, jenseits der komödiantischen Elemente war hier unentwegt eine souveräne, eine zielbewußte Energie spürbar, bei aller Gelassenheit ein unverkennbarer, ein beinahe schon unheimlicher Wille.

So war seine Person von einer besonderen Aura umgeben. Sie wurde zwar oft beschrieben, aber sie läßt sich, wie meist in solchen Fällen, nicht erklären. In seinem frühen Tagebuch findet sich eine Eintragung aus dem Jahr 1921, die man von ihm kaum erwartet hätte: »Wo es kein Geheimnis gibt, gibt es keine Wahrheit.« Vielleicht hatte die für Brecht charakteristische Aura ihren Ursprung tatsächlich in einem Geheimnis, das sich nicht aufklären und nicht definieren läßt – in dem Geheimnis des Genies.

Und vielleicht habe ich es schon damals gewußt oder zumindest geahnt: Nicht deshalb bemühte sich Brecht ein Leben lang um das Theater, weil es ihm um den Klassenkampf ging, wohl aber beschäftigte er sich immer wieder mit dem Klassenkampf, weil er ihn als Impuls und Thema für sein Werk benötigte. Nicht der Weltveränderer Brecht brauchte also das Theater und die Dichtung, wohl aber benötigte der Theatermann, der Dichter Brecht die angestrebte Weltveränderung oder den Marxismus als ideelles Fundament und als Zielvorstellung.

Josef K., Stalin-Zitate und Heinrich Böll

Die Eisdecke, auf der ich mich bewegte, war dünn, sie konnte jederzeit zusammenkrachen. Wie lange würde es die Partei dulden, daß einer, den sie aus ideologischen Gründen ausgeschlossen hatte, laufend Kritiken publizierte, und dies was nicht üblich war, ohne in einer Institution zu arbeiten, ohne dem Verband Polnischer Schriftsteller anzugehören oder dem Journalistenverband? Also bat ich, unsicher und ein wenig ängstlich, um Aufnahme in den Schriftstellerverband. Meine Überraschung war groß: Ich wurde sofort aufgenommen. Obwohl aus der Partei ausgeschlossen? Oder vielleicht – wie Kenner des polnischen Schriftstellermilieus mutmaßten – eben weil von der Partei verstoßen? Jedenfalls fühlte ich mich etwas sicherer.

Aber Anfang 1953 gab es Schwierigkeiten. Irgendeine Zeitung wollte einen Artikel von mir nicht haben: Man sei zur Zeit mit Manuskripten ausreichend versorgt. In einer anderen Redaktion hörte ich, mein Aufsatz sei nicht aktuell genug. Woanders sagte man mir, man könne nicht mehr soviel über deutsche Literatur bringen. Endlich fand sich jemand, der den Mut hatte, mir die Wahrheit zu sagen: Die ältere Redakteurin einer Monatszeitschrift erklärte mir, meine seit mehreren Wochen liegende Kritik werde überhaupt nicht erscheinen, denn es dürfe nichts mehr von mir gedruckt werden. Sie überlasse es mir, dagegen eventuell Einspruch zu erheben. Wo sollte ich protestieren? Sie wollte mir nicht antworten.

Wer hatte die Zeitungen und Verlage angewiesen, meine Arbeiten unabhängig von ihrer Qualität nicht zu veröffentlichen? Die Zensurbehörde? Im Unterschied zu anderen kommunistischen Ländern war die Zensur in Polen keine Geheiminstitution: Die Adresse und die Telefonnummer des »Amts für die Überwachung der Presse, der Schaustellungen und der Veröffentlichungen« konnte man im Warschauer Telefonbuch nachschlagen. Das Amt befand sich – ein schöner Zufall – in der Mäusestraße. Doch hatte es keinen Sinn, bei der Zensur zu protestieren, weil sie bloß ein ausführendes Organ war. Ich mußte, das war klar, dort vorstellig werden, wo man mich als einen ideologischen Fremdling verurteilt und aus der Partei verstoßen hatte, also im Zentralkomitee. Nur hatte das Zentralkomitee seinen Sitz in einem Riesengebäude, das man ohne Passierschein überhaupt nicht betreten durfte. Ich kannte niemanden in diesem Gebäude, der bereit gewesen wäre, einen Passierschein für mich zu beantragen. Also konnte ich nur telefonisch intervenieren. Aber bei welcher Abteilung?

Ich wandte mich zunächst an die Abteilung für Kunst und Literatur. Man erklärte mir, man wisse nichts von einem gegen mich gerichteten Verbot. Ich solle mich doch bei der Abteilung für Publikationen und Verlagswesen erkundigen. Den Genossen in dieser Abteilung war ebenfalls nichts in meiner Sache bekannt. Für mich sei, da ich aus der Partei ausgeschlossen sei, lediglich die Zentrale Kontrollkommission zuständig. Vom Büro dieser Kommission wurde ich belehrt, sie befasse sich ausschließlich mit Fragen der Parteizugehörigkeit und nicht mit beruflicher Tätigkeit.

Ich war angeklagt, konnte aber nicht erfahren, weshalb man mich angeklagt hatte. Ich war verurteilt, wußte aber nicht, wer mich verurteilt hatte. Ich hatte mir nicht träumen lassen, daß ich je in eine Situation geraten könne, die an jene des Josef K. in Kafkas »Prozess« erinnerte. Und wie K., der Landvermesser, der sich im Schloß melden möchte, aber sich ihm nicht einmal nähern konnte, war es mir nach wie vor verwehrt, das Haus des Zentralkomitees zu betreten. Ich blieb auf das Telefon angewiesen, ich war abhängig von Sekretärinnen, die sich oft unter irgendeinem Vorwand weigerten, mich mit der von mir gesuchten Person zu verbinden.

Schließlich wurde ich von der Zentralen Kontrollkommission an den Leiter jener Abteilung für Kunst und Literatur verwiesen, bei dem ich meine Bemühungen begonnen hatte. Ich rief ihn wieder an. Jetzt bestätigte er: Es stimme, daß ein Publikationsverbot gegen mich erlassen worden sei, doch vom Politbüro. Aber warum? Meine Veröffentlichungen könnten aus ideologischen Gründen nicht geduldet werden. Ob dies lebenslänglich gelten solle? Seine Antwort: »Jawohl.« Warum eigentlich? Da möge ich mich an die Zentrale Kontrollkommission wenden. Mit dem Wort »Politbüro« deutete er mir an, daß meine Interventionen bei Abteilungsleitern des Zentralkomitees zwecklos seien, weil eine höhere Instanz der Partei, die allerhöchste, die Angelegenheit entschieden habe. Immerhin.

Vorerst war ich noch Mitglied des Verbands Polnischer Schriftsteller. Ich fragte den Vorsitzenden, den Romancier und Dramatiker Leon Kruczkowski, dessen Hauptwerke auch ins Deutsche übersetzt wurden, ob ich mit ihm sprechen könne. Seine Antwort klang ostentativ: »Selbstverständlich, und wenn Sie wünschen, noch heute.« Auf keinen Fall könne man es hinnehmen – sagte er mir –, daß man einem Mitglied des Schriftstellerverbandes die Ausübung seines Berufes verbiete. Er werde sofort auf höchster Ebene intervenieren, also beim Politbüro. Eine Woche später teilte er mir resigniert mit, er könne nichts erreichen.

Das Publikationsverbot war noch rund anderthalb Jahre in Kraft. Aber der Schriftstellerverband hat daraus keinerlei Konsequenzen gezogen: Obwohl ich nicht gedruckt werden durfte, blieb ich ein vollberechtigtes Mitglied. Vielleicht sollte damit insgeheim demonstriert werden, daß man nicht bereit war, eine derartige Einmischung der Partei zu billigen. Jedenfalls war ich dem Schriftstellerverband dafür dankbar – und bin es immer noch. Denn dies war ein Lichtblick in einer für mich besonders finsteren Zeit.

Im Sommer 1953 ist trotz des Verbots eine kleine Broschüre von mir erschienen. Es war eine kuriose Sache. Ein Verlag hatte unmittelbar vor dem Publikationsverbot einen populären Vortrag von mir für die Veröffentlichung in großer Auflage vorbereitet und mit dem langen Titel »Fortschrittliche deutsche Literatur in der Zeit der nazistischen Finsternis« versehen. Auf diese Broschüre mußte der Verlag jetzt verzichten, was ihm durchaus nicht paßte. Nach seinen hartnäckigen Bemühungen wurde meine belanglose Broschüre doch erlaubt – aber mein Name mußte verschwinden. Da ich von einem Pseudonym nichts wissen wollte (es wäre einem Schuldeingeständnis gleichgekommen), einigte man sich auf einen Kompromiß: Statt meines Namens wurden auf dem Umschlag und auf der Titelseite lediglich die Initialen »M.R.« gedruckt.

In materieller Hinsicht ging es uns kümmerlich, denn Tosias Gehalt reichte nicht aus. Wir wohnten in einer Zwei-Zimmer-Wohnung: In einem Zimmer hauste unser Sohn, das andere war unser Eß- und Schlafzimmer und zugleich mein Arbeitszimmer. Übrigens hat uns eine Putzfrau schon nach kurzer Zeit den Dienst verweigert: Sie könne nicht in einem Haushalt tätig sein, in dem die Frau täglich zur Arbeit gehe, der Mann aber immer zu Hause sitze und Romane lese.

Von Zeit zu Zeit schickte uns meine Schwester, der es

auch nicht gutging, Pakete aus London. Das war die Regel: Fast alle unsere Freunde erhielten von Verwandten in westlichen Ländern Pakete vor allem mit Kleidungsstücken, die in Polen in guter Qualität überhaupt nicht zu haben waren. Wer niemanden in der kapitalistischen Welt hatte, war übel dran.

In der schwierigen Situation kam mir ein Zufall zu Hilfe. Alfred Kantorowicz, Ostberliner Publizist und Professor an der Humboldt-Universität, besuchte Warschau. Das deutschsprachige Programm des Polnischen Rundfunks wollte ein Gespräch mit ihm senden. Man fragte mich, ob ich bereit wäre, mit ihm zu reden. Ich wollte es gern machen, nur mußte ich die Leute vom Funk darauf hinweisen, daß ich nicht publizieren dürfe. Das wußten sie natürlich und hatten sich schon eine Sondergenehmigung verschafft. Allerdings unter zwei Bedingungen: Mein Name durfte nicht genannt werden, und ich durfte auf keinen Fall an Live-Sendungen teilnehmen – man befürchtete offenbar, ich könnte plötzlich etwas Abfälliges über die Regierung oder den Kommunismus sagen.

Zum ersten Mal in meinem Leben war ich in einem Rundfunk-Studio, zum ersten Mal habe ich ein Tonbandgerät gesehen. Der Redakteur sagte mir: »Wenn das rote Lämpchen aufleuchtet, legen Sie los, und nach genau fünfzehn Minuten schließen Sie ab.« Das waren alle Instruktionen und Belehrungen, die mir zuteil wurden. Meine Plauderei mit Kantorowicz muß gefallen haben, denn man bot mir an, laufend derartige Funkgespräche mit deutschen Gästen zu machen. So interviewte ich immer wieder Schriftsteller und Journalisten, Musiker, Theaterleute und Verleger. Sie kamen in der Regel aus der DDR. Meist beteuerten sie, daß sie Warschau bewunderten und die Polen selbstverständlich liebten.

Zu den Gästen, die mir in Erinnerung geblieben sind,

gehört der Dirigent Heinz Bongartz, der Chef der Dresdner Philharmonie. Ich kam auf die Idee, nicht nur ein Gespräch mit ihm aufzunehmen, sondern auch einen Ausschnitt seiner Probe mit den Warschauer Philharmonikern. Auf dem Programm stand Schuberts große Symphonie in C-Dur. Schon nach der berühmten Hornpassage im ersten Satz klopfte Bongartz unzufrieden ab: »Nein, meine Herrn, so geht das wirklich nicht. Was die Hörner hier singen – das ist ja das romantische, das deutsche Naturempfinden. Ich bitte Sie, diese herrliche Passage kräftiger und inniger zu blasen, mit mehr Gefühl, meine Herrn. Das sollte unbedingt voller und auch mächtiger klingen. Hier, an dieser Stelle, muß man den deutschen Wald sehen.« Der Konzertmeister, der als Dolmetscher fungierte, stand auf, wandte sich an die Bläsergruppe und rief polnisch: »Hörner lauter.« Da Bongartz gerade etwas in seiner Partitur notierte, fiel ihm offenbar nicht auf, daß die polnische Übersetzung seiner Wünsche erstaunlich kurz ausgefallen war. Er ließ die Stelle noch einmal spielen – und klopfte wieder ab: »Jawohl, meine Herrn Hornisten, das war großartig, das war genau das, was ich wollte.« Wann immer ich in späteren Jahren Orchestermusiker hörte, die über viel redende Dirigenten klagten, mußte ich an Heinz Bongartz denken und an jenen polnischen Konzertmeister, der sich als ein Meister der knappen Zusammenfassung erwiesen hatte: »Hörner lauter.«

Von der Funkarbeit, die nicht ganz uninteressant war und die mir nicht schwerfiel, konnten wir in der Zeit, in der ich nichts publizieren durfte, leidlich leben – natürlich zusammen mit Tosias Gehalt. Aber nach wie vor war über mich ein Bann verhängt, nach wie vor war das Verhalten von Bekannten, die ich auf der Straße oder im Theater traf, nicht vorhersehbar. Manche, mit denen ich nur flüchtige Kontakte gehabt hatte, begrüßten mich jetzt besonders freundlich, andere (und sie waren in der Mehrzahl) wollten kein Risiko eingehen; sie bemühten sich, sogar Telefongespräche mit mir zu vermeiden. Ich hatte die Nerven zu behalten, ich durfte die Sache keinesfalls auf sich beruhen lassen, ich mußte etwas unternehmen. Wieder schrieb ich an das Zentralkomitee, diesmal nur wegen des Publikationsverbots. Und wieder einmal bekam ich keine Antwort.

Doch 1954, ungefähr ein Jahr nach Stalins Tod, gab es die ersten Anzeichen einer Protestbewegung der polnischen Intellektuellen gegen das Regime. Es begann scheinbar harmlos: Auf einer Versammlung des Schriftstellerverbands wurde ein Schulbuch kritisiert, ein neuer Leitfaden der Geschichte der polnischen Literatur. Man schlug den Sack und meinte den Esel: Man redete von einem Schulbuch, aber man meinte die ganze Kulturpolitik der Partei. Bald sprach man, den Titel eines wichtigen, wenn auch literarisch unbedeutenden Romans von Ilja Ehrenburg verwendend, vom »Tauwetter«.

Die allmähliche Liberalisierung ist auch mir zugute gekommen. Im Herbst 1954 rief ich in der Kontrollkommission der Partei an und fragte scheinheilig, ob sich in Sachen Publikationsverbot vielleicht etwas geändert habe. Irgendein Genosse sagte mir beflissen, er werde sich noch heute meiner Angelegenheit annehmen. Wenig später teilte man mir mit, daß ich mich am nächsten Tag bei einem Genossen Z., einem einflußreichen Funktionär, melden solle. Die Angelegenheit sah offenbar gut aus.

Tatsächlich wurde ich sofort vorgelassen. Allerdings sprach er mit mir nicht in seinem Zimmer, sondern nur im Korridor, stehend. Z. war ein älterer, hagerer, wohl ein wenig schwermütiger Mann, der, wie man mir später erzählte, mehrere Jahre in sowjetischen Lagern verbracht hatte. Er habe, sagte er mürrisch, meine Akten geprüft und keinen Anhaltspunkt für ein Arbeitsverbot gefunden. Ich könne wieder publizieren, ab sofort. Auf meine Fragen reagierte er mit einem Achselzucken: »Das war ein Irrtum, ein Mißverständnis.« Mehr konnte oder wollte er mir nicht erklären. Nie habe ich erfahren, warum dieses Verbot verhängt und warum es nach über anderthalb Jahren wieder aufgehoben wurde. Anderen, die jahrelang inhaftiert waren, erging es ähnlich. So war es eben in Polen in der stalinistischen Zeit.

Aber die Zeit des Stalinismus war noch keineswegs beendet. Es ging voran, doch sehr langsam: Neben Fortschritten gab es auch allerlei Rückschläge. Noch saßen die alten Kulturfunktionäre fest im Sattel. Auch ich bekam es rasch zu spüren. Ein Verlag hatte bei mir eine populäre Darstellung der neueren deutschen Literatur bestellt. Ich sollte in diesem Buch nur diejenigen Autoren und Titel behandeln, die nach 1945 in polnischer Übersetzung veröffentlicht worden waren, somit nicht etwa Kafka oder Musil. Die Aufgabe lockte mich nicht sehr, doch wurde sie nicht schlecht honoriert – und ich brauchte Geld.

Ein großer Teil des Manuskripts war schon fertig, da zwang mich das Publikationsverbot, das Ganze liegenzulassen. Jetzt brachte ich die Arbeit rasch zu Ende. Die junge Verlagslektorin, hübsch und schwarzhaarig, war zwar zufrieden, bemerkte aber schelmisch lächelnd, ich hätte mich kein einziges Mal auf Stalin berufen, ich hätte ihn nicht zitiert, ja, nicht einmal erwähnt. Das solle ich unbedingt ergänzen. Es sei, sagte sie, weiterhin lächelnd, eine Bedingung der Zensur.

Eine Zeitung oder Zeitschrift hatte derartiges, auch zu Stalins Lebzeiten, noch nie von mir verlangt. Schon möglich, meinte die charmante Lektorin, aber das sei vor meinem Publikationsverbot gewesen. Also wollte ich vor allem wissen: Wie oft? Diese Frage hatte man meiner ironischen Gesprächspartnerin wohl schon häufig gestellt, denn ihre

Antwort kam schnell: Auf hundert Seiten mindestens einmal, insgesamt also viermal. Das Gewünschte war rasch beschafft: Ich zitierte eine banale Äußerung Stalins über die dialektische Methode und ein schwülstiges Telegramm an Pieck und Ulbricht, ich referierte eine kleine Geschichte von Anna Seghers, in der Stalin vorkam. Der hübschen und heiteren Lektorin war das nicht genug: Sie verlangte, mild und leise, noch eine Stelle, die ich jedoch – das müsse sein – nicht nur kalt zitieren, sondern der ich nachdrücklich zustimmen solle. Ich solle ihr das Zitat mit meinem kommentierenden Satz (aber bitte eindeutig!) am nächsten Tag bringen. Wir verabredeten uns – wie in Warschau nicht unüblich – in einem Café.

Ich wählte aus Stalins Schriften jenen berühmten Ausspruch von 1942, demzufolge man das deutsche Volk nicht mit den Nazis identifizieren dürfe, da die Hitlers kommen und gehen, das deutsche Volk aber bleibe. Dieses von der sowjetischen Propaganda jahrelang verbreitete Schlagwort, das wahrscheinlich unzähligen in Kriegsgefangenschaft geratenen deutschen Soldaten das Leben gerettet hat, halte ich noch heute für treffend und hochbedeutend.

Auch meiner freundlichen Lektorin gefiel das von mir angebotene Zitat. Wir lächelten uns an, dann tranken wir einen Wodka, dann streichelte ich sie, und dann waren wir uns einig. Sie fragte, unverkennbar ironisch, ob ich ihre Bibliothek sehen wolle – oder vielleicht ihre Briefmarkensammlung. Ja, sagte ich, ich sei außerordentlich interessiert, doch ließ ich offen, woran. Von den Briefmarken war nicht mehr die Rede und von der Bibliothek auch nicht. Aber die Couch meiner politischen Betreuerin war sehr breit, und ich war durchaus nicht enttäuscht. »Doch ihr Gesicht, das weiß ich wirklich nimmer / Ich weiß nur mehr: ich küßte es dereinst.« Gern denk ich an die Lektorin, die mir die Stalin-Zitate abforderte – mit Charme und mit Humor.

Mein Buch erschien 1955. Sein unbeholfener Titel lautete: »Aus der Geschichte der deutschen Literatur 1871–1954«. Das Ganze setzt mit Fontane und Hauptmann ein, es folgen Thomas und Heinrich Mann, Feuchtwanger, Arnold Zweig, Brecht, Anna Seghers. Auf dieses Opus stolz zu sein, habe ich nicht den geringsten Grund. Auch wenn manch ein Kapitel, manch ein Abschnitt mir erträglich scheint, erröte ich nicht selten, wenn ich heute in diesem Buch blättere.

Alles in allem ist es eine ziemlich schludrige Arbeit, die, ähnlich wie viele meiner Artikel aus der Zeit bis 1955, nur allzu deutlich erkennen läßt, welche verheerende Doktrin auf den Autor Einfluß ausgeübt hat – der sozialistische Realismus. Jawohl, meine Literaturkritik war bis etwa 1955 von der marxistischen und gewiß auch vulgärmarxistischen Literaturtheorie geprägt. Vielleicht sollte ich daran erinnern, daß es sich um jene Theorie handelte, die später, um 1968, von der Linken in der Bundesrepublik mit großer Emphase entdeckt und gefeiert wurde.

Aber ist das verwunderlich? Ich war damals, also in den Jahren 1951 bis 1955, ein Anfänger, ich war auch als Kritiker natürlich ein Autodidakt: Nie hatte ich an einem Seminar teilgenommen, es gab niemanden, der mich beraten oder gewarnt oder mir gar geholfen hätte. Wie jeder Anfänger brauchte ich Vorbilder. Wo konnte ich sie finden? In der polnischen Literaturkritik, gewiß, nur stand sie in hohem Maße ebenfalls unter dem Einfluß des sozialistischen Realismus. Das galt erst recht für die Kritik in der DDR, die auf erheblich niedrigerem Niveau war als in Polen.

Überdies: Als ich 1951 zu schreiben begann, war Polen von der westlichen Welt vollkommen abgeschnitten. Von den praktischen Folgen des Eisernen Vorhangs für das geistige Leben in den osteuropäischen Ländern hat man heute keine Vorstellung mehr.

Bücher, Zeitungen und Zeitschriften in deutscher Sprache konnte man nur dann erhalten, wenn sie in der DDR veröffentlicht waren. Meine Bemühungen um Bücher, die in diesen Jahren lediglich im Westen verlegt wurden – also beispielsweise Werke von Kafka oder Musil oder von zeitgenössischen westlichen Autoren –, blieben vergeblich. Von der Existenz der Wochenzeitung »Die Zeit« wußte ich nichts, und hätte mich damals jemand nach den führenden Kritikern oder den wichtigeren literarischen Verlagen in der Bundesrepublik gefragt, ich wäre nicht imstande gewesen, auch nur einen einzigen Namen zu nennen.

Erst 1956, im Rahmen der Auseinandersetzung mit dem Stalinismus, wurde der Eiserne Vorhang durchlässiger. Ich durfte wieder reisen, zunächst allerdings bloß innerhalb des Ostblocks. Im Sommer 1956 konnten wir, Tosia und ich, an einer vom Verband Polnischer Schriftsteller organisierten »Studienreise« in die Sowjetunion teilnehmen. Freilich mußten wir unerwartete Schwierigkeiten überwinden: Die zuständige Behörde weigerte sich, den Paß für Tosia zu genehmigen, weil wir keine standesamtliche Eheschließung nachweisen konnten, wir hatten nur jene vom Rabbiner 1942 ausgestellte Bescheinigung, die ihr das Leben retten sollte. Der Hinweis, daß es im Warschauer Getto keine anderen Trauungen gegeben habe und daß bisher diese Bescheinigung stets anerkannt worden sei, half uns nicht weiter.

Aber wir wurden beruhigt: Das notwendige gerichtliche Verfahren sei ganz einfach, nur werde es etwa drei Monate dauern. Indes sollte die Reise nach Moskau und Leningrad schon in zwei Wochen beginnen. Da verfiel ich auf einen, wie mir schien, geradezu kühnen Gedanken. Wenn es tatsächlich zuträfe – sagte ich dem Beamten –, daß meine Frau überhaupt nicht meine Frau sei, dann könne ich doch meine Frau heiraten. Ja – antwortete er mir –, selbstredend, vorausgesetzt, daß wir die beiden Geburtszeugnisse hätten.

Am nächsten Tag haben wir – wieder einmal – geheiratet. Das Ganze wurde von dem Beamten, einem noch jungen Mann nicht ohne Witz, zügig erledigt. Er wünschte uns freundlich alles Gute, wir durften gehen. Auf der Straße sahen wir uns ratlos an und auch bekümmert. Nein, fröhlich waren wir nicht – wohl deshalb, weil wir beide an dasselbe dachten, an jenen 22. Juli 1942, als die Ermordung der Juden Warschaus begann und wir zum ersten Mal geheiratet haben. Schweigend gingen wir einige Schritte, unsicher, wohin wir uns wenden, was wir jetzt tun sollten. Dann habe ich mich besonnen – und ich habe Tosia geküßt. Sie sah mich mit traurigem Blick an und sagte leise: »Laß uns ein Café suchen.«

Zwei Wochen später fuhren wir mit der Bahn nach Moskau. In unserem Gepäck befanden sich unter anderem zwei Rollen Toilettenpapier. Freunde haben Tosia ausgelacht: Wir würden doch in einem Luxushotel für Ausländer wohnen, und dort werde es daran mit Sicherheit nicht mangeln. Als wir unser Zimmer bezogen hatten – ein ungewöhnlich großes und prächtig eingerichtetes Zimmer –, ging Tosia gleich neugierig ins Bad. Sie fand dort sehr viel Watte und kein Toilettenpapier. So war es im Sommer 1956.

Wir waren in Moskau und Leningrad jeweils einige Tage und haben alles besichtigt, was man Touristen empfiehlt. Manches hat uns beeindruckt, gewiß, aber wir fühlten uns erleichtert, als wir in Leningrad an Bord eines polnischen Schiffes gehen konnten, das uns nach Gdingen brachte. Ich habe mich damals gefragt, warum mir das Land, dessen Romane zu den größten literarischen Erlebnissen nicht nur meiner frühen Jahre gehören, so fremd geblieben ist. Ich habe keine Antwort gefunden. Es sind seitdem weit über vierzig Jahre vergangen, wir waren in dieser Zeit sehr häufig in London und Paris, in Rom und Stockholm, in New York. Doch in Moskau oder in jener unzweifelhaft wunderbaren Stadt, die jetzt wieder wie einst St. Petersburg heißt, waren wir nie mehr.

Zwei weitere Auslandsreisen, die ich dank der Lockerung der polnischen Grenzen im Jahre 1956 machen konnte, haben ganz andere Erinnerungen hinterlassen. Beide führten in die DDR, vor allem nach Ost-Berlin, wo ich seit 1949 nicht mehr gewesen war. Ich habe Arnold Zweig, Stefan Hermlin und einige andere Schriftsteller in ihren Villen, ihren geräumigen Wohnungen oder in ihren hübschen Sommerhäusern besucht, ich habe mir das Angebot an Bedarfsgütern in den Läden angesehen und für Tosia und unseren Sohn einiges gekauft, was man in Polen nicht bekommen konnte, Kleidungsstücke zumal. Der Lebensstandard war in Ost-Berlin ungleich höher als in Warschau.

Dann fuhr ich – noch gab es ja keine Mauer – nach West-Berlin, die DDR-Genossen sahen es ungern. Alles, was es dort zu kaufen gab, ließ mich das, was ich eben noch in Ost-Berlin bewundert hatte, dürftig und ärmlich erscheinen. Warschau, Ost-Berlin und West-Berlin – das waren 1956 drei Stufen des Lebensstandards. Ein polnischer Kollege, den ich damals zufällig am Kurfürstendamm traf, sagte mir: »Wir Polen haben den Krieg gewonnen, aber die Deutschen, verflucht noch einmal, sie haben den Frieden gewonnen.«

Der neuen Durchlässigkeit des Eisernen Vorhangs verdankte ich auch die Bekanntschaft mit einem westdeutschen Schriftsteller, dem ersten übrigens, der das kommunistische Polen besucht hatte – eine Bekanntschaft, aus der zwar nie eine Freundschaft wurde, aber doch eine schwierige, eine nicht unkomplizierte Beziehung. Sie sollte viele Jahre währen und zeitweise einen beinahe dramatischen Verlauf nehmen.

Es war ein trüber, regnerischer Sonntagmorgen Ende 1956. Ich stand auf einem Bahnsteig des immer noch trostlos-jämmerlichen Warschauer Hauptbahnhofs, eines ehemaligen Güterbahnhofs, und wartete ungeduldig auf den Zug aus Berlin, der, wie üblich, Verspätung hatte. Endlich kamen die beiden Autoren, die ich im Namen des Verbands Polnischer Schriftsteller zu begrüßen hatte: Heinrich Böll, über den man in Warschau wenig wußte, und sein Freund, der Journalist und Satiriker Ernst-Adolf Kunz, der sich des Pseudonyms Philipp Wiebe bediente und über den nichts bekannt war.

Ich brachte die beiden Herren ins Hotel und teilte ihnen beim Frühstück mit, der Polnische Schriftstellerverband werde sich die größte Mühe geben, um ihnen ihren kurzen Aufenthalt in Warschau und in Krakau denkbar angenehm zu machen und ihre Wünsche zu erfüllen. Vorerst hatte Böll nur einen einzigen, allerdings dringenden Wunsch: Er wollte wissen, ob es in der Nähe des Hotels eine katholische Kirche gebe. Die schönsten Kirchen Warschaus und jene mit den wichtigsten Sehenswürdigkeiten seien – informierte ich ihn – in der unmittelbaren Umgebung unseres Hotels. Doch war Böll an Sehenswürdigkeiten nicht interessiert. Vielmehr wollte er unbedingt und sofort zur Messe gehen. Ich war etwas verwundert, wohl zu Unrecht.

Überall, in Warschau und in Krakau, begegnete man ihm mit großer Liebenswürdigkeit. Denn die Polen sind ein gastfreundliches Volk. Böll war überrascht, wenn nicht gerührt. Was sich hinter den Kulissen abspielte, wußte er freilich nicht: Sein Besuch bereitete dem Schriftstellerverband viel Kummer. Man hatte im schönen Warschauer Literaturhaus einen Empfang zu Bölls Ehren geplant. Etwa fünfzig Autoren wurden eingeladen. Aber sie sagten allesamt ab. Schlimmer noch: Sie sprachen offen, von Ausreden wollten sie nichts wissen. Manche allerdings wünschten Informationen über die unferne Vergangenheit des Gastes: Ob er zu den Emigranten gehört habe oder zu den Deserteuren, ob er im Gefängnis gewesen sei oder in einem Konzentrationslager oder wenigstens in einem Strafbataillon? Als man ihnen sagte, er sei den ganzen Krieg über ein gewöhnlicher deutscher Soldat gewesen, nicht mehr und nicht weniger – da winkten sie wortlos ab. Kaum elf Jahre nach dem Zweiten Weltkrieg hatten polnische Schriftsteller kein Bedürfnis, einen Deutschen willkommen zu heißen. Um dem Gast den Affront zu ersparen, wurde der angekündigte Empfang aus dem Sitzungssaal des Verbandes kurzerhand in ein kleines Zimmer verlegt: Dort fiel es weniger auf, daß nur sechs oder sieben Personen erschienen waren, ausschließlich Übersetzer und Verlagslektoren.

Wir wollten von Böll hören, wie es um die neue westdeutsche Literatur bestellt sei. Sein Bericht war nüchtern und bescheiden. Was er erzählte, war informativ, schien uns indes nicht sonderlich interessant. Trotzdem haben uns seine Worte tief berührt, ja sogar aufgeschreckt: Hier sprach ein Schriftsteller aus der in Polen als revanchistisch verrufenen Bundesrepublik gleichsam in einem Atem von deutscher Literatur und von deutscher Schuld – und jeder seiner eher schlichten und bisweilen linkischen Sätze wirkte überzeugend. Sofort gewann dieser unfeierliche Gast die Sympathie der Menschen, zu denen er sprach: Er wollte niemandem etwas vormachen. Wir spürten, daß dieser deutsche Schriftsteller, der sechs Jahre lang die Uniform der Wehrmacht getragen hatte, begnadet war – begnadet mit einem Charisma, das sich, wie oft in solchen Fällen, der Beschreibung entzieht.

Die wenigen Teilnehmer an diesem Treffen verließen schweigend das Literaturhaus: beeindruckt und doch ziemlich ratlos. Beeindruckt und vollkommen ratlos war sehr bald auch Böll selber – freilich aus ganz anderen Gründen.

Ich ging mit ihm spazieren, ich zeigte ihm, natürlich auf seinen Wunsch, die Zerstörungen Warschaus, die auf Schritt und Tritt zu sehen waren, und ich zeigte ihm den Wiederaufbau. Ich kommentierte alles so trocken wie möglich, er sprach wenig, er hörte zu. Ich glaube, er hat in diesen Stunden viel gelitten.

Was sich bei Künstlern und Schriftstellern keineswegs von selber versteht, trifft mit Sicherheit auf Böll zu: Er war ein stets hilfsbereiter Mensch. Im Frühjahr 1957 wollte ich zum ersten Mal die Bundesrepublik besuchen. Doch konnte ich kein Einreisevisum erhalten. Böll hat sofort in Bonn interveniert, im Auswärtigen Amt und in anderen Behörden, die Tageszeitung »Die Welt« protestierte in einer empörten Glosse, der Geschäftsführer der SPD-Bundestagsfraktion interpellierte beim Bundesinnenminister. Drei Monate später erhielt ich das Visum, aber ich habe nie erfahren, warum es mir zunächst verweigert worden war. Angeblich handelte es sich bloß um einen nicht hinreichend ausgefüllten Fragebogen. Im Dezember 1957 hat dann meine lange geplante Reise in die Bundesrepublik stattgefunden.

Als ich 1958 entschlossen war, Polen zu verlassen und, wenn möglich, in Deutschland zu leben, mußte ich, da ein polnischer Auslandspaß immer nur für eine Reise gültig war und nach der Rückkehr wieder abgeliefert werden mußte, einen neuen Paß beantragen. Er sollte mich, wie es offiziell hieß, zu einem »Studienaufenthalt« in der Bundesrepublik von höchstens drei Monaten berechtigen.

Wieder gab es Schwierigkeiten, diesmal nicht von deutscher Seite. Da für solche Reisen keine Devisen genehmigt wurden, verlangten die polnischen Behörden, daß ich die Erklärung eines bekannten Bürgers der Bundesrepublik beschaffe, der sich verpflichten würde, meinen Lebensunterhalt im Westen, falls notwendig, zu finanzieren. Wieder wandte ich mich an Böll, der gerade seinen Urlaub im Tessin verbrachte. Das erforderliche Dokument sandte er mir postwendend. Übrigens mußte ich von dieser Erklärung, da sich inzwischen die polnischen Paßvorschriften wieder einmal geändert hatten, nicht mehr Gebrauch machen. Später, als ich schon in der Bundesrepublik war, hat er mich nie an diese Unterhaltsgarantie erinnert. Wahrscheinlich war ihm die Sache längst entfallen. Aber ich habe ihn immer noch, diesen vom 8. Mai 1958 datierten Brief Heinrich Bölls mit der amtlichen Beglaubigung seiner Unterschrift.

Wir waren noch nicht lange in der Bundesrepublik, da kam Böll nach Frankfurt, um uns in dem ärmlichen möblierten Zimmer, in dem wir wohnten, zu besuchen. Er brachte einen Blumenstrauß mit. Tosia sagte mir später: »Er ist der erste Deutsche, von dem ich einen Blumenstrauß bekommen habe.« Und ich dachte mir im stillen: Vielleicht ist er jetzt überhaupt der erste Deutsche.

Gleich fragte uns Böll, ob wir Geld benötigten und was er sonst für uns tun könne. Ich brauchte kein Geld. Es ging uns nicht üppig, aber es wäre übertrieben, wollte ich sagen, daß wir Not gelitten hätten. Denn meine Artikel wurden gedruckt und, wie damals üblich, schlecht honoriert, meine Funkarbeiten gesendet und, wie damals üblich, gut entlohnt. Als Böll das hörte, sah er mich scharf an und sagte: »Sie werden in den nächsten Wochen wie jeder Neuankömmling viel mit Behörden zu tun haben. Deutsche Behörden verlangen oft Zeugenaussagen. Vergessen Sie es nicht: Ich bin ein sehr guter Zeuge, ich stehe immer zu Ihrer Verfügung.« Und er lächelte schelmisch.

Daß er anderen oft und gern half, darüber hat er nie geredet: Das war für ihn kein lohnendes Thema. Nur einmal besprach er mit mir eine etwas waghalsige Hilfsaktion. Es ging darum, eine Bürgerin der Tschechoslowakei, die sich lange und ohne Erfolg um eine Ausreisegenehmigung bemüht hatte, auf illegale Weise herauszuholen. Wir erörterten verschiedene Möglichkeiten. Wenige Tage später fuhr Böll mit seinem Auto nach Prag und brachte die Tschechin mit einem gefälschten bundesdeutschen Paß über die Grenze, zunächst nach Jugoslawien. Von dort schickte er mir eine Postkarte: »Nur rasch die Mitteilung, daß die Sache, über die ich mit Ihnen sprach, geklappt hat ... Später mal Einzelheiten – sicher ist nur: Wir leben in einer seltsamen Welt!«

Ich habe über Böll viel geschrieben – zunächst 1957 in Polen und dann ab 1958, immer wieder, in der Bundesrepublik. Ich habe ihn gelobt und gerühmt, ich habe nicht wenige seiner Bücher mißbilligt und getadelt. Zu oft, zu streng? Ich kann die Frage nicht beantworten, doch weiß ich, daß ich ihm nur dann Schmerzen bereitet habe, wenn ich glaubte, dies tun zu müssen. Und daß ich selber dabei Schmerzen empfunden habe. Ich bewundere nach wie vor einige seiner Satiren und Kurzgeschichten, vor allem »Doktor Murkes gesammeltes Schweigen«. Von seinen Hauptwerken allerdings, Romanen also, halte ich nicht sehr viel. Vorsichtiger ausgedrückt: Die meisten blieben mir fremd. Die Prosa von Wolfgang Koeppen oder Max Frisch stand und steht mir näher.

Mein Buch über Böll habe ich »Mehr als ein Dichter« betitelt. Das sei, meinten manche Kollegen, nicht nur als Kompliment zu verstehen. Er selber hörte es gar nicht gern, wenn man ihn als Moralisten bezeichnete, er wollte lieber als Künstler gelten. Als ich einmal in einem Telefongespräch seine Anschauungen in irgendeiner neuen Arbeit lobte, sagte er mir etwas verärgert: »Gute Gesinnung gibt es bei uns gratis.« 1972 wurde ich von der Königlichen Akademie in Stockholm gefragt, wem meiner Ansicht nach der Nobelpreis für Literatur gebühre. Ich habe nicht lange geschwankt. Ich nannte Heinrich Böll, ihn, den deutschen

Prediger mit clownesken Zügen und den Narren mit priesterlicher Würde, ihn, der beinahe über Nacht ein Praeceptor Germaniae geworden war, ein Lehrmeister, wie ihn Deutschland noch nie gehabt hatte. Doch überschätze ich meinen Einfluß nicht: Wenn ich ihn nicht vorgeschlagen hätte, dann wäre ihm, vermute ich, dieser Preis genauso zugefallen. Schließlich habe ich später noch mehrfach die gleiche Anfrage aus Stockholm erhalten. Meine Kandidaten waren: Graham Greene, John Updike, Max Frisch und Friedrich Dürrenmatt. Keinem wurde der Preis verliehen.

1979 hat mir Bölls Roman »Fürsorgliche Belagerung« besonders mißfallen. Meine Kritik in der »Frankfurter Allgemeinen« begann mit den Worten: »Nein, nichts kann meine Verehrung für Heinrich Böll erschüttern. Nicht einmal der Roman ›Fürsorgliche Belagerung‹.« Gerade dieser Anfang meines Aufsatzes hat ihn besonders erbost, er hat mir im Fernsehen zornig geantwortet. Wir haben in den nächsten Jahren mehrfach miteinander korrespondiert, aber gesehen haben wir uns erst wieder im Oktober 1983, bei einem Empfang in einem Hotel am Rhein. Böll, schon von schwerer Krankheit deutlich gezeichnet, erklärte sich dennoch bereit, eine Laudatio auf eine polnische Übersetzerin zu halten.

Als er mich sah, ging er gleich auf mich zu und fragte halb drohend und halb treuherzig: »Geben wir uns noch die Hand?« Ich antwortete: »Aber ja, natürlich.« Doch gab er mir die Hand nicht, noch nicht. Vielmehr kam er näher, ich wußte nicht, was er wollte. Ich wartete, wohl ziemlich unsicher, was nun passieren werde. Einen Skandal wollte ich unbedingt vermeiden. Aber nein, Böll tat mir nichts an. Nur flüsterte er mir etwas ins Ohr, ein einziges, beim deutschen Volk seit eh und je besonders beliebtes Wort: »Arschloch!« Dann sagte er laut und lachend: »Jetzt ist alles wieder gut.« Und er umarmte mich.

Ich habe viel von Böll gelernt – auch die simple Einsicht, daß es zwischen einem Autor und einem Kritiker Frieden oder gar Freundschaft nur dann geben kann, wenn der Kritiker niemals über die Bücher dieses Autors schreibt, und wenn dieser sich damit ein für allemal abfindet.

Noch etwas ganz anderes will ich hier nicht unerwähnt lassen. Ich habe zwei deutsche Schriftsteller näher kennengelernt, die beide ihr Christentum häufig und nachdrücklich akzentuierten. Aber nur einer von diesen beiden hat mich von der Ernsthaftigkeit seines Glaubens, von dessen makelloser Redlichkeit überzeugt: Heinrich Böll.

Eine Studienreise mit allerlei Folgen

Im Oktober 1956 erfolgte unter aufregenden Umständen der Machtwechsel in Polen: Gomulka, noch unlängst des »Titoismus« und des »Nationalismus« bezichtigt und einige Jahre inhaftiert, stand nun wieder an der Spitze der Kommunistischen Partei. Zur Freude der Schriftsteller und Journalisten, die wesentlich zum Sieg Gomulkas beigetragen hatten, versprach er sogleich die Freiheit der Presse und der Literatur. Allerdings gab es immer noch die Zensur – und nach wie vor mußten ihr sämtliche Texte zur Genehmigung vorgelegt werden. Aber die Redaktionen und Verlage erhielten sie unverändert zurück. Da die Zensoren keinerlei Anweisungen vom Zentralkomitee der Partei erhielten, wußten sie nicht, was sie beanstanden sollten: Also wurde alles akzeptiert. Die Zensur war offenbar überflüssig, sie solle, hieß es, in Kürze abgeschafft werden.

Wenn dieses Amt ohnehin mit dem Todesstoß rechnen mußte, dann wäre es vielleicht klüger – so meinten viele Zensoren –, öffentlich Selbstmord zu verüben und sich auf diese Weise wenigstens etwas zu rehabilitieren: Auf einer Versammlung der Parteiorganisation im Amt der Zensur wurde beschlossen, das Zentralkomitee um die Auflösung des Amts zu bitten. Das entsprechende Schreiben sollte in der Presse veröffentlicht werden. Dies aber wurde von der Zensur verhindert. Eine paradoxe, eine absurde Situation: Die Zensur wünscht ihre Auflösung, verbietet indes, diesen Wunsch publik zu machen. Es war wohl das kurioseste Verbot in der Geschichte der polnischen Presse.

Der Wunsch der Zensoren wurde nicht erfüllt, sie gingen bald wieder ihren Pflichten nach. Die neue Parteiführung hielt sich nicht an ihre vielen Versprechen. Schon nach kurzer Zeit hatte man allen Anlaß, von allmählicher, doch unverkennbarer »Restalinisierung« zu sprechen. Wieder eine neue Linie? Ja, aber sie betraf am wenigsten das Kulturleben. In den polnischen Verlagen konnten endlich auch westdeutsche Autoren erscheinen, und die leidige Regel, daß nur diejenigen Bücher in den Zeitungen und Zeitschriften besprochen werden durften, die in polnischer Übersetzung zugänglich waren, galt nicht mehr.

So konnte ich mich ab 1956 intensiv mit westlicher Literatur beschäftigen. Ich schrieb nicht nur über die Schriftsteller der älteren Generation, sondern auch über die in Polen meist noch unbekannten Repräsentanten der Nachkriegsliteratur (wie Frisch und Koeppen, Böll und Andersch, Martin Walser und Siegfried Lenz). Ich betätigte mich (zum ersten Mal in meinem Leben) auch als Übersetzer. Mit meinem Freund, dem polnischen Kritiker Andrzej Wirth, der später an amerikanischen Universitäten lehrte und 1982 an der Universität Gießen ein Institut für angewandte Theaterwissenschaft gegründet und bis 1992 geleitet hat, übersetzte ich Kafkas »Schloß« in der Bühnenfassung von Max Brod und Dürrenmatts »Der Besuch der alten Dame«.

Es ging mir also damals nicht schlecht: Man hat mich weder diskriminiert noch schikaniert. Mein Ausschluß aus der Partei wurde Anfang 1957 wieder aufgehoben, was ich aber nicht erfahren habe, weil man es aus irgendeinem Grund unterlassen hatte, mich zu benachrichtigen. Daß ich nicht mehr verfemt war, bekam ich sehr wohl zu spüren: Ähnlich wie andere Bürger konnte auch ich, von der neuen Freizügigkeit profitierend, ins Ausland reisen und jetzt nicht nur innerhalb des Ostblocks. Ich war 1957 zunächst in Österreich und dann in der Bundesrepublik.

Aber das Klima in Polen wurde unheimlich, zumal für die Juden. So klein ihre Zahl im Vergleich zur Vorkriegszeit auch war, so hatten sie doch im öffentlichen Leben des kommunistischen Polen eine große Rolle gespielt. Jetzt, da die Partei (nicht zuletzt unter sowjetischem Druck) bemüht war, die Anhänger und Vorkämpfer des »Tauwetters« im Zaume zu halten, brauchte man Sündenböcke. Die ohnehin, gelinde gesagt, unbeliebten Juden, vor allem die jüdischen Intellektuellen, waren hierzu, wie eh und je, besonders geeignet. Es konnte den Juden auch nicht entgehen, daß, sobald dem Volk größere Freiheiten eingeräumt wurden, heftige antisemitische Vorurteile und Ressentiments zum Vorschein kamen. Schlimmer noch: Die Ressentiments wurden von manchen der Funktionäre an der Spitze der Partei ohne Pardon geschürt, von anderen jedenfalls nicht bekämpft. Die Juden standen vor einer neuen Situation: Sie konnten emigrieren, vor allem nach Israel. Aber wurde ihnen die Auswanderung von den polnischen Behörden erlaubt oder vielleicht gar empfohlen?

Auch mich haben die antisemitischen Stimmungen und die gelegentlichen Übergriffe in hohem Maße irritiert und verunsichert. Ich fragte mich, was ich in diesem Land, in dem ich zwar geboren worden, in das ich aber nicht freiwillig zurückgekehrt war, noch zu suchen hätte. Ich habe nie auch nur einen Augenblick vergessen, wem ich es verdankte, daß ich den Zweiten Weltkrieg überleben konnte. Aber was ich schon empfunden hatte, als ich zum ersten Mal nach dem Krieg wieder in Berlin gewesen war, das machte sich nun, zehn Jahre später, noch stärker bemerkbar: Soviel ich auch in polnischer Sprache publiziert hatte (freilich immer nur über deutsche Literatur), so sehr ist mir

Polen doch fremd geblieben. War es je meine Heimat? An den Kommunismus glaubte ich längst nicht mehr. Hatte es dann noch Sinn, hier zu leben?

Was ich 1957 und 1958 in Polen über deutsche Bücher schrieb, ließ mich erst recht und aufs neue zweifeln, ob ich mich an die richtigen Adressaten wandte. So hatte ich eine größere Arbeit über Hermann Hesse veröffentlicht. Aber wer in Polen wollte über ihn, über seinen Weg und sein Werk, gründlich und genau informiert werden? Heute sehe ich, daß ich, diese Aufsätze in polnischer Sprache schreibend, doch schon an deutsche Leser dachte – auch wenn ich mir dessen nicht ganz bewußt war.

Die Juden – heißt es bei Heine – »wußten sehr gut, was sie taten, als sie bei dem Brande des zweiten Tempels die goldenen und silbernen Opfergeschirre, die Leuchter und Lampen« im Stich ließen und nur die Bibel retteten und ins Exil mitnahmen. Die Schrift, die heilige, wurde ihr »portatives Vaterland«. Vielleicht habe ich erst damals endgültig begriffen, daß auch ich ein »portatives Vaterland« habe: die Literatur, die deutsche Literatur.

Die Frage, ob ich Polen verlassen und nach Deutschland gehen solle, wurde bald von einer anderen verdrängt, von einer, die mich ganz in Anspruch nahm. Ich meine die praktische Frage, wie ich das machen sollte. Über Israel emigrieren und dann nach Deutschland weiterreisen? Das war sehr riskant. Denn ich mußte mit der Möglichkeit rechnen, daß die polnischen Behörden mein Gesuch ablehnten, also meine Auswanderung nicht genehmigten. Die Folgen waren leicht vorhersehbar: In einem solchen Fall drohte mir mit großer Wahrscheinlichkeit ein abermaliges Publikationsverbot. Tosia, die mittlerweile im Polnischen Institut für Internationale Angelegenheiten arbeitete, würde unweigerlich ihre Stelle verlieren. So wäre es sehr leichtsinnig gewesen, die Auswanderung zu beantragen.

Es gab einen einzigen anderen Weg, das kommunistische Polen zu verlassen. Ich mußte mich um einen Besuchsaufenthalt in der Bundesrepublik bemühen, um eine »Studienreise« – von der würde ich nicht mehr nach Warschau zurückkehren. Doch war es undenkbar, daß mir die polnischen Stellen eine solche Reise zusammen mit Frau und Kind erlauben würden. Mein Plan war, erst einmal Tosia mit unserem nunmehr neun Jahre alten Sohn Andrew Alexander zu meiner Schwester nach London zu schicken. Ich selber wollte dann nach Frankfurt fahren. Dieser Weg in den Westen hatte einen schwerwiegenden Fehler: Wir konnten, sollten wir uns für ihn entscheiden, unsere Möbel und Bücher und unsere sonstigen Habseligkeiten nicht mitnehmen, wahrscheinlich nicht einmal unsere Winterkleidung, da sie sofort Verdacht wecken würden. Das Ganze ließe sich wohl erst im Frühjahr oder im Sommer 1958 realisieren. Wir mußten also auf alles, was wir in unserer Warschauer Wohnung hatten, verzichten. Aber wir waren entschlossen, dies in Kauf zu nehmen. Und wenn es uns den vielen Schwierigkeiten zum Trotz gelänge, in den Westen zu kommen – wovon sollten wir dort leben?

Im Dezember 1957 konnte ich zum ersten Mal die Bundesrepublik besuchen. Ich war zehn oder zwölf Tage in Hamburg, Köln, Frankfurt und München. Ich habe mit vielen Schriftstellern und Journalisten gesprochen. Aber keinem habe ich gesagt oder auch nur angedeutet, woran ich täglich, ja stündlich in der Bundesrepublik dachte: An meine feste Absicht, der kommunistischen Welt möglichst bald zusammen mit meiner Familie den Rücken zu kehren und mich in einer bundesdeutschen Stadt niederzulassen. Während ich mich also mit diesen freundlichen, diesen überaus zuvorkommenden Herren unterhielt, überlegte ich mir, wie sie sich – der reiche Verleger, der wichtige Feuilletonchef, der bekannte Romancier – mir gegenüber wohl verhalten würden, wenn ich im nächsten Jahr bei dem einen oder anderen nicht mehr als Gast aus Warschau vorspräche, als einflußreicher Kritiker deutscher Bücher in Polen, sondern als hilfsbedürftiger Flüchtling, als mittelloser Literat auf der Suche nach Arbeit und Brot.

Meine Erkundungsreise im Dezember 1957 begann in Hamburg. Jemand hatte den Norddeutschen Rundfunk darauf aufmerksam gemacht, daß es sich vielleicht lohne, ein ausführliches Interview mit mir zu machen. Das war mir sehr recht, denn der mir in Warschau genehmigte Betrag in Westmark reichte für kaum mehr als für Übernachtungen in billigen Hotels. Vor dem Haus des Senders, wo ich warten sollte, kam ein Mann auf mich zu, sehr jung, sehr blond und etwas schüchtern. Er sollte mich interviewen. Ob so ein Anfänger es einigermaßen schaffen würde? Das zeigte sich rasch: Er machte es routiniert und vorzüglich. Das Honorar war stattlich.

Nach dem Gespräch sagte er nebenbei und, wie mir schien, vertraulich, er habe schon zwei, ja, sogar drei »Büchlein« geschrieben und nicht ganz ohne Echo publiziert. Daß das dritte dieser Bücher ein regelrechter Bestseller war, verschwieg der zurückhaltende junge Mann. Und daß er nur wenige Jahre später einen der erfolgreichsten deutschen Romane nach 1945 schreiben würde, die »Deutschstunde«, konnten wir damals beide nicht ahnen. Trotz der kühlen Witterung gingen wir auf der Rothenbaumchaussee spazieren, dann lud mich Siegfried Lenz zum Mittagessen am nächsten Tag ein. Das Essen war sehr gut, das Gespräch angeregt. Es ging um Kafka. Ich hörte zu und achtete nicht darauf, was ich verspeiste. Beim Nachtisch fiel mir ein, daß es sich doch schicke, der Gastgeberin etwas Anerkennendes über die Qualität des Essens zu sagen, und gleich bemerkte ich: »Das Schnitzel war hervorragend.« Dies aber war ein peinlicher Irrtum. Am Tisch wurde es plötzlich ganz still. Denn was ich zu mir genommen hatte, war gar kein Schnitzel, sondern ein Steak oder ein Kotelett. In der Tat, sehr peinlich.

An meinen Fauxpas wurde ich noch oft erinnert, jahrelang. Aber wann immer mir vorgeworfen wurde, ich hätte erstaunlicherweise ein Steak für ein Schnitzel gehalten (oder umgekehrt), pflegte Lenz, ein nachsichtiger Mensch, mich in Schutz zu nehmen. Er wies darauf hin, daß doch damals von einem großen Thema die Rede gewesen sei, von Franz Kafka – womit Lenz wohl sagen wollte, daß dieser Umstand meine Sünde verzeihlicher mache. Aber Lenz weiß bis heute nicht, daß auch ihm ein Irrtum unterlaufen war. Während ich nämlich an seinem Tisch saß und aß und mich mit ihm unterhielt, da dachte ich überhaupt nicht an Kafka. Ich dachte an meine Zukunft in Deutschland.

Ich fragte mich, wie dieser junge Mann mich, sollte ich in einigen Monaten an seine Tür als Bittsteller klopfen, behandeln werde. Während ich über Kafkas Leiden am Judentum sprach (um nicht zu sagen: dozierte), beantwortete ich die Frage, die ich mir selber gestellt hatte. Er, dieser blonde und etwas schüchterne junge Mann, würde mich zu allen potentiellen Arbeitgebern in Hamburg führen, zu Verlegern, Redakteuren und Rundfunkleuten. Er würde ihnen dringend nahelegen, mir Aufträge zu erteilen. Er würde in meiner Sache Briefe an Kollegen in Köln und Frankfurt schicken, in München und Baden-Baden. Er würde mich in jeder Hinsicht beraten, und er würde mir ohne jedes Aufheben Geld anbieten, soviel ich wünschte. Ich dachte mir: Solange solche Menschen wie Siegfried Lenz in diesem Lande leben, kann ich es wagen, ohne einen Pfennig in der Tasche herzukommen. Ich werde hier nicht untergehen. Woher rührte mein Vertrauen zu ihm, den ich am Vortag zum ersten Mal im Leben gesehen hatte? Ich weiß es nicht. Wohl aber weiß ich, daß ich mich nicht getäuscht habe, daß alles so gekommen ist, wie ich es vermutet und gehofft hatte. Ich werde es nicht vergessen.

Aber ich weiß auch, daß ich Siegfried Lenz einen Schmerz zugefügt habe, der ihm, glaube ich, lange zu schaffen machte. In meinem Buch »Deutsche Literatur in West und Ost«, das 1963 erschienen ist, habe ich, wie es sich gehört, auch seinem Werk ein Kapitel gewidmet. In ihm findet sich Freundliches und Respektvolles, doch auch Skeptisches. Anders, meinte ich, sei es nicht möglich, ich dürfe mich von der Freundschaft nicht korrumpieren lassen. So steht im Mittelpunkt des Kapitels über Lenz die These, er sei ein Erzähler, dessen Talent sich in der Kurzgeschichte zeige oder in der Novelle, viel seltener hingegen im Roman: Er sei ein geborener Sprinter, der sich in den Kopf gesetzt habe, er müsse sich auch als Langstreckenläufer bewähren.

Kein Romanautor liest derartiges gern. Da hilft es nicht, daß man an hehre Beispiele aus der Vergangenheit erinnert: Auch Tschechow, Maupassant und Hemingway waren stärker in kleinen epischen Formen als im Roman. Es hilft nicht, daß man auf Autoren der Gegenwart verweist – wie Marie Luise Kaschnitz oder Heinrich Böll, für die dies ebenfalls gilt.

Hätte ich, über Lenz schreibend, meine wahren Ansichten, die, wie ich glaube, auch der so populäre, so berühmte Roman »Deutschstunde« nicht widerlegen konnte, verheimlichen sollen? Im Laufe der Jahre und Jahrzehnte habe ich zwar gern bei allerlei Gelegenheiten, Jubiläen zumal, über Lenz geschrieben und gesprochen, doch mich gehütet, je wieder sein Werk in einer literarkritischen Arbeit zu behandeln. Siegfried Lenz hat für diese strenge Enthaltsamkeit viel Verständnis. Auch dafür bin ich ihm dankbar.

Von Hamburg fuhr ich nach Köln, wo mich Heinrich Böll auf dem Bahnsteig wie einen alten Freund begrüßte. Er fragte mich, was ich denn in seiner Geburtsstadt sehen wollte. Zunächst einmal wollte ich den Dom besichtigen. Er war ein wenig enttäuscht, daß ich dasselbe wünschte wie jeder Tourist: In Köln seien die kleineren katholischen Kirchen schöner und wichtiger. Neben Lenz war Böll der zweite, dessen Existenz mich etwas optimistischer der Zukunft in der Bundesrepublik entgegensehen ließ.

In Frankfurt traf ich einen ziemlich robust wirkenden Verlagsangestellten, der mir ein wenig unsicher und linkisch vorkam und zugleich tüchtig und ehrgeizig. Jemand verriet mir, er sei Peter Suhrkamps junger Mann und habe vielleicht eine große Zukunft vor sich. Seiner Visitenkarte war zu entnehmen, daß er einen Doktortitel hatte. Ich fragte ihn, Siegfried Unseld, worüber er promoviert wurde. Das ergibt, wenn es sich um einen Geisteswissenschaftler handelt, stets ein willkommenes Gesprächsthema und hat auf die Stimmung einen guten Einfluß, weil der Befragte sich ohne Schwierigkeiten entfalten kann. Peter Suhrkamps junger und kräftiger Mann nannte sein Thema: Hermann Hesse. Es dauerte einen Augenblick, und wir waren mitten in einer temperamentvollen Unterhaltung.

Alles war sehr angenehm, bis ich, vom Teufel geritten, anmerkte, Hesse sei in politischen Dingen doch von einer mitunter schon ärgerlichen, ja, entwaffnenden Naivität. Seine, wie ich meinte, recht fatale Erzählung »Demian« sei zwar 1919 erschienen, als es die NSDAP noch gar nicht gegeben habe, gleichwohl enthalte sie wichtige Motive, die als nazistisch verstanden oder mißverstanden werden konnten. Derartiges wollte Unseld natürlich nicht hören, er protestierte mit wachsender Entschiedenheit.

Zweierlei wußte ich nicht. Erstens: Unseld verdankte Hesse den Kontakt mit Suhrkamp und somit die Tätigkeit in dessen Verlag. Zweitens: Unseld hatte schon damals alle Schriftsteller auf dieser Erde in zwei Gruppen eingeteilt –

in die Suhrkamp-Autoren und die übrigen. Jedenfalls ließ
er in dem Gespräch mit mir keine Minute verstreichen,
ohne Reklame für den Verlag zu machen, der noch nicht
sein Verlag war.

Ich glaube, Unseld ißt gern Kirschen. Auch ich liebe Kirschen. Aber bisweilen meint Unseld, fürchte ich, mit mir
Kirschen zu essen sei nicht gut. Gelegentlich bin ich der
Ansicht, es sei schwer mit ihm auszukommen. Die Verständigung zwischen uns mag die Tatsache beeinträchtigen, daß
unsere Interessen zwar nahe beieinander liegen und sich
doch unterscheiden: Meine Passion ist die Literatur, die seinige das Buch. Wahrscheinlich ist er der größte Verleger,
den das literarische Leben Deutschlands in diesem Jahrhundert hatte und hat. Aber große, erfolgreiche Verleger
sind nicht unbedingt sympathische Figuren und können es
wohl nicht sein. Den Satz, mit dem ich 1984 meinen Artikel
zu Unselds sechzigstem Geburtstag abgeschlossen habe,
nehme ich nicht zurück. Er stammt von Kleist: »So einen
Kerl... habe ich zeit meines Lebens nicht gesehen.«

Am nächsten Tag war ich im Hessischen Rundfunk. Dort
traf ich Joachim Kaiser. Es war kein alltägliches Gespräch
in seinem kleinen, kargen Büro. Denn er hat mich sofort
verstanden – und ich ihn ebenfalls. Wir kannten uns kaum
zehn Minuten und konnten miteinander reden, als kennten
wir uns schon zehn Jahre lang, das heißt: mit raschen Kurz-
formeln, mit solchen, die man in der Öffentlichkeit lieber
vermeiden sollte, weil sie meist Mißdeutungen provozieren. Kaiser hatte schon damals einen schlechten Ruf: Er sei,
wurde ich von einem Kollegen gewarnt, ungewöhnlich eitel, höchst arrogant und schrecklich besserwisserisch. Ein
typischer Kritiker, dachte ich mir, offenbar ein besonders
einflußreicher. Als wir im Hessischen Rundfunk plauderten, war er noch keine dreißig Jahre alt, und doch hatte er
schon die Erfahrung gemacht, daß der Erfolg den Neid

weckt und der Ruhm den Zweifel. Im Laufe der Jahre und Jahrzehnte wurde Kaiser mit immer mehr Neid und immer mehr Mißgunst bedacht. Aber auch Anerkennung wurde ihm reichlich zuteil: Er ist der am häufigsten plagiierte Musikkritiker Mitteleuropas.

Ende der siebziger Jahre hatte mich in London Alfred Brendel zum Abendessen eingeladen. Zunächst gab es eine Suppe. Noch bevor ich den ersten Schluck zu mir nehmen konnte, sagte der Hausherr entschieden: Der Kaiser ist doch ein schlechter Kritiker. Wie er denn – fragte ich leicht ironisch – das letzte Münchner Konzert Brendels beurteilt habe? Nicht sehr günstig, stellte sich heraus.

Der Abend war lang, wir sprachen viel über Musik, doch einen anderen deutschen Musikkritiker hat mein Gastgeber nicht genannt. Einige Jahre später sah ich Brendel in Frankfurt. Wieder war es ein langer Abend, und wieder hat er, der inzwischen abermals in München konzertiert hatte, im Laufe des Gesprächs nur einen einzigen deutschen Musikkritiker erwähnt, diesmal sehr respektvoll: Joachim Kaiser.

Von Frankfurt führte mich mein Weg nach München. Dort traf ich zwei außerordentliche Männer – einen großen Schriftsteller, der vom literarischen Leben nichts wissen wollte: Wolfgang Koeppen; und einen unbedeutenden Schriftsteller, der in das literarische Leben verliebt war: Hans Werner Richter. Im Zug, in dem ich kurz vor Weihnachten 1957 nach Warschau zurückkehrte, wußte ich endgültig: Ich mußte alles tun, was in meiner Macht war, um Polen und die kommunistische Welt zu verlassen.

Junger Mann mit mächtigem Schnurrbart

Die ersten Monate des Jahres 1958 waren meine letzten in Polen. Eine sonderbare, eine aufregende Zeit war es. Viele unserer jüdischen Freunde bereiteten ihre Auswanderung vor – die meisten nach Israel. Es herrschte Aufbruchstimmung, doch eine melancholische. Denn diese Menschen, die mit dem Judentum nur wenig oder gar nichts gemein hatten, hielten sich allesamt für Polen. Und sie alle hatten an den Kommunismus große Hoffnungen geknüpft. Nach der Überwindung vieler Anfangsschwierigkeiten werde in Polen ein gerechter Staat entstehen, eine Gesellschaft, in der es auch für Juden Platz geben werde. Davon waren sie überzeugt.

Aber sie wurden bitter enttäuscht. Man hatte sie in den ersten Nachkriegsjahren dringend gebraucht. Jetzt wurden sie nicht mehr benötigt, man war zufrieden, wenn sie Polen verließen. Noch hatte man sie nicht vertrieben – das erfolgte erst später, um 1968, als die Juden, darunter viele Parteimitglieder und auch alte Kommunisten, als Feinde des neuen Polen galten und als »Zionisten« angeprangert wurden. Sie mußten glücklich sein, daß es ein Land auf Erden gab, das sie jederzeit aufzunehmen bereit war: Israel.

Auf einem der Bahnsteige des immer noch primitiven, immer noch nicht wiederaufgebauten Warschauer Hauptbahnhofs waren wir jetzt nicht selten – um Freunde und Bekannte zu verabschieden. Manche fragten uns, wann wir uns wiedersähen. Auch Nichtjuden, die selber nicht auf die Idee kamen zu emigrieren, waren mitunter ein wenig verwundert, warum wir keinerlei Anstalten machten, Polen zu verlassen – ohne uns direkt danach zu fragen. Wir hüteten uns, irgend etwas zu sagen oder zu tun, was den Verdacht aufkommen lassen könnte, daß auch wir beabsichtigten, uns auf den Weg zu machen und im Westen ein neues Leben zu beginnen. Sollte unser Plan gelingen, dann mußte er unbedingt geheimgehalten werden: Keine einzige Person, keiner unserer Freunde und auch nicht unser neunjähriger Sohn durfte ahnen oder gar wissen, daß wir von unseren gleichzeitigen Besuchsreisen nach England und nach Deutschland nicht mehr zurückkehren wollten.

Die beabsichtigte heimliche Übersiedlung – eine Übersiedlung freilich ohne Umzugsgut und mit so geringem Gepäck, daß es uns nicht gefährden konnte – erforderte viele Entscheidungen. Nur einen Kummer hatten wir nicht, nur eine Angelegenheit bedurfte keiner Entscheidung: Die Frage nämlich, was mit unserem Geld geschehen solle. Wir hatten keines, wir lebten ständig von der Hand in den Mund, immer warteten wir auf das nächste Gehalt, auf das nächste Honorar. Schön war das nicht, aber so furchtbar haben wir nicht darunter gelitten, vielleicht deshalb, weil auch die meisten unserer Freunde in einer ähnlichen Situation waren.

Doch wovon sollten wir außerhalb Polens den Unterhalt – und sei es den bescheidensten – bestreiten? Vorerst schrieb ich für die »Welt« einige Berichte über Theater und Literatur in Warschau und ließ die Honorare auf einem Konto in der Bundesrepublik deponieren. Das würde für zwei, bestenfalls für drei Wochen reichen. Aber diese Arbeit konnte ich, wenn ich schon in Deutschland war, schwerlich kontinuieren. Würden die westdeutschen Zeitungen bereit sein, meine Kritiken zu drucken? Ich hatte es schon versucht, mich in der DDR ein wenig als Kritiker zu betätigen: Die Zeitschrift »Neue Deutsche Literatur« veröffentlichte 1956 und 1957 – offenbar gern – einige meiner Aufsätze. Sie blieben nicht ohne Echo. Doch im Westen las niemand die »NDL«, und dort waren die Ansprüche gewiß viel höher. Sollte es mir nicht gelingen, als Kritiker Arbeit zu finden – ich habe mit dieser Möglichkeit sehr wohl gerechnet –, dann vielleicht als Übersetzer aus dem Polnischen?

So hielt ich es für nötig, mir wenigstens ein großes deutsch-polnisches und polnisch-deutsches Wörterbuch zu beschaffen. Nur eins kam in Frage, ein vierbändiges, durchaus brauchbares Werk, das, 1904 in Wien publiziert, längst vergriffen war. In einem Warschauer Antiquariat erwarb ich für viel Geld zwei dieser Bände, aber die anderen beiden waren nirgends zu finden. Im Frühjahr 1958 verbrachte Tosia mit unserem Sohn einen kurzen Urlaub im Riesengebirge. Der Schriftsteller Carl Hauptmann, Gerhart Hauptmanns älterer Bruder, hatte in Schreiberhau ein Haus, das man besichtigen konnte. Auf irgendeinem Regal fielen ihr gerade diese beiden von mir so dringend begehrten Bände auf. Sie hat sie schamlos geklaut, für mich gestohlen, für unsere Zukunft in Deutschland entwendet. Diese Wörterbücher – ich habe sie nie gebraucht, aber ich besitze sie immer noch.

Zugleich versuchte ich in diesen letzten Monaten in Polen mich ein wenig über die Literaturkritik in der Bundesrepublik zu informieren. Die »Frankfurter Allgemeine« hatte jetzt einen ständigen Korrespondenten in Warschau: Hansjakob Stehle. Wir waren uns gegenseitig nützlich: Ich half ihm, sich im Kulturleben Polens zurechtzufinden, er half mir zu begreifen, was sich in der Bundesrepublik abspielte – und er versorgte mich ab und zu mit westdeutschen Zeitungen, vor allem mit der »Frankfurter Allgemeinen«.

In der »Frankfurter Allgemeinen« las ich das Feuilleton und, besonders aufmerksam, die Buchbesprechungen. Ich fand sie schön und oft sogar elegant geschrieben, fragte mich aber, ob es denn wirklich nötig und richtig sei, schlichte Einsichten so feierlich und umständlich zu servieren. Wurden hier etwa Hohlräume verkleidet? Ganz im stillen dachte ich mir: Bei etwas Glück könne ich es mit solchen Rezensenten aufnehmen. Über die zeitgenössische deutsche Literatur war dieser Zeitung allerdings nicht viel zu entnehmen. Da war es mir recht, daß sich bald die Gelegenheit zu einem nicht alltäglichen Treffen bot.

Im Mai 1958 rief mich mein Freund Andrzej Wirth an: Er habe Kummer, er bitte mich um Hilfe. Er erwarte nämlich einen jungen Mann aus der Bundesrepublik Deutschland, der unglücklicherweise hier in Warschau niemanden kenne. Man müsse diesen armen Menschen ein wenig betreuen, was er, Wirth, allein nicht schaffen werde. Ob ich ihm den Gefallen tun könne, mit dem jungen Mann einen Nachmittag zu verbringen. Ich fragte mißtrauisch, ob es sich etwa um einen Schriftsteller handle. Das werde – antwortete Wirth – die Zukunft zeigen. Immerhin habe er schon zwei Theaterstücke verfertigt, von denen eins bereits durchgefallen sei und das andere vermutlich demnächst durchfallen werde. Mein Freund glaubte nicht, daß der junge Mann je ein brauchbares Stück zustande bringen werde. Dennoch scheine er begabt zu sein, wenngleich man noch nicht sagen könne, wozu er nun eigentlich begabt und imstande sei.

Am nächsten Tag ging ich ins Hotel »Bristol«, wo der Gast gegen fünfzehn Uhr auf mich warten sollte. Um diese Zeit war die Hotelhalle leer, nirgends ließ sich ein westdeutscher Schriftsteller blicken. Nur ein einziger Sessel war besetzt, in dem saß aber ein Mensch, der nicht hierher paßte. Das »Bristol« war damals das einzige Warschauer Luxushotel, bewohnt fast ausschließlich von Ausländern, die sich schon durch ihre Kleidung von den Einheimischen unterschieden. Der Mann im Sessel war hingegen, um es gelinde auszudrücken, nachlässig gekleidet und auch nicht rasiert. Er schien zu tun, was in einer vornehmen Hotelhalle nicht üblich ist: Er schlummerte.

Plötzlich riß er sich zusammen und schritt auf mich zu. Ich erschrak. Aber nicht sein mächtiger Schnurrbart war es, der mir Angst einjagte, sondern sein Blick, ein sturer und starrer, ein gläserner, ein beinahe wilder Blick. Den, dachte ich mir, möchte ich nicht in einer dunklen Straße treffen, der hat wohl in seiner Hosentasche wenn auch nicht einen Revolver, so doch ein Messer. Während ich noch mit diesem inneren Monolog beschäftigt war, stellte sich der junge Mann durchaus manierlich vor. Um die Sache mit dem sturen, dem gläsernen Blick gleich aufzuklären: Er hatte, was er mir freilich erst zwei Stunden später sagte, zum einsamen Mittagessen eine ganze Flasche Wodka getrunken.

Ich schlug ihm einen gemeinsamen Spaziergang vor. Er war einverstanden, wir gingen los, trotz des gewaltigen Alkoholkonsums schwankte er keinen Augenblick, er marschierte neben mir stramm und wacker. Aber auf die vielen Kirchen und Paläste, auf die ich seine Aufmerksamkeit lenken wollte, reagierte er schwach. Er war offensichtlich vor allem mit sich selber beschäftigt und dem Gespräch eher abgeneigt. Da schien es mir angebracht, das Thema zu wechseln. Ich wollte seine Ansichten über die in der Bundesrepublik entstehende Literatur hören. Da er weiterhin einsilbig und mürrisch blieb, nannte ich versuchsweise einige Namen. Wolfgang Koeppen? Hartnäckiges Schweigen, ich glaube, er kannte keine Zeile von Koeppen. Heinrich Böll? Ein spöttisches, doch unzweifelhaft mildes Lächeln. Max Frisch? Was sich in dessen Romanen abspiele, sei für ihn, meinen Gast, viel zu vornehm. Alfred Andersch? Der Name belebte meinen Gesprächspartner. Denn von Andersch war damals der Roman »Sansibar« sehr erfolgreich. Derartiges mögen Schriftstellerkollegen nicht. Die fliehende Jüdin, von der in »Sansibar« erzählt werde, sei doch so schön und schick. Wie, wenn sie häßlich gewesen wäre und Pickel gehabt hätte? Wäre sie dann – fragte der junge Mann – weniger bemitleidenswert? Ich äußerte mich über den Roman anerkennend, mein Gast hörte es offenbar nicht so gern.

Jetzt versuchte ich es mit Autoren der vorangegangenen Generation – von Thomas Mann über Hermann Hesse bis zu Robert Musil. Ich hatte den Eindruck, daß der junge Mann keine Ahnung von Ackerbau und Viehzucht habe. Daß ihn der übermäßige Alkoholkonsum schläfrig gemacht hatte, wußte ich allerdings noch nicht. Wohl aber wußte ich, wie man einen Schriftsteller oder einen, der ein Schriftsteller werden wollte, zum Reden bringt. Es gibt da eine Frage, die sofort die Zunge auch des störrischsten Kandidaten löst. Sie lautet: »Woran arbeiten Sie, mein junger Freund?« Jetzt ging es los: Er schreibe einen Roman. Das wunderte mich überhaupt nicht, denn ich habe in meinem ganzen Leben nur sehr wenige deutsche Schriftsteller kennengelernt, die nicht gerade an einem Roman arbeiteten. Ob er mir etwas über die Handlung sagen wolle? Er wollte. Er schreibe die Geschichte eines Menschen; die Sache beginne in den zwanziger Jahren und reiche beinahe bis heute. Wer das denn sei? Ein Zwerg. Hm. Zuletzt hatte ich etwas über einen Zwerg in meiner Kindheit gelesen, es war ein Märchen von Wilhelm Hauff. Was weiter? – fragte ich nicht eben neugierig. Dieser Zwerg – erklärte er mir – habe auch einen Buckel. Wie? Zwerg und bucklig auf einmal, ob das nicht etwas zuviel des Guten sei? Der bucklige Zwerg – fuhr der junge Mann fort – sei Insasse einer Irrenanstalt.

Jetzt reichte es mir, mehr wollte ich über den geplanten

Roman nicht wissen. Hingegen machte ich mir nun besorgte Gedanken um den Gast, den ich zu betreuen hatte, zumal sein Blick immer noch starr und wild war. Eines schien mir sicher: Aus dem Roman wird nichts werden. Allmählich hatte ich die Lust an dem Gespräch mit diesem nicht sehr höflichen Westdeutschen verloren. Ich brachte ihn ins Hotel. Wir verabschiedeten uns kühl und dachten wahrscheinlich dasselbe – daß es ein langweiliger und überflüssiger Nachmittag gewesen war.

Nein, er war nicht überflüssig, jedenfalls nicht für mich. Ende Oktober 1958 sah ich den jungen Mann wieder: Auf einer Tagung der »Gruppe 47« in Großholzleute im Allgäu las er, Günter Grass, zwei Kapitel aus der immer noch im Entstehen begriffenen »Blechtrommel«. Ich hätte mir bei den Lesungen von Anfang an fleißig Notizen gemacht – erinnerte sich Hans Werner Richter –, doch darauf gleich nach den ersten Sätzen der Prosa von Grass verzichtet. Das stimmt, mir haben die beiden Kapitel gefallen, sie haben mich nahezu begeistert. Ich schrieb das auch in einem Tagungsbericht, der wenig später in der Münchner Wochenzeitung »Die Kultur« gedruckt wurde – sie haben mir übrigens in viel höherem Maße gefallen als der im folgenden Jahr erschienene ganze Roman, über den ich skeptisch, gewiß zu skeptisch geurteilt habe. Gelernt habe ich in Großholzleute, daß es sich nicht lohnt zuzuhören, wenn Schriftsteller von der Handlung eines Romans berichten, an dem sie gerade arbeiten. Solchen Geschichten kann man in der Regel nichts, aber auch gar nichts entnehmen. Denn aus den kühnsten und originellsten Einfällen ergeben sich meist miserable Bücher – und absurd scheinende Motive können zu großartigen Romanen führen.

Am Abend saßen wir in Großholzleute beim Wein. Jemand bat mich, ein wenig über meine Erlebnisse in Warschau während der deutschen Besatzung zu erzählen. Um nicht die Laune der Anwesenden zu verderben – schließlich waren alle, die da am Tisch saßen, während des Krieges Soldaten gewesen, einige vermutlich auch in Polen –, wählte ich besonders harmlose Episoden: Ich berichtete, wie ich mich in düsteren Stunden als ein Geschichtenerzähler betätigte, der seine Stoffe der Weltliteratur entnahm. Hinterher fragte mich Grass, ob ich dies zu schreiben gedenke. Da ich verneinte, bat er mich um die Erlaubnis, einige dieser Motive zu verwenden. Erst viele Jahre später, 1972, publizierte er sein »Tagebuch einer Schnecke«, in dem ich meine Erlebnisse wiederfand – er hatte sie einem Lehrer mit dem Spitznamen »Zweifel« zugeschanzt.

Als wir uns wieder einmal trafen, sagte ich beiläufig, daß ich doch wohl an den Honoraren für das »Tagebuch einer Schnecke« beteiligt sein sollte. Grass erblaßte und zündete sich mit zitternder Hand eine Zigarette an. Um ihn zu beruhigen, machte ich ihm rasch einen Vorschlag: Ich sei bereit, auf alle Rechte ein für allemal zu verzichten, wenn er mir dafür eine seiner Graphiken schenke. Ihm fiel hörbar ein Stein vom Herzen: Er sei einverstanden, ich solle mir die Graphik selber aussuchen, er lade zu diesem Zweck Tosia und mich in sein Haus in Wewelsfleth ein, er werde uns eigenhändig ein Essen zubereiten. Ich stimmte zu, wenngleich mich die Erinnerung an eine von Grass gekochte Suppe irritierte, die ich im Sommer 1965 (der Anlaß war die Hochzeit des Berliner Germanisten Walter Höllerer) leichtsinnig zu mir genommen hatte. Sie war abscheulich. Mir schwante abermals Schlimmes. Doch zum Beruf des Kritikers gehört Mut.

Am 27. Mai 1973 machten wir uns auf die Reise von Hamburg nach Wewelsfleth in Schleswig-Holstein. Das war gar nicht so einfach, denn man mußte, um diese Ortschaft zu erreichen, einen Fluß überqueren, über den es keine Brücke gab. Wir hatten uns einem Fährmann anzuvertrauen. Schließlich kamen wir an, bald konnte ich mir eine Graphik aussuchen. Ich bat Grass artig um eine Widmung. Er überlegte nur einen Augenblick und schrieb: »Für meinen Freund (Zweifel) Marcel Reich-Ranicki.« Immerhin: beinahe ein Wortspiel.

Dann servierte er uns einen Fisch. Um es kurz zu machen: Ich hasse und fürchte Gräten. Bis dahin wußte ich auch nicht, daß es Fische mit so vielen Gräten gibt – wobei ich nicht ausschließen kann, daß deren Zahl in meiner Erinnerung mit den Jahren noch gewachsen ist. Gleichviel, es war qualvoll, aber auch genußreich: Grass, schwach als Suppenkoch, kann mit Fischen wunderbar umgehen, das Essen war gefährlich und schmackhaft zugleich – und es hatte weder für Tosia noch für mich auch nur die geringsten negativen Folgen. Indes: Folgen gab es schon, aber anderer Art. Was von dem Fisch übriggeblieben war, zumal die vielen Gräten, hat Grass am nächsten Tag gezeichnet, sehr bald stand dieser Fisch im Mittelpunkt eines Grass-Romans. Denn es war ein Butt.

Ob wir in Wewelsfleth Erinnerungen an unser Treffen in Warschau ausgetauscht haben, weiß ich nicht mehr. Es waren inzwischen fünfzehn Jahre vergangen, unser Leben, unsere Rollen und Situationen hatten sich gänzlich gewandelt. Aus dem unbekannten und ärmlichen Anfänger Grass war ein weltberühmter und, wie es sich gehört, auch ein vermögender Schriftsteller geworden. Ich wiederum war längst ein Bürger der Bundesrepublik Deutschland und schon beinahe vierzehn Jahre lang der einzige ständige Literaturkritiker der angesehensten deutschen Wochenzeitung, der »Zeit«. Mehr noch: Ich hatte, was ich Grass nicht sagen durfte, einen Vertrag für einen neuen Posten abgeschlossen, für den interessantesten im literarischen Leben der Bundesrepublik – für den Posten des Literaturchefs der »Frankfurter Allgemeinen«.

Nach dem so unergiebigen und doch so wichtigen und belehrenden Treffen mit Grass im Mai 1958 in Warschau blieb ich dort nur noch wenige Wochen. Meine Stimmung war durchaus nicht fröhlich, eher wehmütig: Ganz leicht fiel mir der heimliche Abschied nun doch nicht. Als Pole habe ich mich nie verstanden, auch nicht als halber Pole, wie ich es in Großholzleute Grass gesagt hatte. Was bindet mich – auch heute noch – an Polen? Die Sprache ist es, über die ich immer noch verfüge, die Dichtung der Polen ist es, die ich liebe, die große Poesie der Romantik, die herrliche Lyrik des zwanzigsten Jahrhunderts. Und Chopin ist es, natürlich.

Aber nicht der Abschied von Polen fiel mir schwer, sondern der von Warschau. Beinahe zwanzig Jahre habe ich hier unendlich viel erlebt und ertragen, gelitten und geliebt. Geliebt? Ja, es gab eine lange und ernste Beziehung, die Freundschaft mit einer jungen Psychologin. Sie bedeutete mir außerordentlich viel. Die Dankbarkeit, mit der ich mich an diese Liebesgeschichte erinnere, gilt zwei Frauen – die andere ist jene, die sie geduldet hat. Und meine Ehe? Vielleicht bewährt sich eine Ehe gerade dann, wenn man, wohl wissend, daß der Ehepartner ein Liebesverhältnis hat, zwar leidet, selbstverständlich, aber den Gedanken weit von sich weist, dies könne die Ehe wirklich gefährden. Zu solchen Leiden und zu solchen Gedanken haben wir beide, Tosia und ich, Anlaß gehabt.

So war es zwar ein sentimentaler Abschied von Warschau, doch hielt sich die elegische Stimmung in Grenzen. Sie wurde von der Angst verdrängt – der Angst, ob der Ausreiseplan tatsächlich gelingen oder gar im allerletzten Augenblick scheitern werde; und von der Angst vor der dunklen Zukunft. Aber an der Richtigkeit meiner Entscheidung, Polen zu verlassen, habe ich keine Sekunde gezweifelt. Und wir waren fest entschlossen, uns auf keinen

Fall trennen zu lassen. Tosia flog mit unserem Sohn erst dann nach London, als auch ich den Auslandspaß erhalten hatte – für die Reise in die Bundesrepublik. Bis zum letzten Augenblick fürchteten wir, man könnte uns unsere Pässe wieder entziehen. Als ich die Maschine nach Amsterdam, wo die beiden umsteigen mußten, in der Luft entschwinden sah, fragte ich mich, wann ich sie wiedersehen würde. Sofort nach Tosias Anruf aus London verständigte ich mich mit einem Freund, zu dem ich volles Vertrauen hatte. Dennoch informierte ich ihn erst am Vortag der Abreise nach Frankfurt über meine Absicht, nicht mehr zurückzukehren. Ihm gab ich die Schlüssel zu meiner Wohnung, in der alles bleiben mußte, was ich besaß, vor allem die mittlerweile ganz ansehnliche Bibliothek.

Mein Paß galt für eine einmalige Reise in die Bundesrepublik und für einen Aufenthalt von nicht mehr als 91 Tagen. Der deutsche »Einreisesichtvermerk« war auf neunzig Tage beschränkt. Das Gepäck, das ich mitzunehmen gewagt hatte, bestand aus einem mittleren Koffer mit Kleidungsstücken, einer ziemlich schweren Aktentasche mit Papieren verschiedener Art (darunter alle Artikel, die ich in Polen publiziert hatte), einigen Büchern und einer alten, klapprigen Schreibmaschine. *Omnia mea mecum porto.* Ja, ich besaß jetzt nichts als dieses dürftige Gepäck. Gewiß, ich hatte noch Bargeld: fünfhundert Zloty, die freilich in der Bundesrepublik von keiner Bank akzeptiert wurden. Sie waren wertlos. Außerdem hatte ich, immerhin, etwa zwanzig Mark. Mehr durfte mir die Devisenabteilung der Polnischen Nationalbank nicht bewilligen.

Die polnische Zollkontrolle verlief ohne Schwierigkeiten, nur meine Reise-Schreibmaschine wurde argwöhnisch beäugt und sorgfältig in meinen Paß eingetragen (»Marke Triumph«). Aber nachdem alle Kontrollen vollzogen und die Beamten ausgestiegen waren – fuhr der Zug nicht ab. In den Waggons saßen nur wenige Passagiere, der Bahnsteig war vollkommen leer und die Stille unheimlich. Ich hatte Angst. Würde man mich noch aus dem Zug holen und vielleicht gar verhaften? Eine Viertelstunde verging, nichts änderte sich, und die Stille, so schien es mir, wurde immer unerträglicher. Doch ganz unerwartet – kein Kommando oder sonst ein Laut war vernehmbar gewesen – setzte sich der Zug in Bewegung. Ich traute meinen Augen nicht: Er war tatsächlich abgefahren – er fuhr ganz langsam und ganz leise, in westlicher Richtung.

Schon wenige Minuten später wurde mein Gepäck noch einmal kontrolliert – von zwei strengen DDR-Zöllnerinnen. Ich hätte ihnen sagen können, was einst Heine den preußischen Grenzbeamten gesagt hatte:

> Ihr Toren, die Ihr im Koffer sucht!
> Hier werdet Ihr nichts entdecken!
> Die Contrebande, die mit mir reist,
> Die hab ich im Kopfe stecken.

Ich hatte wieder einmal nichts, gar nichts – nur dieses unsichtbare Gepäck, die Literatur, die deutsche zumal.

VIERTER TEIL

von 1958 bis 1973

Als Deutsche anerkannt

Als ich am 21. Juli 1958 auf dem Hauptbahnhof Frankfurt am Main aus dem Zug stieg, wußte ich, daß in diesem Augenblick und auf diesem Bahnsteig ein neues Kapitel meines Lebens begann. Aber ich wußte nicht, wo und wovon ich in Deutschland leben sollte, ich hatte keine Ahnung, was mir bevorstand. Für Frankfurt als ersten Aufenthaltsort hatte ich mich seiner zentralen Lage wegen entschieden; überdies wohnte hier der jüngste Bruder meiner Mutter, jener Rechtsanwalt und Liebhaber der Pferderennen, der während des Krieges in der Fremdenlegion gedient hatte. Bei ihm konnte ich vorerst Unterkunft finden.

Vor allem hatte ich mich um meinen Lebensunterhalt zu kümmern: Ich mußte also auf Arbeitssuche gehen. Was wollte ich machen? Da gab es für mich keinen Zweifel: Ich wollte tun, was ich bisher in Polen getan hatte – ich wollte zumindest versuchen, auch in Deutschland als Kritiker tätig zu sein. Würde es gelingen? Ich war mir durchaus nicht sicher. Mir blieb nichts anderes übrig als an viele Türen zu klopfen. Ich mußte mit direkten oder indirekten Zurückweisungen, mit Niederlagen rechnen. Auf einen Versuch kam es an, auf mehrere. Ich mußte aus finanziellen Gründen sofort handeln – zunächst an Ort und Stelle, in Frankfurt.

Eine demütigende Situation? Ja, aber ich habe es so nicht empfunden. Für mich war es eher eine Herausforderung. Ich war fest entschlossen, auf keinen Fall als Verfolgter oder als hilfsbedürftiger Emigrant aufzutreten, als Bittsteller. Ich las die Literaturseiten der wichtigsten Zeitungen und dachte mir: Hier wird auch nur mit Wasser gekocht. Ich sagte mir: Ich werde es ihnen schon zeigen. Und: Man muß natürlich oben anfangen. Kaum in Frankfurt angekommen, ging ich zur »Frankfurter Allgemeinen«. Ich meldete mich beim Feuilletonchef Hans Schwab-Felisch. Er sprach mit mir freundlich und nüchtern. Daß wir beide einst gleichzeitig in Berlin zur Schule gegangen waren, erleichterte unser Gespräch.

Ob ich vielleicht ein Manuskript mitgebracht hätte – wollte er wissen. Ich zog es aus der Tasche. Es war ein Aufsatz aus Anlaß eines neuen Buches des in Polen sehr geschätzten Jaroslaw Iwaszkiewicz. Schwab-Felisch machte sich an die Lektüre, er las langsam und sorgfältig – und als er fertig war, fing er noch einmal an. Ganz kühl und wie nebenbei sagte er: »Ja, das ist in Ordnung. Wir werden es noch in dieser Woche bringen.« Ich fragte: »Wollen Sie kürzen?« Er antwortete knapp: »Nein.« Ich hätte in Polen, teilte ich ihm mit, mich stets des Pseudonyms »Ranicki« bedient, doch mein wirklicher Name sei »Reich«. Wie ich jetzt meine Beiträge zeichnen solle? Er reagierte prompt: »Machen Sie es wie ich, nehmen Sie einen Doppelnamen, aber unbedingt erst den einsilbigen, dann den anderen – schon aus rhythmischen Gründen.« Das leuchtete ein, ich zögerte nicht: »Einverstanden, schreiben Sie: Marcel Reich-Ranicki.«

Für Buchbesprechungen sei er, so Schwab-Felisch, nicht zuständig, da müsse ich beim Chef des Literaturteils der »Frankfurter Allgemeinen«, bei Professor Friedrich Sieburg, vorsprechen. Er nannte diesen Namen mit einem zweideutigen Lächeln, ironisch schmunzelnd – so schien es mir jedenfalls. Sieburg galt zu jener Zeit als Deutschlands originellster und mächtigster Literaturkritiker – und zugleich, wie in diesem Gewerbe seit eh und je üblich, auch als der unzweifelhaft umstrittenste. Ein betont konservativer Schriftsteller und Journalist, war er ein entschiedener Gegner, wenn nicht ein Verächter der neuen deutschen Literatur, jener zumal, die linken Einfluß erkennen ließ.

Er hatte viele Leser und viele Bewunderer, doch auch an Gegnern und erbitterten Feinden fehlte es Sieburg nicht. Und er erfreute sich des Rufs eines vorzüglichen Stilisten: Melodisch schrieb er und zugleich immer exakt, er hatte eine nicht alltägliche Vorliebe für das Saloppe, andererseits auch für eine würdevolle, leicht antiquierte Ausdrucksweise – was die einschmeichelnde Wirkung seiner Diktion noch gesteigert hat. Über seine Vergangenheit im »Dritten Reich« hörte man allerlei. Sicher ist, daß es ihm in dieser Zeit sehr gut gegangen ist: Während des Krieges war er vorwiegend im diplomatischen Dienst. Ich hatte Anlaß genug, ihm zu mißtrauen. Daß er nicht mein Förderer oder gar mein Freund sein werde, das war mir klar.

Im Württembergischen wohnend, waltete Sieburg seines Amtes in der »Frankfurter Allgemeinen« postalisch oder telefonisch: In der Frankfurter Redaktion ließ er sich in der Regel nur alle vierzehn Tage blicken, jeweils am Dienstag. Schwab-Felisch informierte ihn über mich. Das Gespräch mit Sieburg fand am nächsten Dienstag statt, gegen fünfzehn Uhr. Er trug einen eleganten Tweedanzug, an seiner Hand sah ich einen schönen, vielleicht allzu schönen Ring. Sieburg hatte es offensichtlich sehr eilig, es näherte sich der Grenze der Unhöflichkeit. Ich hatte den Eindruck, er sei heute früh aus London gekommen, müsse abends einen Termin in Lissabon wahrnehmen und habe morgen ein Mittagessen in Istanbul.

So kam er sofort zur Sache. Worüber ich denn für die »Frankfurter Allgemeine« schreiben möchte? Mir sei aufgefallen, sagte ich, daß Bücher von Schriftstellern aus der

DDR (ob ich wirklich diese drei Buchstaben verwendete oder von der »Zone« sprach, weiß ich nicht mehr) in seinem Literaturteil überhaupt nicht rezensiert würden. Sieburg war verblüfft; hätte ich mir die Bemerkung erlaubt, daß in der »Frankfurter Allgemeinen« die mongolische Lyrik nicht beachtet werde und die bulgarische Dramatik ebenfalls nicht – seine Verwunderung wäre kaum größer gewesen.

Er fragte mich, nicht ohne leisen Spott, an welchen Autor aus der »Zone« ich denn gedacht hätte. Dort sei unlängst, antwortete ich, ein neuer Roman von Arnold Zweig erschienen. Sieburgs Gesicht hellte sich auf: Ja, das sei in der Tat »ein literarischer Gegenstand«. Es war klar, was er meinte: Obwohl in Ost-Berlin verlegt, sei Prosa aus der Feder dieses Autors doch Literatur. Jedenfalls nickte er zustimmend und bat mich, in seinem Sekretariat den genauen Titel dieses Buches und den Verlag anzugeben. Als ich dort den Aufbau-Verlag nannte, wollte man von mir die Adresse erfahren. 1958 hatte man in der »Frankfurter Allgemeinen« vom besten und bedeutendsten Verlag der DDR noch nichts gehört. Wie auch immer: Meine Kritik des Romans »Die Zeit ist reif« von Arnold Zweig erschien an der Spitze der Messebeilage der »Frankfurter Allgemeinen« im September 1958. In den nächsten Monaten schrieb ich für die »Frankfurter Allgemeine« acht weitere Buchbesprechungen, sie wurden alle sofort gedruckt, ungekürzt.

Gleich nach dem Besuch in der »Frankfurter Allgemeinen« fuhr ich nach Hamburg, um zu erkunden, was sich dort machen ließe. In der Redaktion der »Welt«, der damals neben der »Frankfurter Allgemeinen« wohl wichtigsten westdeutschen Tageszeitung, sprach ich mit dem Feuilletonchef Georg Ramseger, einem schlanken, drahtigen Mann, dem offenbar daran gelegen war, als ehemaliger Offizier erkannt zu werden. Er war Reserveoffizier gewesen.

In meiner Erinnerung ist er vor allem als großer Angeber geblieben. Er hörte sich an, was ich zu sagen hatte, und erhob sich, eine stramme Haltung annehmend. Nach einer militärisch anmutenden Kehrtwendung öffnete er mit theatralischer Geste den hinter ihm stehenden Schrank und griff aufs Geratewohl – jedenfalls wollte er diesen Eindruck erwecken – einige Bücher heraus. Es waren vier oder fünf Romane ausschließlich osteuropäischer Autoren – und das konnte nun doch kein reiner Zufall sein. Er überreichte sie mir nicht ohne Feierlichkeit. Dann sagte er mit knarrender Stimme und in einem Tonfall, der an Offizierskasinos erinnerte: »Schreiben Sie über diese Bücher. Werden die Kritiken gut sein, werden wir sie bringen. Sollten sie schlecht sein, werden wir sie nicht bringen. Das ist alles, was ich für Sie tun kann.« Mehr hatte ich auch nicht erwartet. Ich verfaßte für die »Welt« drei Jahre lang Rezensionen, Glossen und nicht selten auch allgemeine literarkritische Aufsätze.

Während des kurzen Aufenthalts in Hamburg wurden mir von Kennern des literarischen Lebens in der Bundesrepublik viele Ratschläge erteilt. Sie waren allesamt, versteht sich, gut gemeint. Die einen sagten mir: Sie müssen sich hier als Kritiker der slawischen Literaturen etablieren. Sie sollten mit der Zeit der Papst für osteuropäische Fragen sein. Aber ich wurde auch gewarnt: »Lassen Sie sich nur ja nicht in eine polnische oder slawische Ecke drängen. Denn was Sie da verdienen können, wird für Ihren Unterhalt kaum reichen.«

Einen ganz anderen Ratschlag bekam ich von dem Journalisten Heinz Liepman zu hören, einem ehemaligen Emigranten, der nun in Hamburg ansässig war. Er meinte: »Ich habe zwei Artikel von Ihnen gelesen, und ich kann Sie beruhigen: Sie werden schon Ihren Weg in diesem Land machen – aber unter einer Bedingung. Sie können es mir glauben, ich bin ein alter Hase. Ich habe vor Hitler für die ›Frankfurter Zeitung‹ geschrieben. Also: Sie müssen sofort Ihren Namen ändern. Mit dem Namen ›Reich-Ranicki‹ sind Sie hier verloren. Erstens, kann ihn sich keiner merken und, zweitens, niemand wird wissen, wie man ihn aussprechen soll. Ich beschwöre Sie – ändern Sie diesen Namen, und zwar noch heute.«

Ich dankte herzlichst für den Ratschlag und sagte, ich würde mir die Sache überlegen. Drei Jahre später, Liepman war inzwischen in die Schweiz umgesiedelt, traf ich ihn in Zürich. Wir gingen am See entlang und plauderten. Plötzlich blieb er stehen und fragte mich: »Können Sie sich noch erinnern? Sie waren damals bei mir in Hamburg, und ich habe Ihnen geraten, sofort den Namen zu ändern – sonst wären Sie als Kritiker verloren. Können Sie sich an meinen Ratschlag erinnern?« »Ja« – antwortete ich –, »selbstverständlich.« Und Heinz Liepman sagte nachdenklich: »Da sehen Sie, wie man sich irren kann.«

Auch Siegfried Lenz erteilte mir einen Ratschlag – und der seinige war der wichtigste. Mit Kritiken in der »Welt« und in der »Frankfurter Allgemeinen« würde ich mir – meinte Lenz – zwar einen Namen machen, aber von diesen kargen Honoraren könne ich nicht leben, schon gar nicht mit Tosia und Andrew, die ja bald aus London nach Frankfurt kämen. Ich müsse für den Rundfunk arbeiten, der ungleich besser bezahle. Er ging mit mir von einem Abteilungsleiter des Norddeutschen Rundfunks zum nächsten, er telefonierte mit den Chefs der Nachtprogramme, der Nachtstudios und der Kulturabteilungen des Rundfunks. Er wollte mir überall den Weg bahnen – und in den meisten Fällen gelang ihm dies.

An Aufträgen mangelte es mir nicht, so daß ich es mir leisten konnte, einen Geldbetrag, den mir meine Schwester, die selbst in bedrängten materiellen Verhältnissen lebte, überwiesen hatte, postwendend zurückzuschicken. Übrigens brauchte ich nicht mehr bei meinem Onkel zu wohnen. Hansjakob Stehle, der Warschauer Korrespondent der »Frankfurter Allgemeinen«, begann gerade in Frankfurt seinen jährlichen Heimaturlaub. Hier erfuhr er von mir, nur wenig überrascht, daß ich mich entschlossen hatte, im Westen zu bleiben. Als er dies hörte, reagierte er spontan – nicht mit Worten, sondern mit einer Geste, die ich immer noch vor mir sehe. Zu meiner Verwunderung zog er aus seiner Hosentasche ein Lederetui, legte es auf das zwischen uns stehende Tischchen und schob es mir zu: »Hier hast du die Schlüssel zu meiner Frankfurter Wohnung.« Von diesem Angebot habe ich einige Wochen lang gern Gebrauch gemacht. Oft in meinem Leben mußte ich (leider!) an das alte Wort denken, demzufolge jener der wahre Freund sei, auf den man sich in der Not verlassen könne. Meine wenigen Freunde waren und sind gute Freunde. Zu ihnen gehört Hansjakob Stehle.

Kummer bereitete mir die Aufenthaltserlaubnis. Der deutsche »Einreisesichtvermerk« lief im Oktober 1958 aus und konnte nicht verlängert werden, da auch mein polnischer Paß nicht länger gültig war. Gewiß konnte ich um politisches Asyl bitten. Die behördlichen Formalitäten würden wohl rasch und reibungslos erledigt werden. Nur geriete ich unweigerlich in die Zeitungen, man würde von mir erwarten, wenn nicht gar verlangen, daß ich Belastendes über das kommunistische Polen berichte, daß ich, wie in solchen Fällen üblich, ordentlich auspacke.

Aber am kalten Krieg wollte ich nicht teilnehmen. Mit literarkritischen Arbeiten hatte ich meine Tätigkeit in Polen beendet und sie mit literarkritischen in Deutschland begonnen. Dabei sollte es bleiben. Also wandte ich mich an die polnische Dienststelle – polnische Konsulate gab es noch nicht –, die für die Bundesrepublik zuständig war, an die Militärmission in Westberlin, in der ich einst selber gearbeitet hatte: Da ich aus beruflichen Gründen beschlossen hätte, meinen Aufenthalt in Deutschland auszudehnen, bäte ich um die Verlängerung meines Passes. Man kann sich leicht denken, welche Antwort ich erhalten habe – überhaupt keine, bis heute nicht. Was sollte ich also tun?

Molières Monsieur Jourdain wußte nicht, daß er Prosa sprach, und auch ich verfiel nicht auf die einfachste Idee – nämlich die deutsche Staatsangehörigkeit zu beantragen. Da ich eine deutsche Schule absolviert hatte und während des »Dritten Reichs« aus Deutschland ausgewiesen und deportiert worden war, bestanden, wie sich zeigte, ausreichende Voraussetzungen für die deutsche Staatsangehörigkeit. Ich hatte einen Anspruch darauf, als Deutscher anerkannt zu werden. Freilich mußte noch festgestellt werden, ob ich als zugehörig zum deutschen Kulturkreis gelten könne. Das sollten zwei Beamte ermitteln, die von einem Ministerium in Wiesbaden kamen und mich in ein längeres Gespräch verstrickten – nicht etwa über den »Faust« oder über Schillers Balladen, sondern über Pasternaks »Doktor Schiwago«; der russische Roman, eben in deutscher Sprache erschienen, war damals in aller Munde.

Die Sache endete günstig, wir, Tosia und ich, wurden als Deutsche anerkannt. Einige Freunde hielten es für angebracht, uns ihr Beileid auszusprechen. Sie konnten gar nicht verstehen, daß wir glücklich waren, endlich Pässe zu haben, die unsere Existenz absicherten und die uns, wenn wir nur das Fahrgeld hatten, Reisen ins Ausland ermöglichten. Der Kritiker Willy Haas, der einst die »Literarische Welt« herausgegeben hatte und einige Jahre zuvor aus dem Exil in Indien zurückgekehrt war, fragte mich bekümmert, was mir an der Bundesrepublik denn eigentlich gefalle. Ich antwortete: »Zunächst einmal: Daß man sie jederzeit verlassen kann.« Haas war sprachlos. Denn er hatte nie in einem Staat gelebt, der seine Bürger wie Häftlinge behandelte.

Mit den neuen Pässen in der Tasche eilten wir zum nächsten Reisebüro. Wir wollten erfahren, wie man am billigsten nach London kommen könne. Denn wir wollten so schnell wie möglich den mittlerweile zehnjährigen Andrew sehen. Kaum hatte er mich in London begrüßt, da stellte er mich zur Rede und machte mir einen ernsten Vorwurf: Ich hätte ihn doch ruhig in unseren Übersiedlungsplan einweihen können, er hätte niemandem verraten, daß wir im Westen bleiben wollten. Was er davon gehabt hätte, wollte ich wissen. Er hätte sich, sagte er traurig, aus Warschau etwas mitgenommen. Ja, aber was denn? Seine Antwort verblüffte mich: In Warschau habe er gerade den Roman »Quo vadis« von Henryk Sienkiewicz gelesen, den hätte er so gern mitgenommen und weitergelesen. Nicht einem Spielzeug trauerte der Zehnjährige nach, sondern einem Buch. Den Roman »Quo vadis« habe ich ihm noch am selben Tag gekauft.

Die »Gruppe 47« und ihre First Lady

Auf der Jahrestagung der »Gruppe 47« im Herbst 1958 in Großholzleute im Allgäu kümmerte sich niemand um mich. Die meisten Teilnehmer – viele hatten sich seit der letzten Tagung vor einem Jahr nicht mehr gesehen – waren miteinander beschäftigt. An einem Besucher aus Warschau war also kaum jemand interessiert. Aber der Erzähler und Lyriker Wolfgang Weyrauch kam auf mich zu, nicht ohne Grund: Als ich Ende 1957 in Hamburg war, hatte er mich gefragt, ob er ihm helfen könne: Der Polnische Rundfunk hatte ein Hörspiel von ihm gesendet, wollte ihm jedoch ein Honorar in Devisen nicht überweisen. Ich intervenierte in Warschau – und er erhielt ein nicht karg bemessenes Honorar in westlicher Währung. Jetzt dankte er mir überschwenglich für meine kollegiale Hilfe. Wir plauderten angeregt. Nach wenigen Sätzen teilte ich ihm mit, daß ich nicht mehr nach Polen zurückkehren würde. Weyrauch blickte etwas verwirrt, sagte unvermittelt, er habe noch einiges zu erledigen, wandte sich von mir ab und verschwand. Ich habe ihn nie wieder gesehen. Auch andere Autoren, solche zumal, die als links galten, machten um mich, als sie hörten, ich beabsichtigte im Westen zu bleiben, einen großen Bogen.

Noch bevor ich der Einladung Hans Werner Richters gefolgt und nach Großholzleute gekommen war, wußte ich, daß die »Gruppe 47« eine höchst sonderbare Organisation war: Sie hatte weder eine Satzung noch einen Vorstand, sie war kein Verband, kein Verein, kein Klub und keine Gesellschaft. Eine Mitgliederliste gab es nicht. Aufdringliche Fragesteller wurden von Richter belehrt: »Wer Mitglied ist, weiß nur ich, aber ich sage es niemandem.«

Daß Schriftsteller schwierige Menschen mit ausgeprägten individualistischen, häufig anarchischen Neigungen sind, war mir längst bekannt. Meist ist es vergeblich, sie unter einen Hut bringen zu wollen. Nichts verabscheuen sie mehr als die Auftritte von Kollegen, die vortragen, was sie verfertigt haben. Aber bei der »Gruppe 47« war alles anders, das Organisatorische kannte kein Vorbild, die Tagungen knüpften an keinerlei Tradition an. Hier, das fiel sofort auf, ging es diszipliniert zu, hier war Ordnung, deutsche Ordnung. Alle hielten sich an ein genau festgelegtes, wenn auch niemals schriftlich fixiertes Ritual.

Nach der Lesung eines Prosastücks oder, seltener, einiger Gedichte folgte ohne Pause die spontane mündliche Kritik, an der jeder der Anwesenden teilnehmen konnte, auf die aber der Autor unter keinen Umständen und mit keinem Wort reagieren durfte. Manch einer fand diese Prozedur grausam. Doch abgesehen davon, daß keiner verpflichtet war, sich einer derartigen Kritik zu stellen, wurde jedes Urteil, kaum gefällt, von anderen Teilnehmern der Tagung, insbesondere von den Berufskritikern, in Frage gestellt und korrigiert, ergänzt und revidiert. Allgemeine Erwägungen über Literatur oder auch nur über bestimmte Schriftsteller waren unerwünscht. Man hatte dicht am Text zu bleiben. Es herrschte eine ernste und angespannte, bloß ganz selten eine ausgelassene Stimmung.

Das Wichtigste aber: Ausnahmslos alle akzeptierten, daß an der Spitze der »Gruppe 47« ein Mann stand, den niemand gewählt, den niemand mit Vollmachten ausgestattet hatte und der dennoch eine uneingeschränkte Macht ausübte: Hans Werner Richter. Er hatte diese »Gruppe« 1947 gegründet. Als ich 1958 dazustieß, war er fünfzig Jahre alt und etwa zehn bis zwanzig Jahre älter als die meisten Teilnehmer. Er wurde anerkannt als jovialer Organisator, umsichtiger Gesprächsleiter, als gutmütiger und doch strenger Herbergsvater, letztlich als Diktator. Von ihm hing es ab, wer zur Tagung eingeladen wurde und wer ein Manuskript vorlesen durfte, er, Richter, hatte das Recht, jede Lesung ohne Begründung abzubrechen, er entschied, wer wann und wie lange in der Diskussion reden konnte, er bestimmte, ob der Preis der »Gruppe 47« vergeben wurde.

Alle gehorchten ihm, auch längst arrivierte, auch berühmte Autoren: Wer sich nicht fügen wollte, hatte nur die Möglichkeit, den Tagungen fernzubleiben. Auf dem Treffen im schwedischen Sigtuna – es war 1964 – sagte Richter um die Mittagszeit, man sei vorerst mit den Lesungen fertig. Einige der Anwesenden standen gleich auf. Hierauf Richter: »Halt, ich habe noch nicht gesagt, daß wir schon Pause machen.« Wie brave Schulkinder setzten sie sich alle wieder hin: Enzensberger und Erich Fried, Heißenbüttel und Hubert Fichte, Alexander Kluge und Jürgen Becker. Richter sah dies mit deutlicher Genugtuung und erklärte knapp: »Pause.« So hat er regiert – energisch und humorvoll, unfeierlich und lässig.

Worauf beruhte seine Autorität? Er war der Sohn einfacher Leute (der Vater ein Fischer), die sich um seine Erziehung offensichtlich kaum gekümmert hatten. Er habe, wie er selber sagte, nichts erlernt, er habe sich nichts erarbeitet, das meiste sei ihm zugeflogen. Seine Bildung, auch die literarische, war und blieb dürftig. Die Politik interessierte ihn mehr als die Literatur, er war eher ein Journalist als ein Schriftsteller. Richters Romane, heute längst vergessen, sind allesamt schwach. Von moderner Literatur hatte er keine Ahnung. Aber er war klug genug, sich gute Ratgeber zu holen und ihren Empfehlungen und Warnungen beinahe immer zu folgen. In den Diskussionen enthielt er sich literarischer Urteile. Nie konnte ich mich des Verdachts erwehren, daß für Richter die Lesungen nur ein notwendiges Übel waren. Und doch trifft zu, daß dieser leidenschaftliche Dilettant die ganze Zunft liebte, wenn auch auf sehr kritische Weise, und daß er sich immer wieder von seiner Schwäche für die Vereinsmeierei treiben ließ: Nicht die Literatur brauchte er, sondern die Autoren; es machte ihm Spaß, ihnen zu schmeicheln und mit ihnen diplomatisch umzugehen.

Wurde er von den Leuten der »Gruppe 47« als Intellektueller, als Erzähler denn überhaupt ernst genommen? Von den meisten wohl kaum. Doch wurde er sehr wohl respektiert – als Chef. Gerade weil Richter sich nicht als Künstler verstand, weil er nicht recht schreiben konnte und als Schriftsteller immer erfolglos blieb, hatte er Zeit und Lust, die »Gruppe 47« zu organisieren, zu lenken und lange Jahre am Leben zu halten. Seine Popularität, seine Bedeutung in der literarischen Öffentlichkeit verdankte er mit Sicherheit nicht seinen Büchern oder seinen immer seltener werdenden Zeitungsartikeln, sondern ausschließlich der Existenz der »Gruppe 47« und seiner Rolle als ihre zentrale und führende Figur.

Mit Richters Mentalität und Einstellung hatte es wohl auch zu tun, daß es eine Literatur der »Gruppe 47« nicht gibt und nie gegeben hat. Schuld an den vielen Mißverständnissen, die sie ausgelöst hat, ist das schlichte Wort »Gruppe«. Denn es suggeriert eine literarische Richtung, eine Schule oder Strömung. Davon konnte nie die Rede sein. Besser wäre es gewesen, man hätte eine Bezeichnung wie etwa »Forum 47« gewählt oder »Studio 47« oder »Arena 47«. Diese »Gruppe 47« war kein Phänomen der Literatur, vielmehr ein (überaus wichtiges) Phänomen des literarischen Lebens in Westdeutschland nach dem Zweiten

Weltkrieg. Sie war nicht mehr und nicht weniger als ein Sammelbecken, ein drei Tage im Jahr funktionierendes Zentrum der deutschsprachigen Literatur. Sie war eine dringend benötigte Probebühne und eine alljährliche Modenschau.

Das Ritual der Tagungen war ungewöhnlich: Man konnte ja nicht einmal einen Blick auf das zu beurteilende Manuskript werfen, man mußte sich über eine literarische Arbeit äußern, die man nur gehört hatte. Ich fand das fragwürdig und bedenklich. Aber bald begriff ich, daß dieses Ritual doch zulässig und sogar notwendig war, um derartige Schriftsteller-Treffen überhaupt zu ermöglichen.

Die Zuhörer verfolgten den vorgelesenen Text, ob er gut oder schwach schien, sehr aufmerksam. Viele von ihnen machten sich Notizen. Auch ich tat, was ich für ganz selbstverständlich hielt: Ich schrieb mir Stichworte und einzelne Formulierungen auf und wagte es, mich bald zu Wort zu melden. Richter ließ mich reden, und was ich zu sagen hatte, wurde, so schien es mir, mit Interesse und Wohlwollen aufgenommen.

Das nächste Treffen der »Gruppe 47« fand im Oktober 1959 statt, doch nicht mehr in einem bescheidenen Gasthof, sondern in einem Schloß im Karwendelgebirge. Pünktlich erhielt ich von Richter die in der literarischen Welt so begehrte Einladung. Der Inhalt seines Briefes überraschte mich: Ich müsse auf jeden Fall kommen, er könne mich als Kritiker nicht mehr entbehren, denn ich hätte einen neuen Ton in die Diskussion getragen – und diesen Ton brauche die Gruppe unbedingt.

Dieser Brief hat mich beeindruckt, beinahe beglückt. Weil Richter sich bemühte, mir zu schmeicheln? Nicht nur. Schon in Polen hatte ich, in der letzten Zeit vor meiner Abreise, einiges von den Preisträgern der »Gruppe« gelesen, von Ingeborg Bachmann und Ilse Aichinger, Heinrich Böll,

Günter Eich und Martin Walser. Ich kannte die Namen vieler der in Großholzleute anwesenden Autoren wie Hans Magnus Enzensberger oder Wolfgang Hildesheimer, von Günter Grass ganz zu schweigen.

Ich fühlte mich in dieser deutschen Schriftsteller-Gruppe alles in allem ganz gut und jedenfalls nicht fremd. Und nun hatte ich noch von Richter erfahren, daß mich die »Gruppe 47« akzeptiert hatte. So verstand ich seinen Brief. Kaum mehr als ein Jahr wieder in Deutschland ansässig, war ich nach wie vor einsam, aber immerhin wußte ich schon, wo ich hingehörte. Ich glaubte eine Art Zuflucht gefunden zu haben. Freilich hatte ich, um es gleich zu sagen, meine Situation verkannt: Viele Jahre später mußte ich mich davon überzeugen, daß der Wunsch der Vater meiner Gefühle und Gedanken gewesen war.

In seinen 1974 veröffentlichten Erinnerungen glaubte Richter darauf hinweisen zu müssen, daß ich mir auf der Tagung von 1958, obwohl zum ersten Mal mit von der Partie, gleich Notizen gemacht hätte, was er mißbilligend kommentierte: »So schnell geht das also mit der Akklimatisation.« Ihm hatte wohl mißfallen, daß ich mich nicht verhielt wie andere ausländische Gäste der »Gruppe 47«. In der Regel beschränkten sie sich auf die Rolle des stummen Beobachters.

Doch zugleich empfahl mich Richter damals, 1958, der Wochenzeitung »Die Kultur« als Berichterstatter von der Tagung in Großholzleute – wohl vor allem deshalb, weil er von mir (und nicht zu Unrecht) eine günstige Darstellung der vorerst in der Öffentlichkeit noch sehr umstrittenen »Gruppe 47« erwartete. In meinem Artikel nannte ich Richter, natürlich scherzhaft, einen Diktator und fügte sofort hinzu: Obwohl wir gegen jegliche Diktatur seien, ließen wir uns eine solche gern gefallen.

Diese Äußerung konnte er nicht vergessen. Noch 28 Jahre später kam Richter in seinem Buch »Im Etablissement der Schmetterlinge« auf sie zu sprechen. Er verübelte mir ein Wort, das in meinem »Kultur«-Bericht enthalten war und das ihn allem Anschein nach gekränkt oder geärgert hatte – doch nicht etwa das Wort »Diktatur«. Welches also? Er beanstandete, daß ich mir erlaubt hatte, das Wort »wir« zu verwenden: »Reich-Ranicki schrieb ›wir‹, er gehörte also schon dazu, ganz selbstverständlich, obwohl ich nichts Dementsprechendes gesagt hatte.«

Als ich dies 1986 las, begriff ich erst, wie groß damals mein Irrtum, mein Mißverständnis war. Ich war überzeugt, daß Richter und die Leute der »Gruppe 47« in mir einen Kritiker sahen, den die deutsche Literatur geprägt hatte und dessen Arbeitsgebiet ausschließlich eben die deutsche Literatur war. Ob mir die Zugehörigkeit zur »Gruppe 47« gebührte, das wußte ich nicht. Jedenfalls konnte ich darauf keinen Anspruch erheben. Nur glaubte ich, daß mir ein Platz – und sei es der bescheidenste im literarischen Leben Nachkriegsdeutschlands – zustünde.

Beschämt will ich die peinliche Wahrheit gestehen: Ich meinte wirklich, daß ich »ganz selbstverständlich« dazugehörte. Darauf zielte das Wort »wir« ab, das ich leichtsinnig gebraucht hatte und das mir offenbar nicht zukam. »Ich lud ihn wieder ein und immer wieder« – erinnerte sich Hans Werner Richter –, »doch er blieb irgendwie ein Außenseiter, einer der dazugehörte und doch nicht ganz dazugehörte. Ich kann nicht erklären, warum das so war oder warum ich es so empfunden habe.«

Konnte er es wirklich nicht erklären? Oder wollte er es nicht? Richter erwähnt in seinem Buch »Im Etablissement der Schmetterlinge«, daß ich dem Holocaust entkommen sei, doch kein einziges Mal, daß ich Jude bin. In diesem Buch finden sich noch drei weitere Aufsätze über Juden, die bei der »Gruppe 47« mitgemacht haben – über Peter

Weiss, Wolfgang Hildesheimer und Hans Mayer. Doch sucht man auch hier das Wort »Jude« oder irgendeinen auf das Judentum anspielenden Ausdruck vergebens – dabei handelt es sich um Autoren, deren Persönlichkeit und deren literarisches Werk von der Zugehörigkeit zur jüdischen Minderheit und von der Vertreibung aus Deutschland in hohem, in höchstem Maße bestimmt wurden.

Nichts liegt mir ferner, als Richter auch nur des geringsten antisemitischen Ressentiments zu verdächtigen. Aber er hielt es für richtig und erforderlich, das Judentum der von ihm Porträtierten konsequent auszusparen: Sein Verhältnis zu Juden war auch vierzig Jahre nach dem Ende des Zweiten Weltkriegs befangen und verkrampft. Dies ist, glaube ich, noch ein Umstand, der ihn zu einer typischen Figur seiner Zeit macht.

In den sechziger Jahren wurde die Bedeutung der »Gruppe 47« immer größer, ihre Rolle in der Öffentlichkeit immer deutlicher sichtbar. Das hatte zwei miteinander zusammenhängende Ursachen – einerseits den Erfolg vieler Schriftsteller, die mit dieser Gruppe identifiziert wurden, andererseits die nicht zu übersehende Tatsache, daß die als links geltende »Gruppe« unentwegt attackiert und geschmäht wurde, am häufigsten von der CDU.

Im Januar 1963 ging ein CDU-Politiker schließlich so weit – und das war wohl der Höhepunkt der öffentlichen Beschimpfungen –, sie als »geheime Reichsschrifttumskammer« zu bezeichnen. Die immer wieder zitierte und sogar zu einer Gerichtsklage führende Formulierung hat, eben weil sie so absurd war, die »Gruppe 47« außerordentlich popularisiert, mehr noch: Sie hat ihren Mythos begründet. Zu diesem Mythos und zu dem enormen Erfolg der »Gruppe« trug auch bei, daß Richter sich hartnäckig allen Versuchen widersetzte, sie auf irgendwelche Thesen oder Postulate, gar auf ein Programm festzulegen. Für

Außenstehende war es unbegreiflich, daß er, seit Jahren politisch aktiv, sie eben nicht als politische Organisation verstand und dabei konsequent blieb: Als Martin Walser Anfang der sechziger Jahre aus ihr einen sozialdemokratischen Stoßtrupp machen wollte, kam es sofort zu einem ernsten Zerwürfnis zwischen ihm und Richter. Das Ergebnis: Walser mußte den Platz räumen.

So straff und streng Richter alles in der Hand hatte, so war ihm Rigorismus doch fremd: Ab und zu fielen Abweichungen von den ungeschriebenen Regeln auf. Warum wurden sie von Richter zugelassen? Um das Ganze gelegentlich etwas aufzulockern? Das mag sein. Aber wahrscheinlich war da noch ein ganz anderer Grund: Richter handelte so und nicht anders, weil es ihm gerade paßte, weil ihm ein wenig Willkür Spaß bereitete, weil diese »Gruppe« auch sein Privatvergnügen war. So durfte – um sich auf dieses Beispiel zu beschränken – Ingeborg Bachmann hier eine Rolle spielen, die im scharfen Widerspruch zu allem stand, was in der »Gruppe 47« üblich war, und die sich eigentlich mit ihrem Stil nicht vereinbaren ließ – eine Rolle, die einzig und allein ihr zugebilligt wurde.

Ich habe Ingeborg Bachmann zum ersten Mal 1959 gesehen, auf der Tagung in Schloß Elmau. Sie war längst berühmt, sie hatte 1953, damals 27 Jahre alt, den Preis der »Gruppe 47« erhalten. War man sich schon bewußt, daß man es mit der vielleicht bedeutendsten deutschsprachigen Lyrikerin unseres Jahrhunderts zu tun hatte? Jedenfalls wurde sie mit besonderem Respekt behandelt. Sicher ist ferner, daß sie viele Menschen faszinierte, zumal Intellektuelle unterschiedlichen Alters. In manchen Zeitungen konnte man lesen, sie sei die »First Lady« der »Gruppe 47«.

Auf Schloß Elmau las sie ihr Prosastück »Alles«. Sie wirkte nervös und zerstreut. Bevor sie zu lesen begann, fiel ihr ein Teil des Manuskripts auf den Boden. Drei Herren stürzten nach vorn, um die Blätter rasch einzusammeln und sie vorsichtig auf den Tisch zu legen, an dem die Dichterin saß. Es wurde ganz still im Saal, manche fürchteten, daß es ihr die Sprache verschlagen habe. Schließlich war ihre Stimme doch zu hören.

Aber man mußte sich sehr anstrengen, um etwas zu verstehen. Ingeborg Bachmann las ganz leise, streckenweise hat sie ihren Text nur geflüstert, scheu und schüchtern. Sie war offensichtlich gehemmt, sehr hilflos und ein wenig verwirrt. Fiel es ihr schwer, lauter zu sprechen, oder wollte sie mit dem Flüstern die höchste Aufmerksamkeit der Anwesenden und die absolute Stille erzwingen? War sie etwa – was nicht wenige vermuteten, ganz besonders Frauen – eine Komödiantin? Das scheint mir ein zu hartes Wort. Sie war eine trotz ihrer Erfolge sehr unsichere und in mancher Hinsicht gefährdete, eine unglückliche Person, die in der Verstellung Schutz suchte. In der folgenden sehr respektvollen Diskussion haben unter anderen drei Kritiker (Walter Jens, Hans Mayer und ich) die Parabel »Alles« gedeutet, jeder auf andere Weise. Wenig später hielt Ingeborg Bachmann Vorlesungen und leitete Seminare im Rahmen der neugegründeten Gastdozentur für Poetik an der Universität Frankfurt am Main. In einer der Veranstaltungen wurde sie gefragt, welche der drei Deutungen der Geschichte »Alles« ihr am meisten zugesagt habe. Die gehauchte Antwort lautete: »Keine.« Mehr war von ihr zu diesem Thema nicht zu hören.

Die nächste Lesung von Ingeborg Bachmann bei der »Gruppe 47« war im Oktober 1961 im Jagdschloß Göhrde in der Lüneburger Heide. Obwohl sie sich wieder einmal in einer Krise befand, die ihr die Arbeit beinahe ganz unmöglich machte, war sie auf dem besten Wege, die *Primadonna assoluta* der deutschen Gegenwartsdichtung zu werden. So wollte Richter auf ihre Teilnahme nicht verzichten. Sie sollte am Sonntagvormittag zum Abschluß der Tagung lesen, nur sie und niemand sonst. Aber sie hatte bloß ein einziges und ziemlich kurzes Gedicht mitgebracht. Das hinderte Richter nicht, diesen Auftritt der Ingeborg Bachmann zu organisieren. Er wurde in noch höherem Maße als auf Schloß Elmau zu einer Weihestunde, einer besonders peinlichen freilich.

Sie las das Gedicht »Ihr Worte«; es umfaßt 37 Verse und beginnt mit der Zeile »Ihr Worte, auf, mir nach!« Es ist, glaube ich, ein mißglücktes, ein schlechtes Gedicht. Die Lesung dauerte nur wenige Minuten, dann herrschte ein sonderbares Schweigen. Zeugte es von Hochachtung? Oder doch eher von Verlegenheit? Richter wartete nicht lange und sagte: »Ich bin dafür, daß Ingeborg ihr Gedicht noch einmal liest.« Alle waren schweigend einverstanden, fragten sich aber, was danach geschehen solle. Nach der zweiten Lesung überraschte Richter die Anwesenden mit einer Äußerung, die einer Anordnung gleichkam und die ich noch nie auf einer Tagung der »Gruppe 47« gehört hatte: »Ich bin dafür«, erklärte er, »daß wir dieses Gedicht nicht kritisieren.« Warum eigentlich nicht? Etwa wegen seiner überwältigenden Qualität? Wenn das jemand glauben konnte, dann nur die Poetin selber.

Oder sollten wir uns der Kritik wegen der Fragwürdigkeit dieses Textes enthalten? Richter dachte nicht daran, seine ungewöhnliche Entscheidung zu begründen. Niemand protestierte, auch ich nicht. Die Stille schien mir unangenehm. Schließlich standen die Versammelten auf und verließen den Saal. Ich hätte sagen sollen, fiel mir jetzt ein, dieses Gedicht sei nun doch nicht so schlecht, daß man es von der Kritik ausschließen müsse. Aber es war natürlich gut, daß ich nichts gesagt habe. Denn der Ausschluß des unbeholfenen Gedichts von der Kritik war letztlich nicht ein Akt des Respekts (so wollte Richter seine Entscheidung verstanden wissen), sondern insgeheim einer des Mitleids.

Mein nächstes Treffen mit Ingeborg Bachmann war im April 1965 in Berlin. Sie verhielt sich mir gegenüber ziemlich kühl, vermutlich hatte ihr nicht besonders gefallen, was ich in meinem inzwischen erschienenen Buch »Deutsche Literatur in West und Ost« über sie und ihr Werk geschrieben hatte. Immerhin schenkte sie mir ihr Libretto zu der gerade uraufgeführten Oper »Der junge Lord« von Hans Werner Henze. Ich bat sie um eine Widmung. Sie fand das albern, doch wenn ich darauf bestehe, werde sie es so machen, wie sie es in der Regel in solchen Fällen tue: Sie werde irgendeine Seite des Textbuches aufschlagen und mit ihrem Kugelschreiber, ohne hinzuschauen, auf eine beliebige Zeile tippen – und diese dann als Widmung eintragen. Ich hatte nichts dagegen. Als sie aber die gefundene Zeile las, blickte sie mich verwundert und verwirrt an. Offenbar waren ihr die mir zugedachten Worte nicht ganz recht. Sie stammen aus dem zweiten Akt der Oper und lauten: »Bleibe guter Geist euch hold ...« Ingeborg Bachmann zögerte nur einen Augenblick und schrieb dann: »Bleibe guter Geist ihm hold ...«

Im Dezember 1968 traf ich sie in Rom. Ich hatte im Deutschen Kulturinstitut einen Vortrag über ein damals sehr beliebtes Thema gehalten: »Die Rolle des Schriftstellers im geteilten Deutschland«. Zu dem Empfang in der Botschaft der Bundesrepublik, der danach stattfand, kam zu meiner Überraschung auch Ingeborg Bachmann. Es dauerte nicht lange, und wir waren uns einig, die offizielle Party rasch zu verlassen. Wir verbrachten einige Stunden in verschiedenen Lokalen der Innenstadt. An unsere Gespräche kann ich mich sonderbarerweise nicht erinnern, wohl aber an ihr Aussehen. In den drei Jahren, die seit unserem letzten Treffen vergangen waren, hatte es sich stark verändert: Ingeborg Bachmann war deutlich gealtert, ihr Gesicht schien von einer Krankheit gezeichnet. Sie trug ein helles, etwas extravagantes, angeblich sehr teures Kleid, das mir gar zu kurz vorkam. Sie sprach nachdenklich und durchaus vernünftig. Doch war ihre Selbstkontrolle ein wenig beeinträchtigt. Ich habe Ingeborg Bachmann danach nie wieder gesehen.

Aber ich hatte noch ein Erlebnis mit ihr, wenn auch ganz anderer Art. Damals – es war im März 1971 – lehrte ich an der Stockholmer Universität, doch ohne meine Arbeit für die »Zeit« zu unterbrechen. Ich beschäftigte mich intensiv mit »Malina«, dem gerade veröffentlichten ersten Roman Ingeborg Bachmanns. Ihm war eine lange, eine zehnjährige Publikationspause vorangegangen. Solche, in der Regel lautlos-dramatischen Pausen werden von der literarischen Öffentlichkeit genau registriert – von manchen unruhig, von vielen sensationslüstern, von allen neugierig. Denn die meisten Schriftsteller sind in einer Krise oder haben gerade eine Krise überwunden oder befürchten eine Krise. Daher genießen sie die Krise eines Kollegen beinahe wollüstig.

Ich las den Roman als poetischen Krankheitsbericht, als das Psychogramm eines schweren Leidens. Ich las »Malina« als ein Buch über Ingeborg Bachmann. Die Ich-Erzählerin dieses Romans erkennt: »Ich bin ... unfähig einen vernünftigen Gebrauch von der Welt zu machen.« Sie spricht in einem Brief von der »Ungeheuerlichkeit meines Unglücks«. Diese Bekenntnisse der Romanfigur bezog ich also auf die Autorin selber. Und ich sah damals, im März 1971, in meinem einsamen Stockholmer Hotelzimmer Ingeborg Bachmann auf dem Bildschirm. Sie war sichtlich bemüht, den Fragen des höflichen Interviewers nicht auszuweichen. Von der »Krankheit der Männer« sprach sie. Und sie sagte: »Denn die Männer sind unheilbar krank ... Alle.« Ich las in dem Roman »Malina«: »Es kommt über mich, ich verliere den Verstand, ich bin ohne Trost, ich werde wahnsinnig.«

Ich war erschüttert. Ich spürte, ich ahnte es: ihr, Ingeborg Bachmann, steht Schreckliches bevor, vielleicht ein furchtbares Ende, vielleicht sehr bald. Ein alter Vers lag mir im Sinn und ließ sich nicht verdrängen. Er irritierte mich unaufhörlich, er wurde zur Zwangsvorstellung, der Vers: Und ich begehre nicht schuld daran zu sein.

Ich beschloß, die Kritik, die man von mir erwartete und von der ich etwa die Hälfte schon geschrieben hatte, auf keinen Fall abzuschließen. Ich mußte der Redaktion mitteilen, daß ich an diesem Roman gescheitert war, daß ich versagt hatte. Dieter E. Zimmer, der damals in der »Zeit« den Literaturteil leitete, hatte für meine Entscheidung Verständnis.

Als Ingeborg Bachmann am 16. Oktober 1973 unter nie ganz geklärten Umständen starb, bat man mich einen Nachruf zu schreiben. Er endete mit dem Bekenntnis, daß ich einige Gedichte aus ihren Sammlungen »Die gestundete Zeit« und »Anrufung des Großen Bären« zu den schönsten zähle, die in diesem Jahrhundert in deutscher Sprache geschrieben wurden. Ich fragte mich, schuldbewußt, warum ich dies ihr, Ingeborg Bachmann, nie gesagt hatte.

Walter Jens oder Die Freundschaft

Daß ich mich seit der Tagung im Herbst 1959 dem Kreis um Hans Werner Richter zugehörig fühlte, daß ich die »Gruppe 47« fast schon als eine Art Heimat empfand, mir dies jedenfalls leichtsinnig einbildete, das hat mit einem Teilnehmer zu tun, den ich damals zum ersten Mal sah. Er saß zufällig nicht weit von mir. Es ergab sich, daß ich mich mit ihm, noch bevor wir miteinander die ersten Worte gewechselt hatten, über die vorgelesenen Texte verständigte: Unsere Blicke trafen sich immer wieder. In einer Pause kamen wir ins Gespräch. Und wir blieben im Gespräch; dreißig Jahre lang. Es ist die Rede von Walter Jens.

Eine Krankheit, an der er seit seiner frühesten Kindheit leidet, hat seine Persönlichkeit geprägt und somit auch sein Werk: Asthma. Das Leiden hatte zur Folge, daß er, wie er einmal sagte, jeden Tag nach Luft ringen mußte. Ich glaube nicht zu übertreiben, wenn ich sage, daß man nicht nur jedem seiner Bücher, ob sie nun mehr oder weniger bedeutend sind, ja, daß man im tieferen Sinne allem, was er getan und geleistet hat, diese ständige Atemnot anmerken kann. Seine Mutter, von Beruf Lehrerin, war, wie man mir erzählte, eine bescheidene und zugleich überaus ambitionierte Frau, die sich vorgenommen hatte, ihren Ehrgeiz auf den kranken Sohn zu übertragen. Sie soll dem Kind immer wieder gesagt haben: »Du bist ein Krüppel – und deshalb mußt du ein Geistesriese werden.« Was zum Wesen und Charakter eines jeden Schriftstellers gehört, wurde bei ihm, Walter

Jens, von Anfang an systematisch entwickelt und konsequent angetrieben: ein Geltungsbedürfnis, das in Geltungssucht übergehen kann.

Dieses Bedürfnis – das ist zumindest sehr wahrscheinlich – hat sein Verhältnis zur Wissenschaft und zur Literatur, zur Politik und zur Kirche geprägt, ja, es hat wohl sein ganzes Leben bestimmt. Daß er sich zur Verwunderung vieler seiner Kollegen nie lange bitten ließ, dieses oder jenes Ehrenamt zu bekleiden, hat mit der extremen Geltungssucht zu tun. Sie war beides zugleich und ist es noch heute – seines Daseins Glück und Unglück. Ob seine während des Krieges gefällte Entscheidung, klassische Philologie zu studieren, richtig war, darüber hat er, glaube ich, oft nachgedacht. Rasch hat Jens begriffen, daß ihm dieses Fach nicht jenes öffentliche Forum bieten konnte, das er dringend brauchte, nach dem er sich sehnte. Damit hatte es wohl zu tun, daß er sich schon 1950 bei Richter meldete und an einer Tagung der »Gruppe 47« teilnehmen wollte.

Er wurde eingeladen, aber er paßte nicht in diesen Kreis. Inmitten von ehemaligen Soldaten der Wehrmacht war er der einzige Zivilist. Nahezu alle waren aus Diktatur und Krieg zurückgekommen. Jens gehörte der gleichen Generation an, doch hatte er, der Asthmakranke, den Krieg nur aus der Distanz gesehen und miterlebt: »Und diese Distanz war es« – erinnert sich Hans Werner Richter –, »die ihn von uns unterschied.« Überdies: Inmitten von Autodidakten war Jens ein Akademiker, ein Dozent der Universität Tübingen.

Richter meinte, Jens habe sich in der »Gruppe 47« als »Fremdkörper« empfinden müssen. Aber Richter, sonst ein guter Menschenkenner, sah dies falsch. Jens interessierte sich beinahe immer für andere Menschen. Aber in der »Gruppe 47« wie auch später in anderen Kreisen und Milieus war er so sehr mit sich selbst beschäftigt, daß er das Verhältnis der Umwelt zu ihm in der Regel eher flüchtig wahrnahm und sich in dieser Hinsicht oft Illusionen machte. In Jurys, die über eine Auszeichnung von Jens diskutierten, fiel mir auf, daß gerade jene Juroren, die er für seine ihm ergebenen Freunde hielt, oft mit Entschiedenheit gegen ihn plädierten. Nicht selten glaubte er von Menschen geschätzt zu werden, deren Urteil über ihn keineswegs günstig war.

Daß er in der »Gruppe« isoliert war, wollte Jens nicht zur Kenntnis nehmen, und so hat er wohl kaum daran gelitten. Dennoch mochte es ihm gelegen kommen, daß in der »Gruppe 47« ein Neuling auftauchte, der nicht nur einsam und allein war, sondern auch aus dem Rahmen fiel. Da äußerte sich über deutsche Literatur ein Fremdling, dessen Situation sich mit jener von Walter Jens zwar nicht vergleichen ließ, aber ihr doch ein klein wenig ähnelte: Trotz aller offenkundigen Unterschiede galt Richters Wort über mich – »er blieb irgendwie ein Außenseiter, einer, der dazugehörte und doch nicht ganz dazugehörte« – eben auch für Jens.

Es dauerte nicht lange, und es entwickelte sich eine Freundschaft zwischen uns, von deren Unverwüstlichkeit wir schon nach wenigen Jahren überzeugt waren. Wann immer wir uns über Hans Werner Richter unterhielten, und Skeptisches und Kritisches durchaus nicht ausgespart blieb, pflegte Jens zu sagen, wir beide jedenfalls seien ihm zu größtem Dank verpflichtet, denn ohne ihn hätten wir uns nicht kennengelernt oder, vielleicht, erst mehrere Jahre später. Irgendwann sagte ich zu Walter Jens, wer von uns beiden den anderen überleben werde, der sollte ihm den Nachruf schreiben. Jens hat diesen Vorschlag sofort akzeptiert und die Vereinbarung noch zu einem Zeitpunkt, als sich unsere Wege längst getrennt hatten, öffentlich bekräftigt.

Es war eine ganz ungewöhnliche Freundschaft – nicht nur die weitaus längste und wichtigste in meinem Leben, sondern auch, ich bin dessen sicher, die seltsamste. Wir trafen uns auf Tagungen der »Gruppe 47« und später beim Klagenfurter Wettbewerb um den Ingeborg Bachmann-Preis; wir machten zusammen Fernsehgespräche, vor allem in Berlin; ab und zu kam ich nach Tübingen, um Vorlesungen zu halten, und gelegentlich kam Jens, meist aus beruflichen Gründen, nach Hamburg oder Frankfurt; wir fuhren zusammen mit unseren Ehefrauen zu den Festspielen in Salzburg und Bayreuth. Aber das ergab alles in allem nur einige Treffen im Jahr. Die eigentliche Substanz dieser Beziehung war von ganz anderer Art: Lange bevor der Telefon-Sex erfunden war, praktizierten wir die Telefon-Freundschaft.

Zunächst telefonierten wir einmal wöchentlich, später häufiger und schließlich so, wie es sich gerade ergab, mitunter täglich. Die Gespräche dauerten zwanzig oder dreißig Minuten, bisweilen eine ganze Stunde oder noch länger. Der Dialog, der sich über Jahrzehnte erstreckte, hatte triftige Ursachen: Beide, Jens und ich, brauchten das Gespräch, beide waren wir auf den Informations- und Meinungsaustausch angewiesen, auf die Diskussion – freilich aus unterschiedlichen Gründen, die sowohl mit unserer Mentalität zusammenhingen als auch mit den Situationen, in denen wir uns befanden.

Ich war in Hamburg, wo wir von 1959 bis 1973 gewohnt haben, zu einem monologischen Dasein verurteilt: Auf Lesen folgte Schreiben, auf Schreiben Lesen. Der gesellige Kontakt, den ich so gut wie überhaupt nicht hatte, die kollegialen Ratschläge, die ich oft hören wollte, die freundschaftlichen Warnungen und auch Ermutigungen, deren ich dringend bedurfte – das alles fand ich in den Telefongesprächen mit Walter Jens. Wie war es nun um ihn bestellt, um ihn, der doch in Tübingen, ganz anders als ich in Hamburg, immer inmitten einer großen Schar von Kollegen und

Schülern wirkte? Nein, er war in Tübingen keineswegs isoliert. Dennoch ist die Vermutung so ganz abwegig nicht,
daß er auch dort, ähnlich wie in der »Gruppe 47«, etwas
einsam gewesen war.

Die vielleicht wichtigste Äußerung über Jens stammt von
ihm selber. In einem 1998 gedruckten Interview bekannte
er, er sei »ein Mann der gebrochenen Erfahrung«. Und:
»Ich kann dem Leben in seiner Buntheit nicht gerecht werden. Mir fehlt ein Sinn für Realität im weitesten Sinn.« Damit hat Jens zugleich gesagt, was seinen Romanen und Erzählungen, seinen dramatischen Arbeiten, ob sie nun für
die Bühne, für das Fernsehen oder für den Hörfunk geschrieben wurden, fehlt: das Leben in seiner Buntheit.

Er liebt das erhabene Spiel mit Themen und Thesen, mit
Fragen und Formeln, mit Gedanken, mit der Tradition, genauer: mit dem Tradierten. Aber es ist nicht das Spiel eines
Künstlers, sondern eines Intellektuellen. Jens ist, ähnlich
wie ich, ein Kaffeehausliterat ohne Kaffeehaus. Unser Kaffeehaus war das Telefon. Nicht das Sinnliche ist sein Element, sondern das Diskursive. Daher sind seine epischen
und dramatischen Versuche nicht mehr und nicht weniger
als Belege von Thesen. Seine wichtigsten Arbeiten sind Reden, Essays und Traktate.

So ist es kein Zufall, vielmehr aufschlußreich und folge-
richtig, daß in seinem umfangreichen Werk das Erotische
nicht existiert: »Das darzustellen hat mich in der Tat nie so
recht gereizt. Nein, über das Erotische wollte ich nicht
schreiben.« Seine Gegner meinen, er sei nicht imstande,
eine Bach-Fuge von der »Schönen blauen Donau« zu unterscheiden. Das ist maßlos übertrieben. Aber wenn wir auf
Wagner zu sprechen kamen – auch über dieses Thema redete Jens sehr intelligent und kenntnisreich –, hatte ich immer den Eindruck, daß er dessen Werk kühn interpretiere,
ohne sich um die Musik zu kümmern: Er hielt sie wohl für

ein etwas störendes, zumindest für ein überflüssiges Element.

Als seine Haupteigenschaft bezeichnet er die Neugier. Daß ihm der Sinn für die Realität fehlt und er eine starke, eine weder verborgene noch je gestillte Neugier empfindet, ist nur auf den ersten Blick ein Widerspruch: In Wirklichkeit ergibt sich das eine aus dem anderen und bildet den Grundzug seines Wesens. Und dieser Grundzug war es, der ihn zu einem hervorragenden, zu einem einzigartigen Gesprächspartner machte. Was immer ich ihm erzählte, er stellte Fragen, die bewiesen, daß er aufmerksam zugehört hatte und daß ihn das Thema tatsächlich interessierte. Nur einmal hat er mich ärgerlich unterbrochen: Ich hatte ihn gefragt, ob es auch in Tübingen so furchtbar regne wie jetzt in Hamburg. Derartiges konnte er nicht ertragen: »Bist du schon ganz verrückt geworden? Sollen wir uns wie meine Schwiegermutter über das Wetter unterhalten?« Allerdings gab es Bereiche, über die er mich, wenn ich mich recht entsinne, nie befragte, die stets ausgespart blieben: meine Erlebnisse im Warschauer Getto, meine Erfahrungen in der Kommunistischen Partei Polens und im Auswärtigen Dienst.

Die Literatur und das literarische Leben – das war der Gegenstand unserer Gespräche. Begrüßungen und Fragen (nach der Laune und dem Befinden etwa) gab es nie, es ging gleich los, etwa so: »Der Aufsatz von Böll ist gar nicht so schlecht, aber zu wenig redigiert.« Oder: »Die Sache von Andersch ist zu oberflächlich, hätte er sich sparen können.« Oder: »Die Kritik der Bachmann-Novellen ist doch sehr verlogen.« Welche Artikel in diesen knappen Äußerungen gemeint waren, wurde nicht einmal erwähnt. Denn wir wußten voneinander, welche Blätter wir lasen.

Oft sprachen wir über unsere nächsten Bücher. Jens hat einmal eine Monographie über Lessing entworfen. Es war ein schlechthin faszinierendes Projekt. Leider hat er das Buch nie geschrieben. In einem anderen Gespräch sagte er mir: »Es ist Zeit für ein neues Buch über Schiller. Ich glaube, ich werde dieses Buch machen.« Sofort skizzierte er dessen Thesen und Umrisse. Man kann mir glauben: Es war ein grandioses Buch. Nur ist es bedauerlicherweise nie entstanden. Ein refrainartig wiederkehrendes Lieblingsprojekt von Jens galt einem Autor, den wir beide ganz besonders schätzten, jeder auf seine Weise: Fontane. Er redete über dieses Vorhaben leidenschaftlich und geistreich. Daß es nie verwirklicht wurde, versteht sich von selbst.

Groß war seine Teilnahme an meiner Arbeit. Psychologisch interessant scheint mir der Umstand, daß er mich bisweilen zu jenen Plänen ermunterte, die er selber aufgegeben hatte, etwa: »Vielleicht solltest du das längst fällige Buch über Fontane schreiben.« Wann immer ich einen Titel suchte oder für eine bestimmte These eine griffige Formulierung brauchte oder in irgendeiner Angelegenheit unentschieden war – er gab sich stets die größte Mühe, mich zu beraten. Seine Ratschläge waren fast immer gut, ja, fabelhaft. Als wir schon längst zerstritten waren, hat Jens einmal gesagt: »Wir verdanken uns gegenseitig sehr viel.« Abwägen läßt sich derartiges nicht, aber ich kann mich des Verdachts nicht erwehren, daß ich ihm noch mehr zu verdanken habe als er mir.

Immer war seine Wißbegier auf Menschen gerichtet, die aus dem Rahmen fielen, die es schwer mit sich selber hatten, sie galt den Leidenden und Hochbedürftigen. Alkoholiker, Tablettensüchtige, Drogenabhängige, Neurotiker, Depressive, Melancholiker interessierten und irritierten ihn, auch Homosexuelle, Lesbierinnen und Impotente. Er wollte über sie, über ihre Schwierigkeiten und Komplexe genau informiert sein. Was ich ihm hierüber sagen oder erzählen konnte, nahm er dankbar zur Kenntnis. Wer gefährdet war, konnte seines Mitleids sicher sein. Nur wollte er mit solchen Menschen, glaube ich, lieber nicht unmittelbar in Berührung kommen. In der Regel genügten ihm Auskünfte aus zweiter Hand. Gelegentlich zitierte ich in unseren Telefongesprächen Mephistos Empfehlung: »Grau, teurer Freund, ist alle Theorie / Und grün des Lebens goldner Baum.« Er stimmte zu, gewiß, doch war und ist er vor allem ein Mann der Theorie, wie grau sie auch sein mochte.

Oft schnitt er ein Thema an, das ihm keine Ruhe gab: Er wußte schon, daß es Männer gibt, die, obwohl verheiratet, bisweilen mit anderen Frauen schlafen. Daß er derartiges mißbilligte und verabscheute, versteht sich von selbst. In seinen Äußerungen über solche letztlich für ihn unbegreiflichen Praktiken kamen stets zwei Vokabeln vor: »unappetitlich« und »unhygienisch«. Sollte sich Jens in ein Bordell verirren – natürlich nur als neugieriger Tourist –, würde er dort, befragt, was er trinken wolle, sehr wahrscheinlich antworten: »Kamillentee«.

Als nach Tübingen ein jüdischer Theologe kam, lud er ihn zum Abendessen ein. Einem solchen Gast mußte man, versteht sich, ein koscheres Essen vorsetzen. Aber was ist koscher? Jens rief sofort den Alttestamentler der Universität Tübingen an und bat ihn um Rat. Der ließ sich nicht lange bitten und belehrte den Kollegen über die vielen Verbote, die zu beachten waren. Jens notierte pedantisch alle Vorschriften. Am Ende bemerkte der freundliche Alttestamentler: »Dies, was ich Ihnen, Herr Kollege, eben sagte, war natürlich der Sachverhalt vor etwa zweitausend Jahren. Aber Sie brauchen sich keine Gedanken zu machen. Denn bei den Juden hat sich in der Zwischenzeit, jedenfalls in dieser Hinsicht, nichts geändert.«

Daß es in unserer Freundschaft innerhalb von dreißig Jahren auch Krisen gab, versteht sich von selbst. Doch haben wir nie vergessen, was wir aneinander hatten. Es gab

Zeitabschnitte, in denen die Telefongespräche mit Walter Jens die Höhepunkte meines Lebens waren. Als im Herbst 1990 unsere Beziehung ernsthaft gestört und gefährdet war, schrieb er mir: »Schau auf die Widmung, lies noch einmal meine Rede auf dich – das allein zählt…« Die Widmung, die er meinte, lautet: »Für Marcel, in Freundschaft, die, Turbulenzen hin und her, unzerstörbar ist. Walter.«

Aber Jens hat sich geirrt, gründlich geirrt. Unsere Freundschaft hat sich sehr wohl als zerstörbar erwiesen, und jene, die zu ihrer Zerstörung grausam beigetragen haben, mögen dies mit ihrem Gewissen abmachen. Gleichwohl ist das Wort von Jens nicht ganz falsch. Denn unzerstörbar ist die Erinnerung an die Jahre und Jahrzehnte dieser Freundschaft. In seinem Buch »Montauk« schrieb Max Frisch über seine Beziehung zu Ingeborg Bachmann: »Das Ende haben wir nicht gut bestanden, beide nicht.«

Literatur als Lebensgefühl

Wir hatten keine Möbel und keine Gardinen, keine Bettwäsche, keine Handtücher und kein Geschirr, kein Rundfunkgerät und, das allerschlimmste, keine Bibliothek. Die einzigen Bücher, über die wir verfügten, waren jene vier Bände des großen deutsch-polnischen Lexikons, die sich als vollkommen überflüssig erwiesen. Die aus Polen mitgebrachte Kleidung reichte nicht aus, zumal wir ja unsere Wintersachen in Warschau zurücklassen mußten. Wir wohnten in Frankfurt in einem kleinen Zimmer zur Untermiete. Das war unser Wohn- und Schlaf- und Arbeitszimmer. Einen Schreibtisch gab es dort nicht. Später meinten manche, zu unserer Begrüßung in der Bundesrepublik seien rote Teppiche ausgerollt worden. Das trifft nicht zu, wir haben es auch nicht erwartet. Mich wundert es immer noch, daß wir unter den, um es vorsichtig auszudrücken, bedrängten Lebensbedingungen in den ersten Jahren im Westen überhaupt nicht gelitten haben. Wir waren nicht unzufrieden und auch keineswegs deprimiert.

Unsere Laune war also gut, und sie wurde immer besser. Denn anders als ich befürchtet hatte, mußte ich mich nicht um Arbeit bemühen. Überdies gingen mir die Manuskripte, die bei mir bestellt wurden, leicht von der Hand – und ich erhielt stets weitere Aufträge. »Seines Fleißes« – heißt es in Lessings »Hamburgischer Dramaturgie« – »darf sich jedermann rühmen.« Nun denn: Innerhalb der ersten sechs Monate habe ich in der Bundesrepublik achtunddreißig

Aufsätze verfaßt, davon fünfzehn für die »Welt« und die »Frankfurter Allgemeine« und die übrigen für verschiedene Rundfunksender.

Die Zeitungen zahlten, wie schon gesagt, für Rezensionen und ähnliche Beiträge überaus karge Honorare, der Rundfunk erheblich bessere. Dennoch waren meine gedruckten Aufsätze auf deutlich höherem Niveau als die Funktexte: Es fiel mir schwer, Kritiken, die vom Publikum nur gehört werden sollten, so sorgfältig zu formulieren wie jene, die für die besten Zeitungen des Landes bestimmt waren. Mit anderen Worten: Ich arbeitete für den Rundfunk nur aus einem Grund – um das dringend benötigte Geld zu verdienen.

Anfang 1959 schlug ich der »Welt« eine Artikelserie vor: Porträts der bekannteren Autoren aus der DDR. Da, wie ich später erfuhr, meine Beiträge in der »Welt« viele Leser fanden, war die Redaktion auch mit diesem beinahe extravaganten Vorschlag einverstanden – obwohl man eine solche Serie im Grunde für überflüssig hielt. Die Einzelheiten waren rasch vereinbart. Schwierigkeiten bereitete nur der Titel des Ganzen: Die Schlagzeile »Schriftsteller aus der DDR« kam für die »Welt« nicht in Frage – und mir wiederum mißfiel der Gegenvorschlag der Zeitung: »Schriftsteller aus der Sowjetzone«. Der Kompromißtitel lautete dann: »Deutsche Schriftsteller, die jenseits der Elbe leben.«

Bis Juni 1959 erschienen insgesamt vierzehn Porträts – von Arnold Zweig und Anna Seghers, Ludwig Renn und Willi Bredel über Peter Huchel und Stephan Hermlin bis zu Erwin Strittmatter und Franz Fühmann. Mein einleitender Artikel lief auf die These hinaus, daß zum Bild der deutschen Gegenwartsliteratur das Werk auch jener Schriftsteller gehöre, die ihren Beruf jenseits der Elbe ausübten. Den an sich banalen Gedanken hielt man damals für kühn. Die aus dieser Artikelserie 1960 hervorgegangene Anthologie mußte ebenfalls mit einem (wahrlich nicht sehr glücklichen) Kompromißtitel versehen werden: »Auch dort erzählt Deutschland. Prosa von ›drüben‹«. Es war die erste im Westen publizierte Anthologie der DDR-Literatur. Von den drei Buchstaben wollte auch der als liberal geltende Norddeutsche Rundfunk nichts wissen. Die Hörfunkreihe, die ich regelmäßig etwa drei Jahre lang für den NDR schrieb, mußte daher »Literatur in Mitteldeutschland« heißen.

Natürlich habe ich mich bemüht, diese Autoren – die meisten kannte man im Westen überhaupt nicht – fair und gerecht zu behandeln. Nur war das damals gar nicht so selbstverständlich. Mag sein, daß jene Chronisten nicht ganz im Unrecht waren, die später schrieben, in der Zeit der Ost-West-Konfrontation sei ich in der Bundesrepublik eine Art Vorreiter der Entspannungspolitik gewesen. Doch kaum war die Artikelserie über die DDR-Schriftsteller in der »Welt« gedruckt, da kündigte mir die »Frankfurter Allgemeine« die Zusammenarbeit. Das habe, wurde mir nachdrücklich gesagt, mit der Qualität meiner Beiträge nichts zu tun. Vielleicht war die Tendenz meiner Serie in der »Welt« nicht genehm? Auch das hat man, wenn auch weniger heftig, bestritten.

Es ging um Friedrich Sieburg, von dem ich ohnehin mehr geduldet als gefördert wurde und der mir die wichtigeren Bücher, die ich rezensieren wollte, meist verweigerte. Er habe es ungern gesehen, daß in letzter Zeit Beiträge von mir immer häufiger in der »Welt« zu lesen und im Rundfunk zu hören seien. Er fürchtete – ich konnte es kaum glauben –, die Konkurrenz versuche den Neuankömmling zu einer Gegenfigur aufzubauen. Seinem Assistenten soll er gesagt haben: »Machen Sie sich keine Sorgen um ihn. Solche Herrn haben ja Ellenbogen. Er wird uns schon an die Wand drängen.« Solche Herrn – was war damit wohl gemeint?

Aber Sieburg, dem ich von Anfang an nicht geheuer war, hatte schon recht: Ich paßte nicht in die »Frankfurter Allgemeine«, wie sie damals war. Ich hatte nichts übrig für die betont konservative und steif-würdevolle Haltung dieses Blattes.

Auch mein Stil machte mich hier zum Fremdling. In einem 1935 an Walter Hasenclever gerichteten Brief lobt Tucholsky einen Artikel in der »Basler Nationalzeitung«, der ihm jedoch »zu fett geschrieben ist (wie aus Sieburgs Küche: wo andere Öl nehmen, gibt es gleich Mayonnaise)«. So wurde damals in der »Frankfurter Allgemeinen« meist geschrieben: sehr vornehm, etwas schwerfällig und häufig eben ein wenig zu fett. Ich schrieb keineswegs besser, natürlich nicht – nur schrieb ich ohne Mayonnaise.

Das war klar: In der »Frankfurter Allgemeinen« würde ich nicht unterkommen. Warum sollten wir also in Frankfurt bleiben? Hamburg sagte mir mehr zu, dort war auch – das zeigte sich immer deutlicher – der Schwerpunkt meiner Arbeit. Denn dort waren die »Welt« und der »Norddeutsche Rundfunk«. Zudem erschien in Hamburg die Zeitung, die den Anspruch erheben konnte, das intellektuelle Forum der Bundesrepublik und zugleich das Organ der deutschen Nachkriegsliteratur zu sein: »Die Zeit«.

Anders als in der »Frankfurter Allgemeinen« konnte man in diesem Blatt – und das war für mich sehr wichtig – auch ehemalige Emigranten lesen, Theodor W. Adorno etwa und Golo Mann, Hermann Kesten, Ludwig Marcuse, Robert Neumann und viele andere, die heute schon vergessen sind. Da, so schien es mir, gehörte ich hin, da würde auch ich, so hoffte ich, früher oder später landen. Vorerst sah es nicht danach aus: Ich kannte niemanden in der »Zeit«, und niemand in dieser Redaktion war an mir interessiert.

Im Sommer 1959 zogen wir nach Hamburg und bekamen nach nicht langer Wartezeit eine kleine Wohnung zugewiesen. Die zweieinhalb Zimmer mußten reichen: für drei Personen (unser Sohn war mittlerweile zu uns gestoßen) und für meinen Arbeitsraum. Ziemlich eng war es schon, aber wir waren zufrieden. Bei Lichte besehen ging es uns von Monat zu Monat besser, zumal wir uns dank der Funkhonorare die nötigsten Möbel anschaffen konnten. Im Herbst 1959 überraschte mich die »Welt« mit einem Auftrag, den ich als ehrenvoll empfand: Ich erhielt zur Besprechung den neuen Roman von Heinrich Böll, der schon damals als der populärste Schriftsteller der Nachkriegsliteratur galt.

Wenige Wochen später erfolgte, was ich gewünscht und erhofft hatte: »Die Zeit« suchte die regelmäßige Zusammenarbeit mit mir. Man bat mich, das erfolgreichste Debüt des Jahres zu rezensieren, den inzwischen schon mehrfach enthusiastisch besprochenen Roman »Die Blechtrommel« des Günter Grass. Ich lieferte eine sehr einseitige Kritik, in der ich den Geschmacklosigkeiten und Schaumschlägereien des jungen Autors und den Schwächen, den Mängeln und Makeln seines Romans ungleich mehr Platz einräumte als den von mir mit Sicherheit unterschätzten Vorzügen seiner Prosa. Die Kritik erschien sofort und ungekürzt.

Nach den Artikeln über die Bücher von Böll und Grass war ich als Kritiker akzeptiert – nicht unbedingt von den Autoren, wohl aber von den Redakteuren, den Arbeitgebern. Von nun an schrieb ich gleichzeitig für die »Welt« und die »Zeit« und neben Buchbesprechungen auch größere literarkritische Artikel und viele Glossen. Schon 1960 – ich war erst zwei Jahre im Westen – hat mich »Die Zeit« in einer Umfrage zu den »führenden Buchkritikern« der deutschsprachigen Welt gezählt. Ab Oktober 1961 wurden meine Kritiken dort durch eine besondere Unterzeile hervorgehoben: »Marcel Reich-Ranicki bespricht...« Nachdem sieben Artikel mit dieser Unterzeile versehen waren, hat man sie wieder aufgegeben: Die anderen Kritiker fühlten sich verständlicherweise benachteiligt.

Etwa gleichzeitig richtete die »Zeit« für meine Glossen und kleineren Kommentare eine besondere Rubrik ein, die »Hüben und drüben« genannt wurde und in jeder Nummer erschien. Diese Beiträge wiederum hatten ein so starkes Echo, daß das »Dritte Programm« des Norddeutschen Rundfunks sie allwöchentlich, nachdem sie schon in der »Zeit« gedruckt waren, jeweils am Samstagabend nachsenden wollte: In einem Briefwechsel zwischen dem Feuilletonchef der »Zeit«, Rudolf Walter Leonhardt, und den beiden Herausgebern des Dritten Programms des NDR und des Senders Freies Berlin, Rolf Liebermann und Ernst Schnabel, wurde im Dezember 1962 vereinbart, meine »Hüben und drüben«-Kolumne als »Gemeinschaftsunternehmen« der beiden Institutionen fortzuführen. Wenn ich recht informiert bin, hatte es eine solche Zusammenarbeit zwischen einer Zeitung und einem Rundfunksender noch nicht gegeben.

Schon vorher, Ende 1961, hatte ich der »Welt« gekündigt. Anfang 1963 ging in Erfüllung, woran mir so gelegen war: Ich wurde von der »Zeit« regelrecht angestellt. Ich bekam also nicht nur ein festes Monatsgehalt, sondern auch die übliche Altersversorgung und die Krankenversicherung. An meiner Arbeit änderte sich dadurch nichts: Ich hatte wie bisher der »Zeit« Artikel zu liefern, ich hatte weiterhin keinerlei redaktionelle Pflichten. Angeblich war ich damals der einzige in der Bundesrepublik, der als Kritiker fest angestellt war – und eben nur als Kritiker. 1963 erschien auch mein erstes im Westen veröffentlichtes Buch: »Deutsche Literatur in West und Ost«.

Das Echo hat ebenso meine Hoffnungen wie meine Befürchtungen stark übertroffen. Es gab viele und sehr ausführliche Äußerungen, freundliche und unfreundliche,

begeisterte und vernichtende. Doch nicht diese Skala überraschte mich, wohl aber die Tatsache, daß der Anteil der
negativen oder zumindest skeptischen Urteile ungleich
größer war, als ich es erwartet hatte.

Anfang 1964 begann ich eine Funkserie, das »Literarische Kaffeehaus«, die von mehreren Sendern gleichzeitig
ausgestrahlt wurde, zum Teil auch vom Fernsehen. Gesendet wurde in der Regel live aus dem längst nicht mehr
existierenden Weinhaus Wolf in Hannover, von dem bei
Gottfried Benn mehrfach die Rede ist. Es waren längere
Gespräche, an denen nur drei Personen teilnahmen: Hans
Mayer und ich waren immer dabei, der dritte war ein Gast,
meist ein bekannter Schriftsteller, bisweilen ein Literar-
historiker. Über die Literatur unterhielt man sich und über
das literarische Leben, gelegentlich auch über ganz andere
Themen, vorwiegend über Aktuelles.

Zu den Gästen gehörten: Theodor W. Adorno, Rudolf
Augstein, Ernst Bloch, Heinrich Böll, Friedrich Dürrenmatt, Hans Magnus Enzensberger, Max Frisch, Günter
Grass, Hans Werner Henze, Walter Jens, Wolfgang Koeppen, Siegfried Lenz, Hilde Spiel und Martin Walser. Man
wird zugeben: eine ansehnliche Liste. Jede Sendung endete
mit den Worten aus Brechts »Gutem Menschen von Sezu-
an«: Wir »sehn betroffen den Vorhang zu und alle Fragen
offen«. Als in den achtziger Jahren im Zweiten Deutschen
Fernsehen das »Literarische Quartett« gegründet wurde,
habe ich an das »Literarische Kaffeehaus« aus den sechziger
Jahren angeknüpft und die Brecht-Zeilen als Abschluß bei-
behalten.

Ein letztes Beispiel: Eine Hamburger Studienrätin bat
mich, ihr einige kurze Erzählungen zu empfehlen, die sich
für die schriftliche Abiturientenprüfung eigneten. Es sollten möglichst zeitgenössische Autoren sein. Ich erfüllte
ihren Wunsch und dachte mir: Sie ist bestimmt nicht die

einzige, die derartige Geschichten braucht. So machte ich eine Anthologie (»Erfundene Wahrheit«), die 1965 erschien und monatelang auf der Bestsellerliste stand. Daraus ging eine fünfbändige Sammlung deutscher Erzählungen des zwanzigsten Jahrhunderts hervor, die umfassendste, die es je gegeben hat.

Wie also? Folgte damals ein Sieg auf den anderen? Habe ich gleich in den ersten Jahren meines Aufenthalts in Deutschland einen Triumph nach dem anderen feiern können? Das wäre stark übertrieben. Jedenfalls war in meinem Hamburger Alltag von einem Triumph wenig zu merken. Nach wie vor lebten wir in den zweieinhalb Zimmern, die ich dem sozialen Wohnungsbau zu verdanken hatte – an eine größere Wohnung war bei meinen Einkünften nicht zu denken. Nach wie vor mußte ich auch am siebten Tag der Woche arbeiten. Auch nach mehreren Jahren in Hamburg fühlten wir uns in dieser Stadt ziemlich einsam, genauer: isoliert.

Von einem Hochgefühl konnte also nicht die Rede sein – zumal Tosias Gesundheit viel zu wünschen übrigließ, es gab ernste und langwierige Krisen. War ich undankbar? Natürlich wußte ich, daß mir in kurzer Zeit ein Erfolg gelungen war, mit dem ich niemals hatte rechnen können: Der Wunschtraum meiner Jugend – in Deutschland als Kritiker deutscher Literatur zu arbeiten – war verwirklicht. Wie konnte das in so kurzer Zeit geschehen? Man hat mir diese lästige Frage schon oft gestellt. Meist bin ich ihr ausgewichen, zumal ich nicht recht weiß, ob es überhaupt meine Sache, gar meine Pflicht ist, mir darüber öffentlich Gedanken zu machen. Schließlich ist es immer nicht nur riskant, es ist geradezu fatal, eigene Leistungen zu kommentieren, gar zu rühmen. Recht hatte Heine, als er in seinen »Geständnissen« meinte: »Ich wäre ein eitler Geck, wenn ich hier das Gute, das ich von mir zu sagen wüßte, drall hervorhübe.« Andererseits wäre es ein Zeichen von Feigheit, wollte ich mich dieser heiklen Frage ganz entziehen.

Mein schneller und, wie manche, sei es wohlwollend, sei es hämisch, bemerkten, erstaunlicher Erfolg hat mit der Eigenart meiner Kritik zu tun. Bewußt und unbewußt habe ich an eine Tradition angeknüpft, die im »Dritten Reich« offiziell verpönt war und um die sich meine Kollegen nach dem Zweiten Weltkrieg wenig oder gar nicht kümmern wollten. Gewiß, ein Vorbild, dem ich nacheifern wollte, kannte ich nie. Aber ich habe sehr viel von den großen deutschen Kritikern der Vergangenheit gelernt, von Heine und Fontane, von Kerr und Polgar, von Jacobsohn und Tucholsky. Noch heute lerne ich von ihnen und erst recht von den wunderbaren Kritikern der deutschen Romantik. Ich statte meinen Dank ab, indem ich immer wieder auf sie verweise und sie immer wieder zitiere.

Sie alle arbeiteten für Zeitungen, und das hat ihren Stil geprägt. Sie hatten den gleichen Adressaten im Auge: das Publikum. Selbstverständlich ist das nicht, zumal in Deutschland, wo gerade die Betrachtung der Literatur oft genug in den Händen von Wissenschaftlern und Literaten lag, wogegen natürlich nichts zu sagen ist. Nur schrieben die Wissenschaftler für die Wissenschaftler und die Literaten für die Literaten. Das Publikum indes ging leer aus. Auch ohne Heine und ohne Fontane und ohne die anderen hätte ich vornehmlich für die Leser geschrieben und nicht für die Zunft. Dazu hätte mich schon mein Temperament getrieben.

Es komme vor allem darauf an – hat Fontane einmal gesagt –, doch wenigstens begriffen zu werden. Um die Verständlichkeit meiner Sätze bemüht, habe ich mir oft mit einem Fremdwörterbuch geholfen – auf der Suche nach deutschen Entsprechungen, die ich statt der sich aufdrängenden Fremdwörter verwenden könnte. Um das, was ich sagen wollte, erkennbar und faßbar zu machen, habe ich mir häufig erlaubt zu übertreiben und zu überspitzen. Ich bin überzeugt: Gute Kritiker haben immer um der Verdeutlichung willen vereinfacht, sie haben oft das, was sie mitzuteilen wünschten, auf des Messers Schneide gebracht und auf die Spitze getrieben, damit es einsichtig und klar werde. Was immer man mir vorwerfen mag, die Unlust, »ja« oder »nein« zu sagen, gehört wohl nicht dazu. Viele Leser waren mir dankbar, daß sie meinen Kritiken ohne Mühe entnehmen konnten, ob ich eine literarische Neuerscheinung befürworte oder ablehne.

So haben mich die großen Kritiker der Vergangenheit angeregt und ermutigt, sie haben auf mich Einfluß ausgeübt, auf meine Anschauungen über die Aufgabe und die Rolle der Literaturkritik ebenso wie auf meine alltägliche Praxis. Hier und da habe ich mir von ihnen auch die Legitimation geholt – für manche meiner Ansichten und eben auch für die alltägliche Praxis in unserem Gewerbe. Um 1970 habe ich beschlossen, ein Buch mit Porträts bedeutender deutscher Literaturkritiker von Lessing bis zur Gegenwart zu verfassen. Ich wollte mir für diese Aufgabe viel Zeit lassen: Mit ungefähr fünfzehn Aufsätzen habe ich zunächst gerechnet, zehn Jahre würden wohl nötig sein. Schließlich sind dreiundzwanzig Essays entstanden, und gedauert hat das Ganze ein Vierteljahrhundert: Das Buch »Die Anwälte der Literatur« konnte erst 1994 abgeschlossen und veröffentlicht werden.

Jemand meinte, es seien in diesem Band zwar dreiundzwanzig Porträts enthalten, doch verberge sich in ihnen das Bild noch eines Kritikers, der, bewußt und unbewußt, ein Selbstporträt zeichne und ein Selbstbekenntnis ablege – das Bild des Autors. Ich habe das gern gelesen. Wer über andere Menschen schreibt, kann es gar nicht verhindern, daß er zugleich auch über sich selbst schreibt. Das gilt unzweifelhaft und ganz besonders für den Kritiker, der, über andere Kritiker sich äußernd, so gut wie immer zu erkennen gibt, was er von seiner Zunft – und somit auch von sich selber – erwartet und verlangt.

Aber es gibt noch ein ganz anderes Element, das vielleicht zu meinem Erfolg als Kritiker beigetragen hat. Auf die Gefahr hin, der Anmaßung bezichtigt zu werden, will ich hier doch sagen, wovon ich überzeugt bin: Die Literatur ist mein Lebensgefühl. Das lassen, glaube ich, alle meine Ansichten und Urteile über Schriftsteller und Bücher erkennen, vielleicht auch die abwegigen und verfehlten. Letztlich ist es ja die Liebe zur Literatur, diese mitunter sogar ungeheuerliche Leidenschaft, die es dem Kritiker ermöglicht, seinen Beruf auszuüben, seines Amtes zu walten. Und bisweilen mag es diese Liebe sein, die anderen die Person des Kritikers erträglich und in Ausnahmefällen sogar sympathisch macht. Man kann es nicht oft genug wiederholen: Ohne Liebe zur Literatur gibt es keine Kritik.

Canetti, Adorno, Bernhard und andere

Meine Situation war gut. Manche Kollegen meinten gar, ich sei zu beneiden, da ich, bei der »Zeit« fest angestellt, dennoch die Privilegien eines freien Autors genießen dürfe. In der Tat: Ich brauchte nicht in die Redaktion zu kommen und an Konferenzen teilzunehmen, ich hatte nicht Manuskripte zu begutachten und zu redigieren, ich mußte nicht Korrektur lesen. Ich sollte schreiben, andere Pflichten hatte ich nicht, nichts anderes erwartete man von mir. Auch blieb es mir überlassen, wieviel und wie wenig ich schrieb – auf jeden Fall bekam ich mein Gehalt.

Ja, das waren in der Tat Privilegien – und ich verdankte sie dem Feuilletonchef der »Zeit«, Rudolf Walter Leonhardt, einem Liebhaber der Literatur, der sich von seiner Schwärmerei nicht um den gesunden Menschenverstand bringen ließ. Er war ein Enthusiast auf leisen Sohlen. Ich wurde von Leonhardt gefördert, weil ihm meine Literaturkritik gefiel, aber auch aus einem anderen Grund: Die Redaktion konnte sich bald davon überzeugen, daß meine Artikel zum Anstieg der Auflage beitrugen.

Und ich betätigte mich in der »Zeit« nicht nur als Literaturkritiker, ich durfte ab und zu auch Theaterrezensionen verfassen. Ich besprach vor allem Uraufführungen deutscher Dramatiker: Peter Weiss, Günter Grass, Martin Walser, Tankred Dorst. Auch wenn ich mich über eine Shakespeare-Inszenierung oder eine Tschechow-Premiere äußern wollte, war der Theater-Redakteur der »Zeit« immer großzügig: Die reizvolle Aufgabe, der er sich selber annehmen wollte, hat dieser Redakteur – es war Hellmuth Karasek – sofort an mich abgetreten. Gelegentlich schrieb ich auch über Opern, über Wagner zumal und Richard Strauss.

Doch meine Domäne war und blieb die Literaturkritik. Wenn ich auch über die Russen von Babel bis Solschenizyn und, weit häufiger noch, über die Amerikaner von Hemingway bis Philip Roth schrieb, im Mittelpunkt und im Vordergrund stand immer die Literatur in deutscher Sprache. Es war mit der »Zeit« abgemacht, daß ich die Bücher deutscher Schriftsteller frei auswählen konnte, daß sie erst dann anderen zur Besprechung vergeben wurden, wenn ich meine Wünsche mitgeteilt hatte. Ich kann mich nicht beschweren: Die Redaktion hat sich strikt an diese Abmachung gehalten.

Nur einmal, 1969, wurde mit der Rezension eines Buches, über das ich schreiben wollte, ein anderer Kritiker beauftragt, und zwar ohne daß man sich mit mir verständigt hätte. Das hat mich geärgert – und obwohl mir an dem eher unerheblichen Buch nicht besonders gelegen war (es ging um Reinhard Lettaus kleinen Prosaband »Feinde«), habe ich es gleich anderswo besprochen, im »Spiegel«. Es war als Warnung für die Redakteure von der »Zeit« gedacht. Ich gebe es zu: Leicht war die Zusammenarbeit mit mir nicht.

So konnte ich schreiben, über wen ich wollte. Ich schrieb über die zeitgenössischen Autoren der damals älteren, noch vor dem Ersten Weltkrieg geborenen Generation – also über die Seghers und die Kaschnitz, über Arnold Zweig, Elias Canetti, Hermann Kesten und Friedrich Torberg, über Wolfgang Koeppen, Max Frisch, Hans Erich Nossack, Günter Eich und Peter Huchel. Ich analysierte die Autoren der damals mittleren Generation – wie Heinrich Böll, Friedrich Dürrenmatt und Arno Schmidt, wie Günter Eich,

Peter Weiss und Alfred Andersch, wie Wolfdietrich Schnurre, Erich Fried und Wolfgang Hildesheimer. Aber ich erlaube mir in aller Bescheidenheit, doch nicht ohne leise Genugtuung darauf aufmerksam zu machen, daß ich einem berühmten, häufig bewunderten und gepriesenen deutschen Prosaschriftsteller keine einzige Kritik gewidmet habe. Ich meine Ernst Jünger. Sein Werk ist mir fremd. Ich fühlte mich berufen zu schweigen.

Auch in einem ganz anderen, völlig unvergleichbaren Fall habe ich geschwiegen: Ich habe mich nie über Nelly Sachs und ihre Lyrik geäußert. Aber ich habe sie im Februar 1965 in Stockholm besucht. Von Freunden aus dem Goethe-Institut wurde ich gewarnt: Das Gespräch werde schwierig und nicht ergiebig sein. Denn ihr psychischer Zustand sei sehr bedenklich, ihre Zurechnungsfähigkeit stark eingeschränkt. Ich ließ mich nicht abschrecken. Nelly Sachs wohnte in einem proletarischen Viertel Stockholms, immer noch in derselben engen Wohnung im dritten Stock eines Mietshauses, die sie 1940, nach ihrer Flucht aus Deutschland, zugeteilt bekommen hatte. Auch nachdem sie 1966 mit dem Nobelpreis ausgezeichnet worden war, blieb sie in dieser dürftigen Wohnung – bis zu ihrem Tod im Jahre 1970. Die kleine, zarte und zierliche Dame hätte meine Mutter sein können. Sie begrüßte mich herzlich und natürlich, so herzlich, als würden wir uns schon seit vielen Jahren kennen.

Auf die Frage nach ihrer Gesundheit antwortete sie mir gleich und auch sehr ausführlich. Es wäre ja gar nicht so schlimm, nur werde sie in Stockholm von einer illegalen deutschen, nationalsozialistischen Organisation verfolgt und terrorisiert. Inzwischen seien die Nazis unter der Kontrolle der schwedischen Polizei, so daß ihr, Nelly Sachs, keine unmittelbare Gefahr mehr drohe. Allerdings werde von der Nazi-Organisation ihr Schlaf mit Hilfe von Radiowellen unentwegt gestört, zeitweise sogar unmöglich gemacht – dagegen könne die Polizei nichts unternehmen. An dieser Schlaflosigkeit, ihrer schrecklichsten Qual, werde sie bis zu ihrem letzten Tag leiden müssen, dessen sei sie sicher.

Sie erzählte mir dies alles ganz ruhig. Ich konnte nichts sagen, ich war ratlos. Ob man sie darüber unterrichtet hat, daß ich in Berlin aufgewachsen war und was ich später erlebt hatte, weiß ich nicht. Aber sie stellte mir keine einzige Frage, sie wollte nichts über mich wissen: Nelly Sachs war nur mit sich selbst beschäftigt, während dieses Besuchs war ausschließlich von ihr die Rede. Sobald sie vom Thema ihrer Verfolgung zu anderen Fragen überging, sprach sie einfach und vernünftig. Als ich mich nach etwa einer Stunde verabschiedete, schenkte sie mir eines ihrer Bücher und versah es mit zwei Versen aus ihrem Werk, die ich während unseres Gesprächs zu ihrer Zufriedenheit zitiert hatte: »An Stelle von Heimat / halten wir die Verwandlungen der Welt.« Ich hatte ursprünglich geplant, über den Besuch bei Nelly Sachs einen kleinen Bericht in der »Zeit« zu schreiben. Aber ich war dazu nicht mehr imstande, ich kapitulierte.

Kapituliert habe ich auch vor den ersten beiden Prosabüchern von Thomas Bernhard. Seinen Roman »Frost« aus dem Jahre 1963 las ich mit gemischten Gefühlen: Ich war fasziniert und beeindruckt, ich war verwirrt. Ein großes Talent? Ganz sicher war ich meiner Sache nicht. Ein Kritiker, der sich nicht entscheiden kann, müsse, meinte ich, seine Unsicherheit mit sich selber ausmachen und dürfe erst dann vor das Publikum treten, wenn er glaubt, klar sagen zu können, was seiner Ansicht nach hier gespielt und wie es gespielt werde. Beim nächsten Buch Bernhards, der Erzählung »Amras«, stand ich vor demselben Dilemma. Wenn ich mir überlege, was mich damals gehindert hat, über ihn zu schreiben, dann drängt sich mir ein einziges Wort auf:

Angst. Ich fürchtete, seiner Prosa nicht gewachsen zu sein. Wie ich viele Jahre lang gezögert hatte, mich über Kafka zu äußern, so entzog ich mich vorerst auch den Büchern Bernhards.

Als ich aber 1965 in der »Neuen Rundschau« seine nicht lange Erzählung »Der Zimmerer« gelesen hatte, war mein etwas zwiespältiges Verhältnis zu dem jungen österreichischen Autor endgültig überwunden. Dieses Prosastück und das wenig spätere mit dem Titel »Die Mütze« berührten und ergriffen mich mehr als Bernhards vorangegangene Bücher. Ich beschloß, mich von nun an mit ihm kritisch auseinanderzusetzen. Es erschienen dann der Roman »Verstörung« und die kleine, die gewichtige Sammlung »Prosa«. Hatte ich jetzt keine Angst mehr vor Bernhard? War ich nun seinem Werk gewachsen? Es fragt sich, ob man ihm überhaupt gewachsen sein kann. Goethe sagte 1827 zu Eckermann: »Je inkommensurabler und für den Verstand unfaßlicher eine poetische Produktion, desto besser.« Ich mag diesen Ausspruch nicht. Hat Goethe dies wirklich und wörtlich gemeint? Oder wollte er nur andeuten, daß das Inkommensurable und für den Verstand Unfaßliche dem Autor und seiner Dichtung sehr wohl zugute kommen könne?

Thomas Bernhard spürte und wußte ungleich mehr, als er in Worten auszudrücken imstande war. Eben deshalb konnte er ausdrücken, was sich in seinen Büchern findet. Aber sein Werk zeichnet sich durch schroffe und hochmütige Unvollkommenheit aus. Die Vorstellung, es sei seine Aufgabe, etwas Perfektes zu liefern, hätte er gewiß als absurde Zumutung oder als Unverschämtheit zurückgewiesen. Seine Sache war das Fragmentarische – und der »Übertreibungsfanatismus«. Seine Prosa bleibt auch dann beklemmend, wenn er scheinbar unbeschwert und munter erzählt. Je besser ich sie zu verstehen glaubte, desto mehr beunruhigte sie mich.

Aber meine Gespräche mit Bernhard waren weder beklemmend noch unruhig, es waren in der Regel entspannte und angenehme Plaudereien. Ich habe ihn mehrfach getroffen: in Berlin, in Frankfurt und in Salzburg und einmal, im August 1982, im oberösterreichischen Ohlsdorf. Er war damals überaus freundlich. Man kann sich den Grund denken: Ich hatte seine autobiographischen Bücher »Die Ursache«, »Der Keller« und »Der Atem« begeistert besprochen. Wir unterhielten uns einige Stunden, aber wir erwähnten kein einziges Mal, womit wir gerade beruflich beschäftigt waren. Ich wollte von ihm nichts über seine Arbeit erfahren. Auch er stellte mir keine Fragen, die auf Literatur oder Kritik abzielten. Bernhard gehörte zu den nicht wenigen Schriftstellern, die Literatur schufen – und eine wunderbare –, die sich aber für Literatur nicht sonderlich interessierten.

Viel sprachen wir über Musik, die er liebte, ohne, wie ich glaube, zu ihr eine tiefere Beziehung gehabt zu haben. Sein musikalischer Geschmack war recht gut, seine oft apodiktischen Urteile schienen mir originell und skurril. Allerdings fiel mir auf, daß er verschiedene, keineswegs abseitige Komponisten nicht kannte. Bei diesem Teil unserer Unterhaltung ließ ich ein Tonband mitlaufen. Das störte ihn überhaupt nicht. Was Bernhard mir sagte, war amüsant, doch für eine Veröffentlichung, so schien es mir, nicht geeignet. Ich habe das Band gelöscht.

In seinem Haus in Ohlsdorf waren die Wände strahlend weiß gestrichen, die Fenster und die Türen aber mit einem pechschwarzen Streifen umrandet. Sein Heim war unheimlich. Wer will, kann diesen krassen Farbkontrast auch in seinen Büchern wiederfinden. Sie leben von polaren Spannungen, zumal von jener zwischen Schwermut und Humor. Bernhard war ein lachender Melancholiker, ein beängstigender Spaßmacher. Er war ein heiterer Dichter der Verstörung und der Zerstörung, des Verfalls und des Zerfalls, der Auflösung und der Auslöschung.

Damals, in den sechziger Jahren, als ich über Bernhard zu schreiben begann, befaßte ich mich in der »Zeit« sehr häufig mit Büchern von jüngeren Schriftstellern, die noch nahezu oder ganz unbekannt waren – wie etwa, um nur einige zu nennen, Reinhard Baumgart, Jurek Becker, Peter Bichsel, Wolf Biermann, Rolf Dieter Brinkmann, Hubert Fichte, Alexander Kluge, Adolf Muschg, Ulrich Plenzdorf, Gabriele Wohmann oder Wolf Wondratschek. Es waren beinahe immer wohlwollende, lobende Artikel.

Gleichwohl galt ich bald als ein um sich schlagender Wüterich. Ich bin nicht sicher, ob es unter diesen Umständen ein glücklicher Einfall war, eine Auswahl meiner negativen Kritiken zwischen zwei Buchdeckeln zu versammeln und mit dem Titel »Lauter Verrisse« zu versehen. Übrigens handelte es sich niemals um Bücher von Anfängern, vielmehr von unzweifelhaft arrivierten Autoren. Abgeschlossen wurde das Buch mit der schärfsten und radikalsten kritischen Verurteilung meiner eigenen Arbeit. Sie stammte von Peter Handke. Das Ganze sollte verstanden werden als ein Beitrag zum Gespräch über deutsche Literatur und Kritik in jenen Jahren und als ein Plädoyer für jene Verneinung, hinter der sich nichts anderes verbirgt als eine entschiedene Bejahung.

Das Buch war sehr erfolgreich, es erschien in vier verschiedenen Ausgaben und in vielen Auflagen. Aber es hat bewirkt, was ich nicht wollte: Statt Vorurteile abzubauen, hat es sie erhärtet. Von nun an wurde in Zeitungen und Magazinen, wenn man meinen Namen nannte, in Klammern der Titel »Lauter Verrisse« hinzugefügt. Er avancierte mit der Zeit, obwohl ich vor und nach dieser Sammlung einige Bücher veröffentlicht habe, die mir gewichtiger scheinen, zum nicht eben freundlichen Markenzeichen. Obwohl ich viele, sehr viele zustimmende Besprechungen geschrieben habe und obwohl mich bei gelegentlicher Lektüre alter Kritiken die Frage irritiert, ob ich nicht allzu häufig bereit war, Bücher zu feiern, die es kaum verdient haben, stand ich in dem Ruf eines Spezialisten für Verrisse. Auf einer Zeichnung von Friedrich Dürrenmatt hocke ich, mit einem überdimensionalen Federhalter bewaffnet, auf vielen Köpfen, offenbar jenen meiner Opfer. Die Zeichnung ist überschrieben: »Schädelstätte«.

Aber darüber beklage ich mich keinesfalls; ich dürfte es schon deshalb nicht, weil auch ich Schriftsteller häufig mit Formeln charakterisiert habe. Auch ihnen war es gar nicht recht, von mir, ob ich es wollte oder nicht, mit Markenzeichen versehen zu werden. Doch wird man verstehen, daß ich das Bedürfnis hatte, dem Buch »Lauter Verrisse« ein Gegenbuch an die Seite zu stellen. Es erschien 1985 unter dem Titel »Lauter Lobreden« und enthält neben einigen Geburtstagsartikeln vor allem Reden, die ich aus Anlaß von Preisverleihungen und verschiedenen Jubiläen gehalten habe – die Skala reicht von Ricarda Huch bis Hermann Burger. Freilich hat mir dieses Buch überhaupt nicht geholfen: Ich gelte weiterhin als ein Mann der literarischen Hinrichtungen.

Da ich im Laufe der Jahre viele Bücher verfaßt und noch mehr herausgegeben habe, konnte ich oft Kritiken in eigener Sache lesen. Es waren darunter, wie nicht anders zu erwarten, viele, sehr viele Verrisse, und sie ließen – auch das ist nicht verwunderlich – an Härte und Aggressivität nichts zu wünschen übrig. Die Schmerzen und die Leiden der von mir abgelehnten Schriftsteller sind mir nicht unbekannt, und so muß ich Verständnis für ihre Racheakte und Haßausbrüche haben. Nur scheinen mir manche dieser Ausbrüche die Grenzen des Humanen nun doch überschritten zu haben. Vielleicht sind sie als Symptome unseres literarischen Lebens erwähnenswert.

Den jungen Autor Rolf Dieter Brinkmann habe ich 1965 in der »Zeit« als neues Talent der deutschen Prosa freudig begrüßt. 1968 habe ich seinen ersten Roman »Keiner weiß mehr« enthusiastisch gerühmt, ebenfalls in der »Zeit«. Im November 1968 saßen wir, Brinkmann und ich, zusammen auf dem Podium der Akademie der Künste in Berlin. Ich hatte ihn unmittelbar vor der Veranstaltung zum ersten Mal gesehen. Zu meiner Überraschung schaute er mich wütend an. Ich ahnte nicht, daß er auf einen Skandal aus war. Unsere Diskussion dauerte noch nicht lange, da brüllte er mich ohne erkennbaren Anlaß an: »Ich sollte überhaupt nicht mit Ihnen reden, ich sollte hier ein Maschinengewehr haben und Sie niederschießen.« Das Publikum war empört und verließ aufgeregt den Saal. Brinkmann hatte nun den Skandal, an dem ihm offensichtlich so gelegen war. Seine Verlagslektorin wollte mich beschwichtigen: »Sie sind doch für ihn eine Vaterfigur, und dazu gehört auch der Vatermord – dafür sollten Sie Verständnis haben.« Ich hatte dafür kein Verständnis.

Meinen Tod wünschte auch Peter Handke, jedenfalls würde er ihn nicht bedauern: In seinem aus dem Jahr 1980 stammenden Buch »Die Lehre der Sainte-Victoire« stellt er mich als bellenden und geifernden »Leithund« dar, »in dem sich gleichsam etwas Verdammtes umtrieb« und dessen »Mordlust« vom Getto noch verstärkt worden war. Auch die hochbeachtliche Lyrikerin Christa Reinig hat sich meinen von ihr ersehnten Tod vorgestellt – und sehr ausführlich. Der Ordnung halber sei gesagt: Ich habe nie auch nur ein einziges Wort gegen sie verlauten lassen, wohl aber manches zu ihren Gunsten. In Christa Reinigs 1984 veröffentlichtem Buch »Die Frau im Brunnen« klagt ihr Freund, er könne nicht weiterschreiben, weil er bei jedem Satz daran denken müsse, wie ich sein Buch beurteilen werde. Es soll in einem Jahr fertig sein. Er wird beruhigt: »Ich sage:

Da ist der Reich-Ranicki längst tot... Vielleicht nagt eine geheime Krankheit an ihm. Ein Krebsgeschwür, ein Herzinfarkt, eine Geisteskrankheit. Das alles kann schon im nächsten Monat zum Ausbruch kommen, und dann bist du frei zu schreiben, was du willst. Er lacht über meine Kindlichkeit. Nein, das alles ist ganz ausgeschlossen. Ich sage: Dann wird er einen Verkehrsunfall bauen, er wird überfahren werden oder von einem Rechtsüberholer geschnitten und zerquetscht.«

Die Geschichte der Literaturkritik, und nicht nur der deutschen, lehrt, daß jene, die viel verreißen, besonders oft attackiert und ihrerseits verrissen werden. Darin mag man eine tiefere Gerechtigkeit sehen. Jedenfalls war das literarische Gewerbe seit eh und je gefährlich: Wer es ernsthaft ausübt, riskiert viel, und wer Wind sät, muß damit rechnen, daß er Sturm erntet. Also keine Klagen, keine Beschwerden meinerseits. Doch will ich nicht verheimlichen, daß mich die Brutalität mancher gegen mich gerichteter Äußerungen verblüfft hat.

Hat die Brutalität dieser Schriftsteller mit ihrer Empfindlichkeit zu tun, mit ihrer Eitelkeit? Thomas Mann war ichbezogen wie ein Kind, empfindlich wie eine Primadonna und eitel wie ein Tenor. Aber er meinte, daß die Egozentrik die Voraussetzung für seine Produktivität sei: Nur der quäle sich, der sich wichtig nehme. Er hatte keine Bedenken zu behaupten, daß alles, was »gut und edel scheint, Geist, Kunst, Moral – menschlichem Sichwichtignehmen« entstamme. Weil die Schriftsteller alles stärker und intensiver empfinden als andere Menschen, müssen sie sich mehr als andere quälen. Ihr Bedürfnis nach fortwährender Selbstbestätigung hängt damit zusammen. Das leuchtet ein, aber verwunderlich mag sein, daß der Erfolg eines Schriftstellers, sogar der Welterfolg, dieses Bedürfnis nicht im geringsten mindert.

Die relativen Mißerfolge Goethes – von der »Iphigenie«
bis zu den »Wahlverwandtschaften« – haben ihn offenbar
mehr geschmerzt, als ihn seine wahrhaft internationalen
Triumphe beglücken konnten. Thomas Mann gierte förmlich nach Lob, er war süchtig nach Anerkennung. Von kritischen Äußerungen über sein Werk wollte er nichts wissen,
er bestand darauf, daß sein Verleger, seine Sekretäre und
Familienangehörigen derartige Artikel vor ihm verbargen.
Denn auch geringfügige Kritik empfand er sogleich als persönliche Beleidigung, wenn nicht als ungeheuerliche Krän-
kung.

Was wünschen sich die Schriftsteller von jenen, die sich
in der Öffentlichkeit über ihre Produkte äußern? Als ich
1955 etwas über Arnold Zweig publiziert und es ihm über-
flüssigerweise auch noch zugeschickt hatte, dankte er mir
mit einer Anekdote: »Da gingen Heinrich Mann, Arthur
Schnitzler und Hugo von Hofmannsthal am Starnberger
See miteinander spazieren, sprachen über literarische Kritik
und erhielten von Hofmannsthal auf die Frage, was er von
Tageskritik halte, die klassische Antwort: ›G'lobt soll mer
wern, g'lobt soll mer wern, g'lobt soll mer wern.‹« Georg
Lukács hat dem Thema »Schriftsteller und Kritik« eine
eingehende Abhandlung gewidmet; nach subtilen, mitunter
höchst verwickelten Gedankengängen überrascht er seine
Leser mit einer Entdeckung: »Für den Schriftsteller ist im
allgemeinen eine ›gute‹ Kritik jene, die ihn lobt oder seine
Nebenbuhler herunterreißt, eine ›schlechte‹ jene, die ihn
tadelt oder seine Nebenbuhler fördert.«

Martin Walser, einer der intelligentesten Essayisten der
deutschen Gegenwartsliteratur, einer der anregendsten und
auch wunderlichsten Intellektuellen weit und breit, er,
Deutschlands gescheiteste Plaudertasche, er wußte schon,
wovon er sprach, als er kurzerhand erklärte, das Urbild
der Schriftsteller sei der ägyptische Hirte Psaphon, der den

Vögeln beigebracht hat, ihn zu preisen und zu besingen. Empfindlichkeit, Eitelkeit und Sichwichtignehmen – das alles konnte ich bei Lyrikern wie Erich Fried und Wolf Biermann beobachten, deren Talent nur noch von ihrer Egozentrik übertroffen wird. Und es war unübersehbar bei einem in vielerlei Hinsicht so ungewöhnlichen Autor wie Elias Canetti.

Ich habe ihn 1964 in Frankfurt kennengelernt, wir verabredeten uns für ein längeres Gespräch in London, wo er seit vielen Jahren lebte. Bald kam ich nach London und rief ihn sofort an. Er zeigte sich erfreut und war überaus höflich, wollte aber zunächst wissen, wie lange ich in der Stadt sein werde. Als er hörte, daß ich noch eine ganze Woche zu bleiben plante, war er erst recht erfreut. Er habe sich nämlich, obwohl er im Augenblick in London sei, gerade zurückgezogen, er sei, bedeutete er mir, in Klausur, in einem geheimen Versteck. Daher wäre er mir dankbar, wenn ich die Güte hätte, ihn in fünf Tagen noch einmal anzurufen und zwar zwischen 18 und 19 Uhr, denn nur um diese Zeit hebe er den Hörer ab.

Der Anruf habe aber, bat und belehrte mich Canetti, auf eine ganz bestimmte Weise zu erfolgen: Nachdem ich seine Nummer gewählt hätte, solle ich das Telefon fünfmal klingeln lassen, dann den Hörer auflegen und abermals seine Nummer wählen. Nach dem fünften Klingelzeichen dieser zweiten Serie werde er sich melden. So sei es mit seinen Freunden vereinbart. Andere Anrufe nehme er gar nicht an. Ich bestätigte, daß ich alles seinem Wunsch gemäß tun wolle. Nur wünschte ich zu wissen, wie das zu verstehen sei: Ich hätte doch eben zu einer ganz anderen Tageszeit angerufen und er sei schon nach dem ersten Klingelzeichen zu sprechen gewesen. Was er mir geantwortet hat, weiß ich nicht mehr.

Ich besuchte ihn in seiner eher bescheidenen und

nicht gerade geräumigen Wohnung im Londoner Stadtteil Hampstead. Canetti hat mich sofort beeindruckt. Er war so leutselig wie liebenswürdig und durchaus gesprächig. Was mir vor allem auffiel, war sein Charisma. Ich bin zwar hin und wieder Schauspielern, doch nur ganz selten Schriftstellern mit vergleichbarer Ausstrahlung begegnet. Schauspieler indes benötigen eine Rolle, einen Text, um ihr Charisma wirken zu lassen. In der alltäglichen Unterhaltung hingegen verschwindet es rasch. Canetti war ein Mann der Konversation. Kaum hatte er zu sprechen begonnen und plaudernd zu dozieren – und schon wirkte und bezauberte seine Persönlichkeit: Der kleine, wohlbeleibte und dennoch nicht schwerfällige Herr erwies und bewährte sich als anmutiger, als vorzüglicher Causeur. Seine Souveränität war authentisch, doch der Hauch eines dezenten Komödiantentums ließ sich nicht verkennen. Dazu mag beigetragen haben, daß sein Deutsch vom schönsten österreichischen Tonfall geprägt war. Um es etwas zu überspitzen: Unabhängig von dem, was Canetti sagte, war es ein Vergnügen, ihm zuzuhören.

Wir sprachen natürlich über Literatur. Die zeitgenössischen Autoren hatte er kaum gelesen. Er bekannte sich zu dieser Unkenntnis nicht ohne Trotz und Hochmut. Von den großen deutschsprachigen Schriftstellern aus der ersten Hälfte unseres Jahrhunderts ließ er nur wenige gelten, über die er sich, zumal über Kafka und Karl Kraus, höchst anregend äußerte. So höflich Canetti war, so wurde doch schnell klar, daß das Zuhören schwerlich als eine seiner starken Seiten gelten konnte – vielleicht deshalb, weil er viel, außerordentlich viel zu sagen hatte, und weil es offenbar in London, entgegen dem Eindruck, den er erwecken wollte, für ihn nicht gar so viele Gesprächspartner gab. Sobald von seinem Werk und seinem Lebensweg die Rede war, sobald er die eigene Person betrachtete und für den Gast skizzierte, machte sich eine gewisse Feierlichkeit bemerkbar. Große Teile seiner vor Jahren entstandenen Tagebücher und verschiedener Aufzeichnungen habe noch niemand gelesen, sie seien sicherheitshalber, also um zudringlichen Journalisten und Kritikern und sonstigen Neugierigen den Zugang zu versperren, in einer Geheimschrift verfaßt.

Ich fragte mich, ob denn jemand so sehr an diesen Aufzeichnungen interessiert sei oder ob es sich vielleicht, ähnlich wie bei Canettis Spielregeln für die Telefonanrufer, um, respektlos ausgedrückt, gewöhnliche Wichtigtuerei handle. Zu seinem Persönlichkeitsbild gehörten Elemente, die nur auf den ersten Blick unvereinbar scheinen – die Selbstgefälligkeit, die er nicht verbergen konnte, und das Einsamkeitspathos, bei dem er offenbar Zuflucht gesucht hatte.

Als wir uns damals, im Dezember 1964, mehrmals trafen, galt er in Deutschland noch unter den Außenseitern als ein Außenseiter. Nur wenige seiner Bücher waren erschienen, und sie hatten nicht allzu viele Leser gefunden. Die zahlreichen deutschen und österreichischen Preise und Titel, mit denen man Canetti geehrt hat – vom Nobelpreis ganz zu schweigen –, standen ihm noch alle bevor. Die Rolle eines weltlichen Sehers, die er später mit beinahe unvergleichlichem Charisma spielte, war ihm noch nicht gegeben, noch war man sich in Deutschland der sektenbildenden Kraft, die vom Werk und von der Persönlichkeit dieses Schriftstellers ausging, nicht bewußt.

Wir verabschiedeten uns in großer Herzlichkeit. Canetti hoffte wohl, ein neues Mitglied seiner zu jener Zeit nur langsam wachsenden Gemeinde gewonnen zu haben. Sicher ist, daß ich seinem Charisma erlegen war, vorerst jedenfalls. Doch ließ die zunächst so starke Wirkung in den nächsten Jahren deutlich nach und nicht ohne Grund. Wir trafen uns noch einige Male, aber eine Freundschaft wurde aus dieser Beziehung nicht.

1967 habe ich ein Sammelwerk vorbereitet, in dem ich Urteile und Kommentare vieler Schriftsteller, Philosophen und Journalisten über Heinrich Böll vereinen wollte. Wie immer in solchen Fällen gab es nicht wenige Zusagen und Absagen. Jaspers und Heidegger konnten nicht teilnehmen, aber viele waren mit von der Partie – von Adorno und Rudolf Augstein über Lukács und Ludwig Marcuse bis zu Martin Walser und Zuckmayer.

Ich bat auch Canetti um eine Äußerung über Böll – und sei es eine ganz kurze. Jaspers hatte mir geschrieben, er habe von Böll keine Zeile gelesen und »man müsse sich auf das, was einem persönlich wesentlich ist, beschränken, um überhaupt etwas zu tun«. Ähnlich, doch im Ton ganz anders, antwortete mir Canetti. In seinem Brief heißt es: »Ich bin in der peinlichen Lage eines Ignoranten, der sich mit dem Böllschen Werk nicht hinreichend befaßt hat. Eigentlich müßte ich mich vor seinen sieben Millionen Lesern schämen, die ihn besser kennen als ich.« Die Ironie war unmißverständlich: Canetti wollte andeuten, daß ich ihm ein Thema zugemutet hatte, das seiner nun doch nicht würdig sei.

Nach der beinahe euphorischen Anfangsphase kühlten sich unsere Beziehungen merklich ab, zumal Canetti schon mit meiner ersten Kritik eines seiner Bücher, dem kleinen und reizvollen, dem poetischen Prosaband »Die Stimmen von Marrakesch« nicht zufrieden war: Ich hätte, sagte er mir, eine Nebenarbeit von ihm auf Kosten seiner Hauptwerke gelobt – womit er nicht im Unrecht war. Seit meinem mißglückten Versuch, ihn für einen kleinen Beitrag über Böll zu gewinnen, waren mehr als sechs Jahre verstrichen, ich hatte mittlerweile den Literaturteil der »Frankfurter Allgemeinen« übernommen. Es nahte der hundertste Geburtstag Hugo von Hofmannsthals, den ich in dieser Zeitung auf eine mir angemessen scheinende Art und Weise feiern wollte. Trotz der Absage von 1967 wagte ich es, mich noch einmal an Canetti zu wenden – in der Hoffnung, daß Hofmannsthal, anders als Böll, ein Thema sei, das seinen Ansprüchen genüge. Ich wandte mich an ihn mit einem, wenn ich mich recht entsinne, devoten Brief. Seine rasche Antwort hat mich allerdings, ich gebe es zu, überrascht. Er sei eben von seinem »Arbeitsversteck auf dem Land« nach London zurückgekommen und habe hier meinen Brief vorgefunden: »Ich habe mich nicht wenig über ihn gewundert. Ich dachte, Sie wissen, daß ich nicht für Zeitungen schreibe. (...) Ich kann nur schreiben, was ich von mir aus schreiben muß und nicht Vorschläge zum Schreiben von außen entgegennehmen. Bei der Vorstellung, daß ich anläßlich irgendeines 100. Geburtstags etwas schreibe, muß ich lachen. (...) Und dann noch über Hofmannsthal, der mir nie etwas bedeutet hat, den ich im Gegenteil für maßlos überschätzt halte!«

Ich wollte Canetti daran erinnern, daß Heine und Fontane sehr wohl und sehr häufig für Zeitungen gearbeitet hatten, auch Döblin und Musil. Aber schließlich schien es mir richtiger, auf einen Briefwechsel über dieses Thema und über das Werk Hofmannsthals zu verzichten. Ich zog es vor, über zwei Bände seiner großflächig entworfenen Autobiographie zu schreiben, über »Die gerettete Zunge« aus dem Jahr 1977 und »Die Fackel im Ohr« von 1980. Daß Canettis Autobiographie dank ihrer literarischen Kultur und menschlichen Reife die meisten, ja, beinahe alle Bücher, die in jener Zeit in deutscher Sprache veröffentlicht wurden, weit hinter sich ließ, habe ich in diesen Kritiken natürlich gesagt.

Doch schien es mir bedenklich, daß Canetti dem Bedürfnis, die eigene Vergangenheit zu stilisieren und sich eine private Mythologie zu schaffen, offenbar nicht den geringsten Widerstand leistete. Auch konnte ich die Frage nicht unterdrücken, ob er die Ruhe, die mich befremdete, und die Gelassenheit, die mich irritierte, mit entschiedener Abwendung von allem erkauft hatte, was uns heute angeht und beängstigt. Hatte das mit seiner Eigenliebe und seiner Eitelkeit zu tun, mit jenem menschlichen »Sichwichtignehmen«, dem von Thomas Mann eine so fruchtbare Bedeutung beigemessen wurde? Verblüfft hat mich ein in seiner Aufrichtigkeit kaum zu überbietender Satz Canettis, der mir in seinen Aufzeichnungen aufgefallen ist: Die meisten lebenden Dichter, die er kennengelernt habe, hätten ihm mißfallen. Das ließe sich damit erklären – gesteht Canetti –, »daß man vielleicht gern der einzige wäre«.

Eigenliebe, Eitelkeit und das »Sichwichtignehmen«, dies alles in ungewöhnlichem Grad hat man auch einem Mann vorgeworfen, den man, vielen offensichtlichen Unterschieden zum Trotz, hier sehr wohl zum Vergleich heranziehen kann: Theodor W. Adorno. Beide waren fast gleichaltrig (Canetti wurde 1905 geboren, Adorno 1903), beide waren Juden und Emigranten, beide waren sie Persönlichkeiten von außerordentlichem Rang und Format – und beide hatten ihr Publikum vor allem in der Bundesrepulik. Adorno starb 1969 überraschend im Alter von 65 Jahren.

Warum ist er nicht älter geworden? Eine törichte Frage. Doch darf man sie in diesem Fall stellen. Ob er zu den bedeutendsten Denkern unserer Epoche gehört, kann ich nicht entscheiden. Aber daß er einer der erfolgreichsten deutschen Philosophen und Kulturkritiker war, ist unzweifelhaft. Das enorme Echo, das seinen Schriften zuteil wurde, beglückte ihn. Zugleich hat er viel gelitten, am meisten wohl in den letzten Jahren seines Lebens. Denn je berühmter er wurde, desto häufiger hat man ihn attackiert und gelegentlich verspottet, desto mehr mußte er unter dem Neid und der Mißgunst mancher Zeitgenossen leiden.

Die letzte Großaktion gegen ihn begann 1963. Ein junger

Mensch, der wahrscheinlich nichts gelernt hatte und der allem Anschein nach unfähig war, Adornos Gedanken zu verstehen oder gar auf sie einzugehen, wollte ihn kompromittieren. Er suchte und fand schließlich, was er brauchte: eine von Adorno 1934 im »Amtlichen Mitteilungsblatt der Reichsjugendführung« veröffentlichte Rezension, in der er Chöre auf Gedichte von Baldur von Schirach zustimmend besprach und dabei, ebenfalls zustimmend, sogar eine Formulierung von Goebbels zitierte. Die Denunziation schlug ein. Jetzt heulten sie alle frohlockend auf: alle, die Adorno beneideten, die meinten, er habe ihnen ein Unrecht angetan, die es nicht ertragen konnten, daß er sie ignorierte, die sich schon lange rächen wollten. Es war die Stunde der Zukurzgekommenen und Gescheiterten, der Mißgünstigen. Jener Artikel von 1934 war natürlich nicht schön, was hierüber zu sagen ist, hat der Verfasser selber gesagt.

Aber schlimmer als die zwei oder drei höchst anstößigen Sätze war der Triumph der widerwärtigen Schadenfreude, der baren Infamie und übrigens auch, wie könnte es anders sein, des ganz gewöhnlichen Antisemitismus. Wieder einmal mußte man an das Wort von Hoffmann von Fallersleben denken, das man hierzulande nicht oft genug zitieren kann: »Der größte Lump im ganzen Land, / Das ist und bleibt der Denunziant.« In den folgenden Jahren ließen die Attacken gegen Adorno kaum nach. Man gab sich viel Mühe, ihm das Leben schwerzumachen. Doch wie verletzbar er auch war: Er ließ sich nicht beirren, er hat sein Werk fortgesetzt – zu unser aller Nutzen.

Ich habe Adorno mehrere Male gesehen, in Hamburg und Wien und vor allem in Frankfurt. Jedes Gespräch, auch ein flüchtiges, war bemerkenswert, aber am tiefsten hat sich mir die erste Begegnung eingeprägt: Es war am 6. Juli 1966 im Hessischen Rundfunk. Er nahm als Gast an einer Sendung des »Literarischen Kaffeehauses« teil. Die Aufzeichnung mußte – das war seine Bedingung, die wir akzeptierten – in Frankfurt stattfinden, und zwar um zehn Uhr morgens. Adorno kam pünktlich und war betont höflich, vielleicht zu höflich. Allerdings überraschte er uns, Hans Mayer und mich, mit der traurigen Mitteilung, daß er gerade heute dem Gespräch kaum gewachsen sei. Der vorangegangene Tag sei für ihn äußerst anstrengend gewesen, ja, er müsse bekennen, er habe, um die Seminare und Prüfungen überstehen zu können, mit einem Aufputschmittel nachhelfen müssen. Nun sei er leider gänzlich übermüdet, er bitte also die Herren, es doch gütigerweise allein zu machen, er werde sich auf einige Stichworte und gelegentliche Einwürfe beschränken. Das klang wie die Ankündigung eines berühmten Sängers, er werde in der Generalprobe den Lohengrin leider nur markieren können.

Hans Mayer und ich waren fest entschlossen, dem großen, doch bedauerlicherweise leidenden Gelehrten menschenfreundlich beizustehen. So stellte ich dem Unpäßlichen eine einfache Frage, die ihm willkommen sein mußte: Wer nichts von ihm gelesen habe, der kenne doch sein meist falsch zitiertes Diktum, es sei barbarisch, nach Auschwitz Gedichte zu schreiben. Ich wollte wissen, wie er das gemeint habe. Adorno antwortete prompt und nicht knapp. Je länger er sprach, desto besser gefielen mir seine Erklärungen. Denn ich verstand alles – und das war ein angenehmes Gefühl, dessen ich mich, seine Schriften lesend, nicht immer rühmen konnte.

An den weiteren Verlauf dieses Gesprächs erinnere ich mich nicht mehr. Nur soviel ist sicher: Mayer und ich, nicht gerade als maulfaule, wortkarge Menschen bekannt, hatten diesmal nicht viel zu bestellen, denn unserem Gast war es offenbar entfallen, daß er übermüdet war: Adorno ließ sich weder bremsen noch unterbrechen.

Kaum war die Aufzeichnung beendet, da beeilte er sich,

uns eine treuherzige Frage zu stellen: War ich gut? Ja, er war sogar sehr gut. Auch eitel wie ein Tenor? Gewiß. Aber ich habe im Laufe der Jahre und Jahrzehnte unzählige maßlos eitle Autoren getroffen, deren Leistungen nur dürftig waren. Warum sollte man da einem großen Mann, dem wir alle viel zu verdanken haben, die Eitelkeit verübeln?

Zwischen der Eitelkeit Adornos und jener Canettis bestand ein nicht geringer Unterschied. Canettis Eitelkeit hing mit seinem Ehrgeiz zusammen, als kategorischer Ankläger und einsamer Weltenrichter zu fungieren. Freilich entzog sich das symbolische Amt, das er anstrebte und vielleicht schon mit priesterlicher, ja, mit majestätischer Würde zu versehen bemüht war, einer genaueren Definition: Denn es war in einem diffusen Grenzbereich beheimatet – zwischen Literatur und Philosophie, Kunst und Religion, zwischen strenger Zeitkritik und höherer Lebenshilfe. Canetti wurde, nicht zu seiner Unzufriedenheit, als eine fast archaische und mythische Gestalt gerühmt, als der »Prophet von Rustschuk«.

Das alles war Adornos Sache nicht. Auch er wollte gefeiert und geehrt werden – doch vor allem als intellektuelle und wissenschaftliche Autorität. Auch ihm war an einer Gefolgschaft gelegen. Aber niemand sollte ihm blind folgen, vielmehr sein kritisches Denken kritisch bewundern. Die Verehrung Canettis ging bisweilen in Verklärung über. Daran war Adorno nicht interessiert. Nicht das Sakrale war sein Element, sondern die Pfauenhaftigkeit, die er überhaupt nicht tarnte. Seine Teilnahme am »Literarischen Kaffeehaus« war eine Demonstration der Selbstzufriedenheit. Adornos Eitelkeit ähnelte jener eines Sängers oder eines Schauspielers: Nicht auf stumme Anbetung hatte er es also abgesehen, sondern auf begeisterten Beifall. So enorm seine Gefallsucht auch war, es verbarg sich in ihr etwas Entwaffnendes, etwas, das seine Eitelkeit begreiflicher und auch sympathischer machte als jene Canettis: Hilflosigkeit. In seinem Bedürfnis nach Zustimmung, in seiner ständigen Sehnsucht nach Lob war etwas Rührendes, etwas Kindliches.

Kurz nach der Aufnahme unseres »Kaffeehauses« fragte mich Adorno, ob ich denn schon Gelegenheit gehabt hätte, sein jüngstes Buch zu lesen. Ich sagte, der Wahrheit gemäß, daß ich diese Gelegenheit leider noch nicht hatte. Adorno war sichtlich enttäuscht – und ich bedauere es noch heute, daß ich ihm nicht gesagt habe, sein Buch sei ein einzigartiges Meisterwerk. Wer weiß denn, ob es Adorno ohne jene kindliche Eitelkeit gelungen wäre, sein Werk zu schaffen?

Vielleicht haben wir bisweilen zu wenig Verständnis für die kleinen Schwächen großer Männer. Man zitiert gern die beiden kurzen Verse, mit denen Brechts Gedicht »An die Nachgeborenen« endet: »Gedenkt unsrer / Mit Nachsicht.« Bisweilen will es mir scheinen, daß uns dieses Wort von allen zugerufen wird, die zur Literatur beigetragen haben.

Pulvermühle und Rechenmaschine

Am 25. August 1964 wurde ich im Schwurgerichtssaal des Justizpalastes in München als Zeuge im Strafverfahren gegen den ehemaligen SS-Obergruppenführer Karl Wolff vernommen. Ich fragte zunächst die Staatsanwaltschaft, die mich vorgeladen hatte, ob ihr vielleicht ein Irrtum unterlaufen sei. Denn ich hatte Wolff, den Chef des Persönlichen Stabes des Reichsführers-SS Himmler, nie gesehen, ich hatte auch nichts über seine Tätigkeit gehört. Das nahm man zur Kenntnis und wollte mich dennoch vernehmen. Ich sollte über die Verhältnisse im Warschauer Getto aussagen. War es möglich, mehrfach durch die Straßen des »Jüdischen Wohnbezirks« zu fahren, ohne zu merken, was sich dort täglich abspielte?

Berichte über meine Zeugenaussage waren in verschiedenen Zeitungen zu lesen. Das hatte zur Folge, daß ich von einer Mitarbeiterin des Norddeutschen Rundfunks um ein Interview über das Getto gebeten wurde. Wir trafen uns in Hamburg im Café »Funkeck« schräg gegenüber dem Rundfunkgebäude. Die Journalistin, vermutlich noch keine dreißig Jahre alt, war keineswegs besonders schön, aber nicht ohne Reiz. Vielleicht rührte dieser Reiz von ihrem offenkundigen Ernst, der mit ihrer Jugendlichkeit zu kontrastieren schien. Sie wollte ein Dreißig-Minuten-Gespräch aufnehmen. Ihre Fragen waren exakt und intelligent, sie kreisten um ein zentrales Problem: Wie konnte das geschehen? Kein einziges Mal haben wir die Aufnahme unterbrochen. Als das Gespräch beendet war, sah ich zu meiner

Verblüffung, daß wir beinahe fünfzig Minuten geredet hatten. Wozu brauchen Sie soviel? Sie antwortete etwas verlegen: Sie habe zum Teil aus privatem Interesse gefragt. Ich möge ihr den Wissensdurst nicht verübeln. Ich wollte etwas über sie erfahren. Aber sie hatte es jetzt sehr eilig. Ich schaute sie an und sah, daß sie Tränen in den Augen hatte. Ich fragte noch rasch: »Entschuldigen Sie, habe ich Ihren Namen richtig verstanden – Meienberg?« – »Nein, Meinhof, Ulrike Meinhof.«

Als ich 1968 hörte, daß die inzwischen bekannte Journalistin Ulrike Meinhof in die Illegalität gegangen war und zusammen mit Andreas Baader eine terroristische Gruppe gegründet hatte, als sie polizeilich gesucht und schließlich gefaßt worden war und als sie 1976 im Gefängnis Selbstmord verübt hatte – da mußte ich immer wieder an das Gespräch im Café »Funkeck« denken. Warum hat sich Ulrike Meinhof, deren Zukunft ich nicht ahnen konnte, so tief meinem Gedächtnis eingeprägt? Könnte dies damit zu tun haben, daß sie die erste Person in der Bundesrepublik war, die aufrichtig und ernsthaft wünschte, über meine Erlebnisse im Warschauer Getto informiert zu werden? Und wäre es denkbar, daß es zwischen ihrem brennenden Interesse für die deutsche Vergangenheit und dem Weg, der sie zum Terror und zum Verbrechen geführt hat, einen Zusammenhang gibt?

Mitte der sechziger Jahre änderte sich das politische Klima in der Bundesrepublik zusehends: Durch die »Große Koalition« von 1966 war eine ganz neue Situation gegeben. Die sozialistischen und marxistischen Kräfte und im weiteren Sinne die junge Generation sahen sich durch die Opposition im Bundestag nicht vertreten, sie waren enttäuscht und fühlten sich im Stich gelassen. In den öffentlichen Diskussionen fielen zwei neue Begriffe auf: »Außerparlamentarische Opposition« und »Studentenbewegung«.

Was sich da abspielte, konnte mir nicht gleichgültig sein: Natürlich war ich auf seiten jener, die eine radikale Hochschulreform anstrebten und wirkungsvoll mit dem Slogan »Unter den Talaren Muff von tausend Jahren« operierten. So unseriös und gelegentlich sogar abstoßend manche Manifestationen der neuen, der mit dem Jahre 1968 assoziierten und nicht selten wirr anmutenden politischen Bewegung auch waren, so hat sie doch – und das ist ein historisches Verdienst – die längst fällige und bis dahin bestenfalls schleppende Auseinandersetzung mit dem »Dritten Reich«, vor allem mit den Nationalsozialisten im öffentlichen Leben der Bundesrepublik, durchgesetzt und beschleunigt. Das gilt für die Politik, die Justiz und besonders für die Universitäten, namentlich für die Germanistik und die Medizin, für die Kunstgeschichte und die Musikwissenschaft.

Dennoch hielten sich meine Sympathien für diese lautstarke und chaotische Revolte in Grenzen – und mein Mißtrauen wurde immer größer. Jedenfalls war ich bei keinem »Sit-in«, »Go-in« oder »Teach-in« dabei, ich habe kein Happening miterlebt, ich war bei keiner einzigen Versammlung oder Kundgebung zugegen, ich habe mich keiner Demonstration angeschlossen. Von alldem habe ich nicht wenig gesehen, aber ich sah es ausschließlich auf dem Bildschirm. Die brüllenden Agitatoren, die skandierenden Sprechchöre, die sich in langen Formationen fortbewegenden Kolonnen – das alles kannte ich hinreichend, das alles war mir seit meiner Jugend zuwider.

Daß die Theoretiker und Führer der Revolte politische Ziele verfolgten, versteht sich von selbst. Aber die immer wieder verkündeten und oft gereimten Parolen konnten einen etwas beunruhigenden Sachverhalt nicht verbergen: Die lautstarke Bewegung hatte einen nicht ausschließlich, doch vornehmlich emotionalen, wenn nicht intuitiven Un-

461

tergrund. Die sich an ihr beteiligten, protestierten gegen die Verhältnisse in der Bundesrepublik, deren sie längst überdrüssig waren. Doch war es für die meisten von ihnen nur ein ganz vager Protest gegen das, was man mit Ekel das »Establishment« nannte, also gegen die Welt der Väter. Wogegen sich dieser ganze Aufruhr richtete, war also klar; was er erreichen wollte, ließ sich schon weniger deutlich erkennen; und auf welche Weise dies erreicht werden sollte, blieb vollends im dunkeln.

Sprößlinge der Wohlstandsgesellschaft, die sich fortwährend auf Marx und Engels beriefen, hatten sich offensichtlich die Revolution als pikante Freizeitbeschäftigung auserwählt, als Hobby mit nur geringem Risiko. Die Vokabeln »bürgerlich« und »proletarisch«, »Kapitalismus« und »Ausbeutung« wurden immer häufiger verwendet und oft sinnlos deklamiert. Die Begriffe »Utopie« und »Dialektik« avancierten zu Zauberworten, deren man sich wie des Jokers im Kartenspiel bediente. Sehr bald trat ein arges Mißverhältnis zutage – zwischen den hochfahrenden Zielen und den bescheidenen Möglichkeiten, zwischen den großen Worten und der noch größeren Ratlosigkeit.

Was mich am meisten berührte und verwunderte, war die Rolle der Schriftsteller in diesem Aufruhr. Viele von ihnen hatten keine Hemmungen, sich einer politischen und gesellschaftlichen Bewegung anzuschließen, deren Verhältnis zu Kunst und Literatur im Grunde geringschätzig war. Jetzt sollten die Schriftsteller nicht mehr im Namen des Individuums sprechen und das Individuum gegen jene Institutionen und Mächte verteidigen, die es für ihre Zwecke gebrauchten und mißbrauchten. Vielmehr sollte die Literatur das Individuum vor allem politisch mobilisieren: Sie hatte als Werkzeug von Ideologien zu dienen, sie hatte zur angestrebten Weltveränderung beizutragen. Die dies am lautesten forderten, waren paradoxerweise gerade jene, die an der Autonomie der Literatur am meisten interessiert sein sollten: eben die Schriftsteller. Das alles kam mir sehr bekannt vor. Ich hatte es schon einmal erlebt und vor gar nicht so langer Zeit – in Polen. Über diese neuesten Strömungen des Zeitgeists in der Bundesrepublik wurde mir bald und ganz überraschend ein Anschauungsunterricht erteilt, der heiter und traurig zugleich war.

Im Oktober 1967 fand in dem zwischen Nürnberg und Bayreuth idyllisch gelegenen Gasthaus »Pulvermühle« eine Tagung der »Gruppe 47« statt. Wie üblich lasen Autoren aus ihren neuen Arbeiten vor – unter anderen Günter Eich, Günter Grass, Siegfried Lenz, Jürgen Becker, Horst Bienek. Aber auch viele andere Autoren (so Dorst, Hildesheimer, Schnurre, Heißenbüttel, Wohmann, Kluge, Rühmkorf, Härtling) waren gekommen und nahmen meist an der Kritik der gelesenen Texte teil. Es war wie eh und je bei der »Gruppe 47«. Doch etwas Ungewöhnliches war nicht zu übersehen: Die Texte, die man zu hören bekam, waren fast alle unpolitisch, und die kritische Auseinandersetzung mit ihnen kümmerte sich wenig um inhaltliche Elemente, zielte hingegen vorwiegend auf deren Form und Sprache. Anders in den vielen, meist erregten Unterhaltungen und Debatten in den Pausen: Hier standen im Mittelpunkt eindeutig politische Fragen.

Um die Mittagszeit wurden die Tagungsteilnehmer, die einem Prosastück des schwedischen Schriftstellers Lars Gustafsson über den Anarchisten Bakunin aufmerksam lauschten, plötzlich aufgeschreckt: Trotz der geschlossenen Fenster hörten wir laute Sprechchöre. Unermüdlich wurden zwei Losungen wiederholt: »Die Gruppe 47 ist ein Papiertiger« und »Dichter! Dichter!«. Zwischen den höhnischen Rufen ließ man offenbar Luftballons zerplatzen. In den Tagungssaal drang ein als Clown kostümierter junger Mann mit einem Plakat in der Hand: »Hier tagt die Familie

Saubermann«. Er wurde aber rasch hinausgedrängt. Hans Werner Richter ordnete eine Pause an. Alle gingen hinaus und sahen zahlreiche, meist junge Menschen mit Transparenten, Schrifttafeln und Lautsprechern, den sogenannten »Flüstertüten«. Es waren eigens zu dieser Demonstration (man nannte das damals eine »Demo«) angereiste Studenten der unweit gelegenen Universität Erlangen, zum Teil verkleidet – sie trugen Faschingskostüme. Angelockt von dem Spektakel, waren auch Bewohner des benachbarten Dorfs zugegen, darunter nicht wenige Frauen mit kleinen Kindern.

Viele Teilnehmer der Tagung beobachteten das Ganze belustigt, manche, vor allem entschieden linke Autoren, wie Martin Walser, Erich Fried und Reinhard Lettau, wünschten dringend den Dialog mit jenen, von denen sie auf Transparenten als »Dichtergreise« verspottet wurden. Sie beeilten sich, die jugendlichen Demonstranten ihrer wärmsten Sympathien zu versichern und ihrer Bereitschaft zum aufrichtigen, ja, zum brüderlichen Gespräch. In den kurzen Ansprachen der Schriftsteller kehrte refrainartig eine geradezu flehentliche Beteuerung wieder: Freunde, Gefährten, Kameraden, Genossen – wir sitzen doch alle in einem Boot, wir ziehen doch alle an einem Strang. Die Studenten reagierten darauf mit dem nächsten Sprechchor: »Wir wollen diskutieren.«

Aber es kam zu keinem Dialog – vielleicht deshalb, weil man von den Studenten nicht erfahren konnte, worüber sie eigentlich diskutieren wollten. Sicher war nur, daß sie die Autoren der »Gruppe 47« für zu wenig links hielten und von ihnen ein stärkeres politisches Engagement verlangten, vor allem – so hieß es in ihren Flugblättern – gegen die »Disziplinierungstendenzen im Gesamtprozeß der spätkapitalistischen Gesellschaft«. Statt des Gesprächs mit den Schriftstellern gab es eine kleine Bücherverbrennung: Die

Demonstranten warfen die »Bild«-Zeitung und andere Druckschriften in die Flammen.

Über diese Tagung schrieb ich sofort einen kurzen Bericht für die »Zeit«, eine Woche danach erschien mein zweiter, nun erheblich größerer Aufsatz. In beiden Artikeln habe ich mich – ebenso wie in den vorangegangenen Jahren – mit den Lesungen und mit der Kritik der gelesenen Texte beschäftigt. Daß mir dabei ein großer Fehler unterlaufen war, habe ich erst viel später begriffen: Denn mit keinem einzigen Wort war ich auf die Demonstration der Studenten eingegangen. Ich hatte die Vorgänge vor dem Gasthaus »Pulvermühle« überhaupt nicht ernst genommen, ich hielt sie für lächerlich – und manche Begleitumstände sogar für widerwärtig. In meinen Artikeln habe ich sie ignoriert. Ich wollte mich von dem nicht ablenken lassen, was ich für viel wichtiger hielt – von der zeitgenössischen deutschen Literatur, deren Zustand im Jahre 1967 gerade diese Tagung der »Gruppe« schlagartig hatte sichtbar werden lassen.

Aber so albern diese unerwartete Konfrontation auch war, ihren gleichnishaften Charakter sollte man nicht verkennen. Ende der sechziger und Anfang der siebziger Jahre folgten ähnliche Spektakel. Sie zeigten immer wieder die Unsicherheit und die Ratlosigkeit vieler Intellektueller: Meist fürchteten sie in eine Sackgasse geraten zu sein, und nahmen sich den beschwörenden Appell der oppositionellen Studenten und ihrer Gesinnungsgenossen zu Herzen. Manche Schriftsteller gingen prompt und forsch auf die Suche nach einer Barrikade. Vernachlässigten sie jetzt die Literatur, um sich der Politik stärker als bisher widmen zu können? Oder suchten sie vielleicht nur deshalb so intensiv Zuflucht bei der Politik, weil sie mit dem Dichten nicht mehr recht vorankamen?

Mich jedenfalls hat die damals entstehende Literatur enttäuscht. Doch dachte ich nicht daran, mich von ihr abzuwenden. Aber ich wollte mich häufiger als bisher mit der deutschen Literatur von gestern befassen, mit jener also zwischen dem ausgehenden neunzehnten Jahrhundert und dem Zweiten Weltkrieg.

Und die Feuilleton-Redaktion der »Zeit«? Sie behandelte mich nach wie vor ausgezeichnet: Meine zahlreichen Rezensionswünsche wurden erfüllt, man kam mir immer entgegen. Über die großen deutschen Schriftsteller der unfernen Vergangenheit konnte ich schreiben, wie oft und wieviel ich wollte. So schrieb ich über Fontane und Thomas Mann, über Hofmannsthal und Schnitzler, über Döblin, Hermann Hesse und Arnold Zweig, über Horváth, Tucholsky und Joseph Roth. Daraus ist entstanden, was ich stets vor Augen hatte: mein 1977 veröffentlichtes Buch »Nachprüfung«.

Die neuen Bücher der Gegenwartsautoren, auf die es mir ankam, erhielt ich ebenfalls zur Besprechung, also Frisch, Dürrenmatt und Böll, Grass, Eich und Andersch, Johnson und Handke, Christa Wolf oder Franz Fühmann. Wenn ich ohne aktuellen Anlaß einen überdimensionalen Aufsatz über Arno Schmidt lieferte, stöhnte der für die Literatur zuständige Redakteur Dieter E. Zimmer leise, druckte aber das riesige Manuskript sofort und ungekürzt.

Ich hatte Lust, mich mehr mit der angelsächsischen Prosa zu befassen, und prompt erhielt ich, was ich wollte: Hemingway und Graham Greene, Bellow und Malamud, John Updike und Philip Roth. Wie war es mit der Lyrik, der deutschen vor allem? In einem nächtlichen telefonischen Meinungsaustausch, der fast zwei Stunden dauerte – es war 1967 –, beteuerte Rudolf Walter Leonhardt, daß er mich schätze und bewundere und ganz besonders meine Kritiken von Romanen, Erzählungen und Essays. Das gefiel mir gar nicht, ich witterte sofort einen versteckten

Tadel. Und in der Tat: Leonhardt gab zu verstehen, daß die zarten Schwingungen der holden deutschen Poesie wohl nicht ganz meine Sache seien. Das wollte ich nicht auf mir sitzen lassen.

Am nächsten Morgen bat ich Dieter E. Zimmer, einen Gedichtband besprechen zu dürfen. Ich rezensierte das gerade erschienenen Buch »Ausgefragt« von Günter Grass. Kaum war dieser sehr lange und sehr lobende Aufsatz gedruckt, da rief mich Erich Fried an: Das gehe nun doch zu weit, denn bei meinem Artikel handle es sich unzweifelhaft um »Personenkult«. Er dürfe wohl erwarten, daß nun auch seine Lyrik von mir so ausführlich abgehandelt werde. Gleich meldeten sich weitere Poeten, die indes nicht etwa das Bedürfnis hatten, sich über die Qualität oder Miserabilität der Verse von Grass oder meiner Darlegungen zu äußern, wohl aber, ähnlich wie Fried, eine genauso ausführliche Würdigung ihrer Lyrik anmahnten.

Ging es mir also bei der Wochenzeitung »Die Zeit« wunderbar? Ja und nein. Nach wie vor hatte ich es nicht nötig, in der Redaktion zu arbeiten. Nach wie vor wurde mir dies als eine ganz besonders großzügige Vergünstigung dargestellt, für die ich ganz besonders dankbar sein solle. Man wolle mir, hörte ich immer wieder, den mühseligen und bisweilen langweiligen Redaktionsalltag ersparen, damit ich mich ausschließlich meiner für die »Zeit« so wichtigen Schreibarbeit widmen könne. Ich brauchte also nicht in die Redaktion zu kommen; aber durfte ich es, war ich dort erwünscht? Meine Manuskripte schickte ich mit der Post. Und wenn sie besonders eilig benötigt wurden, lieferte ich sie persönlich ab, was leicht zu machen war. Doch bald erfuhr ich, daß ich mir keine Mühe mit der Zustellung geben solle, ein Fahrer werde das Manuskript abholen, was denn auch sofort geschah. Redaktionskonferenzen fanden damals in der »Zeit« zweimal wöchentlich statt: eine große Konferenz, bei der alle Redakteure zugegen waren, auch die Volontäre oder Hospitanten, und eine kleine, in der die Feuilleton-Redakteure die nächste Nummer vorbereiteten. Mich hat man nie eingeladen, und ich wollte nicht aufdringlich sein. So habe ich in den vierzehn Jahren bei der »Zeit« an keiner Konferenz teilgenommen, an keiner einzigen.

Wonach ich mich so sehnte, das hatte ich gefunden: eine Heimstätte – allerdings nur für meine Arbeit, nicht für meine Person: Ich wurde ausgegrenzt, ich fühlte mich ausgeschlossen – und je länger und erfolgreicher ich für die »Zeit« schrieb, desto mehr steigerte sich dieses Gefühl. Ich saß isoliert und vereinsamt in unserer kleinen Wohnung im Hamburger Vorort Niendorf und produzierte ein Manuskript nach dem anderen. Große Teile meiner in den sechziger und siebziger Jahren erschienenen Bücher – »Literatur der kleinen Schritte. Deutsche Schriftsteller heute«, »Lauter Verrisse«, »Über Ruhestörer. Juden in der deutschen Literatur«, »Zur Literatur der DDR« – sind auf diese Weise entstanden. Aber mein Kontakt mit der Welt ging nur selten über Telefongespräche hinaus. Daher war ich zufrieden, daß ich von Zeit zu Zeit Vorträge zu halten hatte, in der Bundesrepublik und in anderen Ländern. Sie vermochten das Monologische meines Daseins zu mildern, vorübergehend jedenfalls.

1968 habe ich ein Semester lang deutsche Literatur an der Washington University in St. Louis gelehrt. Zu meinen nicht sehr anstrengenden Verpflichtungen gehörten Vorlesungen und Seminare. Da ich noch nie an einem Seminar teilgenommen hatte, wollte ich von einem in akademischen Diensten schon ein wenig ergrauten Kollegen wissen, was das denn eigentlich sei. Er reagierte mit einer Gegenfrage: Wie ich mir ein Seminar vorstelle? Ich sagte es, temperamentvoll und wohl unbeholfen. Er antwortete, genau so solle man ein Seminar machen. Sonderbar: Wieder einmal mußte ich andere belehren, ohne selber etwas gelernt zu haben.

Die Leser der »Zeit« haben meine Abwesenheit überhaupt nicht bemerkt, denn auch aus St. Louis versorgte ich die Redaktion mit Manuskripten, zumal über die junge deutsche Literatur – von Hubert Fichte bis Rolf Dieter Brinkmann. Nach meiner Rückkehr stellte sich aber heraus, daß sich für mich nichts geändert hatte und nichts ändern werde: Man konnte mich in der Redaktion nicht brauchen, man wollte mich in den Konferenzen nicht sehen.

»Erlaubst du wohl, dir ein Geschichtchen zu erzählen?« – so fragt Nathan, der Weise, den Sultan Saladin. Nun denn, auch ich erlaube mir, hier ein Geschichtchen einzufügen. Vor vielen Jahren lebte ein Mann in Polen, ein Jude namens Chajim Selig Slonimski. Er wurde 1810 in Bialystok geboren und starb 1904 in Warschau. Nachdem er in seiner Jugend ausschließlich den Talmud und die rabbinische Literatur studiert hatte, widmete er sich später mathematischen und astronomischen Studien. Um 1840 gelang es ihm, eine Rechenmaschine zu konstruieren. Die Kunde von der außerordentlichen Erfindung erreichte Zar Nikolaus I. Er wünschte die Maschine zu sehen. Also wurde Slonimski nach Sankt Petersburg eingeladen und vom Zaren in Audienz empfangen. Doch bevor man ihn vorließ, schärfte man ihm ein, daß er nur die Fragen Seiner Majestät beantworten dürfe, ansonsten aber unbedingt schweigen müsse. Die Audienz verlief gut, doch wollte der Zar wissen, wie er sich davon überzeugen könne, daß die Maschine auch tatsächlich korrekt rechne. Er möge ihm, schlug der Mathematiker untertänigst vor, eine arithmetische Aufgabe stellen. Diese geruhe Majestät auf die herkömmliche Weise zu lösen, also mit Bleistift und Papier, er hingegen werde es mit der neuen Maschine versuchen. Majestät könne ja dann die Ergebnisse vergleichen. Das leuchtete dem Zaren ein. Kaum hatte das Rechnen der beiden ungleichen Herrn begonnen, schon rief der glückliche Erfinder der Rechenmaschine: »Ich hab es.« Der Zar blickte zornig auf, denn da hatte jemand gewagt, in seiner Gegenwart zu reden, obwohl er nicht gefragt worden war. Im Audienzsaal herrschte eine eisige Atmosphäre. Der verärgerte Zar schwieg und wandte sich wieder seiner ihn offenbar sehr anstrengenden Rechenaufgabe zu. Endlich konnte er die beiden Ergebnisse miteinander vergleichen – und mürrisch ließ sich Seine Majestät vernehmen, knapp und klar: »Maschine gut, Jude schlecht.« Übrigens erhielt Slonimski für die Erfindung dieser Rechenmaschine 1844 einen hohen russischen Preis. Wenig später wurde ihm das Ehrenbürgerrecht der Stadt Sankt Petersburg verliehen.

Diese kleine Geschichte erzählte mir 1948 in London der hervorragende polnische Lyriker und Essayist Antoni Slonimski, ein direkter Nachkomme des Mathematikers aus dem neunzehnten Jahrhundert. Ich habe sie nie vergessen, und leider wurde ich oft gezwungen, an sie zu denken. Sollte es mir in der »Zeit« ähnlich ergangen sein wie einst dem Chajim Selig Slonimski? Gilt das Wort des Zaren, nur entsprechend abgewandelt, etwa auch für mich, also: Manuskripte gut, Jude schlecht? Kurz gefragt: Antisemitismus?

Ähnlich den Angehörigen anderer Minderheiten sind auch viele Juden bisweilen gar zu schnell geneigt, für die Schwierigkeiten, die ihnen das Leben bereitet, die Abneigung oder die Feindschaft der nichtjüdischen Umwelt verantwortlich zu machen. Das ist bedauerlich, aber vielleicht sollte man den Juden diese Mischung aus Mißtrauen und Überempfindlichkeit nicht zu sehr verübeln. Überreizte Reaktionen haben ja immer ihre Gründe, hier liegen sie auf der Hand: Es sind die Jahrhunderte, Jahrtausende währenden Schikanen und Verfolgungen.

Ich war fest entschlossen, mich dem Verdacht zu widersetzen, ich hätte es hier und da mit antisemitischen Ressentiments zu tun. Doch konnte mir nicht entgehen, daß mir, der ich mittlerweile zehn, zwölf oder noch mehr Jahre in der Bundesrepublik lebte und viel Anerkennung fand, die hiesigen Zeitungen, Verlage oder Rundfunksender, die alle meine Manuskripte brauchten und gern veröffentlichten, niemals einen Posten angeboten hatten, nicht einmal den bescheidensten. Den Redakteuren der »Zeit«, auch den leitenden, wurden in diesen Jahren verschiedene Posten in anderen Institutionen sehr wohl angeboten. Überdies fiel mir auf, daß das Personal der Feuilleton-Redaktion der »Zeit« damals mehrfach erweitert wurde. Aber mich wollte man nicht haben.

In einem aus dem Jahre 1792 stammenden Brief des jungen Friedrich Schlegel an seinen Bruder August Wilhelm fand ich folgende Sätze: »Längst habe ich bemerkt, welchen Eindruck ich fast immer mache. Man findet mich interessant und geht mir aus dem Wege... Am liebsten besieht man mich aus der Ferne, wie eine gefährliche Rarität.« Was traf nun auf mich zu? Erinnerte mein Fall an die Situation des jüdischen Mathematikers oder eher an den Kummer des großen deutschen Kritikers, der sich beschwerte, daß er, durchaus kein Jude, gemieden und nur aus der Ferne besehen werde, daß er, ganz einfach, unbeliebt sei. Ich hatte keinen Zweifel: Mir erging es wie einst Friedrich Schlegel – mit meinem Judentum hat das also rein gar nichts zu tun.

1996 erhielt ich ein Buch, dessen offizieller Charakter unverkennbar ist. Es versteht sich als »Festschrift und zeithistorische Darstellung«. Sein Titel: »Die Zeit in der ZEIT – 50 Jahre einer Wochenzeitung«. In diesem Buch verblüffte mich eine knappe, eine nüchterne Information.

Als ich in der »Zeit« tätig gewesen sei – ist da zu lesen –, habe man sich sehr wohl Gedanken gemacht, ob man mich in der Redaktion beschäftigen sollte. Doch hätten die Redakteure des Feuilletons – erfuhr ich jetzt, 1996 – »größte Bedenken« gehabt, »ob sie einen so machtbewußten, rabulistischen Mann aushalten würden«. Ich erschrak. Denn das Wort »Rabulistik« hat keinen angenehmen Klang. Es bedeutet soviel wie »Wortverdreherei« und wird heute nur noch selten verwendet. Aber man konnte es häufig in der nationalsozialistischen Kampfpresse finden, vor allem in den Artikeln von Joseph Goebbels. Er gebrauchte diese Vokabel beinahe immer mit einem Adjektiv – entweder hieß es bei ihm »jüdische Rabulistik« oder »jüdisch-marxistische Rabulistik«. Ich gebe zu, ich war nicht mehr ganz so sicher, ob es mir tatsächlich ergangen ist wie einst dem genialen deutschen Kritiker Friedrich Schlegel oder vielleicht doch eher wie dem jüdischen Erfinder der Rechenmaschine Chajim Selig Slonimski.

Meine Zusammenarbeit mit der »Zeit« blieb makellos. Doch da ich für eine Tätigkeit in der Redaktion nicht die geringsten Chancen hatte, mußte ich die »Zeit« verlassen. Aber wohin gehen? Antichambrieren wollte ich auf keinen Fall. Andererseits konnte ich nicht mehr lange warten, denn ich war schon über fünfzig Jahre alt. Ein Ruf aus Schweden kam mir sehr gelegen: Von 1971 bis 1975 lehrte ich – zunächst einige Monate, später einige Wochen im Jahr – als ständiger Gastprofessor für Neue Deutsche Literatur an den Universitäten Stockholm und Uppsala.

1972 erhielt ich die erste Auszeichnung meines Lebens: die Ehrendoktorwürde der Universität Uppsala. Die Zeremonie war überaus feierlich: Es läuteten die Glocken der alten, der ehrwürdigen Domkirche von Uppsala, Kanonenschüsse wurden abgefeuert, auf den Kopf drückte man mir einen Lorbeerkranz. Dessen Blätter stammten von einem

Baum, den in der Nachbarschaft der Universität angeblich Linné persönlich gepflanzt hatte. Ich war gerührt – und ich dachte darüber nach, daß ich für Verdienste um die westdeutsche Literatur (das war die offizielle Begründung) nicht von einer deutschen, sondern von einer schwedischen Universität geehrt wurde.

Die weiteste Vortragsreise meines Lebens konnte ich 1973 absolvieren – nach Australien und Neuseeland. Damals hatte ich der »Zeit« schon gekündigt und, was freilich niemand wissen durfte, den Vertrag für eine neue Tätigkeit unterschrieben: Noch im selben Jahr sollte ich die Leitung des Literaturteils der »Frankfurter Allgemeinen« übernehmen.

FÜNFTER TEIL

von 1973 bis 1999

Der dunkle Ehrengast

Joachim Fest habe ich 1966 kennengelernt – im Haus gemeinsamer, gastfreundlicher Bekannter, die in einem Hamburger Vorort lebten. Er arbeitete damals im Norddeutschen Rundfunk, wo er für das Fernsehmagazin »Panorama« verantwortlich war. Dann trafen wir uns hier und da, gingen gelegentlich zusammen ins Theater, und bald besuchten wir uns gegenseitig. Allmählich kam es zu einer Annäherung zwischen uns beiden, die in eine etwas ungewöhnliche Beziehung mündete, eine zeitweilige Freundschaft, die, wenn es denn wirklich eine Freundschaft war, auf seiten Fests zweierlei erkennen ließ: aufrichtige Herzlichkeit, verbunden jedoch mit Reserve, mit einer gewissen Förmlichkeit. Er hat diese Förmlichkeit, auf die er, glaube ich, ein wenig stolz war, mir gegenüber nur langsam und nie ganz überwunden – weil er dazu nicht imstande war oder weil er es nicht wollte.

Nach einiger Zeit trafen wir uns überraschend in einem Hotel in der Nähe von Baden-Baden. Es war der gleiche Wunsch, der uns veranlaßte, hierherzukommen: Nicht um Erholung ging es uns vor allem, sondern um eine Atempause – wir wollten den Alltag unterbrechen, zumindest für eine kurze Zeitspanne. So lagen wir auf der geräumigen Hotelterrasse, erfreuten uns an den bequemen Sesseln und auch an der in nebelhafter Ferne nur undeutlich sichtbaren französischen Landschaft. Rasch kamen wir auf jene komfortablen und raffiniert konstruierten Liegebetten zu sprechen, auf denen in einem Sanatorium in Davos ein junger, außerordentlich wortgewandter Ingenieur zu ruhen pflegte – Hans Castorp aus Hamburg. Dabei sollte es noch lange, noch viele Jahre bleiben: Unsere Unterhaltungen gingen oft von Thomas Mann aus und kehrten, nach vielen Umwegen, die meist über Goethe, Heine und Fontane, über Mozart, Schubert und Wagner führten, wieder zu Thomas Mann zurück. Fests sehr schnelle Auffassungsgabe erleichterte unsere Verständigung, seine Kenntnisse, zumal im Bereich der musischen Disziplinen, wirkten auf mich in hohem Maße anregend und machten unsere Gespräche, wann und wo immer sie stattfanden, amüsant. Ich lernte von ihm viel, und es mag sein, daß er auch ein bißchen von mir gelernt hat.

Jedenfalls gefiel mir seine Bildung. Freilich hatte sie auffallende Grenzen: Von der Literatur des zwanzigsten Jahrhunderts ließ er kaum mehr als drei oder vier Genies gelten, von der Musik dieser Zeit wollte er, wiederum von wenigen Ausnahmen abgesehen, nichts wissen. Nun trifft ähnliches auf viele von uns zu. Doch Fest verteidigte derartige Bildungslücken mit einem mich verwundernden und mir hochmütig vorkommenden Trotz: Die Dichter und Komponisten, deren Werke er nicht kannte, seien daran selber schuld – und was sie geleistet hatten, schien ihm belanglos, wenn nicht gar verächtlich. Das beunruhigte mich ein wenig. Ich fragte mich, ob sich in diesen entschiedenen Verwerfungen, in dieser mitunter herrischen Verstocktheit nicht eine ernste Gefahr verberge. Aber glücklich, einen so ausgezeichneten Gesprächspartner gefunden zu haben, maß ich solchen Gedanken, solchen leisen Befürchtungen vorerst keine Bedeutung bei.

Wieder in Hamburg, trafen wir uns immer häufiger, und immer länger wurden unsere Telefongespräche, vorwiegend in den Abendstunden, da wir, ermüdet von angespannter und einsamer Schreibarbeit, uns nicht etwa nach Ruhe sehnten, wohl aber nach einem unbeschwerten Gedankenaustausch über die Themen, die uns den Tag über in Anspruch genommen hatten. Ich arbeitete damals an einem kleinen Buch mit dem Titel »Über Ruhestörer. Juden in der deutschen Literatur«, Fest an einem in jeder Hinsicht gewichtigen Werk mit dem Titel »Hitler. Eine Biographie«.

Noch bevor diese Monographie abgeschlossen, geschweige denn gedruckt war, wurde Fest angeboten, als Mitherausgeber der »Frankfurter Allgemeinen« deren Kulturteil zu betreuen. Das war ein ehrenvolles Angebot, sonderlich reizvoll war es allerdings nicht. Denn in der »Frankfurter Allgemeinen« gibt es keinen Chefredakteur und keinen stellvertretenden Chefredakteur, wohl aber sechs oder, wie jetzt, fünf Herausgeber; und es sind in der Regel nicht die bedeutendsten Solisten, die sich mit der Teilnahme an einem Sextett oder Quintett begnügen.

Dennoch hatte Fest Gründe, sehr unterschiedliche übrigens, auf dieses Angebot einzugehen. Er informierte mich und fragte mich sogleich, ob ich bereit wäre, die »Zeit« zu verlassen und mit ihm zusammen zur »Frankfurter Allgemeinen« zu gehen, um dort die Leitung der Literaturredaktion zu übernehmen. Damit hatte ich nicht gerechnet, aber ich zögerte keinen Augenblick, ihm zu antworten: Jawohl. Für die »Frankfurter Allgemeine« war Fests Wunsch, der sich einer Bedingung näherte, nicht leicht zu akzeptieren. Aber er wurde erfüllt – nicht zuletzt deshalb, weil sich die Herausgeber der »Frankfurter Allgemeinen« über dieses Ressort keine Illusionen machten: Sie wußten, daß der Literaturteil, der einst von Friedrich Sieburg geleitet wurde, längst seine Qualität eingebüßt hatte. Vor allem störte es sie, daß er mit dem Rücken zum Publikum redigiert wurde.

Ende April 1973 traf ich in Frankfurt mit dem Geschäftsführer und dem Vorsitzenden des Herausgebergremiums der »Frankfurter Allgemeinen« zusammen. Dieses Treffen fand nicht im Haus der Zeitung statt, sondern aus Gründen der Konspiration – vorerst sollte niemand wissen, daß ich zur »Frankfurter Allgemeinen« komme – in einem Hotel am Flughafen. Mit den mir vorgeschlagenen Bedingungen und Modalitäten war ich gleich einverstanden, nur sollte im Vertrag ausdrücklich gesagt werden, daß mir »die Bereiche Literatur und literarisches Leben« oblägen und daß ich »unmittelbar den Herausgebern unterstellt« sei. Daran war mir besonders gelegen: Ich wollte auf keinen Fall einem Feuilletonchef unterstehen. Mit meinem Einzug in die Redaktion der »Frankfurter Allgemeinen« sollte also die Kultur in zwei Bereiche mit gleichberechtigten Chefs aufgeteilt werden – das allgemeine Feuilleton, geleitet von Günther Rühle, und die Literatur. Mein Wunsch wurde erfüllt.

Fest war zufrieden, und ich war es erst recht. Rund fünfzehn Jahre nach meiner Rückkehr hatte ich endlich einen Posten im literarischen Leben Deutschlands und vielleicht den wichtigsten. Aus dem Literaturteil dieser Zeitung würde sich, das hoffte ich, ein Forum und ein Instrument höchsten Ranges machen lassen – vorausgesetzt, daß keine Schwierigkeiten die Zusammenarbeit mit Fest beeinträchtigten. Daß sie entstehen könnten, darauf wies nichts hin – einstweilen jedenfalls nicht.

Anfang September 1973 erschien Fests Hitler-Buch. Aus diesem Anlaß veranstaltete der Verleger der Monographie, Wolf Jobst Siedler, in seinem Haus in Berlin-Dahlem einen großen Empfang. Auch wir, Tosia und ich, wurden eingeladen, was gewiß auf Fests Vorschlag zurückging. Wir waren in bester Laune, als wir, kaum in der Diele der geräumigen und vornehmen Wohnung angelangt, durch die offene Tür in eines der Zimmer blickten und dort etwas sahen, was uns beinahe den Atem verschlug: Einige Personen unterhielten sich sehr angeregt mit einem im Mittelpunkt stehenden, ansehnlichen und korrekt in einen dunklen Anzug gekleideten Herrn, wohl Ende Sechzig. Der Hausherr bemühte sich um ihn äußerst höflich, wenn nicht ehrerbietig. Allem Anschein nach war nicht Fest an diesem Abend der Ehrengast, sondern der durchaus sympathisch anmutende, gesetzte Herr.

Tosia wurde blaß. Auch ich fühlte mich plötzlich nicht ganz wohl. Es war klar: Wir hatten jetzt nur zwei Möglichkeiten – wir konnten trotz des Ehrengastes bleiben, oder wir mußten die herrschaftliche Villa sofort verlassen, was natürlich einem Eklat gleichkommen würde. Ich überlegte mir die Sache blitzschnell, doch bevor ich etwas unternehmen konnte, war sie schon entschieden: Siedler kam auf uns zu und geleitete uns, höflich und zugleich energisch, zu dem Ehrengast, der uns jetzt zwei oder drei Schritte entgegenkam. Er begrüßte uns wie alte Freunde, ja, so war es, er begrüßte uns geradezu herzlich.

Dieser dezente Herr war ein Verbrecher, einer der schrecklichsten Kriegsverbrecher in der Geschichte Deutschlands. Er hatte den Tod unzähliger Menschen verschuldet. Noch unlängst hatte er zu den engsten Mitarbeitern und Vertrauten Adolf Hitlers gehört. Er war vom Internationalen Militärtribunal in Nürnberg zu zwanzig Jahren Gefängnis verurteilt worden. Die Rede ist von Albert Speer.

Worüber man sich unterhielt, weiß ich nicht mehr. Aber was immer ich äußerte, Speer nickte mir zustimmend und freundlich zu, als wolle er sagen: Der jüdische Mitbürger hat recht, der jüdische Mitbürger sei willkommen. Auf einem Tischchen lag, wenn ich mich nicht ganz irre, auf einer Samtdecke das Buch, das hier und jetzt gefeiert wurde: ein Band von 1200 Seiten.

Auf dem schwarzen Umschlag war mit großen weißen Buchstaben der lapidare Titel gedruckt: Hitler. Was diese

Ausstattung des Buches suggerieren sollte, worauf hier mit Entschiedenheit Anspruch erhoben wurde, konnte man nicht verkennen: Pathos war es und Monumentalität. Speer sah es offensichtlich mit Genugtuung. Verschmitzt lächelnd blickte er auf das feierlich aufgebahrte Buch und sagte bedächtig und mit Nachdruck: »*Er* wäre zufrieden gewesen, *ihm* hätte es gefallen.«

Bin ich vor Schreck erstarrt? Habe ich den Massenmörder, der hier respektvoll über seinen Führer scherzte, angeschrien und zur Ordnung gerufen? Nein, ich habe nichts getan, ich habe entsetzt geschwiegen. Doch habe ich mir die Frage gestellt, was der Hausherr, der Verleger und Publizist Wolf Jobst Siedler, für ein Mensch sein müsse, er, der es für möglich hielt, Albert Speer einzuladen und uns mit ihm zusammen, er, der wohl nicht einmal auf die Idee gekommen war, uns darauf aufmerksam zu machen, wen wir in seinem Haus treffen würden.

Indes: Was kümmerte mich Siedler, der nie mein Freund war und es nie sein würde? Aber da war ja noch Fest, und er hat mit Sicherheit gewußt, daß auf diesem Empfang unter den Gästen auch Speer sein werde. Wieso hatte er mich nicht gewarnt oder, zumindest, informiert? Ich glaube es zu wissen: Vermutlich ist ihm überhaupt nicht eingefallen, ich könne, um es vorsichtig auszudrücken, Bedenken haben, einem der führenden Nationalsozialisten die Hand zu reichen und mich mit ihm an einen Tisch zu setzen.

Und warum ist ihm dies nicht eingefallen? Vielleicht deshalb, weil Fest ein Mensch ist, dessen Ichbezogenheit und Eigenliebe in Selbstsucht, bisweilen sogar in Hartherzigkeit übergehen und häufig den Mangel an tieferem Interesse für andere Menschen zur Folge haben. Eine kühle Aura umgibt seine Person, eine Schutzschicht, auf die er offenbar angewiesen ist. Da er sie braucht, ist er auf sie stolz. Hat das mit Zynismus zu tun? Ich habe Fest nie gefragt, ob er sich für einen Zyniker halte. Nur habe ich den Verdacht, daß von allen Vorwürfen, die man gegen ihn erheben könnte, dieser ihm der allerliebste wäre.

Der Abend mit Speer war kein besonders günstiges Vorzeichen für meine künftige Zusammenarbeit mit Joachim Fest. Mehr noch: Hier war schon die dramatische Kontroverse, die viele Jahre später zwischen uns entstanden ist, vorgeprägt, hier war dieser Konflikt schon im Keim enthalten. Das alles habe ich im Herbst 1973 nicht gewußt, sondern bestenfalls geahnt – und verdrängt. Denn an einem Streit mit Fest war ich, zumal zu diesem Zeitpunkt, nicht im geringsten interessiert. Deshalb habe ich auch ein Gespräch mit ihm über das unheimliche Treffen vermieden.

Am 2. Dezember 1973 fuhren wir, Tosia und ich, mit einem Intercity-Zug von Hamburg nach Frankfurt. Wir waren nicht allein: Im selben Abteil reiste nach Frankfurt auch der neuberufene, für Kultur zuständige Herausgeber der »Frankfurter Allgemeinen«. Er sollte sein Amt, ähnlich wie ich das meinige, am nächsten Tag antreten.

Der Dichtung eine Gasse

Freundlich und angenehm war mein erster Tag in der Redaktion der »Frankfurter Allgemeinen« durchaus nicht.
Beinahe alle Redakteure und Sekretärinnen des Feuilletons
gaben sich nicht die geringste Mühe, vor mir zu verbergen,
daß ich unwillkommen sei. Das mir zugeteilte Zimmer war
verwahrlost, das Mobiliar in einem erbärmlichen Zustand.
Hatte man das zu meiner Begrüßung so arrangiert? Aber
das alles überraschte mich nicht sonderlich, es entmutigte
mich überhaupt nicht, es störte mich kaum: Der offensichtliche Widerstand spornte mich erst recht an. Meine Laune
war gut, und sie wurde auch noch von Tag zu Tag besser.
Sofort begann ich intensiv zu arbeiten: Briefe zu diktieren, Manuskripte zu redigieren und vor allem zu telefonieren – zunächst mit den wenigen Mitarbeitern, die ich weiterhin beschäftigen wollte. Der erste, den ich anrief, war
Günter Blöcker. Und ich telefonierte mit Schriftstellern
und Kritikern, die ich als Mitarbeiter zu gewinnen hoffte.
Was ich schon vorher gewußt hatte, bestätigte mir die Lektüre der übrigens nicht zahlreichen Manuskripte, die mein
Vorgänger mir hinterlassen hatte: Die meisten waren umständlich und langatmig geschrieben, sie stammten zum
großen Teil von Rezensenten, denen allem Anschein nach
nicht das mindeste daran gelegen war, von den Lesern verstanden zu werden.
Ich mußte möglichst schnell neue Mitarbeiter finden. Woher sollte ich sie holen? Ich dachte zunächst an bekannte

Schriftsteller. Sie können als Rezensenten erheblich zur Attraktivität des Literaturteils einer Zeitung beitragen und nicht nur deshalb, weil ihre Namen den Lesern vertraut sind. Noch wichtiger ist, daß ihr individueller Stil den Literaturteil farbiger und lebendiger macht. Aber jene, die nur ein- oder zweimal jährlich eine Buchbesprechung schreiben, die also, wenn der Ausdruck erlaubt ist, eher zu den Sonntagsjägern der Kritik gehören, sind in weit höherem Maße als die professionellen Rezensenten bereit, Gefälligkeitsbesprechungen zu verfassen. Der Ruf solcher Autoren hängt ja nicht von ihren journalistischen Nebenarbeiten ab, sondern von ihren Romanen oder Gedichtbänden. Und in der literarischen Branche sind Gegengeschäfte nicht unüblich, seit Generationen kennt man das Motto: »Nenn du mich Schiller, nenn ich dich Goethe.« Die Berufskritiker sind bestimmt nicht ehrlicher oder edler als die Sonntagsjäger. Aber da die Kritik ihre Haupttätigkeit ist, sind sie in der Regel nicht so leichtsinnig, ihr Renommee durch Gefälligkeitsrezensionen aufs Spiel zu setzen.

Gleichwohl zögerte ich nicht, eine Anzahl namhafter Autoren, die nur gelegentlich Kritiken schreiben konnten und wollten, um Mitarbeit zu bitten. Meine Bemühungen waren nicht vergeblich. Wolfgang Koeppen, Heinrich Böll und Golo Mann, Siegfried Lenz, Hermann Burger und Hans J. Fröhlich, Karl Krolow, Peter Rühmkorf und Günter Kunert – sie alle machten mit. Ich habe es, trotz einiger Gefälligkeitskritiken, die ich nicht verhindern konnte, nie bedauert: Denn gerade diese Autoren haben dem Literaturteil der »Frankfurter Allgemeinen« rasch einigen Glanz verliehen.

Und die Universitätsprofessoren? Viele Germanisten schrieben damals einen Jargon, den sie für wissenschaftlich hielten, obwohl er eher auf Pseudowissenschaft schließen ließ. Ihre Arbeiten, voll von Fremdworten und Fachausdrücken, deren Notwendigkeit in der Regel nicht einleuchtete, waren für die meisten Leser unverständlich. Überdies hatten ihre Manuskripte bisweilen einen penetranten, einen abstoßenden Geruch: den Kreidegeruch der Seminarräume. Diskrete und geduldige Erziehungsarbeit war also nötig. Mit der Zeit wurden aus mindestens fünfzehn Hochschulgermanisten, die bis dahin nie oder nur in Ausnahmefällen für Zeitungen geschrieben hatten, gute, ja sogar vorzügliche Kritiker.

Nun liegt die Frage nahe, ob ich vielleicht auf diese Weise kompensiert habe, daß mir einst der akademische Weg versperrt war. Das mag schon sein, nur hat dies, glaube ich, weder der Zeitung noch den betroffenen Germanisten geschadet. Es ist nicht ausgeschlossen, daß die Überwindung der traditionellen, der unseligen Kluft zwischen der deutschen Universitätsgermanistik und der Literaturkritik, vornehmlich der Kritik in der Presse, zum Wichtigsten gehört, was mir in den fünfzehn Jahren in der »Frankfurter Allgemeinen« gelungen ist.

In den angelsächsischen Ländern gibt es diese Kluft nicht – und das konnte man den Manuskripten der dort seit vielen Jahren lebenden und lehrenden Germanisten deutscher oder österreichischer Herkunft sofort anmerken. Sie brauchte man nicht zu überzeugen, daß die Literaturkritik in Zeitungen zwar hohe Anforderungen an die Leser stellen durfte und sollte, doch zugleich verständlich und möglichst leicht lesbar sein mußte. An den Beiträgen dieser Germanisten – Heinz Politzer etwa, Peter Demetz, Gerhard Schulz oder Wolfgang Leppmann und später Ruth Klüger – war mir besonders gelegen.

Bald kamen, fast täglich, unverlangte Zusendungen von sehr unterschiedlichen Professoren aus Deutschland, Österreich und der Schweiz. In den meisten Fällen erwiesen sie sich als unverwendbar, was aber keineswegs immer und nicht unbedingt an ihrer Qualität lag. Nur waren diese bisweilen nützlichen Arbeiten als Vorträge oder Vorlesungen konzipiert oder als Vorworte zu Büchern – und eben deshalb für die Tageszeitung ungeeignet. Dennoch hat mich gerade ein solcher Beitrag, ein Nachwort, auf einen außerordentlichen Germanisten aufmerksam gemacht.

Im März 1982 war Goethes 150. Todestag. Aus diesem Anlaß hatten die Verlage der deutschsprachigen Länder den Markt mit Büchern von und über Goethe überschwemmt. Es war unmöglich, alle diese Publikationen zu besprechen, und es war undenkbar, sie allesamt zu ignorieren. Also beschloß ich, einen Sammelartikel mit Empfehlungen, Hinweisen und Warnungen zu schreiben. Er sollte auf höchstens zehn ausgewählte Bände eingehen.

Unter den vielen Neuerscheinungen fand sich ein stattlicher Band mit dem Titel »Goethe erzählt« und mit dem nicht alltäglichen Untertitel »Geschichten, Novellen, Schilderungen, Abenteuer und Geständnisse«. Ich begann das Nachwort zu lesen. Im ersten Absatz hieß es, dies sei »ein Buch für unbekümmerte Leser«; es sei »für die Neugierigen, die Beweglichen, die sich einmal ohne Rücksicht auf die kursierenden Vorstellungen vom Klassiker dieser erzählenden Stimme aussetzen wollen«.

Schon nach der Lektüre der ersten Seite, vielleicht sogar des ersten Absatzes bat ich meine Sekretärin, sich beim Artemis Verlag in Zürich sofort zu erkundigen, was dieser Herausgeber, dessen Namen ich noch nie gehört hatte, beruflich tue und wo man ihn erreichen könne. Noch hatte ich das Nachwort, das mir von Seite zu Seite besser gefiel, nicht zu Ende gelesen, da erhielt ich schon die erwünschte Auskunft: Der Herausgeber des Goethe-Bandes, Peter von Matt, sei Ordinarius für Neue deutsche Literatur an der Universität Zürich. Damit hatte ich nicht gerechnet. Denn für »unbekümmerte Leser«, gar für solche, die von den

»kursierenden Vorstellungen vom Klassiker« nichts wissen wollen, pflegten Ordinarien nicht zu schreiben. Gleich war ich sicher, einen neuen, einen vorzüglichen Mitarbeiter gefunden zu haben. Ich habe mich nicht geirrt.

Kummer bereitete mir die Kritik der Poesie. Die Besprechungen von Gedichtbänden in der »Frankfurter Allgemeinen« und auch in anderen großen Blättern waren oft gründlich und gelehrt und vielleicht auch gerecht. Indes hatten sie (natürlich nicht immer, doch in vielen Fällen) einen fatalen Fehler: Sie waren, mit Verlaub, etwas langweilig – und sind es bisweilen heute noch. Man sollte die Schuld nicht nur bei den Rezensenten suchen, das liegt auch an der Materie. Gewiß, es läßt sich über neue Poesie seriös und zugleich amüsant schreiben, doch ist es meist sehr schwer. Denn ohne Textbeispiele (und zwar viele) hat die Kritik der Lyrik keinen Sinn. Indes sind es häufig gerade die Verszitate, die die Lesbarkeit der Besprechungen beeinträchtigen.

»Schlechte Zeit für Lyrik« ist ein Gedicht von Brecht betitelt. Das war in den dreißiger Jahren. Daran hatte sich inzwischen so gut wie nichts geändert. Etwas mußte also für die Dichtung getan werden – und zwar nicht ein- oder zweimal, sondern ständig. So kam ich auf die Idee, die bisherige Lyrikkritik durch eine allwöchentlich erscheinende Rubrik zu ergänzen. Nur sollten nicht Lyrikbände vorgestellt werden, sondern einzelne Gedichte, und zwar aus allen Epochen der deutschen Poesie. Schriftsteller und Literaturwissenschaftler, Lyriker und Kritiker sollten sich als Interpreten betätigen. Ich bat sie immer wieder und leider nicht immer mit Erfolg, möglichst persönlich zu schreiben. So entstand die »Frankfurter Anthologie«.

In der »Frankfurter Allgemeinen« zeigte man zunächst kein besonderes Interesse an meinem Projekt, aber man widersetzte sich ihm auch nicht. Einer der Herausgeber der Zeitung, ein erfahrener und skeptischer Redakteur, meinte:

»Wenn ihm so daran gelegen ist, dann lassen wir ihn ruhig diese Rubrik machen. Viel Platz wird es uns nicht kosten, denn mehr als drei oder vier Stücke wird er doch nicht zustande bringen.« Der erste Beitrag – über Goethes »Um Mitternacht« – war in der »Frankfurter Allgemeinen« vom 15. Juni 1974 zu finden, meinen einleitenden Artikel habe ich »Der Dichtung eine Gasse« betitelt.

Mittlerweile sind in dieser »Anthologie« fast 1300 Beiträge erschienen, die von rund 350 Autoren stammen und von rund 280 Interpreten kommentiert wurden. Viele dieser Interpreten – alphabetisch von Rudolf Augstein bis Dieter E. Zimmer – arbeiten in anderen Zeitungen, vor allem in der »Zeit«, im »Spiegel«, in der »Süddeutschen Zeitung« und in der »Neuen Zürcher Zeitung«. Ich wollte, daß die »Frankfurter Anthologie«, ermöglicht und veröffentlicht von der »Frankfurter Allgemeinen«, zugleich als eine deutschsprachige Institution verstanden wird: Alle, die etwas zu deutschen Gedichten zu sagen haben, sollten, sich über den alltäglichen Konkurrenzkampf hinwegsetzend, teilnehmen.

Viele Zeitungsleser protestierten gegen die Auswahl der Gedichte – in Briefen und mitunter auch in Telegrammen. Wir sollten doch aufhören, die unverständlichen Verse der zeitgenössischen Poeten zu drucken, man wolle mehr von Hölderlin, Eichendorff und Mörike. Es kamen aber auch Beschwerden, man habe es satt, in der »Anthologie« immer wieder Verse von Hölderlin, Eichendorff und Mörike zu lesen, man wünsche moderne Lyriker. Damit bestätigten mir die Briefschreiber, daß ich auf dem richtigen Weg war. Gerade daran war mir gelegen: Die Bewunderer der älteren Dichtung sollten mit Versen zeitgenössischer Autoren vertraut gemacht und die Liebhaber der modernen Lyrik an die deutsche Poesie der Vergangenheit erinnert werden. Aber es kamen auch Beanstandungen anderer Art. Auf die telegrafische Frage »Warum so häufig Goethe?«, antworte-

te ich, ebenfalls telegrafisch: »Weil Frankfurter Lokalpoet.«
Allmählich wurde aus der »Frankfurter Anthologie«, da sie
parallel auch in Buchausgaben erscheint (mittlerweile gibt
es zweiundzwanzig Bände), eine kleine Bibliothek.

So war innerhalb von verhältnismäßig kurzer Zeit in der
»Frankfurter Allgemeinen« ein großes Forum für Literatur
entstanden – für die Kritik vor allem, doch zugleich für die
Lyrik, die nicht nur in den Wochenendbeilagen, sondern
auch auf den täglichen Feuilletonseiten gedruckt wurde, für
Romane und Erzählungen, die als Fortsetzungsgeschichten
erschienen, für Berichte und Kommentare über das literarische Leben. In Lobreden heißt es gelegentlich, meine
Bemühungen würden »dem ebenso grandiosen wie utopi-
schen Versuch gelten, Literatur zu einer öffentlichen Sache
zu machen«, ich hätte der deutschen Literaturkritik den
Rang einer Institution zurückgegeben. Unter Brüdern: Das
ist maßlos übertrieben, ich mache mir da keine Illusionen.
Dennoch höre ich derartiges gern, zumal solche Formeln,
wie feierlich sie auch klingen mögen, zumindest andeuten,
was ich tatsächlich gewollt habe.

Daß sich die Literatur auf den Seiten der »Frankfurter
Allgemeinen« so ausbreitete, traf in der literarischen Öffentlichkeit (von vielen Kollegen in der Zeitung ganz zu
schweigen) durchaus nicht nur auf Zustimmung. Zwar
nannte man mich immer häufiger »Großkritiker« oder gar
»Literaturpapst«, aber es war keineswegs sicher, ob es sich
hierbei um respektvoll-freundliche Bezeichnungen handelte oder doch eher um böse, höhnische Schmähworte.
Der ironische, der abschätzige, der spöttische Unterton
dieser mir zugedachten Kennmarken oder Aushängeschil-
der entging mir nicht: Ich konnte mich des Verdachts nicht
erwehren, daß alles, was man mir nachrühmte, mir zugleich
vorgeworfen und zur Last gelegt wurde.

Je größer mein Erfolg war, desto häufiger bekam ich

Neid und Mißgunst zu spüren und mitunter auch unverhohlenen Haß. Ich habe darunter nicht selten gelitten. Aber ich tröstete mich mit Heines schönem Wort, der Haß seiner Feinde dürfe als Bürgschaft gelten, daß er sein Amt nicht ganz schlecht verwalte. Es dauerte nur wenige Jahre, da hieß es klipp und klar, ich hätte ungewöhnlich viel Macht an mich gerissen. Ein längerer Fernsehfilm über mich begann sogar mit der kühnen Behauptung, der von mir geleitete Literaturteil der »Frankfurter Allgemeinen« sei das größte Machtzentrum, das es je in der Geschichte der deutschen Literatur gegeben habe.

Mit Sicherheit hat das Wort »Macht« keinen guten Klang, man denkt gleich – und nicht ganz zu Unrecht – an Mißbrauch und Willkür: Die Sympathien sind also in der Regel nicht auf der Seite jener, die Macht ausüben, vielmehr bei den Leidtragenden oder gar Opfern. Es stimmt schon: Ich habe mich bemüht, soviel Macht in meinen Händen zu konzentrieren, wie ich es für nötig hielt – und das gilt nicht nur für die redaktionelle Arbeit. Meine Teilnahme am literarischen Leben ging in diesen Jahren weit über die »Frankfurter Allgemeine« hinaus: Ich gehörte vielen Jurys an, ich war 1977 Mitinitiator des Klagenfurter Wettbewerbs um den Ingeborg Bachmann-Preis und bis 1986 der Sprecher der Jury dieses Wettbewerbs.

Allerdings erlaube ich mir zu fragen: War das für die Literatur gut oder schlecht? Zu wessen Gunsten habe ich fünfzehn Jahre lang in der »Frankfurter Allgemeinen« ein so großes Ressort verwaltet? Ich bildete mir ein und glaube es immer noch: zugunsten der Literatur.

Vom frühen Morgen bis zum späten Abend habe ich gearbeitet – teils in der Redaktion, teils zu Hause. So gut wie nie hatte ich ein freies Wochenende, und von dem mir zustehenden Urlaub habe ich ungern und nie ganz Gebrauch gemacht. Ich war fleißig, unerhört fleißig. Aber warum eigentlich? Niemand hat es von mir erwartet oder gar verlangt. Was ich tat, mußte ich doch nicht immer und nicht unbedingt selber tun, ich konnte vieles delegieren. Warum also die große Mühe, die unentwegte Anstrengung? Um der Literatur willen? Ja, mit Sicherheit. War es mein Ehrgeiz, die Tradition der Juden in der Geschichte der deutschen Literaturkritik, an die ich doch längst angeknüpft hatte, auf einem leitenden Posten und in aller Öffentlichkeit, vielleicht sogar demonstrativ fortzusetzen? Gewiß. Hatte meine Passion mit meiner Sehnsucht nach einer Heimat zu tun, jener Heimat, die mir fehlte und die ich in der deutschen Literatur glaubte gefunden zu haben? Ja, und möglicherweise in höherem Maße, als es mir bewußt war.

Alle diese Antworten sind richtig, aber keine trifft des Pudels Kern. Will ich ganz ehrlich sein, so muß ich eine einfache, eine wohl enttäuschende Antwort geben: Hinter meiner Arbeitswut, denn darum handelte es sich letztlich, stand nichts anderes als das Vergnügen, das mir die Tätigkeit in der »Frankfurter Allgemeinen« bereitete. Ich übertreibe nicht, wenn ich hinzufüge: täglich bereitete. Es deckten sich hier ganz und gar: das Hobby und der Job, die Passion und die Profession.

Die vielen Serien, die man in dieser Zeit in der »Frankfurter Allgemeinen« lesen konnte, habe ich aus mehr oder weniger persönlichen Gründen gemacht. Auf zwei Beispiele will ich mich hier beschränken. Wie hat sich das, was in Deutschland und im deutschen Namen zwischen 1933 und 1945 geschehen ist, im Leben jener widergespiegelt, die in dieser Zeit Kinder und Jugendliche waren? Nicht obwohl, sondern gerade weil auch ich zu den damals Halbwüchsigen gehöre, hat mein Interesse für diese Frage nie nachgelassen. Das führte zur Serie »Meine Schulzeit im Dritten Reich. Erinnerungen deutscher Schriftsteller«, deren Buchausgabe auch heute noch in vielen Schulen benutzt wird.

Ein anderes Beispiel: Was taugen die deutschen Romane aus der ersten Hälfte des zwanzigsten Jahrhunderts, die ich in meiner Jugend gelesen hatte? Da ich nicht imstande war, meine Eindrücke und Erinnerungen in allen Fällen selber zu überprüfen, ließ ich diese Frage von vielen Schriftstellern und Journalisten, Kritikern und Wissenschaftlern beantworten. Das Ergebnis war die Serie »Romane von gestern – heute gelesen«, die von Heinrich Manns »Im Schlaraffenland« (1900) bis zu Hermann Brochs »Tod des Vergil« (1945) reicht und 125 deutsche Romane dem zweiten, dem prüfenden Blick aussetzt. So ist ein nicht alltäglicher, in der Buchausgabe dreibändiger Romanführer entstanden.

Wie war es um die Förderung, gar die Entdeckung junger Talente bestellt? Das ist ein mühseliges Geschäft, meist vergeblich und erfolglos. Es hat mir dennoch Spaß gemacht. Ein Fall zumindest ist mir unvergeßlich. Anfang August 1979 nahm ich an einer Fernsehdiskussion in Wien teil. Es ging um Frauenliteratur, wobei freilich nicht klar war, was die Veranstalter im Sinne hatten: Literatur von, für oder über Frauen?

Als ich ins Studio kam, waren dort schon vier kampflustige Damen versammelt. Sie schickten sich an, mich, der ich als Feind der Frauenemanzipation, wenn nicht gar des weiblichen Geschlechts galt, vor laufender Kamera zu zerfleischen. Auch ich war angriffslustig, aber mein Interesse an dem bevorstehenden Streitgespräch war schlagartig geschwunden, als ich plötzlich sah, daß eine meiner Partnerinnen eine außerordentliche Frau war: anmutig und anziehend, verlockend und verführerisch, lieblich und liebreizend, kurz: wunderschön.

Ich war von ihr so bezaubert, daß ich die anderen kaum wahrnahm. In der Diskussion hat sie mir noch besser gefallen: Sie sprach sehr intelligent und hatte die höchst sympathische Neigung, mit allem, was ich sagte, einverstanden zu sein. Das angebliche Streitgespräch verwandelte sich in einen heimlichen erotischen Dialog: Was ich sagte, war nur für sie bestimmt, und was sie sagte, war, wollte mir scheinen, an mich gerichtet. Gleich nach der Sendung mußte sie zurück ins Hotel. Sie verabschiedete sich bedeutungsvoll mit den Worten: »Sie hören von mir sehr bald.« In der Tat erhielt ich von ihr nach wenigen Tagen einen Brief mit einer Einladung und dann noch einen zweiten. Ich habe ihr eines meiner Bücher geschickt, die beiden Briefe jedoch nicht beantwortet. Es würde zu weit führen, wollte ich den Grund meiner Zurückhaltung erklären. Jedenfalls habe ich sie nie wiedergesehen. Doch ihren Namen sollte ich nachtragen: Lilli Palmer.

Da sie so schnell verschwunden war, kam ich mit einer anderen Diskussionsteilnehmerin ins Gespräch. Es war eine junge Germanistin, ihres Zeichens Literaturredakteurin bei Radio Bremen. Worüber wir uns unterhalten haben, weiß ich nicht mehr, sehr ergiebig war dieser Dialog wohl nicht. Sie habe gewiß – sagte ich ironisch – einen Roman in der Schublade liegen. »Nein« – antwortete sie schnippisch –, »aber ab und zu schreibe ich Gedichte.« Mich ritt der Teufel, denn ich sagte ihr: »Dann schicken Sie mir mal einige.« Doch kaum war mir das Wort entfahren, wollt ich's im Busen gern bewahren. Zu meinem großen Bedauern hat meine Gesprächspartnerin die Aufforderung ernst genommen. Wenig später erhielt ich aus Bremen vier Gedichte, vermutlich – das wußte ich aus langjähriger Erfahrung – schlechte, miserable. Der Begleitbrief, der knapp an unser Gespräch in Wien erinnerte, war auffallend kurz.

Ich las die Verse gleich. Ich war entzückt und gerührt. Das hatte es in meiner bisherigen Praxis in der »Frankfurter Allgemeinen« noch nicht gegeben: Eine junge Frau, von der noch nichts publiziert war, hatte mir unzweifelhaft druckbare Gedichte zugeschickt, mehr noch, Gedichte, die bewiesen, daß deutsche Lyrik auch heute schön sein darf und schön sein kann. Ich war entschlossen, die Verse der unbekannten Autorin in der »Frankfurter Allgemeinen« zu veröffentlichen. Ich rief Ulrich Greiner, der damals in der Literatur-Redaktion der »Frankfurter Allgemeinen« arbeitete (er war später einige Jahre lang Feuilletonchef der »Zeit«), und bat ihn, ohne mein Urteil auch nur anzudeuten, diese Manuskripte zu lesen. Er kam rasch zurück, beinahe erregt. Sein Urteil: »Sofort alle drucken.« Ich mußte ihm noch den Namen der Autorin nennen, der auf dem Manuskript nicht zu finden war. Ihren Brief hatte ich irgendwo verlegt. Aber ich fand im Papierkorb ein zerknülltes Kuvert. Der gesuchte Name ließ sich gerade noch entziffern: Ulla Hahn.

Gelangweilt habe ich mich in der »Frankfurter Allgemeinen« nie, es sei denn (und zwar ziemlich häufig) in den großen Konferenzen, die alle vierzehn Tage stattfanden. Wozu waren sie eigentlich nötig? Von einem Herausgeber wurde ich vertraulich belehrt, es sei aus taktischen Gründen angebracht, den Redakteuren von Zeit zu Zeit Gelegenheit zu geben, sich einmal richtig »auszuquatschen«. Freilich machten die meisten davon keinen Gebrauch, sie zogen es vor, den Mund zu halten. Schlimmer noch: Einem der Herausgeber bereitete es Spaß, die kritischen Einwände von Redakteuren (die selten genug zu hören waren und meist vorsichtig formuliert wurden) mit albernen Scherzen vom Tisch zu wischen. Die anderen Herausgeber duldeten es schweigend.

Ich nahm an diesen Konferenzen regelmäßig teil, äußerte mich häufig, natürlich kritisch und mitunter ein wenig rebellisch. Angeblich trugen meine Äußerungen zur Belebung der oft eher einschläfernden Konferenzen bei. Sie wurden auch von den Kollegen gern gehört, doch durchaus nicht von den Herausgebern. Bewirkt habe ich so gut wie nichts. Schließlich hatte ich es satt und blieb, versuchsweise, den Konferenzen fern. Ich war sicher, daß man dies auf die Dauer nicht hinnehmen und mich auffordern werde, wieder zu erscheinen. Aber ich hatte mich wieder einmal gründlich geirrt. Nur die Kollegen wünschten meine Rückkehr, die Herausgeber hingegen waren, allem Anschein nach, zufrieden, daß sie meine Fragen nicht zu beantworten brauchten: Man hatte sich eines Ruhestörers entledigt.

Freilich konnte ich in meinem Bereich machen, was ich wollte. Kein einziger Artikel, kein einziges Gedicht, keine Meldung, nichts von dem, was meiner Ansicht nach im Blatt gedruckt werden sollte, blieb in diesen fünfzehn Jahren ungedruckt. Ich hatte mit Fest vereinbart, daß jeder Autor, der zur zeitgenössischen deutschen Literatur gehört, in der »Frankfurter Allgemeinen« publiziert werden könne, und zwar unabhängig von seinen politischen Anschauungen. Die Entscheidung, wer zur zeitgenössischen Literatur zu zählen sei, war mir überlassen. Fest hat Wort gehalten – und wenn ich mich recht entsinne, brauchte ich ihn nie an diese Vereinbarung zu erinnern.

Immer häufiger ließ ich Arbeiten linker Autoren, natürlich auch Kommunisten, drucken. Ob das den Herausgebern gefiel, weiß ich nicht. Aber niemand hat es zu beanstanden gewagt. Im Mai 1976 brachte ich in der »Frankfurter Anthologie« ein im Gefängnis geschriebenes Gedicht des zu fünfzehn Jahren Freiheitsstrafe verurteilten Terroristen Peter Paul Zahl. Um die Interpretation bat ich Erich Fried. Jemand sagte: »Noch linker geht es nicht.« Auch dies hat niemand in der »Frankfurter Allgemeinen« mißbilligt.

Meine Freiheit als Leiter des Literaturteils war also unbegrenzt, und diese Freiheit hat mich manches, was mir in dieser Zeitung nicht gefiel, leichter ertragen lassen. Um die Wahrheit zu sagen: Ich habe die »Frankfurter Allgemeine«

damals zwar täglich gelesen, doch kaum mehr als das Feuilleton und bloß in Ausnahmefällen die Leitartikel. So blieb mir viel Zeit erspart – und mancher Ärger.

Auf die Gefahr hin, daß ich mich wiederhole: Ich wußte sehr wohl und vergaß es nie, wem ich die Freiheit, von der ich so ausgiebig Gebrauch machte, zu verdanken hatte. Es war Joachim Fest.

Genie ist man nur in den Geschäftsstunden

Sollte mich jemand fragen, wer in diesen fünfzehn Jahren der wichtigste und originellste Mitarbeiter des Literaturteils der »Frankfurter Allgemeinen« war, jener, dessen kritische Prosa sich mir am schärfsten eingeprägt hat, ich würde nicht lange nachdenken müssen und Wolfgang Koeppen nennen. Er habe mir, würde ich gleich hinzufügen, in dieser Zeit die größte Freude bereitet und die größte Genugtuung – und freilich auch den größten Kummer.

Erst spät gelangte ein Buch von Koeppen nach Polen. Es war der Roman »Der Tod in Rom«. Ich konnte ihn bekommen, weil er 1956, zwei Jahre nach der westdeutschen Ausgabe, auch in der DDR erschienen war. Ich tat, was ich konnte, damit er ins Polnische übersetzt wurde – und schrieb, als die polnische Ausgabe Ende 1957 erhältlich war, eine sehr ausführliche, eine begeisterte Kritik. Was mich geradezu hingerissen hat, das war der unerhört suggestive Rhythmus dieser Prosa, ihr neuer Ton. Wenn es einen solchen Schriftsteller wie Koeppen gibt, dann – meinte ich – brauche man sich um die Zukunft der deutschen Nachkriegsliteratur keine Sorgen zu machen.

Als ich im Dezember 1957 in München war, wollte ich Koeppen unbedingt sehen. In meiner Jugend hat mich im Roman »Das Bildnis des Dorian Gray« des von mir damals geliebten Oscar Wilde manch ein Urteil, manch ein Paradoxon verwundert, so auch dieses: »Gute Künstler leben nur in ihren Werken, und sie sind daher als Persönlichkeit völlig uninteressant.« Noch weniger leuchtete mir ein, was ich bei Plutarch fand: »Verehret die Künste und verachtet die Künstler!« Ich hingegen war sehr zufrieden, als mich einst in Berlin ein Schulfreund in die Wohnung seines verreisten Onkels mitnahm, wo er die Blumen zu gießen hatte. Denn dieser Onkel war ein richtiger Schriftsteller: der schlesische Lyriker und Erzähler Friedrich Bischoff. Auch wenn ich ihn nicht zu sehen bekam, war ich doch glücklich, in seiner Wohnung sein und mich dort umsehen zu können. Um es gleich zu sagen: Meine Neugierde auf berühmte Schriftsteller, zumal mein Bedürfnis, die Autoren der von mir geschätzten Bücher näher kennenzulernen, hat mit der Zeit merklich nachgelassen.

Im Dezember 1957 saß ich also in einem Münchner Restaurant und freute mich, daß ich gleich mit dem Autor des Romans »Der Tod in Rom« würde sprechen dürfen. Er wird schon sein – dachte ich mir – wie seine poetische Prosa, streng und scharf, etwas böse und ein wenig bissig, jedenfalls ziemlich aggressiv. Aber der Herr, der sich bald vorsichtig meinem Tisch näherte, machte einen ganz anderen Eindruck.

Ich glaubte, er sei ein solider Oberstudienrat, der Griechisch und Geschichte lehre, von den Schülern beiderlei Geschlechts geliebt werde und nach Feierabend an einem Buch über Perikles arbeite. Aggressiv war der Schriftsteller, mit dem ich den Abend verbrachte, am allerwenigsten, auch nicht selbstsicher, eher etwas schüchtern, wenn nicht gehemmt, sehr freundlich und verbindlich, auffallend leise und liebenswürdig. Meine Fragen beantwortete Koeppen höflich, vielleicht gar zu höflich. Ich stellte ihm eine nach der anderen – nicht weil ich soviel von ihm wissen wollte, sondern weil ich befürchtete, die Unterhaltung könnte sonst versiegen. Nur ungern wollte ich mir eingestehen, daß sich das Gespräch, an dem mir doch so gelegen war, rasch als enttäuschend erwies.

Später war es kaum anders: Wir trafen uns nicht selten, meist in München oder in Frankfurt, doch an ein aufschlußreiches oder anregendes Gespräch, wenigstens an ein einziges, kann ich mich nicht erinnern. Koeppen hatte in seiner Berliner Zeit, also vor dem Krieg, viele Schriftsteller, Journalisten und Schauspieler gekannt. Manche interessierten mich, ich bat ihn, mir über sie etwas zu erzählen. Er tat es gern, aber während noch die kleinste Buchbesprechung, auch noch der flüchtigste Brief den Schriftsteller Koeppen erkennen ließen, wirkte fast alles, was ich von ihm zu hören bekam, ziemlich blaß und farblos. Ein mündlicher Erzähler war Koeppen nicht. Man konnte ihm auch keine charismatische Wirkung nachrühmen. Sollte Oscar Wilde recht gehabt haben?

Bei Heinrich Mann, den übrigens Koeppen mehr schätzte als ich, was vielleicht eine Generationsfrage war, habe ich die erstaunliche Bemerkung gefunden: »Es gibt kein Genie außerhalb der Geschäftsstunden. Die feierlichsten Größen der Vergangenheit haben mit ihren Freunden gelacht und Unsinn geschwatzt. Man halte seine Stunden ein.« In der Tat, Koeppen formulierte wunderbar, aber nur, wenn er an seinem Schreibtisch saß und die kleine Schreibmaschine vor sich hatte, eben in den Geschäftsstunden.

Als wir uns an jenem ersten Abend voneinander verabschiedeten, gab er mir ein Exemplar seines Romans »Der Tod in Rom«. Das freute mich, doch wünschte ich mir, wie es sich gehört, eine Widmung. Koeppen schien überrascht: Ja, gewiß, aber so schnell gehe das nicht, darüber müsse er erst einmal nachdenken. Mit einem verlegenen Lächeln bat er um Verständnis: Er werde das Buch mitnehmen und es mir morgen mit einer Eintragung wiederbringen. Ich war verwundert, aber natürlich einverstanden. 24 Stunden später überreichte mir Koeppen seinen Roman zum zweiten Mal. Doch wagte ich es nicht, den inzwischen von ihm verfaßten Text in seiner Gegenwart zu lesen. Erst in meinem Hotelzimmer schlug ich, noch im Mantel, neugierig das Buch auf. Die Widmung lautete: »Für Herrn Marcel Ranicki in freundschaftlicher Zueignung.« Unterschrift, Datum. Das war alles.

Um diese Worte zu ersinnen hatte Koeppen das Exemplar seines Romans also für einen Tag nach Hause genommen. Über den Schriftsteller Detlev Spinell sagt Thomas Mann in seiner Novelle »Tristan«, daß dieser wunderliche Kauz, einen Brief schreibend, »jämmerlich langsam von der Stelle« kam. Und dann: »Wer ihn sah, der mußte zu der Anschauung gelangen, daß ein Schriftsteller ein Mann ist, dem das Schreiben schwerer fällt als allen anderen Leuten.« Als ich Koeppens konventionelle Widmungsformel las, die überdies noch fehlerhaft ist – es muß entweder »mit freundschaftlicher Zueignung« heißen oder »in freundschaftlicher Zuneigung« –, wurde mir ganz bewußt, welch sonderbarer und ungewöhnlicher Schriftsteller er war.

Ein Autor, auf den man sich verlassen konnte, war er nie. Niemals hat er Termine eingehalten, und es hat ihm nie etwas ausgemacht, seine Auftraggeber auf sanfte und doch entschiedene Weise vor den Kopf zu stoßen oder ganz einfach im Stich zu lassen. Gesegnet mit einem einzigartigen Talent, war er zugleich mit einer fatalen Willensschwäche geschlagen, mit einer schwer zu bekämpfenden Neigung zur Trägheit und zur Lethargie. Es ist kaum zu glauben: Koeppen, der beinahe sein ganzes Leben lang den Beruf eines freien Schriftstellers ausübte, schrieb selten und sehr ungern, wenn nicht widerwillig. Unzuverlässigkeit und Verantwortungsgefühl gingen bei ihm Hand in Hand, die Zusammenarbeit mit ihm erforderte viel Geduld und war mitunter geradezu qualvoll. Verleger, Redakteure und Rundfunkleute, die Koeppens Talent erkannten, hörten nicht auf, ihn zu bitten und zu mahnen, ihn zu bedrängen und zu warnen, sie haben ihm in ihrer Verzweiflung gedroht oder geschmeichelt – und waren gelegentlich auch erfolgreich. Aber unter keinen Umständen ließ er sich überreden, ein Manuskript abzuliefern, das er für unfertig hielt.

Das alles war mir, als ich in der Redaktion der »Frankfurter Allgemeinen« zu arbeiten begann, natürlich bekannt. Doch abschrecken ließ ich mich nicht, im Gegenteil: Ich hielt es für eine meiner dringendsten Aufgaben, Koeppen als Mitarbeiter des Literaturteils zu gewinnen. Ich lockte ihn nicht nur mit hohen Honoraren, den damals höchsten in der »Frankfurter Allgemeinen«, sondern auch – und das hat wohl noch stärker gewirkt – mit Themen, die ihn mobilisierten.

Ich bat ihn um Aufsätze über Kleist, Kafka und Karl Kraus, über Thomas Mann und Robert Musil, über Döblin und Robert Walser und viele andere. Es könnten auch – sagte ich ihm, um ihn überhaupt zum Schreiben zu bringen – ganz kurze Artikel sein. Dies alles in einer Tageszeitung? Man mußte schon aktuelle Anlässe finden – und das war nicht so schwer: Neuausgaben und Bildbände, vor allem aber Jubiläen dienten als Vorwände. Nur selten hat Koeppen seine Manuskripte pünktlich geschickt. Schon am Anfang unserer Zusammenarbeit fand ich in einem Brief die etwas überraschende Mitteilung: »Mahnen Sie mich bitte, bedrängen Sie mich, aber nicht zu sehr.« Das tat ich häufig, meist mußte ich ihm die Manuskripte mit alarmierenden Telegrammen und Telefonanrufen abnötigen. Schließlich waren sie da, im letzten Augenblick telefonisch übermittelt, denn Fax-Apparate gab es noch nicht.

Aber Koeppen gehörte nicht zu jenen lästigen Mitarbeitern, die, kaum war ihr Text in der Redaktion angekommen, gleich anriefen, um zwei Worte zu streichen oder drei hinzuzufügen. Er hat kein Wort mehr geändert – und es wäre auch nicht nötig gewesen. Wenn ich dann las, was er über Grimmelshausen, über Shelley, Flaubert oder Hemingway geschrieben hatte, dann war ich zufrieden und in manchen Augenblicken beinahe glücklich. Allerdings fürchtete ich bald, daß Koeppen in dieser für ihn neuen Situation jenen Roman, den er im Laufe der Jahre schon mehrfach angekündigt hatte, nicht mehr schreiben werde. Von ihm sprach er jetzt immer seltener, häufig hingegen von einem kleineren Prosabuch mit dem Titel »Jugend«. Wann immer ich nach diesem Buch fragte, berief er sich auf die literarkritischen Arbeiten, die ihn so stark in Anspruch nähmen.

So blieb mir nichts anderes übrig, als die Zahl der laufenden Aufträge einzuschränken. Dies aber konnte ich nur verantworten, wenn ich ihm andere, möglichst regelmäßige Einkünfte verschaffte, die ihn von materiellen Sorgen befreiten. Ich wandte mich an vier Schriftsteller, deren Bücher damals besonders hohe Auflagen erreichten, und bat sie um Hilfe. Es waren Max Frisch, Heinrich Böll, Günter Grass und Siegfried Lenz. Keiner hat abgesagt, jeder hat einen ihm angemessen scheinenden (und in zwei Fällen auch recht hohen) Betrag auf ein Bankkonto mit dem Kennwort »Wegen Grastauben« überwiesen. Doch wäre es leichtsinnig gewesen, die zustande gekommene Summe Koeppen zu geben. Es war nicht seine Sache, mit Geld vernünftig umzugehen. Also erhielt er von diesem Konto allmonatlich eine Zuwendung; sie reichte nicht für seinen Unterhalt, bildete aber immerhin für eine Weile die Basis seines bürgerlichen Lebens. Er fragte mich, woher das Geld stamme, doch hatte ich den Eindruck, daß er es gar nicht wissen wollte. Jedenfalls hat er es nie erfahren.

Die diskrete Hilfsaktion war erfolgreich. Zwar ist der von vielen erwartete Roman nicht entstanden, aber 1976 konnte nach fünfzehnjähriger Pause endlich wieder ein Buch von Koeppen erscheinen: die poetische Selbstdarstellung »Jugend«. Es ist ein Fragment aus Fragmenten. Daß es gleichwohl ein Ganzes ist, verdankt dieses Buch seinem Stil – und das bezieht sich ebenso auf seine Sprache wie auf seine Stimmung. Ich liebe dieses Buch wie sonst nur sein Hauptwerk, den Roman »Tauben im Gras«.

Koeppen stand mir nahe – und das hat Gründe, die über die außerordentliche, die für mich unzweifelhafte Qualität seiner Prosa noch hinausgehen. Auf Fragen von Interviewern antwortete er stets: »Ich habe keine Heimat.« In der Tat, er kannte keine Heimat, überall war er fremd. Aber ganz einsam war er doch nicht. Denn er lebte stets im Zeichen der Literatur, sie war ein permanenter Bestandteil seines Daseins. Bei ihr suchte er immer wieder Schutz und Zuflucht, bei ihr fand er, worauf er angewiesen war: ein Asyl, wenn auch ein provisorisches. Aber nichts – sagen die Franzosen – ist dauerhafter als das Provisorium. Seine Liebe galt den Einzelgängern, den Nichtdazugehörenden, den Beleidigten, den Verfolgten und den Gezeichneten. Er war der poetische Sachwalter aller Minderheiten – von den Juden bis zu den Homosexuellen.

Und Koeppen stand mir nahe, weil er, obwohl ein stiller, zurückhaltender und niemals schnoddriger Mensch, obwohl in Greifswald geboren und in Ostpreußen aufgewachsen, doch von Berlin geprägt war. Mit Berlin haben der Rhythmus seiner Sprache zu tun und ihr Tempo, die Prägnanz seiner Ausdrucksweise und seine nie ganz zu befriedigende Gier nach Neuigkeiten, diese, könnte man sagen, Zeitungssucht. Vielleicht gilt das auch für Koeppens immer von Skepsis relativierte und kontrollierte Begeisterungsfähigkeit – jene Begeisterung, ohne die man sich mit der Literatur auf Dauer nicht beschäftigen kann.

An nichts hat er geglaubt, nur an die Literatur. Er hat die Dichter und die Künstler geliebt, er fühlte sich ihnen verpflichtet, er hielt sich für ihren Schuldner. Er kannte keine anderen Götter neben ihnen. Seine Verehrung war unverwüstlich, seine Dankbarkeit rührend und – auch noch in hohem Alter – nahezu jugendlich.

Als ich am 21. März 1996 auf dem Nordfriedhof in München dem Sarg Wolfgang Koeppens folgte, wußte ich, daß ein großer Abschnitt meines Lebens beendet war.

Die Familie des Zauberers

Es war am 13. August 1955 im Seebad Ustka, das in unferner Vergangenheit Stolpmünde hieß. Die Sonne strahlte schön und unermüdlich, der Himmel war blau, er hätte gar nicht blauer sein können. Die Ostsee ruhte, man kann sagen, majestätisch. Ich saß in einem Strandkorb und las Goethe. Ich tat es freiwillig und zugleich im Auftrag eines Arbeitgebers. Ja, ich wurde noch dafür bezahlt, wenn auch nicht sehr großzügig. Denn ich hatte für einen Warschauer Verlag eine Auswahl seiner Gedichte vorzubereiten. Ich dachte mir: Je älter ich werde (ich war schon 35), desto mehr entzückt mich Goethes Lyrik – wo es doch einst, in meiner Kindheit und in meiner frühen Jugend, Schillers Balladen waren, die meine Liebe zur deutschen Poesie weckten.

Für einen Augenblick unterbrach ich die Lektüre. Und als ich aufsah, erblickte ich ein blondes Mädchen, wohl sechzehn oder siebzehn Jahre alt, einnehmend und anmutig. Flott näherte es sich meinem Strandkorb – mit leichtem Schritt und munterm Sinn. Das Mädchen brachte mir zwei Kuverts und lächelte so heiter und so fröhlich, als sei es ganz sicher, daß es nur gute Nachrichten sein könnten, die es mir auszuhändigen hatte. Dann verabschiedete es sich mit einem koketten Knicks und lief rasch wieder weg. Der hellblaue Rock, dünn und weit, flatterte hoch.

Einer der beiden Umschläge enthielt einen Brief, der in der Schweiz aufgegeben worden war. Er begann mit den

Worten: »Im Auftrage meines Mannes, der leider krank im hiesigen Kantonsspital liegt – glücklicherweise geht es ihm aber schon besser –, beantworte ich Ihr freundliches Schreiben vom 9. Juli.« Unterschrieben war der Brief: »Mit freundlichen Grüßen Ihre Katia Mann.« Der andere Umschlag enthielt ein Telegramm vom Polnischen Rundfunk in Warschau. Der Text lautete: »Thomas Mann gestern gestorben. Stop. Erbitten Nachruf fünfzehn Minuten, möglichst noch heute.« War ich erschüttert? Hatte ich Tränen in den Augen? Oder dachte ich immer noch an das schöne Mädchen im blauen Rock? Ich kann mich nicht erinnern. Aber ich bin mir sicher: Ich fühlte mich verlassen. Denn ich wußte, daß er, Thomas Mann, mich beeindruckt und beeinflußt, vielleicht sogar geprägt hatte wie kein anderer deutscher Schriftsteller unseres Jahrhunderts. Ich wußte, daß es seit Heine keinen Schriftsteller gegeben hatte, dem ich in so hohem Maß und auf so tiefe Weise verbunden war. Ich saß etwas hilflos im Strandkorb.

Man hatte mir einst in einem preußischen Gymnasium beigebracht, daß es sich zieme, dem Weibischen und Weichlichen, dem Elegischen mannhaft Widerstand zu leisten. Sollte aber das Weibische, das Sentimentale gar schon im Anzuge sein, dann habe man sich unbedingt und sofort auf die Pflicht zu besinnen. So ging ich mit dem Brief aus Zürich, mit dem Telegramm aus Warschau und mit dem Goethe-Band in der Hand schnell zu dem Ferienheim, in dem ich wohnte. Der Nachruf, den man von mir erwartete, sollte gleich geschrieben werden. Das Wetter war plötzlich umgeschlagen, von der See kam ein rauher Wind. Es schien mir, als sei es unvermittelt etwas kühler geworden.

Katia Mann habe ich erst im April 1967 kennengelernt. Ich war zusammen mit Hans Mayer nach Zürich gekommen, um im Haus der Familie Mann in der Ortschaft Kilchberg, unmittelbar an der Stadtgrenze von Zürich gelegen, ein für die Reihe »Das Literarische Kaffeehaus« bestimmtes Rundfunkgespräch mit Erika Mann aufzunehmen. An der Pforte stand auf dem Namensschild: »Dr. Thomas Mann«. Ja, tatsächlich, Doktor Thomas Mann. In der Diele hingen einige gerahmte Urkunden, die an den Nobelpreis und andere Preise erinnerten und auch an mehrere Ehrendoktorate. Man hat sie dort, das möchte ich nun doch annehmen, erst nach dem Tod von Thomas Mann aufgehängt. Wir wurden ins Wohnzimmer geführt, dessen breite Fenster einen wunderbaren Blick auf den Zürichsee boten.

Nach wenigen Augenblicken kam Katia Mann. Sie trug ein dunkelgraues, beinahe bis zum Boden reichendes Kleid. Wie eine gestrenge Domina sah sie aus, wie eine imposante Stiftsvorsteherin. Hans Mayer hatte in der Hand einen großen Blumenstrauß, den ihm aber Frau Mann gar nicht abnehmen wollte. Er wurde von ihr ziemlich barsch angefahren: »Sie haben geschrieben, das Spätwerk meines Mannes bröckele ab.« Mayer, immer noch mit den Blumen in der Hand, war verlegen wie ein Schuljunge und stammelte hilflos: »Aber Gnädige Frau, ich bitte, ich bitte höflichst, bedenken zu wollen...« Katia Mann unterbrach ihn sofort: »Widersprechen Sie mir nicht, Herr Mayer, Sie haben geschrieben, Thomas Manns Spätstil sei ein Abbröckeln. Sie sollten wissen, daß über meinen Mann alljährlich in der ganzen Welt mehr Doktorarbeiten eingereicht und gedruckt werden als über diesen, über diesen Kafka.«

Mayer konnte nichts antworten, denn die Tür ging auf, und es erschien Thomas Manns Tochter, jene, die der Vater, Wotans Wort über Brünhilde aufgreifend, ein »kühnes, herrliches Kind« genannt hatte: Es erschien Erika Mann. Die einstige Schauspielerin trug lange schwarze Hosen aus Seide oder doch wohl Brokat. Sie stützte sich auf silberne Krücken. Seit 1958 hatte sie sich einige Fuß- und Hüftbrüche zugezogen, so war ihr Auftritt etwas mühselig,

doch zugleich stolz und energisch: Hier war eine selbst-
bewußte Frau fest entschlossen, ihre Behinderung nicht
etwa zu verbergen oder gar zu ignorieren, nein, sie wollte
sie eher akzentuieren und ihr auf diese Weise einen zu-
sätzlichen Effekt abgewinnen. Vom ersten Augenblick an
spürte man eine ungewöhnliche Persönlichkeit. Daß die
jetzt knapp über sechzig Jahre alte Erika Mann einst schön
und herrisch gewesen war wie eine Amazonenkönigin –
man sah es immer noch, man sah es sofort. Da standen
sie mir jetzt gegenüber: zwei Repräsentantinnen dieser
Familie, der in unserem Jahrhundert keine andere gleichkommt. Ich dachte mir: Was den Briten ihre Windsors, das
sind den Deutschen, jedenfalls den Intellektuellen, die
Manns.

Wir zogen uns zusammen mit Erika Mann in ein benach-
bartes Zimmer zurück, wo die Mikrophone schon aufgestellt und die Bücher, auf die sie in der Sendung zu sprechen kommen wollte, vorbereitet waren. Es dauerte nicht
lange, und man konnte sich überzeugen, daß Erika, die seit
1947 ihrem Vater als glänzende Lektorin seines Spätwerks
geholfen hatte, im Gespräch über Literatur nach wie vor
scharfsinnig und schlagfertig war, immer temperamentvoll
und auch streitsüchtig. Mit unverkennbar gehässiger Genugtuung erzählte sie uns, sie habe gegen zwei deutsche
Zeitungen, die sich über angebliche intime Beziehungen
zwischen ihr und ihrem Bruder Klaus ausgelassen hatten,
Prozesse angestrengt und gewonnen und beträchtliche
Schmerzensgelder erhalten. Mitunter konnte man den Eindruck haben, daß aus Erika Mann, der Amazone, in ihren
späteren Jahren eine Erinnye geworden war. Aber man begriff auch, daß es ihr, die gewiß leidenschaftlich zu lieben
und wohl noch häufiger zu hassen vermochte, daß es ihr
nur selten gegeben war, wirklich zu lieben – und daß sie
durchaus nicht beliebt war, auch nicht bei ihrer Familie.

Im Herbst 1983 wurde in den Dritten Programmen des deutschen Fernsehens ein größeres, ein ernstes und solides Filmporträt über Klaus Mann ausgestrahlt. Nachdem ich diesen Film in der »Frankfurter Allgemeinen« wohlwollend und respektvoll rezensiert hatte, erhielt ich von Monika Mann, der 1910 geborenen Schwester von Erika und Klaus, einen etwas wirren Brief. Dies war jedenfalls klar: Monika beschimpfte Erika als »Hexe« und behauptete, die Schwester habe zum Tod von Klaus beigetragen. Mehr noch: Sie habe diesen Selbstmord wohl verschuldet. Einige Monate später schickte mir Monika einen für die »Frankfurter Allgemeinen« bestimmten kurzen Beitrag über die Verhältnisse im Hause Mann. Der Artikel war wieder vor allem gegen die Schwester Erika gerichtet, über die sich die Formulierung findet: »Ihre von Besessenheit genährte Vaternähe, ausartend in Eifersucht.« Die Veröffentlichung dieses Beitrags, dessen denunziatorische Akzente unmißverständlich waren, kam nicht in Frage.

Wenig erfreulich, wenn auch aus anderen Gründen, war mein Kontakt mit Thomas Manns jüngstem Sohn Michael, geboren 1919. Er war als Geiger und Bratschist keineswegs erfolglos, wandte sich aber, im Alter von etwa vierzig Jahren, der Germanistik zu und lehrte an der University of California in Berkeley. Ich kam 1974 auf die (wie sich bald herausstellte) nicht eben glückliche Idee, ihn um eine Buchbesprechung für die »Frankfurter Allgemeine« zu bitten. Er wollte die damals gerade erschienene deutsche Ausgabe der Gedichte von Wystan Hugh Auden rezensieren. Ich stimmte zu, doch kaum war sein Manuskript angekommen, da rief Michael Mann aus San Francisco an und zog es zurück. Wenig später erhielten wir eine neue Fassung des kurzen Artikels. Er war inhaltlich dürftig und stilistisch unmöglich. Wir haben den Text gründlich überarbeitet und gedruckt. Zugleich fragte ich Michael Mann, natürlich sehr vorsichtig, ob er es vielleicht vorzöge, die für unsere Zeitung bestimmten Manuskripte in englischer Sprache zu schreiben. Auf dieses Angebot ging er nicht ein, wollte aber weitere Bücher besprechen. Ich machte von seinen Vorschlägen keinen Gebrauch.

Im Oktober 1974 traf ich ihn in Frankfurt. Er vermittelte den Eindruck eines psychisch stark gestörten Menschen. Er begrüßte mich und auch andere Personen, die zugegen waren, mit einer ungewöhnlich tiefen Verbeugung – einer so tiefen, daß sein Oberkörper in einer waagerechten Position war. Im letzten Brief, den ich von ihm erhielt (es war im Herbst 1976), freute er sich auf ein Wiedersehen im Winter. Dazu ist es nicht mehr gekommen. Michael Mann starb in der Nacht vom 31. Dezember 1976 auf den 1. Januar 1977 in Berkeley. Der lakonischen Meldung waren keine Einzelheiten zu entnehmen. Ich verständigte mich sofort mit seinem Bruder Golo Mann. Er bestätigte die Nachricht, gab als Todesursache Herzversagen an und bat, von einem Nachruf oder auch nur von einer Meldung abzusehen. Er war nicht bereit, diesen Wunsch zu erklären. In der Tat hat keine deutsche Zeitung die Todesnachricht gebracht – mit Ausnahme der »Frankfurter Allgemeinen«. In meinem kurzen Nachruf habe ich vor allem auf die germanistischen Arbeiten Michael Manns hingewiesen.

Erst später wurden die näheren Umstände seines Todes bekannt. Er hatte im Auftrag der Familie die Tagebücher Thomas Manns aus den Jahren 1918 bis 1921 für die Veröffentlichung vorbereitet. Diese Arbeit war Ende Dezember 1976 abgeschlossen. Das sollte am Silvesterabend mit Freunden gefeiert werden. Michael Mann war schon im Smoking, man wollte aufbrechen. Da beschloß er, sich noch etwas auszuruhen. Seine Angehörigen, sagte er, sollten sich nicht aufhalten lassen, er werde nachkommen.

So blieb er in seinem Haus in der Nähe von San Francisco. Dort hat man ihn am nächsten Morgen gefunden. In seinem Schlafzimmer lag er im Smoking, mit einem leichten Plaid bedeckt und umgeben von Blumen. Die Beleuchtung war abgedunkelt. Er lebte nicht mehr. Der Obduktionsbefund ergab, daß eine Kombination von Alkohol und Barbituraten zum Tod geführt hatte. Vorangegangen waren einige gescheiterte Selbstmordversuche. Der kurze Nachruf im »San Francisco Chronicle« endet mit den Worten: »Eine Beerdigung wird nicht stattfinden.«

Ähnlich wie im Falle seines Bruders Klaus Mann, der 1949 Selbstmord verübt hatte, wurde jetzt von Freunden, Zeitzeugen und Literarhistorikern für den Tod auch Michael Manns der Vater mitverantwortlich gemacht. Sicher ist, daß Michael an der extremen Lieblosigkeit des Vaters gelitten hat – von Kindheit an. Schon in Thomas Manns 1925 geschriebener Erzählung »Unordnung und frühes Leid« gibt es ein böses, beinahe bösartiges Porträt des damals sechs Jahre alten Michael. Obwohl ich ihn nur flüchtig kannte, hat sich seine Person meinem Gedächtnis fest eingeprägt – vielleicht deshalb, weil sein Unglück und dessen Ursachen so groß und so offenkundig waren, gleichsam mit Händen zu greifen.

An dem schweren, schrecklichen Schicksal, ein Sohn Thomas Manns zu sein, hat auch Golo Mann gelitten. Aber er war der einzige von den drei Söhnen, dem es gelang, das Wort des Vaters zu beherzigen, man solle dem Tode keine Herrschaft einräumen über seine Gedanken – man habe also der Verlockung zu widerstehen, die Stunde des Todes selber zu bestimmen. Golo Mann starb 1994 im Alter von 85 Jahren. Dank seiner »Deutschen Geschichte des 19. und 20. Jahrhunderts« und dank seiner wahrhaft monumentalen Wallenstein-Biographie wurde er zum erfolgreichsten deutschen Historiker des Jahrhunderts – von Kollegen anerkannt und geschätzt und von unzähligen Lesern bewundert, auch von solchen, die sonst um historiographische Werke einen großen Bogen machen. Dennoch war er ein schwermütiger Einzelgänger, der sich lange Jahre hindurch für verfemt und ausgestoßen hielt. In seinen späten Jahren war er berühmt und wohlhabend, aber auf die Frage »Was möchten Sie sein?« im Fragebogen des F.A.Z.-Magazins antwortete er kurz und klar: »Jemand, der glücklicher ist als ich.«

Ich habe Golo Mann in Hamburg um 1970 kennengelernt. Doch zu näheren und kontinuierlichen Kontakten kam es erst 1974, als ich ihn mit Bittbriefen zu bedrängen begann – was ich bis Ende der achtziger Jahre unermüdlich und hartnäckig fortsetzte. An der möglichst intensiven Zusammenarbeit mit ihm lag mir ähnlich wie an jener mit Wolfgang Koeppen, wenn auch aus anderen Gründen: Golo Mann war in mancherlei Hinsicht der ideale Autor des Literaturteils der »Frankfurter Allgemeinen«. Weil er über ein außergewöhnliches Wissen verfügte, weil er ein wahrhaft gebildeter Mann war? Nicht nur deswegen. Ich hielt es für eine meiner wichtigsten Aufgaben, einen Literaturteil zu redigieren, der nicht bloß von Kollegen und Fachleuten gelesen würde, sondern von möglichst allen, die sich für Literatur interessieren. Im Unterschied zu manch einem anderen Mitarbeiter brauchte ich Golo Mann niemals daran zu erinnern, an welche Adressaten seine Beiträge gerichtet sein sollten. Denn sein Vorbild war Augustinus, von dem er sagte, noch das Schwierigste mache er dem Leser leicht.

Alle seine Schriften verfaßte er in einem wohltuend natürlichen Parlando, mit dem er ein Maximum an Klarheit, Deutlichkeit und Anschaulichkeit erreichte – in einem Parlando, das mit dem Stil seines Vaters nichts gemein zu haben scheint. Doch in Wirklichkeit war es gewiß anders: Golo Manns Sprache entwickelte sich sehr wohl unter dem Einfluß der überaus kunstvollen Diktion Thomas Manns, nur freilich im bewußten oder unbewußten Widerstand gegen diese Diktion – wie er sich auch schon früh für ein Leben gegen seinen Vater entschieden hatte. In einem Telefongespräch, in dem von seinem Verhältnis zum Vater die Rede war, sagte er mir: »Ich habe seinen Tod gewünscht.« Ich erschrak und fragte ihn ziemlich erregt: »Wissen Sie denn, was Sie da eben gesagt haben?« Darauf Golo: »Ja, so ist es. Ich habe seinen Tod gewünscht. Es war unvermeidlich.« Seine Bücher habe er, abgesehen von der Monographie über Friedrich von Gentz, allesamt erst nach dem Tod des Vaters schreiben können – damals war er immerhin schon 46 Jahre alt.

Wir trafen uns in Hamburg und Düsseldorf, Frankfurt und Zürich, aber nicht sehr häufig. Hingegen haben wir immer wieder korrespondiert und telefoniert. Zwei Themen standen im Mittelpunkt: die Literatur und die Familie Mann. Golo lobte meine Artikel und Bücher, brachte hier und da Einwände vor, hatte aber, sobald es in meinen Kritiken um seine Familienangehörigen ging, einen fundamentalen Einwand, den er bei verschiedenen Gelegenheiten vorbrachte. So schrieb er mir zu einem Essay über Klaus Mann, alle meine Urteile seien richtig, das Ganze aber sei es nicht: Es fehle »die Sympathie«. Auch wo er sich zu meinen Aufsätzen über die einzelnen Bände der »Tagebücher« Thomas Manns äußerte, wiederholte Golo die generelle Beanstandung: Zu wenig Sympathie, zu wenig Liebe.

Wenn Kritiker Bücher seines Vaters besprochen hatten, war er verärgert und überlegte sich, ob er einen Protestbrief schreiben solle, was er dann meist doch unterließ. Ihm selber freilich machte es Spaß, schlecht über einzelne Werke von Thomas Mann zu reden. Vom »Tonio Kröger« hielt er sehr wenig, in dem Gespräch mit Lisaweta stimme nichts, es sei »Unsinn«. Welche von den beiden schlechtesten Erzählungen Thomas Manns – »Tonio Kröger« und »Unordnung und frühes Leid« – denn die schlechtere sei, fragte er mich höhnisch. Ich nahm das alles nicht ernst. »Wenn man so hört«, sagte ich ihm, »wie Sie über die Bücher Thomas Manns reden, muß man zum Ergebnis kommen, daß Sie ihn für einen besonders schwachen, ja talentlosen Autor halten.« Golo Mann widersprach gleich: Das könne man nicht sagen, denn der Joseph-Roman sei, wenn es um Format und Qualität gehe, so etwas wie die »Ilias«, wie die »Odyssee«. Da sind wir, dachte ich mir, wieder zu Hause – und konnte beruhigt schlafen.

Gern erzählte Golo Mann Anekdoten über den Vater, meist solche, die für ihn nicht schmeichelhaft waren. Auch ich erzählte ihm eine Anekdote, die er, wie sich gleich herausstellte, nicht kannte. Im Herbst 1924 war der »Zauberberg« erschienen, wenige Wochen später gab es schon allerlei Kummer – unter anderem mit Gerhart Hauptmann, der sich, im Roman als Mynheer Peeperkorn parodiert und karikiert, beleidigt und verärgert zeigte.

In dieser Zeit hielt sich Thomas Mann kurz in Zürich auf, wo er einen eleganten Herrenartikel-Laden in der Bahnhofstraße aufsuchte, zu dessen Kunden er längst gehörte. Es war am frühen Morgen. Er wurde von dem Inhaber mit gehöriger Devotion begrüßt. Doch schien dieser etwas unruhig, bat rasch um Entschuldigung und ging die Treppe hinauf in die erste Etage des Ladens. Nach wenigen Minuten kehrte er zurück und teilte Thomas Mann mit, in der oberen Etage sei jetzt ein anderer Kunde, der Herr Doktor Hauptmann, Gerhart Hauptmann. Ob der Herr Doktor Mann den Kollegen sehen möchte? Thomas Mann antwortete sofort: »Nein, es ist noch etwas zu *früh*.« Der Inhaber des Ladens verneigte sich höflich und sagte: »Der Herr Doktor Hauptmann ist der gleichen Ansicht.«

Golo Mann war entzückt: »In der Tat«, sagte er, »eine ausgezeichnete Anekdote. Nur: Sie ist von Anfang bis Ende erfunden, frei erfunden. Wenn das tatsächlich passiert wäre, dann hätte uns T.M. mit dieser Geschichte zahllose Male gequält.« Hier irrte Golo Mann. Die Beinahe-Begegnung in einem Züricher Herrenartikel-Laden hat sehr wohl stattgefunden, allerdings erst 1937.

In einem unserer ausgedehnten Telefongespräche – es war im Dezember 1975 – unterhielten wir uns über die Sexualität Thomas Manns. Homosexuelle Gefühle und Gedanken, sagte Golo, seien Thomas Mann, wie bekannt, keineswegs fremd gewesen. Er sei aber nie ein praktizierender Homosexueller gewesen. Die Vorstellung, er habe Kontakte mit Strichjungen gehabt, sei absurd. Seine homosexuellen Aktivitäten seien, so Golo, »niemals unter die Gürtellinie gegangen«. Letztlich sei seine Homosexualität in pubertären Grenzen geblieben. Man könne sagen, meinte Golo, Thomas Manns Sexualleben habe dem eines preußischen Generals geähnelt. Frauen gegenüber sei er ängstlich und zurückhaltend gewesen. Eben deshalb habe er gelegentlich Dienste von Prostituierten in Anspruch genommen.

Befragt nach angeblich vorhandenen intimen Briefen Thomas Manns an Klaus Mann, deren Veröffentlichung von der Familie – Gerüchten zufolge – verhindert worden sei, erklärte Golo Mann, alle derartige Vermutungen zeugten von der Unkenntnis der tatsächlichen Vater-Sohn-Beziehung. Solche Briefe konnte es nicht geben, weil Intimität zwischen Thomas und Klaus Mann nie existiert habe. Der Vater habe die Homosexualität seines Sohnes Klaus »verabscheut«, Aussprachen über dieses Thema seien zwischen ihnen niemals erfolgt. In seiner Familie, belehrte mich Golo, habe es zwei Arten von Homosexualität gegeben – eine Mannsche und eine Pringsheimsche. Die Mannsche sei scheu und voll von Hemmungen und Komplexen, die Pringsheimsche hingegen fröhlich und lebensbejahend. Klaus sei der Pringsheimschen Tradition verbunden gewe-

sen, er selber jedoch weit eher der dunklen und komplizierten Mannschen Tradition.

Einmal gingen wir in der Nähe von Kilchberg spazieren.
Da ich wußte, daß er zahllose Gedichte auswendig konnte,
bat ich ihn, einige vorzutragen. Er sprach zuerst lateinische
Verse (von Horaz und Ovid), später deutsche: Heine, Eichendorff und immer wieder Goethe. Ich fragte ihn, was
ihm Goethe bedeute. Er sagte etwa, Goethe sei für ihn so
notwendig wie die Luft, die wir zum Atmen brauchen, wie
das Licht, ohne das wir nicht leben können. Dann hörte ich
mehrfach die Vokabel »Dank«.

Ohne Übergang fragte ich nun nach seinem Verhältnis
zu Thomas Mann. Golo wich nicht aus, aber er antwortete
einsilbig. Jetzt hörte ich ganz andere Vokabeln: Angst, Abscheu, Bitterkeit, wohl auch Haß. Als wir den Kilchberger
Friedhof passierten, schlug er vor, das Grab von Conrad
Ferdinand Meyer aufzusuchen. Daß auf demselben Friedhof Thomas und Katia Mann beerdigt sind, blieb unerwähnt. Als Golo Mann 1994 starb, wurde auch er auf dem
Kilchberger Friedhof begraben, doch auf seinen ausdrück-
lichen Wunsch möglichst weit vom Grab seiner Eltern
entfernt. Tatsächlich befindet sich sein Grab unmittelbar an
der Friedhofsmauer.

Auf dem Rückweg nach Zürich dachte ich mir, daß ich in
meinem ganzen Leben noch nie einem Menschen begegnet
sei, der soviel an seinem Vater gelitten und der soviel der
Dichtung zu verdanken habe wie Golo Mann, der unglückliche Sohn eines Genies und der glückliche Bewunderer,
der noble Enthusiast der Literatur.

Max Frisch oder Das Europäische in Person

An meine erste Begegnung mit Max Frisch kann ich mich gut erinnern. Es war im Oktober 1964 in Kastens Hotel »Luisenhof« in Hannover. Im »Literarischen Kaffeehaus« war er als Gast an der Reihe. Ich freute mich sehr, denn ich hatte eine Schwäche – wenn auch nicht für seine Theaterstücke (mit Ausnahme des Lehrstücks ohne Lehre »Biedermann und die Brandstifter«), so doch für seine Romane und Tagebücher.

Kaum im »Luisenhof« angekommen, ging ich gleich nach unten, gewiß in der Hoffnung, einen der beiden anderen Teilnehmer dort zu treffen. Von einer Galerie in der ersten Etage sah ich einen Herrn, der in der Hotelhalle gemächlich und wohl etwas gelangweilt hin und her ging. Es war Max Frisch. Ich blieb auf der Galerie, und eine Weile beobachtete ich ihn von dort: Dieser joviale, beinahe würdig ausschauende Herr ist also, dachte ich mir, der Mann, der den »Stiller« geschrieben hat und den »Homo Faber« und dem wir dieses herrliche »Tagebuch« verdanken. Weltliteratur in Person? Nein, ein anderes und nur auf den ersten Blick bescheideneres Wort fiel mir ein: *europäische* Literatur in Person.

Ich hatte keine Bedenken, auf ihn zuzugehen und mich ihm höflich vorzustellen. Denn ich war sicher, daß hier nichts schiefgehen könne. In der Tat: Kaum hatte Frisch meinen Namen gehört, da hellte sich sein Gesicht auf. Fest und herzlich drückte er mir die Hand, vielleicht, wer weiß, wollte mich der berühmte Mann gar umarmen. Immerhin sagte er mir nicht ohne Feierlichkeit und beinahe gerührt: »Ich danke Ihnen.« Da ich nur mit Freundlichem zu rechnen hatte, blickte ich ihn stumm und erwartungsvoll an. Er fügte rasch hinzu: »Ich danke Ihnen sehr für Ihr Plädoyer.« Nun waren wir beide gerührt. Und einer von uns (ich glaube, er war es) fand das erlösende, wenn auch nicht originelle Wort: »Gehen wir in die Bar.«

Der Hintergrund des Ganzen ist unkompliziert. Wenige Wochen vor diesem Treffen war Frischs beinahe fünfhundert Seiten umfassender Roman »Mein Name sei Gantenbein« erschienen. Er hatte an dem Buch jahrelang gearbeitet und war nun verständlicherweise an nichts anderem auf dieser Erde mehr interessiert als an dem Echo der Kritik. Das ließ nicht auf sich warten.

»Die Zeit« brachte über den »Gantenbein« einen ausführlichen Essay meines damaligen Kombattanten Hans Mayer. Der bedeutende Gelehrte hatte viel zum Thema zu sagen, Wichtiges und Erhellendes. Doch auf die von ihm selber gestellte Frage, ob das nun ein guter oder ein schlechter Roman sei, wollte er partout nicht antworten. Selbst der Klassenletzte hatte jetzt begriffen, was hier gespielt wurde: So viel dem Rezensenten zu »Gantenbein« auch eingefallen war, so wenig konnte er dem Roman abgewinnen, er lehnte ihn nachgerade ab.

Frisch war nicht nur enttäuscht, er fühlte sich getroffen und verletzt. Denn in den sechziger Jahren waren Einfluß und Autorität der »Zeit« im Bereich der Literaturkritik besonders groß. Aber schon nach zwei Wochen konnte man dort eine zweite, ebenfalls sehr umfangreiche Kritik des »Gantenbein« lesen. Sie stammte von mir. Ich sprach mich für den Roman aus. In diesem »Plädoyer für Max Frisch« polemisierte ich weidlich gegen Hans Mayer.

So war der Autor des »Gantenbein« doppelt zufrieden:

Ich hatte seinen Roman gerühmt und Mayers Gegenargumente allesamt in Frage gestellt. Meine Kritik, nur sie war die Ursache der überaus herzlichen Begrüßung im Foyer des Hotels »Luisenhof«. Ich war schon lange genug in unserem Gewerbe tätig, um mir keine Illusionen zu machen: Ich wußte also, daß das Verhältnis eines Autors zu einem Kritiker nahezu immer von einem einzigen Umstand abhängt – davon nämlich, wie der Kritiker diesen Autor bewertet hat, zumal (darauf kommt es besonders an) dessen bislang letztes Buch.

Nach meinem Plädoyer für den »Gantenbein« blieb mir Frisch gewogen – das versteht sich. Er war es erst recht, als ich 1972 seinen neuen Prosaband, das »Tagebuch 1966-1971«, rühmend besprach. Ich proklamierte Frisch zum »Klassiker inmitten unserer Gegenwart«. Noch enthusiastischer schrieb ich 1975 über sein Buch »Montauk«. Ich kann nicht ganz ausschließen, daß er mich damals für einen guten Kritiker hielt.

Dennoch verlief unsere Beziehung weder ganz reibungslos noch harmonisch. Der wichtigste Grund: Mir war daran gelegen, Frisch zumindest als gelegentlichen Mitarbeiter des Literaturteils der »Frankfurter Allgemeinen« zu gewinnen. Ich schrieb ihm Briefe, ich rief ihn an, ich traf ihn hier und da. Stets schlug ich ihm Themen vor, die für ihn, wie mir schien, besonders reizvoll sein konnten. Er antwortete rasch und freundlich, nur lief es immer auf Ausreden hinaus. Ein Manuskript von Frisch habe ich jedenfalls nicht erhalten. Mich ärgerte das, ich empfand es sogar als eine Niederlage.

Doch 1977 überraschte mich Frisch mit einem Geschenk: Er schickte mir eine wunderbare Radierung. Es war sein Porträt, gezeichnet von Otto Dix. Die Gabe sollte mich, wie er mir wenig später mitteilte, für die Enttäuschung, die er mir habe mehrfach bereiten müssen, entschädigen: Die

Sache sei die, daß verschiedene politische Akzente in der »Frankfurter Allgemeinen« für ihn nicht annnehmbar seien. Daher wolle er für diese Zeitung auf keinen Fall schreiben – und er werde es auch in Zukunft nicht tun.

Nun sind Schriftsteller, ob berühmt oder nicht und ob sie zusagen oder absagen, nicht unbedingt verläßliche Menschen. So überraschte Frisch mich noch einmal mit einer Zusendung. Und dieses Mal, Anfang 1978, war es, seiner für mich traurigen Ankündigung zum Trotz, eben doch ein Manuskript. Es handelte sich um einen Ausschnitt aus seinem bisher weder gedruckten noch aufgeführten Bühnenwerk »Triptychon«. Meine Freude war groß, doch dauerte sie nicht lange: An die Veröffentlichung dieses Textes war nicht zu denken. Schlimmer noch: Im ganzen »Triptychon« gab es offenbar keine Szene, die sich eher für den Vorabdruck in der »Frankfurter Allgemeinen« geeignet hätte – und das erschreckte, das bestürzte mich geradezu. Übrigens war, wie sich nicht viel später herausgestellt hat, kein einziges Theater in der Bundesrepublik bereit, dieses Stück aufzuführen. Daran hat sich bis heute nichts geändert.

Auch die nächste Arbeit Frischs, die Erzählung »Der Mensch erscheint im Holozän«, mißfiel mir. Über dieses Buch, das war mir sofort klar, dürfe ich mich nicht äußern. Denn sosehr mich das Thema interessierte, so empfand ich die Erzählung doch als fremd, als mühselig präpariert. Fehlte mir das Sensorium für ihren Ton, ihren Stil? Ich bedauere es nicht, daß ich es bei manchen Büchern für angebracht hielt, zu schweigen, eher habe ich mir vorzuwerfen, daß ich zu manchen Publikationen nicht geschwiegen habe. Weil ich es damals vorgezogen habe, über diese Erzählung nicht zu schreiben, waren die eher distanzierten, aber doch korrekten Beziehungen zwischen Frisch und mir nicht gefährdet – vorerst jedenfalls.

Ich erinnere mich gern an einen Besuch im Mai 1980 in

seiner kleinen Züricher Wohnung in der Stockerstraße. Wichtiger und auch folgenreicher war aber mein Besuch in seinem nächsten, ungewöhnlich hellen und geräumigen Domizil, ebenfalls in der Züricher Innenstadt, in der Stadelhoferstraße. Er habe diese Wohnung gewählt, weil es hier alles, was er dringend brauche, in der Nähe gäbe – er nannte an erster Stelle eine Apotheke. Die Wohnung sei sehr schön, aber der Bau einer S-Bahn-Linie in ihrer unmittelbaren Nähe mache ihm zu schaffen. Der Lärm sei unerträglich. Dennoch habe er sie genommen, auch weil es für ihn schwierig war, eine passende Wohnung zu finden, und zwar vorwiegend seines Rufes wegen. Wie denn das?

Viele Züricher Bürger, behauptete Frisch, wollten mit ihm, da sie ihn für einen militanten Linken hielten, nichts zu tun haben. Er attackierte und beschimpfte die Schweiz munter und kräftig. Ihn verbinde mit diesem Staat, erklärte er mir, bloß noch der Reisepaß. Ich glaubte ihm kein Wort. Warum er denn in Zürich lebe? Er könne doch wohnen, wo er wolle, er habe es ja auch, wie jedermann wisse, in Berlin versucht, in New York und Rom. Aber Zentrum seiner Existenz sei doch Zürich geblieben. Er sei eben, sagte ich lachend, alles zugleich und auf einmal: ein urbaner europäischer Autor, ein schweizerischer Heimatdichter und ein bodenständiger Kosmopolit. Frisch protestierte nicht.

Was immer ich sagte, er war und blieb in bester Laune. Den wahren Grund erfuhr ich bald: Er arbeitete an einer neuen Erzählung und war sicher, einen vorzüglichen Stoff gefunden zu haben. Nicht nur Höflichkeit ließ mich eine kaum zu zügelnde Neugier an den Tag legen: Ich wollte wirklich genauer informiert werden und brauchte nicht lange zu bitten. Frisch entkorkte eine Flasche Champagner und legte schwungvoll los.

Unlängst habe in Zürich ein ungewöhnlicher Strafprozeß stattgefunden. Er habe sich über einige Wochen hingezogen, und er, Frisch, sei tagein, tagaus dabeigewesen. Was ich über den Verlauf und die Einzelheiten dieser Gerichtsverhandlung, über die Angeklagten, die Zeugen und die Geschworenen zu hören bekam – es war großartig. Eine spannendere und interessantere Geschichte von Frisch kannte ich nicht: Hier hatte ein großer, alter Erzähler den ihm gemäßen, den für ihn idealen Stoff gefunden. Dessen war ich ganz sicher. Ich gratulierte Frisch und dachte mir: Diese Stunde – denn sein Bericht hatte mindestens eine Stunde in Anspruch genommen – werde ich sobald nicht vergessen.

Ungeduldig wartete ich auf das Buch. Im Frühjahr 1982 kam es unter dem Titel »Blaubart« heraus. Nicht enttäuscht hat es mich, vielmehr hat es mich nachgerade entsetzt. Allem Anschein nach hatte sich Frischs Verhältnis zu seinem Stoff verändert. Glaubte er nicht mehr an die Suggestivkraft der Personen und Motive, mit denen er sich im Züricher Gerichtssaal bekannt gemacht hatte? Oder war etwa sein Selbstvertrauen erschüttert? Wie auch immer: Er hatte einer absonderlichen und aufregenden Geschichte, die für sich selbst sprach, durch allerlei Umgestaltungen und Verfremdungen ihre Unmittelbarkeit und Anschaulichkeit genommen. Jetzt indes war ich nicht der Ansicht (wie nach der Lektüre der »Holozän«-Erzählung), das könnte an mir liegen. Deshalb wollte ich auch nicht kneifen: Ich schrieb offen, was ich von dem neuen Buch hielt, und bemühte mich, die Bitterkeit mit liebevollen Wendungen zu mildern, die Pille des Tadels also zu versüßen – was in der Regel zwecklos ist. Wieder einmal wurde ich an das auch für die Kritik geltende Wort aus der »Iphigenie« erinnert: »Man spricht vergebens viel, um zu versagen; / Der andere hört von allem nur das Nein.«

In den folgenden Jahren korrespondierten wir gelegentlich miteinander, aber ich sah Frisch erst im April 1986 wieder. Er war in Frankfurt, um sich nach der Vorführung eines sehr langen Films über ihn, »Gespräche im Alter« betitelt, den Fragen der Journalisten zu stellen. Viele hatte man eingeladen, nur wenige waren gekommen. Auch ich nahm an dieser Veranstaltung nicht teil. Ich arbeitete an einer Kritik des Romans »Die Rättin« von Günter Grass und wollte sie für die nächste Literaturseite der »Frankfurter Allgemeinen« fertigmachen.

Aber da kam noch ein anderer Umstand hinzu: Solche Darbietungen sind beinahe immer unaufrichtig und peinlich. Heiner Müller weigerte sich standhaft, zu Premierenfeiern zu gehen. Seine Begründung: »Ich will nicht lügen.« Allerdings war Müller bei der Feier nach der Premiere seiner »Tristan«-Inszenierung 1993 in Bayreuth sehr wohl zugegen. Jene, die es ablehnen, ihren nach Lob lechzenden Kollegen mit freundlichen Lügen zu dienen, haben, wenn es um sie selber geht, oft keine Hemmungen, die Lügen der Schmeichler für bare Münze zu nehmen.

Am Abend nach der Vorführung des Films »Gespräche im Alter« traf ich Max Frisch im Haus des Verlegers Siegfried Unseld. Die Begrüßung fiel diesmal ganz anders aus als einst im hannoveranischen Luisenhof: kühl, ja frostig. Hatte ihn meine Abwesenheit bei der Pressevorführung verärgert? Vielleicht, doch bald kam er auf den »Blaubart« zu sprechen und auf meine Kritik. Ich sah Schlimmes kommen: In der Tat war Frisch sofort gereizt, nannte mich »präpotent«, wurde rabiat und auch aggressiv.

Er selber, erklärte er dann, sei an allem schuld, er habe einen Fehler gemacht: Er hätte mir nie den Inhalt seines Buches erzählen sollen. Darauf vor allem sei meine ungünstige (und seiner Ansicht nach natürlich einseitige, ungerechte und böse) Kritik zurückzuführen. Ich aber war und bin überzeugt, daß meine Beurteilung dieser Erzählung, auch wenn ich nichts über ihr Thema gewußt hätte, schwerlich positiver gewesen wäre. Und wieder mußte ich mich damit abfinden, daß das Verhältnis eines Autors zu einem Kritiker davon abhängt, was dieser Kritiker über dessen letztes Buch geäußert hat.

Ich habe Frisch nie wieder gesehen. Als im Winter 1991 das Buch vorbereitet wurde, in dem meine wichtigeren Arbeiten über ihn gesammelt sind, hat Frisch, vom Verlag darum gebeten, die Fotos für diesen Band noch selbst ausgewählt. Er hat ihn etwa zwei Wochen vor seinem Tod erhalten und sich gleich herzlich bedankt: Froh sei er, sagte er, daß die Krise zwischen ihm und mir wegen der »Blaubart«-Kritik nun ausgeräumt sei und daß ich, so drückte er sich aus, treu zu ihm halte.

Die Atmosphäre an jenem letzten Abend, im April 1986, machte es mir unmöglich, Max Frisch auf einfache Weise mitzuteilen, was aus meinen Kritiken trotz aller Begeisterung vielleicht doch nicht in ausreichendem Maße hervorgegangen war. Ich wollte ihm also sagen, daß ich ihm viel, sehr viel zu verdanken habe und daß einige seiner Bücher aus meinem Leben nicht mehr wegzudenken seien, ja, daß ich sie liebe – den »Stiller« und den »Homo Faber«, den »Gantenbein« und »Montauk« und, nicht zuletzt, die beiden »Tagebücher«. Mehr noch: Daß mir seine Werke näher stünden als die von Dürrenmatt oder Böll, von Grass oder Uwe Johnson. Wäre somit Frisch der bessere Schriftsteller? Nein, nicht darum geht es, nicht um einen Qualitätsvergleich.

Ob es nun für oder gegen ihn spricht, es ist eine Tatsache: Anders als Dürrenmatt oder Böll, anders als Grass oder Uwe Johnson schrieb Frisch über die Komplexe und die Konflikte der Intellektuellen, und er wandte sich immer wieder an uns, die Intellektuellen aus der bürgerlichen Bildungsschicht. Wie kein anderer hat Frisch unsere Mentalität durchschaut und erkannt: Unseren Lebenshunger und unsere Liebesfähigkeit, unsere Schwäche und unsere Ohnmacht. Was wir viele Jahre lang spürten, ahnten und dachten, hofften und fürchteten, ohne es ausdrücken zu können – er hat es formuliert und gezeigt. Er hat seine und unsere Welt gedichtet, ohne sie je zu poetisieren, er hat seine und unsere (das Wort läßt sich nicht mehr vermeiden) Identität stets aufs neue bewußt gemacht – uns und allen anderen.

So konnten und können wir in seinem Werk, im Werk des europäischen Schriftstellers Max Frisch, finden, was wir alle in der Literatur suchen: unsere Leiden. Oder auch: uns selber. Das wollte ich ihm damals sagen.

Yehudi Menuhin und unser Quartett

Als ich zum ersten Mal den Namen Menuhin hörte – ich war noch ein Kind und lebte erst seit kurzem in Berlin –, war gleich vom Göttlichen die Rede. Jemand erzählte in unserem Wohnzimmer, es muß um 1930 gewesen sein, vom Konzert des Dreizehnjährigen in der Berliner Philharmonie und zitierte Albert Einsteins Urteil über sein Spiel: »Jetzt weiß ich, daß es einen Gott im Himmel gibt.« Von Anfang an ging dem Geiger Yehudi Menuhin die Legende voran. So ist es geblieben: Von Jahr zu Jahr wuchs der Ruhm des Propheten mit der Violine, des Virtuosen, der dem Publikum Balsam für das Ohr und die Seele bot. Hinter dem Pathos der Berufung auf überirdische Wesen verbarg sich, wie meist in solchen Fällen, nichts anderes als die Hilflosigkeit derer, die dieser Kunst mit dem Wort beikommen wollten.

Etwa zehn Jahre später, als wir, Tosia und ich, schon im Getto vegetieren mußten, ließ uns ein junger Mann über gemeinsame Bekannte wissen, daß wir am nächsten Tag gegen 17 Uhr bei ihm willkommen seien, es würden einige Schallplatten gespielt. In dem engen Zimmer, in dem unser Gastgeber, kaum älter als wir und schon verheiratet, mit seiner gleichaltrigen Frau wohnte, saßen auf dem Fußboden sieben oder acht Personen. Es gab Berlioz und Debussy. Dann wurde ich wie vom Schlag getroffen: Was mich so ergriff und erschütterte, war ein Violinkonzert (genauer, der erste Satz dieses Konzerts), das ich damals noch nicht kannte –

Nr. 3 in G-Dur von Mozart, interpretiert von Menuhin. Ich war sprachlos. Ich liebe diesen ersten Satz des G-Dur-Konzerts immer noch, und ich glaube, daß niemand ihn je schöner gespielt hat als der junge Menuhin.

Auf dem Rückweg durch die überfüllten und abstoßenden Straßen des Warschauer Gettos sprachen wir über unsere liebenswürdigen Gastgeber. Wir beneideten sie. Denn sie besaßen die Platte mit Mozarts Violinkonzert G-Dur, und sie hatten, wovon wir nur träumen konnten: ein eigenes Zimmer, dürftig möbliert, gewiß, aber doch mit einem Bett. So dachten wir beide an das gleiche. Wenn ich mich recht entsinne, zitierte ich, den gellenden, den unaufhörlichen Rufen der Straßenhändler und der Bettler zum Trotz, jene Shakespeare-Verse, in denen davon die Rede ist, daß die Musik der Liebe Nahrung sei.

Gesehen habe ich Menuhin zum ersten Mal 1956 in Warschau. Das »Tauwetter« machte es, wenigstens vorübergehend, möglich, daß große westliche Musiker und Schauspieler in Polen auftraten. Sie kamen alle: von Leonard Bernstein und Arthur Rubinstein bis Gérard Philipe und Laurence Olivier und eben auch Menuhin. Sein Konzert war überfüllt, in den Gängen der erst unlängst wiederaufgebauten Warschauer Philharmonie drängten sich die Studentinnen und Studenten der Musikhochschule, die ganz billige Eintrittskarten bekommen hatten, freilich nur Stehplätze. Das riesige Podium, das Platz genug für ein großes Symphonieorchester und einen noch größeren Chor bot, war jetzt vollkommen leer, es stand dort auch kein Klavier, denn auf dem Programm waren Solosonaten von Bach und Bartók.

Menuhin kam rasch auf das Podium. Nach dem heftigen Begrüßungsbeifall wurde es unheimlich still. Gespannt warteten wir auf seinen legendären Ton, den wir nur von der Schallplatte kannten, jetzt, gleich, würden wir ihn hören. Aber Menuhin ließ die Geige sinken. Niemand verstand, warum er noch nicht zu spielen begann, was er, jetzt mit dem Bogen freundlich winkend, denn wollte: Er forderte die an den Wänden und in den Gängen Stehenden auf, zu ihm auf das Podium zu kommen und sich auf den Fußboden zu setzen – und alle folgten, erst zögernd, dann immer rascher, seiner Aufforderung. Dieses Bild, es hat sich mir eingeprägt für immer: Hunderte von jungen Menschen, auf dem Boden sitzend, und in ihrer Mitte ein schlanker Mann, zu dem sie alle aufblicken.

Zu einem Gespräch mit Yehudi Menuhin kam es, überraschend, Anfang 1960. In dem Zug, mit dem ich von Köln nach Hamburg zurückkehrte, ging ich in den Speisewagen. Ein freier Platz war nicht zu sehen, aber der Kellner fand doch einen für mich – an einem Tisch, an dem schon drei Personen saßen. Nach dem flüchtigen Studium der Speisekarte warf ich einen Blick auf meinen Nachbarn, und ich erstarrte vor Schreck, ich erstarrte so sehr, daß ich ihn unhöflich fragte: Wer sind Sie? Mein Nachbar antwortete ganz ruhig: Yehudi Menuhin. Und das, sagte er, ist meine Schwester Hephzibah. Nichts war selbstgefällig an ihm, er sprach ganz natürlich, alles Gekünstelte war ihm fremd.

Ich erinnere mich an zwei Fragen, die ich Menuhin während dieser Bahnfahrt stellte. Ich wollte wissen, wer seiner Ansicht nach der größte lebende Geiger sei. Er antwortete sofort: David Ojstrach – und fügte hinzu: »In ihm steckt ein Zigeunergeiger«, womit er natürlich Ojstrachs Temperament meinte, seine Spielfreude und Urwüchsigkeit. Damit ich ihn nicht etwa mißverstehe, sagte Menuhin lachend, in jedem großen Geiger stecke ein kleiner Zigeuner. Dann sprachen wir über die Monotonie des Virtuosendaseins. Er reiste damals von Stadt zu Stadt und trat jeden Abend auf, mit einer Beethoven- und einer Brahmssonate, die er zusammen mit seiner Schwester spielte. Ob das nicht

– fragte ich ihn –, wenn man es wochenlang tue, auf die Dauer sehr anstrengend sei und, darauf kam es mir besonders an, vielleicht auch langweilig werde. Menuhin überlegte nur einen Augenblick und gab mir dann eine Antwort von großer Schlichtheit, wenn nicht gar Banalität. Aber ich habe sie nie vergessen. Er sagte mir: »Wenn man sich jeden Abend wirklich Mühe gibt, wird es nie langweilig.«

Im Herbst 1979 machte ich eine Vortragsreise durch China, ich war in Peking und Nanking, Kanton und Schanghai. In Nanking empfiehlt man mir, in den Zoologischen Garten zu gehen. Es ist ein trüber Tag, dennoch drängen sich in den Alleen und vor den Käfigen Tausende von Menschen, Erwachsene und Kinder. Plötzlich werden sie unruhig, wenden sich von den Käfigen ab, rufen sich etwas zu, verständigen sich miteinander durch Zeichen. Kein Zweifel, hier gibt es eine Sensation. Aber es ist weder ein Löwe noch eine Giraffe oder ein Rhinozeros. Die Sensation bin ich. Ich mache Konkurrenz den Nilpferden und den Riesenschlangen. Man folgt mir, man umringt mich, man gafft mich ungeniert an. Die mich staunend begleiten, ohne den Tiger oder das Kamel auch nur eines Blickes zu würdigen, halten ihre Kinder hoch: Offensichtlich werden sie über das sonderbare Wesen aus einem fernen Land belehrt. Die Sensation wäre noch größer, wenn der weiße Fremdling blonde Haare hätte.

Was ich im Zoo von Nanking erlebt habe, wäre in Peking oder Schanghai nicht passiert, denn dort gab es in jener Zeit schon viele weißhäutige Menschen. In Peking ging ich mit dem mir zugewiesenen Dolmetscher, der mich keinen Augenblick allein ließ, zu einem Spezialladen, in dem Artikel angeboten werden, die nur für westliche Währung zu haben waren, Whisky etwa oder Coca Cola. Ebenfalls von einem Chinesen begleitet, gewiß einem Dolmetscher, kommt mir ein weißer Mann entgegen. Es ist Yehudi

Menuhin. Das zufällige Treffen in der gigantischen Stadt verblüfft uns, ich bin wieder einmal sprachlos.

Was er hier mache, will ich wissen. Er antwortet knapp: »Beethoven und Brahms mit dem hiesigen Orchester.« Was ich tue? »Ich halte hier Vorträge über Goethe und Thomas Mann.« Menuhin schweigt, doch nicht lange – und sagt dann: »Nun ja, wir sind eben Juden.« Nach einer kurzen Pause: »Daß wir von Land zu Land reisen, um deutsche Musik und deutsche Literatur zu verbreiten und zu interpretieren – das ist gut und richtig so.« Wir sehen uns nachdenklich an, schweigend und wohl etwas schwermütig. Zwei oder drei Tage später höre ich Menuhin in Hongkong das Beethoven-Konzert spielen. Kritiker meinen, seine Glanzzeit sei vorbei, er spiele nicht mehr so perfekt wie einst. Vielleicht trifft das zu. Aber nie war das Perfekte seine Sache, wohl aber jenes Göttliche, von dem Einstein sprach.

Am 22. April 1986 wurde Menuhin siebzig Jahre alt. Kurz darauf feierte man ihn mit einer wunderbaren Veranstaltung in der Godesberger Redoute. Musiker aus aller Welt waren gekommen, auch führende deutsche Politiker. Man bat mich, eine kurze Ansprache zu halten. Ich wählte das Thema, das Menuhins Leben ausfüllte – das große Thema »Musik und Moral«. Die Musik, sagte ich, sei eine Göttin und obendrein die herrlichste, die wir kennen. Aber leider habe sie im Laufe der Jahrhunderte und der Jahrtausende allen zur Verfügung gestanden, die von ihr Gebrauch machen wollten: den Machthabern und den Politikern, den Ideologen und natürlich den Geistlichen. So schwer es uns auch falle, uns damit abzufinden – die Musik sei doch eine Hure, wenn auch womöglich die reizvollste, die es je gegeben hat. Mit Musik habe man Gottesfurcht erzeugt, patriotische Gefühle geweckt und die Menschen in die Schlacht und in den Tod getrieben. Lieder seien von Sklaven gesungen worden und auch von ihren Aufsehern, von KZ-Häftlingen und auch von KZ-Wächtern. Die jungen Menschen, die mit uns zusammen in einem engen Zimmer im Warschauer Getto Mozarts Violinkonzert G-Dur, gespielt von Yehudi Menuhin, gehört haben, sie wurden alle vergast. Der ursächliche Zusammenhang von Musik und Moral sei doch nur ein schöner Wunschtraum, nur ein leichtfertiges Vorurteil.

Und Menuhin? Er hat in jeder Situation und mit unbeirrbarer Konsequenz Kunst und Leben, Musik und Moral als Einheit begriffen, richtiger gesagt: Er wollte sie unbedingt als Einheit begreifen. Er hat diese Synthese immer wieder gepredigt und gefordert, er hat sie uns weit über ein halbes Jahrhundert lang vorgelebt. Er hat versucht die Violine zu einer Waffe gegen das Unrecht und das Elend auf dieser Erde zu machen. Als Kind sei er überzeugt gewesen – erzählte er oft –, man könne die Menschen mit Bachs Chaconne oder mit dem Violinkonzert von Beethoven wenn auch nicht gut, so doch jedenfalls besser machen. Ich vermute, daß er insgeheim daran bis zu seinem Tod am 12. März 1999 geglaubt hat.

Aber die hochherzigen, die wahrhaft edlen Bemühungen Yehudi Menuhins – sind sie denn frei von donquichottesken Zügen? Sollte es gar zutreffen, daß dieser Jahrhundertkünstler genial und naiv, beides zugleich und in einem, war? Fontane sagt über den alten Stechlin, er sei »das Beste, was wir sein können, ein Mann und ein Kind«. War auch Menuhin ein Mann und ein Kind? Was hat er schließlich erreicht?

Als Thomas Mann einmal von einem Journalisten mit vielen Fragen bedrängt wurde, beantwortete er sie geduldig in einem ausführlichen Brief, in dem mir ein Satz auffiel: »Ihre letzte Frage nach dem ›eigentlichen Ziel‹ meiner Arbeit ist am schwersten zu beantworten. Ich sage einfach: Freude.« Vielleicht ist damit auch gesagt, wozu uns Menuhin verholfen hat: zu Freude, zum Vergnügen und zum Glück – nicht mehr und nicht weniger. Dafür habe ich, haben wir ihm zu danken – in Bewunderung und Verehrung.

Indes: Was haben Mozart oder Schubert erreicht? Vermochten sie die Welt zu verändern? Gewiß, mit Sicherheit, aber nur insofern, als sie zur vorhandenen Welt ihr Werk hinzugefügt haben. Ein Trost bleibt uns: Wir wissen immer nur, was die Musik nicht verhütet hat. Wie unsere Welt aussehen würde ohne Musik, das wissen wir nicht. Gilt nicht das gleiche für die Poesie? Habe ich je gehofft, man könne mit der Literatur die Menschen erziehen, die Welt verändern?

Wer die Literaturgeschichte wenigstens in groben Umrissen kennt, ist für solche Illusionen nicht anfällig. Haben die Tragödien und Historien Shakespeares auch nur einen einzigen Mord verhindert? Hat Lessings »Nathan« den im achtzehnten Jahrhundert ständig wachsenden Antisemitismus zumindest eingeschränkt? Machte Goethes »Iphigenie« die Menschen humaner, wurde wenigstens ein einziges Individuum nach der Lektüre seiner Gedichte edel, hilfreich und gut? Vermochte Gogols »Revisor« die Bestechlichkeit im zaristischen Rußland zu mindern? Ist es Strindberg gelungen, das Eheleben der Bürger zu bessern?

In unzähligen Ländern haben Millionen von Zuschauern Bertolt Brechts Stücke gesehen. Daß aber einer dadurch seine politischen Ansichten geändert oder auch nur einer Prüfung unterzogen hätte, hat Max Frisch bezweifelt. Er zweifelte sogar, daß Brecht an die erzieherische Wirkung seines Theaters überhaupt geglaubt habe. Bei den Proben hatte er, Frisch, den Eindruck: Auch der Nachweis, daß sein Theater nichts zur Veränderung der Gesellschaft beitragen könne, hätte Brechts Bedürfnis nach Theater nicht beeinträchtigt.

Nein, an eine nennenswerte pädagogische Funktion der

Literatur habe ich nie ernsthaft gedacht, wohl aber an die Notwendigkeit des Engagements, das soll heißen: Obwohl die Schriftsteller nichts ändern können, sollten sie Änderungen anstreben – um der Qualität ihrer Arbeiten willen. Als ich schon in der Bundesrepublik schrieb, in den späten fünfziger und auch noch in den sechziger Jahren, kam dieses Postulat in meinen Artikeln mehr oder weniger deutlich zum Vorschein, hier und da tauchte die Vokabel »Gesellschaftskritik« auf.

Doch 1968 und in der folgenden Zeit machte sich im literarischen Leben der Bundesrepublik eine militante und düstere Kunstfeindschaft breit – und aus meinen Aufsätzen verschwand, zusammen mit dem zur Modevokabel aufgestiegenen Begriff »Utopie«, die Forderung nach jenem Engagement, das als Fundament neuer Romane oder Theaterstücke dienen sollte. Als Thomas Mann die »Buddenbrooks« schrieb, Proust die »Suche nach der verlorenen Zeit« und Kafka den »Prozeß«, dachten sie nicht im entferntesten daran, mit ihrer Prosa die Gesellschaft zu bessern – und schufen gleichwohl Werke, die in unserem Jahrhundert nicht übertroffen wurden. Von einer Literatur, die darauf aus ist, die Welt zu verändern, versprach ich mir nichts, ich konnte sie mir nicht mehr vorstellen. Es sei denn, man war bereit, auf künstlerische Qualität zu verzichten und die literarische Form lediglich als Verpackung für erwünschte politische oder ideologische Thesen und Bilder zu verwenden. Aber das kam natürlich nicht in Betracht.

Ich wollte, wie jeder Kritiker, erziehen, doch nicht etwa die Schriftsteller – einen Schriftsteller, der sich erziehen läßt, lohnt es sich nicht zu erziehen. Ich hatte vielmehr das Publikum im Auge, die Leser. Um es ganz einfach zu sagen: Ich wollte ihnen erklären, warum die Bücher, die ich für gut und schön halte, gut und schön sind, ich wollte sie dazu bringen, diese Bücher zu lesen. Beschweren kann ich mich nicht: Meine Kritiken hatten – zumindest in der Regel – den erwünschten Einfluß auf das Publikum. Trotzdem schien mir dieser Einfluß nicht ausreichend, man sollte doch wohl mehr erreichen und sich nicht damit abfinden, daß manch ein wichtiges, wenn auch vielleicht schwieriges Buch nur von einer Minderheit zur Kenntnis genommen wird.

Im Sommer 1987 besuchten mich zwei gebildete Herren vom Zweiten Deutschen Fernsehen: Dieter Schwarzenau, immer noch dort tätig, und Johannes Willms, längst schon Feuilletonchef der »Süddeutschen Zeitung«. Die Herren tranken Tee und tranken Schnaps und waren in guter Laune. Es dauerte lange, bis sie, vielleicht vom Alkohol ermutigt, endlich mit der Sprache herausrückten. Ob ich Lust hätte, für das ZDF eine regelmäßige Literatursendung zu machen? Ich sagte mit Entschiedenheit: Nein. Aber die Herren überhörten meine Antwort, geflissentlich. Hingegen wollten sie wissen, ob und wie ich mir eine solche Sendung vorstelle. Ich dachte mir: Ich werde verschiedene Bedingungen stellen, bis die Herren resigniert aufgeben.

Es solle, sagte ich provozierend, jede Sendung mindestens sechzig Minuten dauern, besser 75. Teilnehmen sollten, von mir abgesehen, nur noch drei Personen, auf keinen Fall mehr. Ich müsse zwei Funktionen ausüben, also Gesprächsleiter sein und zugleich einer der vier Diskutanten. Die beiden Herren waren nicht aus der Ruhe zu bringen, ja, sie nickten zustimmend.

Wenn ich das überflüssige Gespräch beenden wollte, dann mußte ich jetzt ein besonders schweres Geschütz auffahren: In dieser Sendung, sagte ich, dürfe es keinerlei Bild- oder Filmeinblendungen geben, keine Lieder oder Chansons, keine Szenen aus Romanen, keine Schriftsteller, die aus ihren Werken vorläsen oder, in einem Park spazierengehend, diese Werke gütig erklärten. Auf dem Bildschirm sollten ausschließlich jene vier Personen zu sehen sein, die sich über Bücher äußern und, wie zu erwarten, auch streiten würden. Nur wer das Fernsehen kennt, weiß, was die beiden Herren gelitten haben. Denn das oberste, das heilige Gesetz des Fernsehens ist die fortwährende Dominanz des Visuellen. Ich habe es gewagt, gegen dieses Gesetz munter zu rebellieren. Es war klar: Dies würden die liebenswürdigen Herren nicht mehr schlucken. Gespannt wartete ich auf ihre Reaktion: Werden sie erblassen oder gleich ohnmächtig werden? Aber es kam anders. Die Herren Schwarzenau und Willms atmeten durch die Nase tief ein, tranken noch einen Schnaps und erklärten leise: »Einverstanden.«

In den frühen Jahren des Fernsehens war in den Zeitungen gelegentlich von der »ewigen Fehde« zwischen dem Bildschirm und dem Buch die Rede, das Fernsehen sei »der geschworene Feind des Buches«. Gegen diese These habe ich mehrfach protestiert, unter anderem 1961 in der »Welt«, von dieser Fehde wollte ich nichts wissen. Ich forderte vielmehr ein Bündnis und war sicher, daß es für beide Seiten nützlich sein könne. Während des Gesprächs mit den Herren vom ZDF fragte ich mich insgeheim, ob in dem überraschenden Angebot vielleicht, wenn auch aller Wahrscheinlichkeit zum Trotz, eine Chance verborgen sei – die Chance, etwas für die Literatur zu tun, zumal für ihre Verbreitung. Einen Versuch sollte man wagen: Denn zu verlieren gab es nichts und zu gewinnen, wer weiß, nicht wenig.

Am 25. März 1988 wurde die neue Sendung zum ersten Mal ausgestrahlt: »Das literarische Quartett«. Von Anfang an waren Sigrid Löffler und Hellmuth Karasek dabei. Die Kritik war, um es vorsichtig auszudrücken, enttäuscht und ungnädig. Einer meiner berühmten Kollegen urteilte knapp: Das Ganze sei bereits gestorben, bei diesem Quartett handle es sich um eine Totgeburt.

Was wollte ich mit dem »Literarischen Quartett« erreichen? Letztlich nichts anderes als mit der gedruckten Kritik: Das »Quartett« sollte vermitteln zwischen den Schriftstellern und den Lesern, der Kunst und der Gesellschaft, der Literatur und dem Leben. Aber mag auch dieses »Quartett« das gleiche erreichen wollen wie die Kritik in Zeitungen und Zeitschriften, dann doch mit anderen Mitteln. Denn es wendet sich, jedenfalls teilweise, an ein anderes Publikum. Deutlichkeit hielt ich immer für das große Ziel der Kritik, und ich meinte, dies habe für das Fernsehen erst recht zu gelten. Also muß man hier besonders klar reden, besonders griffig und anschaulich formulieren, da allerlei vom gesprochenen Wort ablenken kann – Sigrid Löfflers Frisur, Hellmuth Karaseks Jackett oder meine Krawatte. Ich habe auch durchgesetzt, daß in diesen Gesprächen über Bücher nichts vorgelesen werden darf und Spickzettel verboten sind.

War es eine Unterhaltungssendung über Literatur, die ich im Sinne hatte? Nein, das war nicht angestrebt, aber es sollte auch nicht vermieden werden: Wenn das »Quartett« viele Zuschauer amüsiert, dann freut mich das. In der Tat, wir wollen auch unterhalten – und folgen damit der Tradition der deutschen Literaturkritik von Lessing über Heine und Fontane bis zu Kerr und Polgar. Überdies ist es nicht unsere Sache, Bücher zu behandeln, weil sie im Gespräch sind. Aber wir sehen es gern, wenn die Bücher, die wir behandeln, ins Gespräch kommen. Wir folgen nicht den Bestsellerlisten. Aber wir sind zufrieden, wenn die Bücher, die wir empfehlen, auf den Bestsellerlisten landen.

Zum Publikum des »Literarischen Quartetts« gehören neben Lesern und Kennern der Literatur auch Menschen, die von ihr nichts wissen wollen. Bisweilen sehen sie uns dennoch zu, wohl deshalb, weil sie Spaß an unseren Gesprächen haben und vielleicht auch an unserem Streit.

Allem Anschein nach greifen diese Zuschauer, oft selber von ihrem plötzlich erwachten Interesse überrascht, zu dem einen oder anderen der von uns besprochenen Bücher. Ich will nicht verheimlichen, daß mir gerade an diesen Zuschauern besonders gelegen ist. Viel wird dem »Quartett« vorgeworfen. Am häufigsten hört man, die Sendung sei banal, bisweilen populistisch und immer oberflächlich, nichts werde hier auf angemessene Weise begründet, hingegen alles vereinfacht. Derartige Vorwürfe und noch viele andere sind nur allzu berechtigt – und ich bin es, der für diese Untugenden und Mängel die Verantwortung trägt.

Da stets von fünf Büchern die Rede ist, stehen für jedes im Durchschnitt vierzehn bis fünfzehn Minuten zur Verfügung – und somit für jeden der vier Teilnehmer etwa dreieinhalb Minuten pro Titel. In diesen dreieinhalb Minuten soll etwas über die Eigenart des Autors gesagt werden, über das Thema und die Problematik seines neuen Buches, über dessen Motive und Personen, über die angewandten künstlerischen Mittel und mitunter auch über bestimmte aktuelle, zumal politische Aspekte. Kurz und gut: Gibt es im »Quartett« ordentliche Analysen literarischer Werke? Nein, niemals. Wird hier vereinfacht? Unentwegt. Ist das Ergebnis oberflächlich? Es ist sogar sehr oberflächlich. Wir können nur andeuten, welchen Eindruck die Bücher auf uns gemacht haben, und nur kurz sagen, was unserer Ansicht nach an ihnen gut oder schlecht ist. Somit müssen wir – und das gilt für die drei ständigen Mitglieder des »Quartetts« ebenso wie für die Gäste – auf unsere literarkritischen Ambitionen nicht ganz, aber doch teilweise verzichten.

Lohnt sich das? Wie man hört, hat es in der Geschichte des deutschen Fernsehens noch keine Sendung gegeben, die auf den Verkauf von literarischen Werken, auch und vor allem anspruchsvollen, einen so unmittelbaren und so starken Einfluß gehabt hat wie das »Quartett«. Aber gehört denn diese Einflußnahme zu den Aufgaben oder gar Pflichten der Kritik? Ja – und in unserer Zeit mehr denn je. Denn heute kommt es darauf an, das Publikum bei der Stange zu halten. Mit anderen Worten: Wir müssen dafür sorgen, daß uns das Publikum nicht wegläuft – zu anderen und nicht unbedingt ehrenrührigen Freizeitbeschäftigungen.

Ich glaube, daß mir ein großes Unrecht antun würde, wer meine berufliche Leistung lediglich auf Grund des »Literarischen Quartetts« beurteilte. Was ich zur Literatur zu sagen hatte und habe, ist nach wie vor in meinen Aufsätzen für Zeitungen und Zeitschriften zu finden und in meinen Büchern. Doch was ich in meinem langen Kritikerleben wollte und was mir nie ganz gelungen ist, was ich nie ganz geschafft habe – die breite öffentliche Wirkung auf das Publikum –, das hat mir erst das Fernsehen ermöglicht.

Joachim Fest, Martin Walser und das »Ende der Schonzeit«

Soll ich über den Historikerstreit schreiben? Lohnt sich das noch? Es sind inzwischen dreizehn Jahre vergangen, einige der wichtigeren Diskussionsteilnehmer leben nicht mehr, im neuesten Brockhaus wird dem Streit zwar ein Stichwort gewidmet, doch zugleich festgestellt, er sei für die Forschung unergiebig gewesen. Sicher ist: Was einst zumindest die intellektuelle Welt Deutschlands aufgeregt hat, ist nun selber Geschichte geworden. Aber vergessen hat man ihn noch nicht, diesen unseligen Streit.

Mögen sie ihn erörtern – die Historiker, die Soziologen, die Politikwissenschaftler. Ich gehöre dieser Zunft nicht an, ich habe an der Kontroverse nicht teilgenommen, also brauche ich mich heute in dieser Sache nicht zu äußern, ja, jetzt, nach dreizehn Jahren, darf ich schweigen.

Doch ob es mir gefällt oder nicht, ich habe an diesem fatalen Historikerstreit gelitten. Ich habe mich geschämt, denn er ging von der »Frankfurter Allgemeinen« aus – und sie spielte in ihm keine rühmliche Rolle. Ich habe mich geschämt, denn er wurde von Joachim Fest inspiriert und zeitweise organisiert. Und beide sind aus meinem Leben nicht mehr wegzudenken: der deutsche Historikerstreit und Joachim Fest.

Im Herbst 1985 sollte in Frankfurt, in den Kammerspielen, ein Stück des Filmemachers und Dramatikers Rainer Werner Fassbinder uraufgeführt werden: »Der Müll, die Stadt und der Tod«. Diesem Stück wurde in der Öffentlichkeit wiederholt aggressiver Antisemitismus vorgeworfen. Die geplante Uraufführung konnte nicht stattfinden, denn Mitglieder der Jüdischen Gemeinde in Frankfurt hielten demonstrativ die Bühne besetzt. Ich saß im Zuschauerraum. Ich war erschrocken und bestürzt, ich war ratlos wie die meisten Anwesenden, vornehmlich Kritiker, Reporter, Journalisten.

Schließlich entschied ich mich, wie gering die Chancen auch waren, einzugreifen. Ich ging auf die Bühne und sprach mit dem Vorsitzenden der Jüdischen Gemeinde, Ignatz Bubis. Die Vertreter der Gemeinde hätten, indem sie die Bühne seit Stunden besetzt hielten, ihr Ziel erreicht. Die Aufführung sei verhindert und damit zugleich ein neues jüdisches Selbstbewußtsein bekundet worden. Jetzt aber wäre es richtig, die Bühne wieder zu räumen, damit die aus vielen Städten und auch aus dem Ausland gekommenen Berichterstatter die Aufführung sehen könnten. Bubis antwortete mir, er und die anderen, die hier demonstrierten (vor allem ältere Menschen, Überlebende aus Konzentrationslagern), seien an einen Beschluß des Gemeinderats gebunden. Meine Intervention war also vergeblich und aussichtslos.

Fassbinders Stück ist literarisch wertlos – ein schludriges, ein widerwärtiges Machwerk. Gleichwohl halte ich dieses Stück für ein charakteristisches Zeitdokument. Wie ungeschickt und brutal auch immer, signalisiert es ein bundesdeutsches Problem: das Verhältnis zu den Juden. Damals hat man das Wort geprägt: »Das Ende der Schonzeit«. Womit gesagt sein sollte, es sei nun an der Zeit, über die Juden und ihre Rolle in diesem Land offen und aufrichtig zu reden – eben schonungslos.

Nur auf den ersten Blick haben Fassbinder und seine Anhänger mit dem Historikerstreit wenig oder nichts gemein. Aber in diesem Streit wurde gegen dasselbe bundesdeutsche Tabu protestiert: Auch der Vortrag des inzwischen emeritierten Berliner Historikers Ernst Nolte, mit dem die Debatte eröffnet wurde, betraf das Verhältnis zu den Juden und stand unter dem (wenn auch nicht ausdrücklich zitierten) Motto »Das Ende der Schonzeit«. So hat der Historikerstreit die Fassbinder-Diskussion fortgesetzt – natürlich mit ganz anderen Mitteln und auf einer ganz anderen Ebene.

Noltes Vortrag wurde in der »Frankfurter Allgemeinen« vom 6. Juni 1986 veröffentlicht – unter dem Titel »Vergangenheit, die nicht vergehen will. Eine Rede, die geschrieben, aber nicht gehalten werden konnte«. Einem redaktionellen Vorspann zufolge haben wir es mit einem Text zu tun, der bei den Frankfurter Römerberggesprächen vorgetragen werden sollte, doch sei die Einladung an den Referenten nicht aufrechterhalten worden – »aus unbekannten Gründen«. Was dieser Titel und dieser Vorspann behaupteten, trifft nicht zu: Nolte wurde keineswegs gehindert, seine Rede zu halten, niemand hat ihn ausgeladen. Schon die Formulierung »aus unbekannten Gründen« verrät, daß hier die Unwahrheit gesagt wird. Denn ein Anruf der Redaktion beim Frankfurter Magistrat, dem Veranstalter der Römerberggespräche, hätte genügt, um den im Briefwechsel mit Nolte dokumentierten Sachverhalt zu klären.

Der höchst umständlich formulierte und teilweise in einem pseudowissenschaftlichen Jargon geschriebene Artikel Noltes enthält zwei schlichte Gedanken. Erstens: Der deutsche Mord an den Juden sei keineswegs einzigartig, vielmehr vergleichbar mit anderen Massenmorden in unserem Jahrhundert. Zweitens: Der Holocaust sei die Folge, wenn nicht die Kopie der bolschewistischen Schreckensherrschaft, eine Art deutsche Schutzmaßnahme und somit eine, wie Nolte andeutet, doch verständliche Reaktion. So war er bemüht, den Nationalsozialismus zu verteidigen, die deutschen Verbrechen zu bagatellisieren und sie womöglich anderen, zumal den Sowjets, in die Schuhe zu schieben. Die antisemitischen Akzente in diesem Artikel waren zwar mehr oder weniger getarnt, konnten jedoch schwerlich übersehen werden. Fest ist offenbar nicht auf die Idee gekommen oder hielt es nicht für opportun, was nach unserer langjährigen engen Zusammenarbeit die Fairneß geboten hätte – mir Noltes Artikel vor dessen Veröffentlichung zu zeigen.

Manche Redakteure der »Frankfurter Allgemeinen« zeigten sich irritiert, manche entsetzt. Derartiges hatte man in dieser Zeitung noch nie gelesen. Es wurde vermutet, Fest habe den provozierenden Artikel nur drucken lassen, um eine in seiner Schublade befindliche, eine überzeugende und effektvolle Erwiderung bringen zu können. Die Sache war schon deshalb wichtig, weil Noltes Thesen auf erstaunliche Weise den Parolen der Rechtsradikalen entsprachen, von den (oft antisemitischen) Schlagworten der Stammtische ganz zu schweigen. Aber es kam anders: Es kam nichts. Im Gegenteil: Die der »Frankfurter Allgemeinen« zugeschickten, gegen den skandalösen Artikel gerichteten Beiträge wurden von Fest allesamt ohne Begründung abgelehnt. Einige Kollegen meinten, ich, gerade ich solle unbedingt auf Noltes wirre und verantwortungslose Darlegungen antworten. Das wollte ich nur tun, wenn mich Fest hierzu aufforderte. Doch davon war keine Rede.

Eine Polemik gegen Nolte und wenige andere Historiker, die ebenfalls eine ähnliche Revision der Geschichtsschreibung wünschten, konnte man erst nach fünf Wochen lesen: Jürgen Habermas hatte sie verfaßt, doch erschien sie nicht etwa in der »Frankfurter Allgemeinen«, sondern in der »Zeit«. Die »Frankfurter Allgemeine« wartete nur mit einigen Leserbriefen auf. Die längst fällige und immer wieder bei Fest angemahnte Antwort auf Noltes Thesen gab es schließlich auch in der »Frankfurter Allgemeinen«, aber erst nach zwölf Wochen; Fest schrieb sie selber. Er hat, wir trauten unseren Augen nicht, Nolte mit Nachdruck verteidigt, er hat sich mit dessen Argumenten – mit beinahe allen – solidarisiert, er hat die wenigen Einwände, auf die er doch nicht verzichten wollte, nur zögernd und offenbar mit großer Überwindung vorgebracht. Von diesem Augenblick an stand in der deutschen und auch in der ausländischen Presse der Name Fest immer häufiger neben dem Namen Nolte. »Es tut mir lang schon weh, / Daß ich dich in der Gesellschaft seh!« – sagt Goethes Gretchen.

Die Absurdität der Gedanken Noltes und die Fatalität des Plädoyers von Fest zeigte Eberhard Jäckel in der »Zeit«. Man konnte aufatmen. Es folgten viele weitere Artikel – vor allem in der »Zeit«, aber auch in anderen Blättern: im »Spiegel« und im »Merkur«, in der »Frankfurter Rundschau« und in der »Neuen Zürcher Zeitung«. Der »Zeit« war ein journalistischer und moralischer Triumph in den Schoß gefallen. Es entstand eine beispiellose Situation: Die von der »Frankfurter Allgemeinen« ausgelöste Debatte fand überall statt, nur nicht in der »Frankfurter Allgemeinen« selber. Dem Ansehen des Feuilletons dieser Zeitung, das gern (und oft nicht zu Unrecht) auf seine Toleranz und seine Liberalität verwies, war ein ernster Schaden zugefügt worden – unzweifelhaft von Joachim Fest. Nicht wenige meinten, die »Frankfurter Allgemeine« sei kompromittiert und Fest auf dem Tiefpunkt seiner Karriere angelangt.

Der weitere Verlauf des Historikerstreits gehört nicht hierher. Aber zu Ehren der Mehrheit der deutschen Zeitgeschichtler sei es gesagt: Die von Nolte und seinen Gesinnungsgenossen angestrebte Revision des Geschichtsbildes ist nicht erfolgt. Nolte hat seine Ansichten nie geändert, vielmehr trat er zur Zufriedenheit der Rechtsradikalen nach wie vor an die Öffentlichkeit mit haarsträubenden und immer schärferen Formulierungen. So verkündete er, Hitler sei berechtigt gewesen, alle deutschen Juden zu internieren und zu deportieren. Er scheute sich nicht, Juden mit Ungeziefer zu vergleichen: Die von ihm selber gestellte Frage, ob die Nationalsozialisten Juden je grausam behandelt hätten, verneinte Nolte, denn sie seien »ohne grausame Absicht« umgebracht worden, »wie man Ungeziefer, dem man ja auch nicht Schmerzen bereiten will, weghaben möchte«.

Noch im Dezember 1998 rühmte Nolte die Waffen-SS als »Höhepunkt des Kriegertums schlechthin« und erwartete, daß man deren Geschichte »mit Herzblut« beschreibe, und zwar »obwohl, ja weil man weiß, daß die großen Waffentaten innerlich und bis zu einem gewissen Grad sogar äußerlich mit dem Extrem eines unritterlichen Verhaltens verknüpft waren, nämlich der Tötung von Wehrlosen, zumal von ›Minderwertigen‹ und Juden«. Die Vergasung von Juden war also, Nolte zufolge, ein unritterliches Verhalten.

Sind jene im Unrecht, die an der Zurechnungsfähigkeit dieses Gelehrten zweifeln? 1994, als Fest nicht mehr Herausgeber der »Frankfurter Allgemeinen« war, wandte sich die Zeitung entschieden von Nolte ab: Bei ihm spreche, hieß es, »der gesamte, im Wissen des Gelehrten gespeicherte Wahn des von ihm erforschten Zeitalters«. Ein Wahn ist es, der sich bisweilen in der unmittelbaren Nachbarschaft des Wahnsinns befindet. Aber wenn es auch Tollheit ist, so hat's doch Methode – wie der Oberkämmerer Polonius im Gespräch mit Hamlet »beiseite« sagt.

Es mag verwundern, daß ich einer so trüben, ja, verächtlichen Figur der deutschen Zeitgeschichte wie Ernst Nolte soviel Aufmerksamkeit widme. Doch nicht um ihn geht es hier, es geht um Joachim Fest, es geht um mich. In den Jahren unserer in vieler Hinsicht so erfreulichen und fruchtbaren Zusammenarbeit haben wir unzählige Gespräche geführt – auch und gerade über das »Dritte Reich«

und alles, was mit ihm zusammenhängt. Wenn ich mich recht erinnere, hat Fest nie versucht, die nationalsozialistischen Verbrechen direkt zu rechtfertigen; und er hat es unterlassen, sie etwa zu verkleinern. Aber relativiert hat er sie sehr wohl und sehr oft. Er liebte es, unentwegt auf jene Massenmorde zu verweisen, die sich andere Diktaturen zuschulden kommen ließen. Der Satz »Stalin hat nicht weniger gemordet als Hitler« wurde zum Refrain vieler seiner Äußerungen.

Hat Fest also deutsche Schuld mit den Verbrechen anderer verrechnen wollen? In der Theorie und im Prinzip war er natürlich dagegen. Doch nicht nur in seinen mündlichen Darlegungen fielen solche Vergleiche oft auf, sondern auch in dem Aufsatz, mit dem er Nolte verteidigt hat. Nichts charakterisiert seine Haltung deutlicher als die Tatsache, daß er diesen Artikel über deutsche Massenverbrechen mit einem Foto illustrieren ließ, das eine gigantische Schädelstätte zeigt. Die Bildunterschrift lautet: »Genozid vor aller Augen, und doch nicht im Bewußtsein der Welt: Kambodscha heute.«

In unseren häufigen, beinahe täglichen Gesprächen habe ich immer wieder gegen derartige Ansichten Fests nachdrücklich protestiert, aber offenbar nicht nachdrücklich genug. Jedenfalls habe ich nichts erreicht: Auch die ärgsten und ruchlosesten Behauptungen Noltes konnten ihn nicht veranlassen, sich von ihm zu distanzieren. Schließlich erklärte Nolte – es war 1987 –, die »Endlösung der Judenfrage« sei nicht etwa ein Werk von Deutschen, vielmehr »ein Gemeinschaftswerk der europäischen Faschismen und Antisemitismen«. Er erklärte dies, obwohl doch weder der italienische noch der französische Faschismus Juden verfolgt hatte. War Noltes These auf Unwissenheit zurückzuführen oder haben wir es mit bewußter Verbreitung von Unwahrheit zu tun?

Auch hierzu hat Fest geschwiegen. Ich konnte das nicht mehr ertragen, ich war entschlossen, es nicht hinzunehmen. Ich ging zu ihm und fragte, ob er Noltes Erklärung für akzeptabel halte. Nein, antwortete er nach einiger Überlegung, da ginge Nolte doch etwas zu weit. Ob er gegen diese offensichtliche Unwahrheit, die einer Geschichtsfälschung gleichkomme, protestieren werde? Ja, antwortete Fest, doch nicht jetzt, da es mißverstanden werden könnte, sondern erst in einem halben Jahr. Dies werde er, so versprach mir Fest, mit Sicherheit tun. Als das halbe Jahr verstrichen war, teilte er mir mit, er werde auf keinen Fall von Noltes Anschauungen abrücken. Die Begründung, die ich hören wollte, wurde mir verweigert. Wir, Fest und ich, haben dann jahrelang nicht mehr miteinander gesprochen. Den politischen und moralischen Konsens, der zwischen uns hinsichtlich des »Dritten Reichs« und der Folgen bestand, der meiner Arbeit in der »Frankfurter Allgemeinen« zugrunde lag, ja, sogar meiner ganzen Existenz in der Bundesrepublik – diesen Konsens hat Fest ohne Not, ja, mutwillig, zerstört.

Eine Freundschaft, die mir viel, sehr viel bedeutet hat, war beendet. Daß Fest zugleich seinen Ruf, den er weitgehend dem glanzvollen Buch über Hitler verdankt, in hohem Maße beschädigt hat, war für mich kein Trost. Ich habe mich oft gefragt, worauf seine düstere Rolle im Historikerstreit zurückzuführen sei. Sollte er tatsächlich geglaubt haben, den Deutschen werde im Zusammenhang mit den nationalsozialistischen Verbrechen ein Unrecht angetan? Wäre also die Ursache in seinem Patriotismus zu finden, in einem Nationalstolz, der seinen Blick benebelt hat? Der Patriotismus ist noch nichts Negatives – und doch macht er mich oft mißtrauisch. Denn nur ein Schritt trennt ihn vom Nationalismus, und es ist wiederum bloß ein Schritt, der zwischen dem Nationalismus und dem Chauvinismus liegt.

Mir gefällt Nietzsches Diktum, man solle Völker weder lieben noch hassen.

Oder waren Fests Verhalten und seine Taktik etwa die Folge einer einzigen, einer leichtfertigen Entscheidung, die er möglicherweise getroffen hat, ohne das Manuskript von Nolte aufmerksam geprüft zu haben, und die er auf keinen Fall widerrufen oder revidieren wollte – obwohl hierzu Zeit genug gewesen wäre? Konnte er glauben, ich würde, was er in dieser Sache tat, akzeptieren? Konnte er annehmen, ich würde mich damit abfinden, daß in der Zeitung, in der ich arbeite, geleugnet wird, der Holocaust sei ein Werk der Deutschen? Nein, dies scheint mir ausgeschlossen. Aber es war ihm offenbar unwichtig.

Woran mag es liegen, daß manche Schriftsteller, Journalisten oder Historiker die Fehler, die ihnen unterlaufen sind, vielleicht insgeheim einsehen, sich aber nicht überwinden können, sie öffentlich zuzugeben? Vermutlich hat diese Unfähigkeit mit einer Schwäche zu tun, deren sie sich schämen, mit einem Mangel an Souveränität und Selbstsicherheit, den sie unbedingt tarnen möchten, mit einer Eitelkeit, die ihre Selbstkontrolle schmälert.

Sollte das auch auf Fest zutreffen? Ich wäre unehrlich, wollte ich diese Frage unterdrücken. Aber da gibt es noch eine Frage, die mich quält: Ist es denkbar, daß Joachim Fest sich überhaupt nicht dessen bewußt war, was er mir angetan hat, ist es möglich, daß er es immer noch nicht weiß? Der Mensch, dem ich zum größten Dank verpflichtet bin, hat mir auch den tiefsten Schmerz zugefügt. Ich kann es nicht verdrängen, ich kann es nicht vergessen – weder das eine noch das andere.

Sicher ist, daß der Historikerstreit, auch wenn die Diskussion für die Wissenschaft so gut wie nichts erbracht hat, doch, zumindest teilweise, vom Zeitgeist zeugte. Er entsprach dem Bedürfnis beileibe nicht nur der Rechtsradikalen, das Verhältnis zum Nationalsozialismus zu revidieren. Wie stark dieses Bedürfnis war, zeigte sich im Herbst 1998, als Martin Walser in der Frankfurter Paulskirche eine Rede hielt, die sich nach dem Stück von Fassbinder und nach dem Historikerstreit als dritte Provokation im Sinne des Mottos »Das Ende der Schonzeit« erwies.

Walser beschäftigt sich mit dem Jahrhundertverbrechen, dem deutschen (wobei er freilich das Wort »Verbrechen« sorgfältig vermeidet), und mit deutscher Schuld (wobei er auch diese Vokabel umgeht). Ihn irritiert die Frage, was gestern geschehen ist und wie wir uns heute dazu verhalten dürfen oder sollen oder müssen.

Hat Walser in dieser monatelang heftig diskutierten Rede das Wegschauen von der deutschen Vergangenheit empfohlen, wollte er das Kapitel Auschwitz beenden und den berüchtigten Schlußstrich ziehen? Er hat es bestritten. Daß aber viele Zeitgenossen seine Rede, in der es von vagen Formulierungen und bösartigen Anspielungen wimmelt und von Beschuldigungen, denen die Adressaten fehlen, so und nicht anders verstanden haben – konnte das wirklich Walser überraschen? Sicher ist: Er hat nichts getan, um den voraussehbaren Mißverständnissen, wenn es denn welche waren, vorzubeugen. Im Gegenteil: Sein trotziges Bekenntnis zum Wegschauen von nationalsozialistischen Verbrechen war, ob er es wollte oder nicht, ein Aufruf zur Nachahmung seines Verhaltens.

Er hat die gefährlichsten deutschen Ressentiments formuliert, er hat wiedergegeben, was an den Stammtischen zu hören ist – und er hat neue Argumente und neue Formulierungen geliefert: für diese Stammtische, für die extreme Rechte und für alle, die aus den unterschiedlichsten Gründen die Juden nicht mögen. Walsers Schlußstrich ähnelt auf fatale Weise einem Trennungsstrich zwischen den Deutschen, die, das behauptet er, seine Rede als »Befreiungsschlag« empfunden hätten, und jenen Bürgern dieses Landes, die sein wichtigster Gesprächspartner, Ignatz Bubis, der Präsident des Zentralrats der Juden in Deutschland, repräsentiert.

Ich will nicht verheimlichen, daß mich Walsers Rede tief getroffen und verletzt hat – nicht zuletzt deshalb, weil sie von einem Schriftsteller verfaßt wurde, dessen Werk ich seit 1957 kommentierend begleite. Aber es hat auch seine gute Seite, daß sie geschrieben und gehalten wurde. Denn wie das Stück von Faßbinder und der Historikerstreit hat uns auch diese Rede an das moralische und das politische Klima in der Bundesrepublik erinnert.

Bezeichnend für dieses Klima sind auch die Äußerungen Walsers über das Mahnmal für die ermordeten Juden Europas, das in Berlin erbaut wird. Er war und ist gegen das Mahnmahl. Ich war und bin nicht dagegen, und ich bin nicht dafür. Ich benötige es nicht, mein Vater, meine Mutter, mein Bruder und meine vielen ebenfalls ermordeten Verwandten brauchen es erst recht nicht. Ich habe mich in dieser Sache mit keinem einzigen Wort geäußert.

Wenn das Mahnmal errichtet sein wird, werde ich es mir ansehen. Ob ich dabei viel empfinden werde, weiß ich nicht, gewiß nicht soviel wie im Dezember 1970, als ich das Bild sah, das durch die Weltpresse ging – das Bild des vor dem Denkmal des Warschauer Gettos knienden Willy Brandt. Damals wußte ich, daß ich ihm bis zum Ende meines Lebens dankbar sein werde.

Zum ersten Mal nach dem Warschauer Kniefall traf ich Willy Brandt Ende Januar 1990 in Nürnberg: Er war, schon von schwerer Krankheit gezeichnet, gekommen, um den neunzigjährigen Hermann Kesten, den Schriftsteller, den Juden und Emigranten, zu ehren. Ich habe versucht, Willy Brandt mit einigen unbeholfenen Worten zu danken. Er fragte mich, wo ich überlebt hätte. Ich erzählte ihm so knapp wie möglich, daß wir, Tosia und ich, im September 1942 von deutschen Soldaten zusammen mit Tausenden anderer Juden auf ebenjenen Warschauer Platz geführt worden waren, auf dem heute das Getto-Denkmal steht. Dort hätte ich zum letzten Mal meinen Vater und meine Mutter gesehen, bevor sie zu den Zügen nach Treblinka getrieben wurden.

Als ich mit meinem kurzen Bericht fertig war, hatte jemand Tränen in den Augen. Willy Brandt oder ich? Ich weiß es nicht mehr. Aber ich weiß sehr wohl, was ich mir dachte, als ich 1970 das Foto des knienden deutschen Bundeskanzlers sah: Da dachte ich mir, daß meine Entscheidung, 1958 nach Deutschland zurückzukehren und mich in der Bundesrepublik niederzulassen, doch nicht falsch, doch richtig war. Fassbinders Stück, der Historikerstreit und die Walser-Rede, allesamt wichtige Symptome des Zeitgeists, haben daran nichts geändert.

Ist ein Traum

Es ist der 12. März 1999, Tosias Geburtstag, der Tag, an dem ihr achtzigstes Lebensjahr beginnt. Wir sind allein, es ist sehr still, ein später Nachmittag. Sie sitzt, wie immer, auf dem schwarzen Sofa vor einer unserer Bilderwände, hinter ihr die Porträts von Goethe, Kleist, Heine und Fontane, von Thomas Mann, Kafka und Brecht. Auf dem Schränkchen neben dem Sofa stehen einige Fotos: Andrew, mein Sohn, jetzt fünfzig Jahre alt, nach wie vor Professor der Mathematik an der Universität von Edinburgh, und Carla, seine Tochter, bald zwanzig Jahre alt, Studentin der Anglistik an der Universität von London.

Ich sitze Tosia gegenüber und tue nichts anderes als das, womit ich einen beträchtlichen Teil meines Lebens verbracht habe: Ich lese einen deutschen Roman. Aber ich kann mich nicht recht konzentrieren und lege das Buch auf den niedrigen Tisch. Für einen Augenblick trete ich auf unseren großen, viel zu selten benutzten Balkon. Das Wetter ist freundlich und angenehm, die Sonne geht unter, es ist ein schönes, vielleicht, wie üblich, ein etwas zu schönes, ein gar zu feierliches Schauspiel. Ich kann mich nicht erinnern, von diesem Balkon aus, obwohl wir hier schon über 24 Jahre wohnen, einen Sonnenuntergang gesehen zu haben. Ist mir Natur etwa gleichgültig? Nein, gewiß nicht. Aber mir ergeht es wie manch einem deutschen Schriftsteller – sie langweilt mich rasch. Auch jetzt werde ich etwas unruhig und kehre unschlüssig ins Wohnzimmer zurück.

Tosia liest ein polnisches Buch, es sind Gedichte von Julian Tuwim. Ganz leise setze ich mich hin, ich will sie nicht stören. Sucht sie in der Lyrik ihre, unsere Jugend? Bald werden es sechzig Jahre sein, daß wir zusammen sind. Immer wieder haben wir versucht, unsere Trauer zu vergessen und unsere Angst zu verdrängen, immer wieder war die Literatur unser Asyl, die Musik unsere Zuflucht. So war es einst im Getto, so ist es bis heute geblieben. Und die Liebe? Ja, es gab Situationen, unter denen Tosia viel gelitten hat. Es gab auch, weit seltener freilich, Situationen, unter denen ich gelitten habe. In seinem »Tristan« schrieb vor etwa achthundert Jahren Gottfried von Straßburg: »Wen nie die Liebe leiden ließ, / dem schenkte Liebe niemals Glück.« Wir haben viel Leid erfahren, und viel Glück wurde uns geschenkt. Doch was auch geschah, an unserer Beziehung hat es nichts geändert, nichts.

Es ist immer noch ganz still, man hört kaum einen Hauch. Tosia blickt vom Buch auf und sieht mich an, lächelnd und fragend, als würde sie spüren, daß ich ihr etwas mitzuteilen habe. »Weißt du, jetzt, auf unserem Balkon, als die Sonne unterging, da ist mir eingefallen, womit ich das Buch abschließen werde.« »Ja«, sagt sie erfreut und will wissen: »Womit?« »Mit einem Zitat.« Ich schweige, sie lächelt wieder, diesmal, wie mir scheint, mild ironisch: »Und du meinst, daß mich das überrascht? Also los: Was zitierst Du?« »Ein schlichtes Wort von Hofmannsthal« – antworte ich. Sie wird etwas ungeduldig: »Ja, aber was denn nun? Verrat' es mir doch endlich.« Ich zögere einen Augenblick, dann sage ich: »Also enden soll das Buch mit den Versen:

Ist ein Traum, kann nicht wirklich sein,
daß wir zwei beieinander sein.«

Danksagung

Jedes Buch hat eine Entstehungsgeschichte. Freilich ist sie in den meisten Fällen für die Öffentlichkeit ohne Interesse. Daher hier nur so viel: Die Geschichte dieser Autobiographie reicht weit zurück – bis zum Jahr 1943. Damals, wenige Tage nach unserer Flucht aus dem Warschauer Getto, wurde sie mir abverlangt – von Teofila Reich-Ranicki. Ich bin dieser Aufforderung nicht nachgekommen, ich habe mich den Wünschen, die ich im Laufe der Zeit von sehr verschiedenen Personen zu hören bekam, auch von Andrew Alexander Ranicki, viele Jahre und Jahrzehnte widersetzt. Denn ich hatte Angst. Ich wollte nicht das Ganze noch einmal in Gedanken erleben. Überdies fürchtete ich, der Aufgabe nicht gewachsen zu sein.

Erst ein halbes Jahrhundert später, also 1993, habe ich mich entschlossen, doch mein Leben darzustellen. Jetzt ist die Autobiographie da, und es gilt jenen zu danken, die nicht müde wurden, mich um dieses Buch zu bitten, mich zu mahnen und zu bedrängen, jenen, die seine Entstehung mit ihren Ratschlägen und Ermutigungen, mit ihrer Erwartung und ihrer Neugierde begleitet haben – und bisweilen glücklicherweise auch mit allerlei Warnungen. Ich danke meinen Freunden und Kollegen, insbesondere Ulrich Frank-Planitz, Volker Hage, Jochen Hieber, Hellmuth Karasek, Salomon Korn, Klara Obermüller, Rachel Salamander, Stephan Sattler, Frank Schirrmacher, Matthias Wegner und Ulrich Weinzierl.

Wichtige Hinweise und Auskünfte verdanke ich drei Warschauer Autoren – Jan Koprowski, Hanna Krall und Andrzej Szczypiorski – sowie drei wissenschaftlichen Instituten: Yad Vashem, Jerusalem; Zydowski Instytut Historyczny, Warschau, und Institut für Zeitgeschichte, München. Zuletzt und vor allem habe ich dem Verlagsleiter der Deutschen Verlags-Anstalt, Franz-Heinrich Hackel, zu danken – für sein Vertrauen, seine Anregungen und Empfehlungen, für seinen Eifer und seine Unermüdlichkeit. Zu danken habe ich schließlich meiner Sekretärin, Frau Hannelore Müller, die mir seit Jahren geduldig zur Seite steht.

Die Verse aus dem »Tristan« des Gottfried von Straßburg im letzten Kapitel meines Buches zitiere ich in der Übersetzung von Dieter Kühn. Die Verse von Wladyslaw Broniewski habe ich selber übersetzt.

Frankfurt am Main, im Juli 1999 M.R.-R.

Personenregister